Karl Herbst
Der wirkliche Jesus

W

Karl Herbst

Der wirkliche Jesus
Das total andere Gottesbild

Vorwort von Franz Alt

Walter-Verlag Olten und Freiburg im Breisgau

Alle Rechte vorbehalten
© Walter-Verlag AG, Olten 1988
Satz: Jung SatzCentrum, Lahnau
Druck und Einband: Grafische Betriebe
des Walter-Verlags
Printed in Switzerland

ISBN 3-530-34551-2

Inhalt

Zu Fuß Gott suchen!
9

Der Draht zum Leser
12

Erster Teil
Der Weg Jesu
17

Zweiter Teil
Die Reden Jesu
102

Dritter Teil
Der Kampf um Jerusalem
164

Vierter Teil
Ostern – Was geschah wirklich?
223

Fünfter Teil
Rückblick und Ausblick
265

Anmerkungen
278

Übersicht zu Themen und Schriftstellen
296

Wer Gott sucht,
darf nie aufhören zu suchen,
bis er findet.

Wenn er findet,
wird er verwirrt sein.

Nachdem er verwirrt ist,
wird er staunen . . .

Aus dem Thomasevangelium

Zu Fuß Gott suchen!

Im Streit zwischen Eugen Drewermann und den Theologieprofessoren Pesch/Lohfink fragte Karl Herbst die drei Streithähne schlicht und einfach: «Sollen wir zu Fuß oder im Gedankenflug Gott suchen?» Der Autor dieses Buches hat sich eindeutig entschieden: Zu Fuß! Und in den Spuren Jesu!
Es geht hier also nicht um die vielleicht-wahren Meinungen über Jesus von Theologen des ersten oder zwanzigsten Jahrhunderts, sondern um die wirklichen Worte und Taten von «Jesus selbst». Dabei gibt es drei Möglichkeiten:
1. Was im Neuen Testament steht, ist jesusgemäß. Das werden wir annehmen.
2. Es ist nicht von Jesus, aber es paßt zu ihm. Das nehmen wir auch an.
3. Es ist nicht von Jesus, paßt nicht zu ihm und widerspricht dem historischen Jesus. Das streichen wir.
Unter gewissenhafter Berücksichtigung von Punkt zwei und drei bleibt in den Evangelien vom historischen Jesus soviel übrig, daß Karl Herbst eindeutige, überraschende und befreiende Antworten findet auf die Frage: Wer war Jesus? Was wollte Jesus? Was tat Jesus? Welchen Gott fand Jesus?
Traditionsfromme Christen werden bei der Lektüre dieses Buches so oft erschrecken wie superkritische Theologen. Dem Autor geht es in jedem Detail um die Wahrheit – deshalb ist sein Buch kirchenkritisch, aber nicht kirchenfeindlich.
Karl Herbst ist seit über 50 Jahren auf der Suche nach dem historischen Jesus, der geglaubte Christus interessiert ihn wenig. Für seine bescheidene, das heißt jesusgemäße, Gott-Suche mußte er auch persönliche und berufliche Nachteile in Kauf nehmen. Weil er sich konsequent an Jesus und nicht an kirchlichen und konfessionellen Lehren orientierte, schied er in der DDR aus dem Pfarr-

amt aus. Aber auch als Krankenpfleger blieb er viele Jahre Jesus auf der Spur. Inzwischen ist er in Ehren pensioniert und lebt in Düsseldorf. In der DDR und in der Bundesrepublik haben sich seit Jahren viele hundert Menschen Karl Herbst bei seiner Suche nach dem Gott Jesu an die Fersen geheftet und seine «Brief-Bücher» gelesen. Ich gehöre dankbar dazu. Als Fernseh-Journalist bekomme ich jeden Tag bis zu 3000 Seiten Papier. Das ist oft mehr lästig als lustig. Aber auf Post von Karl Herbst, auf seine Brief-Bücher, habe ich immer mit Spannung, oft mit innerer Erregung gewartet. Dieses nach konzentrierter Kleinarbeit zustandegekommene Buch ist eine Frucht seiner «Briefe».

Ich wünsche, daß es vielen Lesern geht wie mir: Durch die jahrzehntelangen Fußmärsche von Karl Herbst habe ich nicht nur einen neuen Zugang zu Jesus gefunden, sondern auch eine tiefere Freude und Dankbarkeit gegenüber Gott.

Ohne Karl Herbst wüßte ich heute noch nicht, was bei Jesu Taufe Entscheidendes passiert ist. Der Augenblick, als Jesus den Himmel offen «sah» und die Stimme Gottes «hörte», war die entscheidende Sekunde der bisherigen Weltgeschichte. Durch die Spurensuche dieses Autors verstehe ich die Widersprüche in den Evangelien besser und weiß, warum Matthäus den Taufbericht von Markus «verbessert», Lukas ihn nur in einem Nebensatz erwähnt und Johannes ganz streicht.

War Jesus Gott oder «nur» Mensch? Jahrhundertelang haben sich darüber Theologen gestritten. Politiker haben wegen dieser Frage sogar Krieg geführt. Wer es ehrlichen Herzens wissen will und im ältesten Evangelium bei Markus nachliest, erhält – mit Hilfe von Karl Herbst – diese einfache Antwort: Jesus war kein Gott und kein Übermensch, sondern ein bescheidener und gerade deshalb vertrauenswürdiger Gottsucher. So sagte er es nämlich selbst. Und das ist doch wichtiger als das, was Theologen von ihm glauben – oder?

Viele Leser werden dieses Buch zwischendurch irritiert und verärgert zur Seite legen wollen. Mein Vorschlag: Urteilen Sie erst, wenn Sie auf der letzten Seite angekommen sind. Man muß viele Bücher lesen, bis man einen Autor findet, der einen wie Karl Herbst auffordert, an ihn zu schreiben und «als Denker, der viel Zeit hat» auch Antwort verspricht.

Ich wünsche Ihnen eine gute Nase, gute (innere) Augen, gute (innere) Ohren und ein offenes Herz bei der Gott-Suche mit dem Jesus-Pfadfinder Karl Herbst.

Baden-Baden, Frühjahr 1988   Franz Alt

Der Draht zum Leser

Danke, daß Sie dieses Buch aufschlagen, in dem es um die Suche nach dem wirklichen Gott geht! Ich möchte Sie nämlich bitten, dabei mitzuhelfen, falls Sie nicht Ihren Gott schon endgültig «haben». Die Einladung zum Mitsuchen ist keine Höflichkeitsfloskel, wie Sie bald merken werden. Darum gleich zur Sache.

- Wir gehen davon aus, daß wir Gott nicht kennen.
- Darum setzen wir nichts, was ihn betrifft, als gegeben voraus; auch nicht, daß Jesus recht hat. Wer recht hat, braucht keine blinde Zustimmung.
- Es ist redlicher, sich einzugestehen: «Ich» suche vor allem einen «Gott für mich», der zu mir paßt und mir hilft. Dieser egozentrische Grundansatz ist natürlich und darum legitim. – Aber! Hier ist die erste Wegscheide bei unserer Suchaktion: Soll es auch ein Gott für die anderen sein? Wenn nicht, legen Sie dies Buch wieder weg!
- Wer weiterliest, sucht also den GOTT FÜR ALLE. Doch nun wird es kritisch, denn das kann kein Gott für Christen sein, der die Ungetauften verdammt; auch kein Gott für Juden, der «sein» Volk aus Ägypten befreite und ihm ausdrücklich befahl, die Bewohner Kanaans auszurotten; kein Gott für Europäer, den Asiaten nur begreifen, wenn sie westlich denken und fühlen; kein Gott für Männer, dem die Frauen verdächtig und zweitrangig sind; kein Gott für Philosophen und Theologen, den Kinder nicht ansprechen können; kein Gott für die Feiertagsstimmung, denn wir sind nun mal zu sechs Siebtel Werktagsmenschen.
- Fazit: Wir brauchen und suchen deshalb den Gott, der allen Menschen zugewandt ist und alle heilen will. – Vorsicht, denn «alle» bedeutet: auch die bösen Anderen, auch unsere Feinde! Sollen wir in der Tat den Retter unserer Feinde suchen? Das ist die

letzte Wegscheide. Ich vermute aber, bequemer wird der wirkliche «Gott für mich», den der Mensch braucht und sucht, nicht zu finden sein. Nur ein irrealer National-Gott oder Mein-Gott wäre billiger zu haben, nämlich in «Gedanken».

Zur Suchmethode: Da uns noch keine Flügel gewachsen sind, suchen wir Gott «zu Fuß», d. h. *wir halten uns an erkennbare Fakten statt an autorisierte Ideen.* Da sind zunächst die geschöpflichen Fakten. «Betrachtet», sagt Jesus, die Lilien des Feldes, wie sie wachsen! Womöglich mit dem Elektronenmikroskop und mit dem Wissen um ihre Entwicklung ab Urknall im Hinterkopf! Aber die Schöpfung erscheint hell-dunkel, ist vieldeutig, enthält viele Indizien, aber keinen Beweis für einen «guten» Gott. Dazu wäre das sichere Gespür eines *unverdorbenen* Menschenherzens erforderlich, das wohl keiner von uns sich anmaßt. Also suchen wir auch in den geschichtlichen Fakten: Wo hat ein Mensch besonders glaubwürdig mit Herz und Verstand Gott erfahren? Das objektiv zu eruieren ist nicht möglich, denn wer steht über Mose und Buddha und Jesus zugleich, daß er sie beurteilen könnte? Darum will ich gar nicht so tun, als sei ich neutral, sondern gestehe Ihnen gleich meine subjektive «Neigung». Nachdem ich etwa zwei Jahrzehnte lang die überlieferten Jesusworte bedachte und nach historisch-kritischer Methode Echtes von Unechtem zu scheiden suchte, kam ich zu folgender Überzeugung, die ich aber morgen revidieren muß, *wenn* die Fakten widersprechen sollten: Jeschua ben Miriam aus Nazaret hat den gesuchten GOTT FÜR ALLE, den Schöpfer, den wirklichen Gott *realistischer und ungebrochener* wahrgenommen als die alttestamentlichen Seher und Denker vor ihm und die neutestamentlichen Ausleger seiner Botschaft (Paulus, die Redaktoren der vier Evangelien und die frühchristlichen Apokalyptiker) nach ihm. *Darum muß ich mich an ihm selbst orientieren.*

Um dem irdischen Jesus (statt dem himmlischen Christus) auf die Spur zu kommen, ist es nötig, in den Evangelien das ursprüngliche Überlieferungsgut von den späteren «Verbesserungen» zu trennen. Dabei ist natürlich keine absolute Sicherheit zu erreichen, jedoch eine hinreichende Wahrscheinlichkeit. Das wichtigste Kriterium ist die Rückfrage nach dem «Interesse» des jeweiligen Autors. Wenn Sie beim Lesen eines Zeitungsartikels erkennen, wohin der Verfasser politisch tendiert, dann sind Sie auch imstande, bei aufmerksamem Lesen und Vergleichen der Evangelien in der historischen Reihenfolge Markus – Matthäus – Lukas (möglichst in Griechisch, weil Übersetzungen oft schon frisiert sind) das, was der Situation und Interessenlage des irdischen Jesus entspricht, zu unterscheiden von dem, was nur zur Situation und Interessenlage der späteren christlichen Prediger paßt:

1. Jesus wollte einfache Leute ansprechen und sofort zum Umdenken bewegen. Was also für galiläische Fischer und Bauern zu kompliziert, zu schriftgelehrt war, stammt nicht von ihm. Er mußte nach seiner Gotteserfahrung Neues über Gott verkünden und dabei auch der jüdischen Tradition widersprechen, denn als Irrlehrer wurde er verurteilt. Was also von der Gottesvorstellung seiner Zeitgenossen abweicht, stammt wahrscheinlich von ihm.

2. Die späteren christlichen Prediger, die als Evangelisten die Jesusüberlieferung verarbeiteten, wollten einerseits ihn mehr und mehr überhöhen (während er selbst keine Jesusherrschaft im Sinn hatte, sondern nur Gottes Herrschaft), und andererseits wollten sie Jesus für Juden annehmbar machen als bruchlosen Vollender des Alten Testament und Erfüller der zeitgenössischen apokalyptischen Hoffnungen. – Neben den inhaltlichen Kriterien lassen oft auch grammatikalische und logische Unebenheit im Text die Nahtstellen zwischen echt und unecht erkennen. Aber ich will Sie hier nicht schon mit einer Methodendarlegung ermüden, sondern von Fall zu Fall erklären, warum ich dieses Jesuswort für echt und jenes für unecht halte.

Laien, d. h. die 99,99 % Mitbürger, die nicht zufällig Philosophie und Theologie studierten, sollen dieses Buch verstehen und Satz für Satz nachprüfen können; so wie damals Handwerker und Hausfrauen Jesus begreifen konnten, wenn sie unbefangen hinhörten. Denn seine Botschaft von dem GOTT FÜR ALLE ist keine Geheimwissenschaft für Privilegierte. – Jedoch den Fachexegeten bin ich dankbar, wenn sie mich auf historisch-sachliche Unstimmigkeiten hinweisen.

Jene Gläubigen und Theologen, denen es unchristlich erscheint,

den Glauben auf menschlich erkennbare Fakten zu gründen, bitte ich, in Ruhe folgendes zu bedenken:
1. Da christlicher Glaube wie der jüdische nicht auf Mythen beruht, sondern auf Ereignissen («Es geschah», daß Jesus von Johannes getauft wurde...), müssen wir doch erst fragen, was geschah, was z. B. Jesus selbst laut sagte, damit es gehört und weitergesagt werden konnte, statt davon auszugehen, was andere später über ihn dachten.
2. Jesus selbst bleibt der letztlich Maßgebende.
3. Daraus folgt: Was Lehrer der Christenheit sagten, angefangen mit Paulus und den Evangelisten bis zu den heutigen, ist zu prüfen, ob es der erkennbaren Botschaft Jesu entspricht. Es darf nicht blindlings mitgeglaubt werden, weil die Autoritäten sich auf den unprüfbaren Heiligen Geist (Pneuma – Kerygma – Dogma) berufen. Denn der Geist Gottes widerspricht sich nicht. – Ich meine, das sind drei Selbstverständlichkeiten.

Es wäre für alle Beteiligten besser, wenn gläubige Juden mitlesen und uns zum Verstehen der Jesusworte helfen wollten. Denn der Prophet aus Nazaret hat zunächst sein Volk angesprochen und wollte die Fremden aus Ost und West um Abraham sammeln, statt die Kluft zwischen Juden und Nichtjuden zu vertiefen, wie es leider geschah.

Ich kann gar nicht dozieren, da ich Gott noch nicht kenne. – Was ich kann und will:
In der Spur Jesu den GOTT FÜR ALLE suchen,
«zu Fuß» statt im Gedankenflug (d. h. realistisch),
gemeinsam mit kritischen Lesern.
Es ist gut gefügt, daß ich nicht mehr von oben her predigen kann.
Also muß ich von unten her fragen, wie ein Kleinkind arglos, aber zäh weiterfragen.

Dieses Buch entstand (wie die zwei Bände «Was wollte Jesus selbst?») aus einer mehrjährigen Briefgemeinschaft von DDR- und BRD-Freunden. Die Rundbriefe über «Die Botschaft Jesu im Vergleich» wuchsen zu drei Briefbüchern an. Sie waren zweifarbig, weil ich die Fragen und Korrekturen der Mitdenker auf «gelben

Seiten» brachte. Manches, was Sie hier lesen, kommt von solch freundlichen Rippenstößen, z. B. das Wagnis, die Ostergeschichten auf historische Relikte hin durchzukämmen.
Dieses Buch ist, so wie unsere Gottsuche, nicht fertig. Es soll zum Weitersuchen anregen, wieder als «Briefbuch». Konkret: Wenn Sie darin etwas Ungehöriges finden, haben Sie nicht nur die eine, übliche Möglichkeit, es knurrend wegzulegen, sondern noch die andere: Sie können diesen langen «Brief» beantworten mit einem Briefchen über den Verlag an den Autor. (Der ist ein glücklicher Rentner, der doppeltes Glück hat: Freizeit zum Nachdenken und Sich-Korrigieren und Freiheit zum unbekümmerten Aussprechen.) Und wenn Ihnen das Diskutieren nicht liegt, können Sie immer noch etwas Vernünftigeres tun als nur zu murren. Nun lächeln Sie nicht voreilig über die altmodischen Ansichten eines alten Mannes: Sie könnten den Gott, den wir suchen, einfach bitten, uns zu helfen, daß wir miteinander auf die richtige Spur kommen.

Düsseldorf, Frühjahr 1988   Karl Herbst

Erster Teil
Der Weg Jesu

1. Wer war Jesus?
Mk 1,4.9 (Mt 3,13–17/Lk 3,21)

Markus (Mk), das älteste Evangelium, beginnt die Geschichte Jesu noch nicht, wie Matthäus (Mt) und Lukas (Lk), mit Wundern und Prophezeiungen um seine Empfängnis und Geburt, auch nicht mit einem Stammbaum, der seine Davidsohnschaft beweisen soll. Die erste Nachricht über Jesus lautet knapp und nüchtern:

Johannes der Täufer war in der Einöde und verkündete eine Taufe der Umkehr zur Vergebung der Sünden... Und es geschah in jenen Tagen, Jesus kam von Nazaret in Galiläa und wurde von Johannes in den Jordan hinein getaucht/getauft.

Das ist *Faktum*. Es kann nicht von Christusverehrern erdacht sein, weil es Jesus verkleinert, statt ihn zu vergrößern.[1] – Entscheidend für unsere Frage, wer Jesus wirklich war, ist sein Grundmotiv. Wozu pilgert ein Zimmermann (Mk 6,2f.) zu dem Propheten in die Einöde? Um zu hören, wie er den Sündern die Hölle heiß macht? Um aufzupassen, ob er etwas Falsches sagt? Oder einfach, um zu lernen, was er mehr weiß über Gott? Die Antwort ist eindeutig: Er ließ sich taufen. Das bedeutet: Er glaubte, was Johannes verkündete, daß Gott als zorniger Richter herabkommt und die Sünder im Feuer vernichtet, und zwar sehr bald, denn er hat die Wurfschaufel schon in der Hand (Mt 3,10.12/Lk 3,9.17). Darum begehrte er die Taufe der Umkehr. Eine andere hatte Johannes nicht zu bieten. Sie sollte Sündenvergebung und Rettung vor dem Gerichtsfeuer bewirken. Jesus verstand sie als ein Hinabgetaucht-Werden bis in den Tod (Lk 12,50). Daraus folgt: *Der wirkliche Jesus war ein ganz bescheidener und zu allem bereiter Gottsucher.*

Christen, die später Jesus als ein übermenschliches Wesen verehrten, konnten oder wollten diese Tatsache nicht mehr gelten lassen. Mt hat sie umgedeutet zu einem frommen «Tun als ob». Ihm folgen bis heute die meisten Exegeten.[2] Wir stehen hier bereits vor der wichtigsten Weichenstellung bei der Suche nach dem historischen Jesus. Die Alternative kann verantwortliche Theologen bis in die Tiefe erschüttern. Aber tiefer als Ängste und Wünsche wurzelt die Verantwortung vor dem Schöpfer, der uns einen Verstand gegeben hat, um aus Fakten einfache Folgerungen zu ziehen, und dazu ein Gewissen, das gegen alle Beschwichtigungen unentwegt auf Wahrhaftigkeit drängt. Aus dieser Verantwortung heraus darf man nicht nur denken, sondern auch laut sagen: Jesus war ein Gottsucher. – Das ist keine Degradierung. Bei ruhigem Nachdenken wird nämlich deutlich: *Es gibt für einen Menschen keinen höheren Würdetitel als «bescheidener Gottsucher», und der bescheidenste von allen wäre der vertrauenswürdigste Wegführer zu Gott.*

2. Sein Gotteserlebnis
Mk 1,10–13 (Mt 3,16–4,11 / Lk 3,21 f.; 4,1–13)

Vor seiner Taufe glaubte Jesus dem Johannes, Gott sei ein zorniger Richter, und danach redete er ganz anders über Gott. Was bewirkte in ihm diese abrupte Wende?

Und gleich, heraufsteigend aus dem Wasser, sah er die Himmel sich spaltend und DEN ATEM herabkommend in ihn hinein.
Und eine Stimme aus den Himmeln:
Du bist mein Sohn, Geliebter. An dir habe ich Gefallen.
Und gleich treibt ihn DER ATEM hinaus in die Einöde
und er war in der Einöde vierzig Tage, erprobt von dem Satanas.
Und er war mit den Tieren, und die Engel dienten ihm.

Hier ist die Quelle! – Jesus hat später «mit Vollmacht» derart Neues über Gott verkündet, daß er als Ketzer verurteilt wurde. Woher kam ihm das Neue? Nur aus eigenem Nachdenken? Dann muß es nicht falsch sein, aber kann falsch sein wie alle Menschengedanken über Gott im Lauf der Religionsgeschichte. Gesichert ist seine Gottesbotschaft nur, wenn sie ohne menschliche Brechung von Gott selbst ausgeht, wenn sie aus einer echten und geprüften Gotteserfahrung fließt. Diese müßte nach seiner Taufe und vor seinem öffentlichen Auftreten geschehen sein. Ist es die in Mk berichtete oder eine andere, uns unbekannte? – Fast alle heutigen Exegeten, katholische wie evangelische, halten den Mk-Text für eine christologische Konstruktion, besonders aus zwei Gründen: Es gab dafür keine Zeugen außer Jesus und der Text sei aus alttestamentlich-messianischen Zitaten komponiert.[3] Weil wir in diesem Buch nichts Erdachtes weiterdenken, sondern (zu Fuß!) nur Fakten möglichst einfältig bedenken wollen, müssen wir erst etwas mühsam graben, ob wir mit Mk nicht doch auf historisch-solidem Grund stehen.

1. Freilich ist nicht anzunehmen, daß Jesus sein höchstpersönliches Gotteserlebnis auf dem Markt ausbreitete (obwohl die alten Propheten ihre Visionen genau schilderten und ihre Autorität darauf gründeten). Wo die Frage sich erhob, von wem Jesus das Neue hat, was er mit Vollmacht über Gott redet, erklärt er selbstbewußt und doch zurückhaltend-allgemein, der Vater habe ihm als dem Sohn alles geoffenbart (Mt 11,27/Lk 10,22). Aber unter den Jüngern war zumindest einer, der nicht nur glauben, sondern so sicher wie nur möglich erkennen mußte, wer Jesus ist, nämlich Simon. Dieser sollte nämlich als Felsenfundament (Petrus) nach der zu befürchtenden Ketzerhinrichtung Jesu die Jünger wieder bestärken und sammeln. Dazu mußte er «wissen» und nicht nur wie die andern vermuten, wer Jesus ist. Darum hat Jesus auf dem Weg in das Todesrisiko Jerusalem den Mitgehenden versprochen, «einige der hier Aufgestellten werden zuvor *sehen,* daß die Gottesherrschaft mit Macht gekommen ist» (Mk 9,1). Und sechs Tage später nahm er drei Jünger, darunter Petrus, mit in die Einsamkeit einer Bergeshöhe, wo sie charismatisch (wie er selber am Jordan) sehen und hören konnten, daß die Gottesherrschaft wirklich in Jesus schon da ist, daß er der geliebte Sohn ist, auf den allein sie hören sollen. Nachdem Gott selbst ihn so offenbarte, konnte auch Jesus ohne Verletzung der heiligen Scheu und Diskretion den Petrus weiter festigen, indem er ihm bestätigte: Dein Erlebnis war kein dummer Traum, sondern die Wiederholung dessen, was ich nach meiner Taufe erlebte. – In diesem historischen Zusammenhang (vorausgesetzt, daß Wissenschaftler nicht prinzipiell die Möglichkeit charismatischer Erfahrungen leugnen) erscheint es durch-

aus nicht mehr fantastisch, daß Jesus wenigstens dem Petrus das Nötigste über sein entscheidendes Gotteserlebnis mitteilte. Im Gegenteil, es entspricht der Situation und dem großen Interesse des irdischen Jesus, über den «Abgrund» seiner bevorstehenden Hinrichtung als Irrlehrer hinweg eine solide Brücke in die Zukunft zu bauen.

2. Zu den alttestamentlichen «Zitaten»: Der Mk-Text enthält im Unterschied zum späteren Lk noch kein echtes Zitat.[4] Nur die Bilder und Redewendungen (die Himmel, der Atem, die Stimme, mein Sohn, Wohlgefallen, der Satanas) sind alttestamentlich. Sollte denn Gott zu Jesus und Jesus zu Petrus anders reden als jüdisch? Entscheidend ist doch der neue Inhalt. Ein Beispiel: Die einfachste Zusage «Du bist mein Sohn» wird in den üblichen Kommentaren selbstverständlich von dem messianischen Psalm 2 her gedeutet. Aber dort wird dem gesalbten König Israels (Bild eines erhofften Messias) von Gott gesagt: «Du magst die Völker zerbrechen mit eisernem Zepter, wie irdene Krüge sie zerschlagen.» So wie die meisten Völker rings um Israel sich ihre Könige als mystisch-mächtige Göttersöhne dachten. Es ist aber offenkundig, daß derartige Gottessohnschaft nichts mit Jesus zu tun hat. – Wenn ein schriftgelehrter Judenchrist das Gotteserlebnis Jesu nachträglich gestalten wollte, um Juden für ihn zu begeistern, mußte er wenigstens versuchen, die großartigen Darstellungen von Berufungsvisionen im Alten Testament zu überbieten. Aber was bei Mk in unbeholfenem Koinē-Griechisch geschrieben steht, ist geradezu dürftig. Jesus sieht im geöffneten Himmel nichts, keinen Gott, keinen Thron, keine Cherubim. Und was das Schlimmste ist für einen Propheten: Er hört keinen Auftrag, etwas zu tun oder zu verkünden. Also keine prophetische Vollmacht! Das konnte ein schriftgelehrter Legendendichter unmöglich vergessen. Diese auffallende Kargheit des Textes wird nur verständlich, wenn Jesus selbst einem vertrauten Jünger nicht mehr als das Nötige mitteilte und dieser respektvoll darauf bedacht war, beim Weitererzählen nichts hinzuzufügen.

Dann aber ist es erforderlich, diesen entscheidenden Text nicht christologisch verkompliziert zu lesen, sondern ihn wie zum erstenmal und wie ein ungelehrter galiläischer Fischer möglichst «einfach» anzuhören und möglichst «einfach» zu bedenken, etwa so: Da steigt Jesus aus dem Wasser, in das er getaucht worden war, herauf und kann wieder atmen. Dabei sieht er, daß die Himmelsgewölbe sich spalten. Über die Erdscheibe sind nämlich siebenfach Kristallschalen gestülpt, damit die Menschen unten dem Gott oben nicht zu nahe kommen. Jetzt wäre eigentlich zu erwarten, daß Gott als Richter herabkommt, wie Johannes angekündigt hat. Aber Jesus sieht nichts im Himmel. (Ob Gott überhaupt zu sehen ist?) Er sieht und fühlt nur, daß der Atem *(to pneuma)* herunter und in sein Inneres kommt, aber nicht stürmisch, sondern freundlich wie eine Taube, wie jene, die nach der Sintflut den Frieden zwischen Gott und den Menschen ankündigte. Was *to pneuma* bedeutet? Das weiß doch jeder Jude und Heide: Den Atem braucht man zum Leben; das Neugeborene fängt an zu atmen. Juden wissen überdies: Gott hat dem aus Erde gebildeten Adam seinen Atem, seine Lebenskraft, eingehaucht und ihn so lebendig gemacht. Also hat Gott auch den Jesus, der gerade aus dem Todeswasser der Taufe auftauchte, auf eine neue Weise lebendig gemacht. – Dann die Stimme, die den Vorgang deutet: Du bist mein Sohn, ich hab' dich gern! Was gibts da noch zu erklären? Das sagt doch jede junge Mutter zu ihrem Neugeborenen mit Wortgestammel und liebkosenden Gebärden. Der Säugling fühlt's und weiß sich angenommen (statt nur geduldet oder gar ausgesetzt). So von Mutter und Vater geliebt, kann das Kind zu einem richtigen, d. h. zu einem liebenden Menschen heranwachsen. Auch das ist allgemein bekannt. – Wer bis jetzt unbefangen, d. h. ohne eine fertige Christologie im Hinterkopf hingehört hat, mag sich fragen: Ob Gott allen Menschen Vater ist? Ob er schon zu Adam und zu jedem sagt «Du bist mein geliebter Sohn»? Ob andere diese Stimme nur nicht hören? Aber was wäre dann Jesus besonderes? – Gleich sagt es die Stimme: «Du gefällst mir.» Das kann Gott nicht allen sagen, auch wenn er alle wie ein Vater liebt. Der Grund des besonderen Wohlgefallens wird nicht genannt. – Vielleicht fällt erst bei öfterem Hinhören auf, was in dem Bericht sonst noch fehlt: das Wort «Vater», sogar der Name «Gott» oder «Herr». Noch ist offen, ob das Namenlose, von dem dieser belebende ATEM und diese freundliche STIMME ausgeht und das darum wie eine aktive, fühlende Person sein muß, Mutter oder Vater ist. (Jesus wird Gott als «mütterlichen Vater» kennzeichnen.)

Was der bescheidene Gottsucher charismatisch erlebte, war eigentlich wenig, «nur» eine Liebeserklärung Gottes, und enthielt doch alles, denn eine Liebeserklärung kann den Menschen völlig verwandeln. – Exegeten und Theologen bemühen sich, immer genauer zu definieren, was «Sohn Gottes» ist. Sie suchen in den messianischen Texten des Alten Testaments; sie suchen bei den Theologen Matthäus und Lukas, die sagen, der Heilige Geist habe durch sein Einwirken auf eine unberührte Jungfrau den Sohn Gottes hervorgebracht; sie suchen bei dem Theologen Johannes, der sagt, der Logos (Gedanke, Wort) Gottes, der selber Gott ist, sei ein Mensch aus Fleisch geworden; sie suchen bei dem Theologen Paulus, der sagt, Jesus sei nach seiner Kreuzigung und Auferstehung machtvoll als Sohn Gottes eingesetzt worden (Röm 1,4); sie suchen bei den griechischen Theologen der frühen Konzilien, die endgültig festlegten, was Sohn Gottes bedeutet. Da kommt dem theologischen Fußgänger eine «überaus geniale Idee»: Wir sollten auch mal Jesus fragen, was er sagt über die Vaterschaft Gottes und die Sohnschaft des Menschen. Achten wir später darauf!

Die Erprobung: «Und gleich treibt ihn DER ATEM hinaus in die Einöde und er war in der Einöde vierzig Tage, erprobt von dem Satanas.» – Wurde er ohne oder gegen seinen Willen getrieben? Nein, der Wind bewegt nur, was sich bewegen läßt. So folgte Jesus dem Wehen DES ATEMS, sofort, ohne den Widerstand ängstlicher Bedenken. – *Eremos* kann leblose Wüste, aber auch menschenleere Einöde bedeuten. Was der Gottsucher in Entscheidungsphasen braucht und was Jesus auch später aufsuchte (Mk 1,35; 14,35), ist die absolute Einsamkeit, und sei es die verschlossene Kammer (Mt 6,6), in der er sich ganz allein seinem Gott aussetzt. – Der Satanas ist nach Ijob 1,5–12 und Sach 3,1–7 einer der Gottessöhne oder Thronengel, der als Anwalt der Gerechtigkeit zwischen Gott und den Menschen fungiert. Er drängt Gott, den Menschen zu prüfen, ob er Gutes verdient, und er drängt den Menschen, von Gott sein Recht zu verlangen. Ob dieser (vom Teufel zu unterscheidende) Satanas eine personale oder nur eine innerpsychische Realität ist, brauchen wir nicht zu wissen. Entscheidend ist, daß der Mensch sich versucht fühlt, von Gott korrekte Gerechtigkeit zu fordern und dementsprechend sich Gott als korrekt-gerecht vorzustellen. Diese uralte Theodizeefrage ist wohl «die» Versuchung des Menschen. – Nicht der karge Mk-Text, sondern Mt/Lk überliefern drei glaubhafte Versuchungen Jesu, von denen eine genau in die Situation der Einöde paßt: Wenn Gott dich liebt als seinen Sohn und dich doch in diese Einöde führte, dann muß er gerechterweise auch dafür sorgen, daß du hier nicht verhungerst. Also muß er (da er nach dem Glauben Israels jedes Wunder wirken kann) dir die Macht geben, diesen Stein in Brot zu verwandeln. Prüfe, ob Gott dir wirklich gut ist! – Erst die richtige Reaktion Jesu auf diese furchtbare, weil fromm erscheinende Versuchung macht seine Gotteserfahrung zu einer gelungenen. Er konnte auf seine Auserwähltheit pochen. Aber er blieb bescheiden unter Gott. Er vertraute dem «Wort, das aus dem Munde Gottes kommt», der Zusage seiner Liebe, ohne sie zweifelnd zu prüfen, ohne von Gott etwas zu fordern. So erkannte er schon in der Einöde, daß der wirkliche Gott nicht mit Wundern eingreift. Später wird er sagen, daß Gott den Menschen auch brutalen Menschenhänden überläßt, ohne einzugreifen. Und er wird bis zu seinem Aushauchen am Kreuz nüchtern-bescheiden und zugleich ungebrochen vertrauend *unter Gott bleiben*.

Die Antwort Gottes, des Schöpfers: «Und er war mit den Tieren, und die Engel dienten ihm.» – Auch dieser äußerst knappe Mk-Text ist im Unterschied zu Mt/Lk[5] realistisch und situationsgerecht zu verstehen. Wie kann ein Mensch in der brotlosen Einöde überleben? 1. Er bleibt nur so lange, bis der Hunger ihn zurücktreibt. Aber Jesus drängte es, länger in der Einsamkeit mit Gott zu bleiben, wahrscheinlich echte vierzig «Exerzitientage». 2. Für einen tiefgläubigen Juden, der von Kind auf hundert Legenden über Jahwes Rettungswunder hörte und glaubte, lag es in der Tat nahe, die ihm zugesagte Liebe Gottes zu gebrauchen, um ein Brotwunder zu probieren.
Aber Jesus durchschaute diesen Gedanken als Anmaßung und Mißtrauen gegen Gott. – Also bleibt ihm nur, in der Einöde sich vertrauend dem Schöpfer zu überlassen. So wie die Tiere, die ihm «per Instinkt vertrauen», daß er sie auch in der Einöde Tag für Tag ernährt, ohne Mirakel. Der gottvertrauende Mensch fügt sich wieder der Schöpfungsordnung ein, wie wir es von dem tiernahen Ur-

menschen annehmen dürfen. Er ist bescheiden «mit den Tieren», statt zu glauben, er solle sie «beherrschen» (Gen 1,28). In seiner zurückgewonnenen Natürlichkeit findet er wie die Tiere auch in karger Umgebung noch genügend Eßbares, um zu überleben. – Daß dabei «die Engel ihm dienen», ist ebenso natürlich. Denn das sind keine Gespenster, die am Ende doch noch Brote herzaubern, wie es nach Mt erscheint. Es sind die vielen unsichtbaren, aber sehr realen Kräfte, die den Kosmos durchwalten. Weil sie allesamt vom Schöpfer ausgesandt sind, werden sie in der Bibel «Boten» *(angeloi)* genannt. Ihre sichtbaren Auswirkungen werden von den Physikern, Biologen, Psychologen und Parapsychologen fortschreitend deutlicher erkannt. Ob und wie Personalität dabei im Spiele ist, wissen wir nicht und dürfen es darum nicht voreilig leugnen, als ob wir's wüßten. Um sich angstfrei in der Welt bewegen zu können, genügt es zu «wissen», daß alle geschöpflichen Kräfte vom Schöpfer ausgehen, der Schöpfer aber kein «Es» ist, sondern «unser Vater». Denn Jesus, der in der Einöde so anspruchslos mit den Tieren war, daß diese Kräfte widerstandslos ihm dienen konnten, wird später aus Erfahrung sagen: Jene Engel, die den Kleinen dienen, sind Gottes Thronassistenten (Mt 18,10). Somit offenbart er die unerwartete kosmische Hausordnung Gottes: Keine Herrschaft der Starken über die Schwachen, sondern das Mit-Sein und Für-Sein aller Geschöpfe, wobei die Starken den Schwachen dienen. Dem entspricht auch das (m. E. echte, aber zufällig in den unechten Mk-Schluß geratene) Jesuswort: Die Gott vertrauen, werden Schlangen mit den Händen aufheben (Mk 16,18), wohl um sie zu schützen vor denen, die noch glauben, sie sollten sie in der Kraft Gottes «niedertreten» (Ps 91).

Die Ganzheit und Sicherheit seiner Gotteserfahrung: Es war ein Dialog: 1. Jesus hat aus ganzem Herzen Gott gesucht und darum sich in den Jordan tauchen lassen wie in ein Hinsterben vor dem als strengen Richter verkündeten Gott. 2. Gott antwortet ihm unerwartet anders: «Du bist mein Sohn, ich hab' dich sehr gern», und belebt ihn gewissermaßen neu mit seinem Atem. 3. Jesus reagiert darauf mit ganzem Vertrauen, läßt sich vom Atem Gottes in die Einsamkeit drängen zu einer vierzigtägigen Probezeit, widersteht dort der uralten Menschheitsversuchung, Gottes Kraft und Liebe magisch für sich zu gebrauchen und bleibt trotz allem demütig unter Gott. 4. Gott antwortet auf dieses «vertrauende Bleiben in der Geschöpflichkeit», indem er als Schöpfer und Mutter/Vater zugleich ihn wie alle Geschöpfe auch in karger Umwelt ohne Wunder am Leben erhält. – Aus dieser Gesamterfahrung heraus (statt aus den alten Wunschvorstellungen, ein guter Gott «müsse» mit Wundern eingreifen) kann er «mit Vollmacht» verkünden: Gott liebt und umsorgt als Vater den Menschen wirklich, mehr als die Spatzen und Raben, ohne Mirakel. Das muß man nicht blind fürwahr-halten. Das werdet ihr erfahren, wenn ihr anfangt, dem wirklichen Gott, dem Schöpfer, wie einem guten Vater zu vertrauen. – *Realismus, aus konkreter und kritisch geprüfter Gotteserfahrung geboren, ist meines Erachtens das Signum und die innere Vollmacht Jesu im Unterschied zu den Schriftgelehrten, die nur Traditionsgut wiederholten, das niemand prüfen durfte, und zu den zeitgenössischen Apokalyptikern, die sich auf unprüfbare Wunschvisionen beriefen.*

Die Gotteserfahrung Jesu war charismatisch – und doch allgemeinmenschlich, weil sie nur klärte, was der Mensch schon immer, gegen seine Ängste, zuinnerst ahnt und hofft: daß sein Schöpfer ihm gut sei wie eine Mutter ihrem Kind. – Die Gotteserfahrung Jesu sprengt das richterliche Gottesbild Israels, zumal des Apokalyptikers Johannes. – *Sie ist ganzheitlich, weil sie das für uns Dunkle an Gott einbezieht und durchsteht.* Sie ist ganzheitlich, weil sie den bescheiden und wieder natürlich-menschlich gewordenen Menschen in die kosmische Ordnung zwischen Tier und Engel einfügt. – Sie ist für Laien, ja für Kinder verständlich (nach Jesus «das» Echtheitskriterium). – Er wird als Prediger und Heiler seine neue und doch urmenschliche Gotteserfahrung nur ausfalten, unbekümmert um die heiliggesprochenen «Menschengedanken» der Alten.

3. Vom Gotteserlebnis zur Gottesbotschaft
Mk 1,15 (Mt 4,17)

Nur für sich selbst hörte Jesus die Stimme: «Du bist mein Sohn...» Wie kam er von diesem persönlichen Erlebnis her dazu, dem Volk zu verkünden, Gott sei allen Menschen ein liebender

Vater? – Die alten Propheten Israels beteuerten, dies und das zu sagen, habe Gott ihnen aufgetragen, ja geradezu diktiert. Darum die ständige Formel: «So spricht der Herr.» Sehr erstaunlich im jüdischen Milieu, daß Jesus keinen solchen direkten Auftrag hörte. Er hätte ihn gewiß nicht verschwiegen. Er sagt auch nie «Dazu bin ich gesandt», sondern immer nur «Dazu bin ich gekommen», ja «herausgekommen» (Mk 1,38), wohl aus der Einöde in die Öffentlichkeit. Er konnte mit seiner Gotteserfahrung «für sich bleiben» wie die Eremiten seiner Zeit. Er konnte die Heilsuchenden herankommen lassen wie Johannes. Seine Gotteserfahrung in Verkündigung umzusetzen und sie als Wanderprediger, durch keine Theologenschule autorisiert, dem Volk mitzuteilen, von Dorf zu Dorf, von Stadt zu Stadt bis ins Zentrum Jerusalem, das war kein göttlicher Zwang, sondern seine vor Gott verantwortete Entscheidung.

Wann und wie reifte in ihm dieser Entschluß? Leider haben wir dafür nur wenige und unsichere historische Anhaltspunkte. Mk, vermutlich auf Petrustraditionen angewiesen, berichtet nur von Jesu Wirken in Galiläa. Von ihm erfahren wir: «Nachdem Johannes (dem Herodes) ausgeliefert war, kam Jesus nach Galiläa und verkündete die gute Botschaft Gottes» (1,14). Also blieb er nach seinen Wüstenexerzitien zunächst im Umfeld des Täufers, in Judäa. Was er tat, dafür bringt das 4. Evangelium einige Hinweise. Der Redaktor (Johannes) ist zwar primär theologisch interessiert, aber verarbeitet auch historische Erinnerungen, die gerade an ihren theologisch belanglosen Details (z. B. «Es war die zehnte Stunde») erkennbar sind. Solche Bruchstücke nenne ich hier, ohne sie zu werten oder zu einem Weg Jesu zu verbinden: Johannesschüler nahmen Kontakt mit Jesus auf (1,37) / Jesus hatte in der Nähe eine Wohnung (1,38f.) / Um ihn sammelten sich Jünger, die noch wie Johannes tauften, während er selbst nicht taufte (3,22; 4,2) / Als Johannes in Änon bei Salim taufte, kam es zum «Streit über die Frage der Reinigung» (3,23 25) / Pharisäer redeten darüber, daß Jesus mehr Jünger gewinnt als Johannes und «daraufhin» ging Jesus wieder nach Galiläa (4,1–3) / Daß er tatsächlich zuvor längere Zeit in Judäa wirkte, geht nicht nur aus den dort angesiedelten Geschichten bei Joh hervor, sondern auch aus Mk-Berichten, wonach er in Bethanien und Jerusalem Anhänger hatte.

Wie der Zimmermann aus Nazaret zum großen Prediger und Heiler wurde? – Soviel ist sicher: nicht plötzlich aus einem unwiderstehlichen charismatischen Impuls (seiner Gotteserfahrung) heraus, sondern allmählich. Wahrscheinlich so: Er reagierte Tag für Tag mit einem guten Herzen auf die jeweilige Begegnung. Menschen, von ihm angezogen, suchten seine Nähe: «Meister, wo wohnst du?» Theologische Probleme wurden akut. Die «Frage der Reinigung» ist im Grunde eine Frage nach dem richtigen Gottesbild. Er erlebte immer deutlicher, wie unvereinbar das Gottesbild der Johannesschule mit dem seinen war; auch das der Pharisäerbruderschaft und der maßgebenden Theologen. Er erbarmte sich des Volkes, das ihm nunmehr wie eine Herde ohne Hirt erschien (Mk 6,34). So reifte in ihm der riskante Entschluß, vor Israel aufzutreten, klar abgegrenzt von Johannes. – Daß er zwischen dem 12. und 30. Jahr in Indien lernte und lehrte, ist unvereinbar mit folgenden Fakten: Er war in Nazaret bekannt als der Handwerker von nebenan. Er lernte bei dem gegenüber Buddha «unterentwickelten» Johannes. Er lehrte nichts Indisches, sondern das Ergebnis seiner eigenen Gotteserfahrung auf jüdische Weise. – Mk faßt seine Predigten so zusammen:

Erfüllt ist die (Warte-)Zeit.
Herangekommen ist die Gottesherrschaft.
Denkt um und vertraut (Gott)
bei der Guten Botschaft![6]

Die zeitgenössischen Apokalyptiker verkündeten, die Gottesherrschaft werde bald vom Himmel her kommen, als Zorngericht über die Sünder und als Lohn für die Gerechten. Gott hatte die Axt schon ergriffen, glaubte Johannes zu wissen. – Dagegen verkündet Jesus, indem er den Begriff «Gottesherrschaft» aufnimmt, den er erst am Ende als «Neuer Bund» erklärt: Die Gottesherrschaft ist schon da, die Zeit des Wartens in die Zukunft ist vorbei. Das hörte sich verrückt an, denn man sah doch nichts Spektakuläres. Jesus konnte so etwas nur behaupten, weil er selbst nach seiner Taufe erlebt hatte, daß Gott wirksam gekommen ist, und zwar als Liebender. Er wird nicht irgendwann mit apokalyptischem Getöse hereinbrechen, denn er ist (still wirkend wie Sauerteig und

Same) schon da, zunächst in Jesus. Und Jesus wird es vorzeigen durch sein neues Verhalten.

Johannes predigte: Denkt um und tut Buße, sühnt eure Sünden und wascht sie ab durch die Taufe! Jesus dagegen: Denkt um und vertraut! *Pisteuo* bedeutet bei ihm durchwegs: Gott vertrauen. Mit «glauben» zu übersetzen genügt nicht, weil dies in der religiösen Sprache oft nur besagt: eine Aussage ungeprüft für wahr halten, weil sie seit alters überliefert ist. So verstanden war Jesus inmitten Israels sehr ungläubig. Wozu er auffordert, ist etwas anderes: *Dem Schöpfergott, dessen Wirken man sieht und dessen Mahnung im Gewissen man hört, unbedingt trauen, daß er uns gut ist.* Denn so vertrauend kam der Gottsucher Jesus selbst zum Umdenken, zur Umorientierung vom alten Gottesbild des Johannes zu seinem neuen Gottesbild.

4. Er packt Menschen, ihm zu folgen
Mk 1,16–20; 2,14 (Mt 4,18–22; 9,9/Lk 5,1–11; 4,27f.)

Am See Galiläas entlanggehend sah er Simon und Andreas, dessen Bruder, die Netze in den See werfen, denn sie waren Fischer. Da sagte ihnen Jesus: Kommt her! Hinter mich! (Und ich werde machen, daß ihr Menschenfischer werdet.) Und sofort verließen sie ihre Netze und folgten ihm. Ein wenig weitergehend sah er Jakobus, den Sohn des Zebedäus, und seinen Bruder Johannes, auch sie im Boot, die Netze flicken. Und sofort rief er sie. Da ließen sie ihren Vater Zebedäus mit den Taglöhnern im Boot zurück und gingen weg, hinter ihm her...
(2,14) Entlanggehend (am See) sah er Levi, den Sohn des Alphäus, an der Zollstätte sitzen und sagte ihm: Folge mir! Und er stand auf und folgte ihm.

Natürlich sind diese Berufungsgeschichten zurückgestutzt auf das Wesentliche. Und das ist: 1. Die Angesprochenen waren so von Jesus gepackt, daß sie sich *ganz* für ihn entschieden. Kein zögerndes Überlegen, sondern «sofort». Keine Rückversicherung: sie verließen alles. Solche «Torheiten» sind nur möglich, wo zwischen Personen ein Funke überspringt und unbedingtes Vertrauen ermöglicht. 2. Jesus besteht darauf wie ein verantwortungsbewußter Bergführer, daß sie «hinter ihm» hergehen, statt vor ihm «bessere» Wege zu suchen. Detaillierte Nachfolgeworte werden das noch verdeutlichen.

Um nicht in Heiligenlegenden zu verfallen, muß man realistisch sehen, was weiter geschah: Der Anfangsimpuls zu Vertrauen und Nachfolge garantierte noch nicht das Hinter-ihm-Hergehen bis zum Ende. Beispiele: 1. Petrus wollte nach seinen «Menschengedanken» Jesus korrigieren und mußte erneut, jedoch energischer das «Hinter mich!» hören. 2. Judas hat ihm anfänglich vertraut, sonst wäre er ihm nicht gefolgt. Sein Vertrauen schwand. Am Ende verkaufte er ihn an die Inquisition. 3. Am stärksten wurde Jesus korrigiert von den Theologen in der zweiten Jüngergeneration, die ebenso in ihrem Denken «hinter ihm» hätten hergehen sollen. Statt dessen haben sie ihn hoch-gelobt über die Wolken hinauf und ihn dort auf einen goldenen Thron gesetzt. So konnten sie, ungestört durch seine wirkliche Botschaft, hier unten pastoral wirksamer wirtschaften. Nur ein Beispiel: Angeblich im Auftrag des apokalyptisch erhöhten Jesus verkündeten sie, er führe den heiligen Krieg in blutgetränktem Gewand, mit dem scharfen Schwert aus seinem Mund schlage er die Völker, trete die Weinkelter der göttlichen Rache, und zwar «bald» (Offb 19,11–15). Wer das als «Offenbarung Jesu Christi» glaubt, korrigiert ihn grob.

Was also «Nachfolge Christi» anbelangt, ist bis heute zweierlei unerläßlich: 1. *Den irdischen Jesus suchen, um von ihm sich «packen» zu lassen.* 2. *Hinter ihm bleiben, d. h. am irdischen Jesus sich orientieren statt an einem himmlischen Christus,* von dem wir faktisch nur wissen können, was andere über ihn glaubten.

5. Er lehrt aus innerer Vollmacht
Mk 1, 21–22.27 (Mt 7,28f./Lk 4,31f.36)

Sie gingen nach Kapernaum hinein, und gleich am Sabbat ging er in die Synagoge und lehrte. Und sie gerieten außer Fassung über seine Lehre, denn er pflegte sie zu lehren wie einer, der Vollmacht hat, und nicht wie die Schriftgelehrten... Und alle wurden so erschreckt, daß sie miteinander disputierten: Was ist das? Eine neue Lehre aus Vollmacht!

Ähnliches wurde immer wieder von ihm berichtet. Was brachte, in heutiger Sprache, «die Kirchenbesucher so aus dem Häuschen»?

Sie waren gewohnt, daß ihre Prediger als ordinierte Schriftgelehrte, aber auch Laien als Gastprediger, aus der Heiligen Schrift argumentierten. Beispiel: Am Sabbat zu heilen ist an sich verboten und nur bei Lebensgefahr erlaubt, weil dies und das da und dort geschrieben steht. Das zu wissen, gab ihnen gegenüber dem unwissenden Volk die Macht, ihm nach eigenem Ermessen religiöse Lasten als Gewissensverpflichtung aufzuladen. Da kommt Jesus herein und sagt freiweg, nur dieses sei richtig, weil es «in sich» gottgewollt ist. Beispiel: Es ist erlaubt, am Sabbat jeden Kranken zu heilen, weil Gott den Sabbat für den Menschen angeordnet hat. Und das ergibt sich daraus, *daß er allen Menschen gut ist. Über diese Urgegebenheit ist mit Jesus nicht mehr schriftgelehrt oder theologisch zu diskutieren.* Das weiß er aus seiner neuen Gotteserfahrung. Basta. – Von daher seine «neue Lehre aus Vollmacht», die natürlich die alte Fassung, das alte System, sprengte und alle Traditionsgebundenen «außer Fassung» brachte, besonders die beamteten Hüter des Systems. Kein Wunder, daß Jesus bald nicht mehr in den Synagogen predigte, sondern «draußen», auf Privatgrundstücken, am See, in der Einöde.

6. Er wirft ungereinigte Geister hinaus
Mk 1,23–26 (Lk 4,33–37)

Gleich war in der Synagoge ein Mensch in nicht-gereinigtem Lebensgeist und schrie auf: Was ist uns und dir gemeinsam, Jesus aus Nazaret? Du bist gekommen, uns zu verderben. Ich kenne dich, wer du bist: der Heilige Gottes. Da fuhr ihn Jesus an: Verstumme und geh heraus von ihm! Da rüttelte er ihn und fuhr laut schreiend von ihm aus. Da gerieten alle aus der Fassung...

Statt Mk eine bestimmte Dämonologie zu unterstellen, ist es angebracht, dieses erste Beispiel von vielen Exorzismen Jesu im ältesten Evangelium einmal genau unter die Lupe zu nehmen, zunächst durch wortwörtliche Übersetzung. Da war ein Mensch in der Synagoge, der befand sich in einem nicht-gereinigten *(a-katharton)* Lebensgeist *(pneuma)* bzw. in dessen Machtbereich. Lk korrigiert: «er hatte einen dämonischen Geist». Das ist volkstümliche Vereinfachung. Der Mk-Leser muß davon ausgehen, daß aus den Himmeln *to pneuma*, DER ATEM schlichthin, der richtige, reine Lebensgeist, in Jesus hineinkam. Jetzt, in der durch sein «Reden aus Vollmacht» hochgeladenen Atmosphäre der Synagoge, tritt ihm der nicht-gereinigte, noch verwirrte und verkrampfte Lebensgeist entgegen. Dieser spürt instinktiv den unüberbrückbaren Gegensatz. Zwischen uns und dir ist nichts gemeinsam. Du bist hergekommen, uns zu verderben. Wer sind «wir», da nur einer spricht? Ich vermute, er spricht für die hier außer Fassung geratenen Gottesdienstbesucher. Denn was alle unterbewußt empfinden, plärrt er ohne Bewußtseinskontrolle hinaus: Ich weiß, du bist der Heilige Gottes. Das ist sehr vage, aber irgendwie richtig und doch abergläubisch mißdeutbar. Nun muß sich Jesus entscheiden, wie er (nachdem er die Stimme aus den Himmeln verantwortlich-nüchtern prüfte!) hier auf den Schrei aus der Tiefe eines ungereinigten, verworrenen Pneumas reagieren soll. Es lag nahe, diese nicht ganz falsche Aussage propagandistisch zu verwerten: Da hört ihrs, daß ich von Gott herkomme. Denn man wußte schon damals, daß «Narren die Wahrheit sagen», sofern sie geahnte Wirklichkeiten ungehemmt aussprechen. Aber Jesus fährt den «unreinen Geist» an: «Schweig!» Und er treibt ihn aus.

Diese erste Konfrontation mit der Synagoge und darin mit dem ungereinigten Geist macht zwei Grundhaltungen Jesu deutlich, in denen er nach seiner Gotteserfahrung zu missionieren begann: innere Sicherheit und gesunde Nüchternheit. Er will keine Bestätigung aus dem Bereich des Unterbewußten, wo religiös-ahnende, aber verworrene oder sogar krankhafte «Geister» rumoren. «Die ungereinigten Pneumata, sobald sie ihn erblickten, fielen vor ihm nieder und schrien: Du bist der Sohn Gottes. Und er bedrohte sie sehr, daß sie ihn nicht offenbar machten» (Mk 3,11 f.). Der Besessene aus Gerasa schrie: «Was ist mir und dir gemeinsam, Jesus, Sohn des höchsten Gottes (aus heidnischer Sicht)? Ich beschwöre dich bei Gott: Quäle mich nicht!», d. h. laß mich, wie ich bin und wo ich bin! (Mk 5,7) «Er ließ die Dämonen nicht reden, weil sie ihn erkannten» (Mk 1,34), was bedeutet: weil sie ihn nur auf ihre unreine Art erkannten. – Man beachte aber in diesem Zusammenhang: Auch seine Jünger erkannten ihn teilweise nur verworren. Als sie sagten, sie wüßten genauer als die andern, wer er ist, nämlich der Messias, da verbot er ihnen genauso, über ihn zu reden (Mk 8,27–30). Und als sie für ihren Meister Feuer vom Himmel auf die ungastlichen Samariter herabrufen wollten, sagte er, sie wüßten in ihrer «Begeisterung» nicht, was für ein «Geist» sie treibt (Lk 9,54f.). *Der Charismatiker Jesus blieb nüchtern.*

7. Die erste, einfache Krankenheilung
Mk 1,29–31 (Mt 8,14f./Lk 4,38f.)

Er ging aus der Synagoge heraus sofort in das Haus des Simon und Andreas mit Jakobus und Johannes. Aber die Schwiegermutter Simons lag fieberkrank danieder. Und gleich reden sie mit ihm über sie. Da trat er hinzu, faßte ihre Hand und richtete sie auf. Da verließ sie das Fieber, und sie diente ihnen.

Das war nicht geplant. Es ergab sich. – Wenn jemand das Haus seines Freundes betritt, wird man ihm erzählen, daß die Schwiegermutter leider krank ist, und er wird auf sie zugehn und ihr gute Besserung wünschen. Das ist normal-menschlich. Und das tat Jesus. Nur mit diesem feinen Unterschied: Er tat's «mit ganzer Seele» wie alles, was er tat, nämlich wach-bewußt und von Gott her. Ich will wirklich, daß du jetzt gesund wirst. Zum Zeichen dessen faßt er ihre Hand. Sie spürt, daß er es ernst meint, wie seine Zuhörer spürten, daß er aus innerer Vollmacht redet. Wenn dieser gute, starke, gottverbundene Mensch wirklich will, daß ich gesund werde, dann kann ich es auch. Und ohne Zaudern aktiviert sie all ihre psychosomatischen Abwehrkräfte gegen das Fieber und überwindet es, um ihre Gäste zu bedienen. So erlebt Jesus, daß er aus der Kraft des Gottvertrauens Kranke heilen kann, sogar am Sabbat. Künftig wird er, von seinem Erbarmen gedrängt, immer wieder auf ähnliche Weise heilen. Und er wird auch seine Jünger lehren und beauftragen, dasselbe zu tun, um die Gottesherrschaft richtig zu verkünden. Das heißt: *damit die Kraft und Güte des Schöpfers nicht nur durch Reden glaubbar, sondern auch durch Heilen sichtbar und beglückend erlebbar gemacht werde.*

Bei dieser ersten Heilung ist keine Spur von Zauber. Derartiges kann an jedem Krankenlager geschehen. Die Mediziner mögen es

Placebo-Effekt nennen. Entscheidend ist der Effekt, denn «wer heilt, hat recht». Nur richtet sich das Vertrauen, das die natürlichen Kräfte der Selbstheilung mobilisiert, hier nicht auf eine Tablette oder ein Amulett, sondern auf den realen Urquell aller Lebenskräfte, auf den guten Schöpfergott. – Aber die Verehrer Jesu haben, um ihn zu vergrößern, ihn ins Mirakulöse gesteigert. Schon Lukas verbessert: «Er bedrohte das Fieber» wie einen Dämon. Am Ende, bei Johannes, soll Jesus eine schon stinkende Leiche lebendig gemacht haben. Das ist eindeutig Zauber mit der durchsichtigen Absicht: «Sie sollen glauben, daß du mich gesandt hast» (Joh 11,42).

8. Das «warme Nest» als Versuchung
Mk 1,35–39 (Lk 4,42 f.)

Früh, als es noch sehr dunkel war, stand er auf, ging hinaus und weg an einen einsamen Ort, und dort betete er. Und Simon mit seinen Gefährten eilte ihm nach. Und sie fanden ihn und sagen ihm: Alle suchen dich. Und er sagt ihnen: Gehn wir anderswohin, in die benachbarten Marktflecken, damit ich auch dort es ausrufe. Denn dazu bin ich herausgekommen. – Und er ging in ihre Synagogen in ganz Galiläa und verkündete (die Gottesherrschaft) und warf die Dämonen hinaus.

Der Täufer blieb an seinem Ort und ließ die Leute herankommen. Jesus hätte in Kapernaum am See bleiben können, um von da aus eine Gemeinde aufzubauen. Hier war er zuhause (Mk 2,1 u. ö.), hatte bereits einige Schüler und viele Verehrer. «Eine gute Pfarrstelle», denn hier wurde er akzeptiert. «Alle suchen dich.» – Warum wählte er dennoch den mühsamen und riskanten Weg eines Wanderpredigers? *Weil es gottgemäßer ist, dem guten Zug des Herzens zu folgen als einem Erfolgskalkül* und diese befreiende Botschaft Gottes, deren Wirkung er in Kapernaum erlebte, allen Leuten anzubieten. Darüber wurde er sich in der Versuchung zum schnellen, persönlichen Erfolg wieder klar, als er sich ganz einsam dem inneren Zwiegespräch mit dem Vater aussetzte.
Und er tat, was er von seinen Jüngern verlangte: Er verließ das warme Nest «sofort».

Bemerkenswert die kleine Abänderung bei Lk: «Ich muß..., weil ich dazu gesandt wurde.» Der von Mk gezeichnete historische Jesus beruft sich nicht wie alte Propheten auf detailierte Gottesbefehle. Er sagt: «Dazu bin ich (aus der Einöde) herausgekommen», *in eigener, vor Gott verantworteter Entscheidung. So ist es menschlicher!*

9. Riskante Heilung eines Aussätzigen
Mk 1,40–45 (Mt 8,1–4/Lk 5,12–16)

Ein Aussätziger kommt zu ihm, ruft ihn an und fällt auf die Knie und sagt: Wenn du willst, kannst du mich reinmachen. Und von Mitleid bewegt die Hand ausstreckend berührt er ihn und sagt ihm: Ich will's, werde rein! Und sofort ging der Aussatz weg, und er wurde rein. Und ihn anschnaubend warf er ihn sofort hinaus und sagt ihm: Hüte dich, irgendeinem etwas zu sagen, sondern mach dich heimlich fort, zeige dich dem Priester und bringe hin für deine Reinigung, was Mose vorgeschrieben hat, zum Zeugnis für sie! Der aber ging hinaus und begann, vieles zu verkünden und die Rede darüber zu verbreiten, so daß er (Jesus) nicht mehr offen in eine Stadt gehen konnte, sondern draußen an einsamen Orten sich aufhielt.

Aussätzige galten auch als kultisch unrein, als von Gott Gestrafte. Sie waren Ausgestoßene. Niemand durfte sie berühren. Daß ein solcher es wagte, sich Jesus zu nähern, zeugt von tiefer Not und noch tieferem Vertrauen zu diesem Heiler. Da läßt sich Jesus wieder unvorsichtig von seinem Herzen leiten. «Von Mitleid bewegt», somit ganz spontan berührt er ihn mit der Hand. Und auf das ungebrochene Vertrauen «Du kannst, wenn du willst» antwortet er ebenso ungebrochen: Ja, ich will das. (Vgl. dagegen Mk 9,22f!) – Was nun geschah, übertraf gewaltig die Heilung einer Fieberkranken. Wer durchaus will, darf den Bericht für Übertreibung halten. *Aber kein Theologe und kein Physiologe, der nicht selber charismatisch heilt oder sich wenigstens genug damit befaßt, hat das Recht, zu behaupten: Solche Auswirkungen der Vertrauenskraft überschreiten die Grenze des Schöpfungsgemäßen.*
Aber Jesu unerwartete Reaktion zeigt seine eigene Erschütterung über diesen Vorgang. Er, der eben noch mitleidig den Armen berührte, jagt ihn jetzt brüsk davon. Denn plötzlich sieht er die Ge-

fahr: Wenn das bekannt wird, verehren sie mich als Wundertäter, verlangen nur noch Wunder und achten nicht mehr auf die Botschaft. Deswegen das absolute Verbot, darüber zu reden und sich in der Nähe zu zeigen (hypago: heimlich wegschaffen). Aber nüchtern und fürsorglich zugleich gebietet er dem Geheilten, sich nur der priesterlichen Gesundheitsbehörde vorzustellen und den gesetzlichen Obulus nicht zu vergessen, damit er als geheilt anerkannt und so wieder gesellschaftsfähig wird. – Doch was Jesus befürchtete, trat ein. Er machte Wunderpropaganda. Jesus mußte ihr ausweichen, weil sie seinem Werk nur schadete. Lk mildert den Konflikt an allen Ecken: Am Ende habe Jesus nur zurückgezogen leben wollen, um zu beten.

10. Sünder heilen sei Gotteslästerung
Mt 9,2–8 (Mk 2,3–12/Lk 5,17–26)

Und siehe, sie brachten ihm einen Gelähmten, auf der Bahre liegend, und als Jesus ihr Vertrauen sah, sagte er zu dem Gelähmten: Fasse Mut, mein Kind! Vergeben werden deine Sünden. Und siehe, einige der Schriftgelehrten sagten bei sich: Dieser lästert. Und Jesus, da er ihre Überlegungen kannte, sagte: Mit welcher Absicht überlegt ihr Böses in euren Herzen? Denn was macht weniger Mühe, zu sagen: Vergeben werden deine Sünden, oder zu sagen: Steh auf und geh umher? / Damit ihr aber seht, daß der Mensch Vollmacht hat, auf Erden Sünden zu vergeben – da sagt er zu dem Gelähmten: Steh auf, nimm deine Bahre und geh schnell in dein Haus! Und er stand auf und ging weg in sein Haus. Und die Volksmassen gerieten in Furcht und sie priesen den Gott, der *den Menschen* solche Vollmacht gibt.

Die Kernfrage aus der Sicht der Theologen: Darf man einen Sünder, den Gott mit Krankheit straft, von seinen Leiden befreien und behaupten, Gott vergebe ihm umsonst? Wird so nicht der gerechte Gott gelästert und die Religion verbilligt? – Der Vorgang: Jesus sieht das Vertrauen der Krankenträger und spürt zugleich die Angst des Kranken, die diesen auch physisch lähmte. Es ist die Angst des frommen Juden vor einem Gott, der seine verborgenen Sünden oder die seiner Vorfahren gerecht bestraft. Jesus redet ihm nicht das Sündenbewußtsein aus wie moderne Psychologen, sondern befreit ihn von der Gottesangst. Er läßt Gottes Güte durch das eigene Herz hindurch auf den Kranken strömen: Mein Kind! Fasse Mut! Und weil er Gott kennt, kann er mit ruhiger Sicherheit sagen: Gott vergibt deine Sünden und verrechnet sie nicht mit Leiden.[7] Er will nicht, daß du krank bist. Wenn der Gelähmte das annimmt, löst sich bereits seine psychische Verkrampfung. Aber Jesus weiß, daß die anwesenden Theologen, auch wenn sie es nicht aussprechen, so etwas für eine Lästerung der Gerechtigkeit Gottes halten. Sie möchte er zum Umdenken bewegen. Darum die Gewissensfrage: *Hina-ti,* d. h. damit-was (im Endeffekt herauskommt) theologisiert ihr so? Wollt ihr, daß Gott geehrt und geliebt werde, oder wollt ihr im Grunde, daß Menschen geprügelt werden?

«Denn was ist leichter auszusprechen», daß Gott Sünden vergibt oder daß Gott Kranke aufrichtet? Natürlich, beides zu sagen, macht keine Mühe. Das ist ironisch gemeint. Aber es aus solcher Sicherheit heraus zu sagen, daß es sich im Sünder und im Kranken heilend auswirkt, ist nur dem möglich, der Gott kennt (wie ein Sohn den Vater). Und dann zeigt Jesus, daß er nicht Menschengedanken über Gott, sondern die Wirklichkeit Gottes, d. h. seine wirklich vergebende, angstlösende und seine wirklich heilende, Glieder entkrampfende Güte ausspricht: *Egeire,* richte dich auf, werde (von Gott) aufgerichtet! – Die das miterlebten, gerieten in Furcht, weil ihr altes Glaubensfundament (Gott muß gerecht sein!) wankte, *aber dann priesen sie den guten Gott, der den Menschen und nicht nur dem Jesus solche Vollmacht gibt, seine Güte wirksam auszusprechen.*

11. Er ißt mit Sündern
Mk 2,15–17 (Mt 9,10–13/Lk 5,29–32); Lk 19,2–10

Und es geschieht, daß er in seinem (des Levi) Hause zu Tisch liegt und viele Zollpächter und (andere) Sünder lagen mit Jesus und seinen Schülern zu Tisch. Und die Schriftgelehrten pharisäischer Richtung sahen, daß er mit Sündern und Zollpächtern ißt, und sagten zu seinen Schülern: Mit den Zollpächtern und Sündern ißt er? Und Jesus hört es und sagt ihnen: Nicht die Gesunden brauchen einen Arzt, sondern die Kranken. Ich kam nicht, um Gerechte einzuladen, sondern Sünder.

Auch die Pharisäer, die Schriftgelehrten und der Bußprediger Johannes sorgten sich um die Seelen der Sünder, aber in anderer Weise. Sie verlangten: Zuerst bekehrt euch! Dann wird der gerechte Gott euch Gutes tun. Jesus weiß, daß Gott aus sich heraus alle Menschen liebt, böse wie gute, ohne Vorbedingung (Mt 5,45). Darum bietet er den von Gott Weggelaufenen zuerst die Güte Gottes an in Gestalt seiner eigenen, fröhlichen Tischgemeinschaft; hoffend, daß sie daraufhin umkehren. Dabei verharmlost er niemals die Sünde, etwa die brutale Ausbeutung der Armen durch Zoll- und Gutspächter im Dienst der Römer. Sünder sind in Jesu Augen *Kranke, die er von innen her heilen will;* wie z. B. in Jericho:

(Lk 19,2-10) Und siehe, ein Mann namens Zakchäus, der war Oberzöllner und reich ... Und als Jesus an den Platz kam, schaute er hinauf[8] und sagte zu ihm: Zakchäus, steige eilends herab, denn heute muß ich in deinem Haus verweilen. Und eilends stieg er herab und nahm ihn auf mit Freuden. Und alle, die es sahen, murrten durcheinander: Bei einem sündigen Mann ging er hinein, um Rast zu machen. Zakchäus aber trat hin und sagte zum Herrn: Siehe, Herr, die Hälfte meines Vermögens gebe ich den Armen, und wenn ich von jemand etwas erpreßt habe, gebe ich es vierfach zurück. Es sagte aber Jesus in bezug auf ihn: Heute ist dieser Familie Rettung widerfahren, weil auch er ein Sohn Abrahams ist. Denn der Menschensohn ist gekommen, um zu suchen und zu retten, was verloren war.

Hier hat Jesu Gratisangebot von Güte an einen noch nicht bekehrten Sünder reiche Frucht getragen. Freilich ist solcher Vertrauensvorschuß ein Risiko wie das Ausstreuen von Samen, wobei man nicht weiß, ob er auf guten Boden fällt. Dennoch bleibt dies die Bekehrungsmethode Jesu: Während Übermenschen den Sünder mit Gewalt bekehren oder ihn hinauswerfen wollen, ist für den einfachen «Menschen» (dies bedeutet «Menschensohn». Siehe Kap. 32 u. 33!) *auch der weggelaufene, sündige Mitmensch so wertvoll, daß er ihn suchen und retten möchte.*

12. Kennzeichen der Gottesnähe: Freude
Mk 2,18–19 (Mt 9,14f./Lk 5,33f.); Mt 11, 16–19 (Lk 7,31–35)

Die Johannesjünger und die Pharisäer pflegten zu fasten. Da kommen Leute und sagen zu ihm: Warum fasten die Johannesjünger und die Pharisäerschüler, die aber dir als Jünger gelten, fasten nicht? Da sagte ihnen Jesus: Können denn die ‹Söhne des Hochzeitsraumes›, in dem der Bräutigam mit ihnen ist, fasten? [9]

Das kultische Fasten war in Israel immer Zeichen der Trauer über die Abwendung Jahwes von seinem Volk und des Flehens um seine Wiederzuwendung. Zugleich war es Sühne für die Sünden des Volkes, die seinen gerechten Zorn provozierten. Fromme Juden fasteten so, insbesondere Johannes. Darum die große Anfrage: Warum fastet ihr nicht ebenso?
Jesu bündige Antwort: Weil Gott uns zugewandt ist. Das erklärt er mit einem wunderbaren Bild von der Liebe Gottes, das jedem Juden vertraut war: Jahwe wird wie der Bräutigam Israels sein (Jes 54,5; 61,10f.; Jer 2,2ff.; Ez 16; Hos 2,18). Jetzt «ist die Wartezeit erfüllt». Gott ist da! Aber nicht als der zornige Richter, wie Johannes ihn ankündigte, sondern als der liebende, Freude ausstrahlende Bräutigam. Wir sind drinnen im Hochzeitssaal (im Raum der Gottesherrschaft). Da können wir unmöglich weitertrauern und fasten. (Unausgesprochen schwingt hier die Einladung mit: Kommt doch auch herein!)
Aber die Freude, die ein liebender Gott um sich verbreitet, ist keine halbierte, nur-geistige, die auch der Asket haben kann, sondern eine schöpfungsgemäß-ganze, den Leib und die Seele lokkernde. *Also lachend essen und Wein trinken, nicht weil der Aufpasser-Gott mal wegschaut, sondern weil der liebende Gott da ist!*
Um aber Gottesnähe und leibhafte Freude bruchlos zu verbinden, im Denken und Fühlen zugleich, bedarf es einer radikalen inneren Wende. Und dazu war Israel zur Zeit Jesu nicht bereit:

(Mt 11,16–19) Dieses Geschlecht gleicht Kindern, die auf dem Marktplatz sitzen und einander zurufen: Wir haben euch etwas vorgeblasen, und ihr habt nicht getanzt. Wir haben Klagelieder angestimmt und ihr habt nicht an die Brust geschlagen. / Denn Johannes kam, aß nicht und trank nicht, da sagen sie: Er hat einen Dämon. Der Menschensohn (ich) kam, aß und trank, da sa-

gen sie: Seht, (nur) ein Mensch, ein Fresser und Weinsäufer, ein Kumpan der Zöllner und Sünder! Und (er sagte): Die Weisheit wird von ihren Werken gerechtfertigt.

Wie unreife Kinder, die nur auf ihre jeweilige Laune fixiert sind und sie andern aufdrängen wollen (Tanzt mit uns! / Nein, trauert mit uns!), so beurteilten die Zeitgenossen den Propheten Johannes und den Propheten Jesus. Der eine war ihnen wegen seines asketischen Verhaltens zu dämonisch, der andere wegen seines normalen Verhaltens zu menschlich. Aber Jesus entschuldigt sich keineswegs. *Er akzeptiert mit Humor den Vorwurf, nur ein Mensch zu sein, der gerne ißt und sich am Wein erfreut.* Die von seinen Hörern erwartete «Weisheit», d. h. was vor Gott richtig ist, kann nicht theoretisch bewiesen werden. Es erweist sich in seinen Auswirkungen (wie Propheten an ihren Früchten zu erkennen sind). Wer den kindhaft heiteren Lebensstil Jesu annimmt, wer mit ihm die Güter der Erde, die der Vater ihm schenkt, «dankend» *(eucharistesas)* und ohne schlechtes Gewissen genießt, der lebt gottgemäß, fromm und fröhlich zugleich, schon auf Erden. – Um ein Mißverständnis zu vermeiden, sei hier daran erinnert: Aus derselben Güte des Vaters, die uns unbeschwert genießen läßt, folgt auch die Bereitschaft, unser Brot zu «brechen», um es mit Hungernden zu teilen. *So weitet sich die Freude Gottes* (Mt 25,40).

13. Wie Gottesfreude Wasser zu Wein macht
Joh 2,1–10

Was hier folgt, ist nur eine Vermutung. Bitte, nicht zu ernst nehmen! Der Leser möge sie mit einer Prise Humor prüfen und ablehnen oder auch akzeptieren. – Joh bringt gelegentlich Fragmente historischer Erinnerungen, die er jedoch theologisch überarbeitet. Daß die «Hochzeit zu Kana» dazugehört, dafür sprechen folgende Beobachtungen: der unbedeutende Ortsname; der unpassende Streit Jesu mit seiner Mutter; die nicht-symbolische Zahl Sechs der Wasserkrüge. Versuchen wir einmal, am Text entlang zu erkennen, was zum neuen Stil Jesu paßt:

Eine Hochzeit war zu Kana in Galiläa, und die Mutter Jesu war dort. Aber auch Jesus und seine Jünger waren zur Hochzeit eingeladen. Als der Wein ausging, sagte die Mutter Jesu zu ihm: Sie haben keinen Wein mehr. (Das bedeutet normalerweise: Jetzt geht!) **Jesus sagt ihr: Was ist zwischen mir und dir, Frau? Meine Stunde ist noch nicht gekommen.** (Das bedeutet normalerweise: Was bevormundest du mich noch? Ich weiß, wann ich zu gehen habe.) **... Dort waren aber sechs steinerne Wasserkrüge entsprechend dem Reinigungsritus der Juden. ... Jesus sagte zu den Dienern: Füllt die Krüge mit Wasser! Und sie füllten sie bis zum Rand. Er sagte ihnen: Schöpft jetzt und bringt es! ...** Hier fehlt vermutlich das entscheidende Jesuswort, das aber nicht zur mirakulösen Deutung des Evangelisten paßt.) **Als der für das Festmahl Verantwortliche das zu Wein gewordene Wasser kostete, ... rief er dem Bräutigam zu und sagte** (scherzend)**: Jeder setzt zuerst den guten Wein vor und, wenn die Gäste betrunken sind, den weniger guten. Du hast den guten Wein bis jetzt zurückgehalten.**

Wenn Jesus nicht Materie verzaubern, sondern Menschen umwandeln wollte, wenn er diese armen Leute, denen der Wein ausging, zur Gottesfreude bekehren wollte, brauchte er ihnen doch nur seine eigene Gottesfreude mitzuteilen. Etwa so: Wozu muß es Wein sein? Daß Gott uns wirklich gut ist wie ein lieber Vater, daß er uns dieses kostbare Wasser schenkt, Freunde, das ist doch wunderbar! Das ist besser als der Wein der Reichen. Also prosit, Freunde! – Und befreiendes Lachen breitet sich aus, und sie trinken mit Wasser einander zu, und der Speisemeister macht sein Späßchen, und alle Beteiligten sind wie verwandelt, weil sie spüren: Gott ist uns wirklich gut, man merkt's an diesem neuen Menschen Jesus.

Diese Menschenverwandlung war freilich nur möglich, weil Jesus «aus Vollmacht» die Güte Gottes verkündete und zugleich ausstrahlte. – Was hat nun der Joh–Redaktor durch seine Einfügungen und Weglassungen verbessert?[10] Er erhöhte Jesus zu einem Zauberer, der «seine Herrlichkeit offenbarte», damit «seine Jünger an ihn glaubten». Aber kein Zauberlehrling könnte ihm «nachfolgen», wie er es doch verlangt. *Jedoch von dem wirklichen Jesus könnten sogar wir, denen auch gelegentlich «der Wein ausgeht», lernen, Wasser als Wein zu trinken; fröhlich und dankbar vor unserem guten Schöpfer.*

14. Kombiniert nicht Alt und Neu!
Mk 2,21–22 (Mt 9,16f./Lk 5,36–39)

Gottsucher unter den Pharisäern und Johannesschülern konnten geneigt sein, von Jesus «einiges» zu übernehmen, etwa seine menschenfreundliche Art der Verkündigung, aber nicht alles (z. B. nicht die Feindesliebe). Denen sagt Jesus:

Niemand näht ein Stück frischgewebten Tuches auf einen alten Mantel; sonst reißt das Neue die Ganzheit weg vom Alten, und der Riß wird schlimmer.

Das heißt: Die «Gute Botschaft» ist etwas Neues wie frischgewebtes Tuch. Das taugt, um einen neuen Mantel anzufertigen, aber nicht, um einen alten, verschlissenen zu flicken. Wenn ihr nur «ein bißchen Jesuanisches» übernehmen wollt, wird es euer religiöses System zerreißen (z. B. das Nicht-Fasten paßt nicht zu eurem Richtergott). Wenn ihr nicht konsequent die ganze Gottesbotschaft annehmen wollt, bleibt besser konsequent bei eurer alten Religiosität! – Auch die Schrift- und Rechtsgelehrten, denen die Wahrung der heiligen Traditionen oblag, konnten erwägen, ob nicht die gute Moral in der Verkündigung Jesu, die weithin mit «Gesetz und Propheten» übereinstimmt, in den soliden Rahmen der Tradition einzufügen ist; natürlich nicht alles, nicht seine Gesetzes- und Tempelkritik. Denen sagt Jesus:

(Mk 2,22) Niemand gießt jungen Wein in alte Bälge; sonst zerreißt der (gärende) Wein die Bälge, und sowohl der Wein geht zugrunde als auch die Bälge. Vielmehr gilt: Jungen Wein in neue Bälge!

Das heißt: So wie gärender Most, «Wein in Bewegung», elastische Ziegenbälge als Behälter braucht, so braucht die frische Gotteserfahrung und Gottesbotschaft Jesu ein elastisches Gefäß. Ohne Bild ist damit zweierlei gesagt: 1. Um nicht in private Beliebigkeit zu zerfließen, braucht sie zwar ein Gehäuse, eine «Sammlung aller Jünger» (eine *qahal, ekklesia,* Gemeinde, Kirche). 2. Aber die Grundordnung der neuen Sammlung muß dem neuen Inhalt angepaßt sein. (Es wird sich zeigen, welches Modell Jesus selbst seiner Jüngerschaft einstiftete: die um ihn versammelte brüderliche

Tischrunde, in der man «das Brot bricht», d. h. miteinander teilt usw.) Und diese Grundordnung darf nicht unter einer übergestülpten Rechtsordnung erstarren, sondern muß, um den Inhalt zu wahren, sich an veränderte Orte, Zeiten und Situationen anpassen. Es darf nicht so weit kommen, daß Chinesen sich römisch verhalten müssen oder heutige Menschen mittelalterlich denken müssen, um in der allumfassenden Tischrunde Jesu noch ein Plätzchen zu finden. Das bedeutet wohl: Gärenden Wein gebt in elastische Ziegenbälge! – Wem aber dieser neue Wein zu riskant ist, der bleibe lieber bei seinem alten, wie Jesus wohl aus schmerzlicher Missionserfahrung feststellte: «Niemand, der alten Wein trinkt, will neuen, denn er sagt: Der alte ist bekömmlich» (Lk 5,39).
Bleibt noch zu fragen, ob der Wein Jesu nach 2000 Jahren alt genug geworden ist, daß er in das Gehäuse einer unbeweglichen (seit 1870 sogar unkorrigierbaren) Kirche paßt? Die Antwort liegt, um beim Bild zu bleiben, in der Art des Weines, in der Eigenart der Gottesbotschaft Jesu. Schon die alten Propheten Israels wurden von einem «Gott in Bewegung» erfaßt, der sich in kein steinernes Haus einsperren lassen, sondern seinem Volk voranziehen wollte (2 Sam 7,4–7). Erst recht wurde Jesus von einem «atmenden» Gott erfaßt, der ihn mit seinem ATEM neubelebte und ihn vorantrieb von Erfahrung zu Erfahrung. Auch von den Werken Gottes könnten wir heute deutlicher als früher ablesen, daß er mit seiner Schöpfung ab Urknall in einer dialogischen Bewegung ist; nicht nervös-chaotisch, sondern unentwegt auf sein Hochziel zu. *Wenn aber Gott selbst als der Liebende «in Bewegung bleibt», dann darf auch der Mensch (und jede menschliche Religionsgemeinschaft) weder mit 20 Jahren noch mit 90 Jahren aufhören, beweglich Gott zu suchen.*

15. Der Sabbat für den Menschen
Mk 2,23–24.27–28 (Mt 12,1–8/Lk 9,1–5);
Mk 3,1–6 (Mt 12,9–14/Lk 6,6–11)

Das war der Hintergrund aller Sabbatkonflikte: «Jahwe hat befohlen: Sechs Tage hindurch darf gearbeitet werden. Der siebte Tag soll euch heilig sein, ein Tag vollkommener Ruhe, heilig für

Jahwe! Jeder, der an ihm eine Arbeit verrichtet, werde mit dem Tode bestraft! Am Sabbat dürft ihr in all euren Häusern nicht einmal Feuer anzünden.» So ist es in Ex 35,1–3 heiliggeschrieben. Wenngleich die Gesetzeslehrer diesen rigorosen Jahwebefehl durch Auslegung zu vermenschlichen suchten, so wagte doch keiner, die religiöse Basis der Sabbatheiligung anzuzweifeln: Jahwe habe diesen Tag tabu gemacht, menschlichem Gebrauch entzogen, er sei heilig *für Jahwe*. – Und genau dieses Prinzip, dieses Gottesbild, bestreitet Jesus:

Er wanderte am Sabbat durch die Saatfelder, und seine Jünger begannen (zu tun, was sie früher nicht taten), unterwegs Ähren abzurupfen. Da sagten die Pharisäer zu ihm: Sieh, was sie am Sabbat Unerlaubtes tun! ... Und er sagte ihnen: Der Sabbat ist für den Menschen und nicht der Mensch für den Sabbat (von Gott) gemacht worden. Daher gilt: Herr ist der Menschensohn auch über den Sabbat.[11]
(Mk 3,1–6) Er ging wieder in die Synagoge, und da war ein Mensch mit einer gelähmten Hand. Und sie beäugten ihn, ob er am Sabbat ihn heilen würde, um ihn anklagen zu können ... Und er sagt zu dem Menschen mit der verdorrten Hand: Erhebe dich und komm in die Mitte! Und er sagt ihnen: Ist es (von Gott) erlaubt, am Sabbat Gutes zu tun oder Böses zu tun, Leben zu retten oder zu töten? Sie aber schweigen. – Da schaute er sie ringsum an voller Zorn und empfand Mitleid über die Verdorrung ihrer Herzen und sagt dem Menschen: Strecke deine Hand aus! Und er streckte sie aus, und seine Hand wurde wiederhergestellt. – Und die Pharisäer gingen hinaus und ließen alsbald eine Beratung mit den Herodianern gegen ihn zu, wie sie ihn umbringen könnten.

Jesus hat das versteinerte Gottesbild hinter dem versteinerten Sabbatgesetz frontal angegriffen: Der lebendige Gott hat den Ruhetag zum Wohl des Menschen angeordnet, darum darf der Mensch in diesem Sinne ihn gebrauchen (als «Herr des Sabbats»), darf ohne Einschränkung Gutes tun, helfen und heilen; auch diese Hand hier: sofort, obwohl sie ebenso nach dem Sabbat zu heilen wäre. Jesus hat für diesen Umsturz des Gottesbildes keinen Schriftbeweis, sondern nur die Gewißheit seines Herzens, das seit seiner Gotteserfahrung von DEM ATEM durchdrungen ist: Gott liebt den Menschen. Daraus ergibt sich alles. Aber nicht nur der Prophet Jesus, sondern jedes nicht religiös verschulte Kind, jeder Mensch als Mensch weiß die Antwort auf diese einfache Frage, ob man am Sabbat seinem Mitmenschen Gutes tun darf. Nur die durch geheiligte Traditionen geschulten Frommen «schwiegen». Nicht aus Bosheit, sondern weil ihre Herzen (schlimmer als jene Hand) verdorrt und gelähmt waren. Sie erkannten, daß dieser Laienprediger ihr Glaubensfundament, ihr Gottesbild, das sie aus Treue zur Bibel für das alleinrichtige halten mußten, zerstören würde. Darum ließen sie es zu, nun doch mit ihren politischen und religiösen Gegnern aus der Herodespartei zu überlegen, wie Jesus zu beseitigen sei.

Die kämpferische und zugleich mütterliche Haltung Jesu: 1. Er greift an. Er selbst ruft den Mann in die Mitte der Synagoge und handelt vor aller Augen gesetzwidrig an ihm. Zornig blickt er seine ringsum lauernden und vorsichtig schweigenden Gegner an. 2. Aber zutiefst bewegt ihn Mitleid, nicht nur mit diesem Kranken, sondern mehr noch mit seinen theologischen Gegnern, weil sie durch ihre Theologie herzkrank wurden, im Innern ausdorrten. Mit seiner kinderleichten Frage, ob Gott erlaubt, auch am Sabbat Gutes zu tun, wollte er sie zum Umdenken locken, zur Umkehr zu einem menschlichen Gottesbild, um so ihre erstarrten Herzen aufzutauen. Vergeblich.

Lk bringt zwei weitere Sabbatheilungen, in 13,10–17 ist es eine seit 18 Jahren verkrümmte Frau in der Synagoge, in 14,1–6 ein wassersüchtiger Mann im Haus eines Pharisäers. Bedeutsam ist Jesu vorbildliche, rein menschliche Motivation: «*Wem von euch fällt ein Sohn oder (auch nur) ein Ochs in den Brunnen, und er zieht ihn nicht sofort heraus am Sabbat?*» und «*Löst nicht jeder von euch am Sabbat seinen Ochsen oder Esel und führt ihn zur Tränke?*» Beide Male heißt das: *Gott ist doch wohl mindestens so gut wie ein Mensch. Das ist Jesu unwiderlegbare Kindertheologie.*

16. Auswahl und Sendung der Boten
Mk 3,13–15 (Mt 10,1/Lk 6,12f.); Mt 9,36–38 (Lk 10,2); Mt 10,5–6; 8,11 (Lk 13,29)

In drei Etappen weitete Jesus sein missionarisches Werk: 1. Aus der Einöde zurückgekehrt, trennte er sich (sofort oder allmählich) von der Johannesschule und sammelte ein Grüppchen eigener

Schüler. 2. Im Gebet entschied er sich, seinen «Standort» Kapernaum zu verlassen und mit ihnen von Ort zu Ort zu wandern, um in ganz Galiläa seine Botschaft zu verkünden. 3. Wieder im Gebet (nach Lk 6,12 f.) beschloß er, einige Jünger so auszurüsten, daß sie eigenverantwortlich, neben ihm und später ohne ihn, als seine Botschafter (Apostel) wirken könnten, und zwar in ganz Israel. Darum zwölf entsprechend der biblischen Zahl der Söhne Jakobs, die das ganze Israel repräsentieren. – Im folgenden sind die diesbezüglichen Anweisungen Jesu, die zuerst Mk, dann Mt/Lk überlieferten, zusammengeordnet.

Und er steigt auf den Berg (Lk: um zu beten), und ruft heran, die er selbst wollte, und sie gingen weg (von den andern) hin zu ihm. Und er bestimmte zwölf, daß sie mit ihm seien und daß er sie sende, zu verkündigen und Vollmacht zu haben, die Dämonen auszutreiben (Mt: und jegliche Krankheit und jegliche Schwachheit zu heilen) ...

Es folgt die Liste der 12 Namen. Diese zwölf Herausgerufenen verpflichtete er, «mit ihm zu sein», d. h. ständig mit ihm zu leben. So lernten sie nicht nur seine öffentlichen Reden, sondern auch sein Denken, Fühlen und Verhalten als deren authentischen Kommentar kennen. Solches «Kennen durch Mitgehen» wurde als unerläßliche Voraussetzung des Apostelamtes empfunden. Das zeigte sich bei der Wahl des Matthias als Ersatzmann für Judas (Apg 1,21 f.). Um so befremdlicher, daß Paulus sich als direkt von Gott (und somit nicht nachprüfbar) erwählten «Apostel» bezeichnete und überdies sich strikt weigerte, von den Aposteln wenigstens die Botschaft Jesu zu «lernen» (Gal 1). *Wer heute als «subdelegierter Apostel» wirkt, muß, bevor er etwas verkündet, zumindest nachforschen, was denn Jesus wirklich gesagt und getan hat.*

(Mt 9,36–38) Als er die Volksmassen sah, wurde er von Mitleid mit ihnen ergriffen, denn sie waren abgehetzt und hingestreckt wie Schafe, die keinen Hirten haben. Da sagte er seinen Jüngern: Die Ernte ist groß, aber die Arbeiter sind wenige. Bittet also den Herrn der Ernte, daß er Arbeiter in seine Ernte sende!

Erbarmen mit dem Volk, nicht die kultische Verehrung Gottes, ist das primäre Missionsmotiv dessen, der von einem liebenden Gott herkommt. Darum sieht er das weite Erntefeld: So viele abgehetzte und trotz Synagoge orientierungslose Menschen brauchen dringend seine befreiende und beglückende Gottesbotschaft. Die geringe Zahl geeigneter Botschafter bedrückt ihn. Aber er vertraut, daß Gott, dem doch die Ernte gehört, Arbeiter senden wird. *Denn ER ist es, der Menschen «animiert», ihnen DEN ATEM gibt, die Botschaft von seiner Liebe aufzunehmen und weiterzusagen.*

(Mt 10,5–6) Diese Zwölf sandte Jesus und befahl ihnen: Geht nicht weg auf den Weg zu andern Völkern und geht nicht in eine Stadt der Samariter! Sondern zuerst geht zu den Schafen im Hause Israel, die zugrunde gerichtet sind!
(Mt 8,11) Ich sage euch: Viele werden von Sonnenaufgang und von Sonnenuntergang herankommen und mit Abraham, Isaak und Jakob in der Gottesherrschaft sich zum Festmahl niederlegen.

Jesu Absicht, «zuerst» (*mallon* heißt: mehr, vorzüglich) das ganze Israel unter die Gottesherrschaft zu sammeln, ist historisch, weil nicht nachträglich erfindbar.
Er glaubte an die von manchen Propheten (Jes 2,1–4; 25,6–8; 49,12; 59,19; 60,1–10; Mi 4,1; Sach 2,15) schon geahnte heilsgeschichtliche Sendung seines Volkes: Wenn erst einmal Israel als Volk und nicht nur als Summe einzelner die Gottesherrschaft angenommen hat und sichtbar darstellt, dann werden die Völker wie von einem starken Magneten angezogen von selbst herankommen zur Gottesherrschaft, die einer von Gott bereiteten festlichen Mahlgemeinschaft gleicht. Darum widerstand Jesus der Versuchung, bei wachsendem Widerstand im eigenen «Hause» nach draußen auszuweichen und bei den Heiden oder Samaritern ein erfolgreicheres Missionsfeld zu suchen. Er beschränkte sich auf Israel und, um das ganze zu gewinnen, mußte er am Ende sogar den hochgefährlichen Kampf um sein geistiges Zentrum Jerusalem riskieren. Das gleiche befiehlt er den 12 Botschaftern: Geht bei Schwierigkeiten nicht hinaus, geht zuerst hinein, und drinnen geht zu denen, die's am nötigsten haben! – Der anderslautende, weltweite Missionsauftrag des wiedererweckten Jesus wird später zu bedenken sein (Nr. 131).
Jesu große Erwartung, Israel werde die Gottesherrschaft annehmen, und die Völker würden herankommen, erfüllte sich nicht.

Genauer: noch nicht, denn was sind zwei Jahrtausende in der Menschheitsgeschichte? – Trotzdem, für die Normalisierung unserer seit Paulus verspannten Beziehung zum Judentum bleibt die prophetische Sicht Jesu maßgebend: Abraham – Isaak – Jakob sind in der Gottesherrschaft, brauchen also nicht von uns missioniert oder gar christianisiert zu werden. Das heißt: Die religionsgeschichtliche Wurzel Israels ist «vor Gott richtig»; der wie Abraham urtümlich fromme Jude, der nicht durch die später hinzugekommene und von Jesus abgelehnte Vergesetzlichung verkehrt wurde, ist bereits in der Gottesherrschaft. Darum brauchte Jesus nicht Gerechte, d. h. vor Gott Richtige, erst einzuladen, sondern Sünder, die Verkehrten, zu denen die Selbstgerechten ebenso gehören wie die ungerechten Zollpächter. Jesus verlangte von seinem Volk niemals, daß es unjüdisch, sondern daß es ursprünglich-jüdisch werde, indem es den abraham-fremden Panzer der Vergesetzlichung abstreift. – Diese Grundeinstellung bleibt auch heute maßgebend für unser Verhalten gegenüber diesem heilsgeschichtlich einmaligen, immer wieder von Christen niedergetrampelten und doch fortlebenden Volk: für das ehrliche und nicht nur höfliche oder nur von Auschwitz geprägte Religionsgespräch mit dem Judentum; für unseren respektvollen Verzicht, Juden von außen her zu missionieren; für unseren nicht verhehlten Wunsch, *Israel selber möge den historischen Jesus (sauber zu unterscheiden von dem Christus der Christenheit!) als seinen ureigenen Propheten erkennen.*

17. Die Gottesherrschaft gottgemäß verkünden
Mt 10,7–9.12–14.16; Mk 6,8–9.12–13; Lk 10,7.9

Geht hin und verkündet: Herangekommen ist die Gottesherrschaft! Kranke heilt, Tote weckt auf, Aussätzige macht rein, Dämonen treibt aus![12]
(Lk 10,9) Heilt die Kranken in der Stadt und sagt ihnen: Zu euch ist die Gottesherrschaft herangekommen!
(Mk 6,12–13) Sie gingen hinaus und verkündeten, daß die Menschen umdenken sollten, und trieben viele Dämonen aus und salbten viele Kranke mit Öl und heilten sie.

Wie Jesus sollten auch seine Botschafter auf doppelte Weise die Gottesherrschaft verkünden: 1. Sagen, daß sie herangekommen ist, daß der gute, von innen nach außen heilende Gott da ist und wirkt. 2. Vorzeigen, daß es so ist, durch Krankenheilungen aus der Kraft des Vertrauens in diesen Gott. Denn ohne solches Vorzeigen bliebe das Sagen «vielleicht-wahr» und müßte blindlings geglaubt werden. – Es ist aber nicht nur die charismatische, sondern jede Art von Helfen und Heilen und Aufrichten aus Liebe ein Vorzeigen der angekommenen Gottesherrschaft, z.B. auch das medizinische Heilen durch «Salben mit Öl» oder das Brotteilen mit den Hungernden. Jedenfalls gehört nach dem Realisten Jesus das Vorzeigen der Auswirkung Gottes unabdingbar zum glaubhaften Reden über Gott.

(Mt 10,8–9) (Verkündet und heilt...) Umsonst habt ihr es empfangen, umsonst gebt es! Erwerbt damit kein Gold, kein Silber, keinen Kupferpfennig in eure Gürteltaschen!
(Mk 6,8–9) Er befahl ihnen, daß sie nichts mit auf den Weg nehmen sollten außer einem Wanderstab; kein Brot, keinen Vorratsranzen, kein Geld in die Gürteltasche stecken, aber Sandalen anziehen, und: Zieht nicht zwei Röcke an!
(Lk 10,7) Im selben Haus (in das ihr einkehrt) bleibt und eßt und trinkt, was sie euch vorsetzen, denn der Arbeiter ist seiner Nahrung wert. Wechselt nicht von einem Haus zum andern!

All diese merkwürdigen Anweisungen sind von dem Prinzip «Gratis» bestimmt, aus einer inneren Notwendigkeit. Weil der Gott, der jetzt verkündet wird, ein Schenkender ist (und kein Abrechnender, wie man bisher fürchtete), darum sollen seine Botschafter «leicht-sinnig» ihre beiden umsonst erhaltenen Gaben weiterschenken: niemals durch Predigen und Heilen Geld verdienen! Niemals mit der Angst losziehen, man fände unterwegs keine guten Menschen und müsse darum Brotvorrat und Geld und einen zweiten Rock für Übernachtungen im Freien mitnehmen! Aber auch keine unnötigen «Opfer»! Zum leichteren Marschieren Wanderstab und Sandalen! Und ungeniert hinnehmen, was geschenkt wird! Auch nicht heimlich die göttliche Sorglosigkeit preisgeben, indem man herumsucht, wo der reichste Bauer wohnt, um dort sich einzunisten! – Das wortwörtliche Nachmachen ist hier und heute unmöglich. *Aber die Grundorientierung an dem Prinzip «Gratis» bzw. «Leichter Sinn und leichtes Gepäck» aus Gottvertrauen bleibt für alle Botschafter Jesu verbindlich;* auch wenn sich daraus für die Kirchen ein anderes Finanzierungssystem (oder keines!) ergeben sollte.

(Mt 10,12–14) Wenn ihr ein Haus betretet, so entbietet ihm den (Friedens-) Gruß. Und wenn die Hausgemeinschaft es wert ist, wird euer Friede auf sie kommen. Wenn sie es nicht wert ist, wird euer Friede zu euch zurückkommen. Und wenn man euch nicht aufnehmen und eure Worte nicht hören will, schüttelt ihr aus jenem Haus oder jener Stadt herausgehend, den Staub von euren Füßen.

Aber wie sollen wir denn unsere Predigt anfangen? – Ganz einfach. Sagt: Guten Tag! Nur meint das auch ehrlich! Aus gutem Herzen wünscht den Leuten Gutes! (Lk: Sagt zuerst: Friede diesem Hause!) – So wird eine Höflichkeitsformel, die Jesus gewiß nicht nur als solche erwähnt hätte, zum Angebot der Güte Gottes. Wenn Menschen für Güte empfänglich sind, wird euer Friede (*Schalom* = umfassendes Heil), den ihr von Gott her in euch habt, auf sie kommen. Wenn nicht, kommt euer Friede auf euch zurück. Wie die erste der drei Tauben aus der Arche, die noch keinen Landeplatz fand (Gen 8,8–12). Dann geht eben weiter, drängt euch und eure Botschaft keinem auf! «Beim Herausgehen» (so wörtlich) schüttelt ihr den Staub von euren Füßen, fällt euer Ärger über die ungute Erfahrung von selber ab, *und ihr könnt unbeschwert weiterwirken.*[13]

(Mt 10,16) Seht, ich dagegen sende euch wie Schafe im Innern von Wölfen. – Werdet demnach klug wie die Schlangen, indem ihr so einfach werdet wie die Tauben![14]

Die falschen Propheten, vor denen Jesus warnt, sind außen wie Schafe, aber im Innern wie reißende Wölfe (Mt 7,15). Dagegen sendet Jesus (*ego* betont) seine Botschafter umgekehrt: äußerlich erscheinen sie wie Wölfe, weil sie die heiligen Traditionen zerstören. Aber im Herzen, im Innern («in *der* Mitte» und nicht «in *die* Mitte» lautet der griech. Text) sollen sie wie Schafe sein: friedlich und wehrlos. – Und eben deswegen brauchen sie eine neue Art von Klugheit. Diese besteht (wiederum ein paradoxes Bild wie das von den Schafen im Innern von Wölfen) nicht in der üblichen List und Verschlagenheit, sondern im «a-keraios»-sein, d. h. im unvermischt oder einfach oder einfältig sein wie Tauben. Ein Beispiel dafür ist die simple und doch die Klugheit der Gesetzeslehrer umwerfende Frage Jesus: Erlaubt Gott, am Sabbat Gutes zu tun? – *Nicht Einfalt gleich Dummheit, sondern Einfalt gleich Geradheit soll die Klugheit seiner Botschafter sein.*

18. Er wird verteufelt
Mk 3,22.28–29 (Mt 12,24.31 f. / Lk 11,15; 12,10)

Die Schriftgelehrten, die von Jerusalem herabkamen, sagten: Er hat den Beelzebul, und mit dem Fürsten der Dämonen treibt er die Domänen aus.

Die Schriftgelehrten aus Jerusalem waren Theologen der obersten Glaubensbehörde, des Synhedriums, die den Abweichler und Unruhestifter in Galiläa überprüfen sollten. – Ihr einziges Prüfgerät war «Die Schrift», die verfestigte Tradition, die als Gottes eigenes Wort galt. Das ursprünglichere Prüfgerät für Gut und Böse, «das Herz», funktionierte nicht mehr, weil es vor lauter Schriftgelehrsamkeit verdorrt war. Da Jesus offenkundig bewußt von der Schrift als Wort Gottes abwich (Beispiel: Sabbatkonflikt, Nr. 15), urteilten sie: Er ist ein getarnter Widersacher Gottes, er hat den Beelzebul (Fürst der Dämonen). Das Gegenargument, er treibe doch mit der Hilfe Gottes Dämonen aus, entkräften sie so: Nicht Gott, sondern der Dämonenfürst gibt ihm die Macht dazu. – Dieses vernichtende Urteil der Maßgebenden wirkte wohl als Schock auf Jesus, denn ab jetzt wußte er, daß er trotz aller Hörbereitschaft im Volk auf einen tödlichen Konflikt mit der Inquisition zuging. Aber mehr als sein eigenes Schicksal bewegte ihn der unheimliche Abgrund in den Herzen seiner Richter, aus dem dieses unbegreifliche Fehlurteil heraufkam. (Die Verteidigungsrede in V. 24–27 ist wahrscheinlich redigiert.) Entscheidend ist das Amenwort:

(Mk 3,28–29) Amen, ich sage euch: Alle Sünden und Lästerungen werden den Menschensöhnen vergeben werden, soviel sie auch lästern mögen. (Mt:

Auch wenn einer gegen den Menschensohn ein Wort sagt, wird ihm vergeben werden.) Wer aber das Heilige Pneuma lästert, hat niemals die Chance (ouk echei) der Vergebung, sondern ist von immerbleibender Sünde festgehalten (enochos).

Ein völlig unerwartetes Wort aus dem Munde dessen, der die unbegrenzte Liebe Gottes verkündet! Wie ist es von Jesus her und auf seine Richter hin zu verstehen? Er selbst hat das Heilige Pneuma, DEN ATEM, die Lebenskraft und Grundgesinnung des Schöpfers, erfahren als «die Liebe». Nur davon getrieben, hat er Menschen geholfen, ohne Rücksicht auf angebliche Gottesgebote, hat am Sabbat geheilt und hat Sünder, die es nicht «verdienten», geheilt. Wer das um seiner Theologie willen als Teufelswerk lästert, der lästert im Grunde Gottes Liebe zu allen. Wer aber diese ablehnt, kann nicht gerettet werden. Warum? Hört Gott irgendwann auf, den Sünder zu retten? Nein! Die Antwort liegt im Gleichnis vom unbarmherzigen Knecht. *Gottes geschenkte Liebe annehmen* und *sie weiterschenken, ist das einzig mögliche Seil, an dem Gott die Menschen aus ihrer gegenseitigen Schuldverstrickung herausziehen* kann. Wer dieses nicht ergreift, «bleibt in der Sünde».

19. Er trennt sich von der Mutter
Mk 3,21.31–35 (Mt 12,46–50/Lk 8,19–21)

Als seine Angehörigen das hörten (er sei vom Teufel besessen), zogen sie aus, um sich seiner zu bemächtigen, denn sie sagten: Er ist (nur) von Sinnen. ... Da kommen seine Mutter und seine Brüder. Draußen stehen bleibend, schickten sie jemand zu ihm, um ihn herauszurufen. Um ihn herum saß eine Menge, und man sagte ihm: Siehe, deine Mutter und deine Brüder und deine Schwestern da draußen suchen dich. Und er antwortet ihnen: Wer ist meine Mutter? Wer sind meine Brüder? Und auf die umherschauend, die um ihn herumsaßen, sagt er: Sieh da, meine Mutter und meine Brüder! Wer das tut, was Gott will, der ist mir Bruder und Schwester und Mutter.

Natürlich wurde das Urteil der Gelehrten, Jesus sei besessen, im Volk verbreitet, um dieses von ihm abzuhalten. Als seiner Familie das Gerede (doch nicht das Gerücht vom starken Zulauf, wie es

nach der Komposition von V. 20f. erscheint!) zu Ohren kam, reagierte sie, wie zu erwarten: Nein, mit dem Teufel paktiert unser Jesus nicht, er ist nur von Sinnen. Wir müssen ihn sofort heimholen, notfalls mit Gewalt, um ihn vor der Inquisition zu schützen und ihn zuhause gesundpflegen. Es gab ja keine Irrenanstalten. – Jesus durchschaut diese «gute Absicht» und deren Widerspruch zu dem, was Gott von ihm will. Er reagiert sehr hart: *Hier ist jetzt meine Familie. Wer mit mir den Willen Gottes tut, der ist mir Bruder und Schwester und Mutter.* Aber seine Angehörigen kommen nicht herein, um von ihm zu lernen und auf diese Weise ihm geistig verwandt zu werden. So zerreißt er das Familienband, das ihn nur hindern würde, *Gott ganz zu gehorchen. Das gleiche verlangt er von seinen Jüngern.*
Es ist tragisch, daß auch gutwillige Menschen mit ihm kollidierten, weil sie auf *ihre Weise* ihm gut sein wollten: Von denen, die ihn in Kapernaum festhalten wollten, riß er sich los, um von Ort zu Ort zu wandern. Denen, die ihn dankbar als Wunderheiler propagieren wollten, gebot er zu schweigen. Seinen Jüngern, die ihn begeistert als den Messias verkünden wollten, verwehrte er es strikt. Petrus, der ihm die Gefahr einer Ketzerhinrichtung fromm ausreden wollte, mußte hören: Hinter mich, Versucher! Seinen eifrigen Quartiermachern, die doch für ihn die bösen Samariter strafen wollten, sagte er, sie wüßten nicht, was für ein Geist sie treibt. – Aber von allen, die ihm nahestanden, litt wohl niemand so schmerzlich an ihm wie seine Mutter. Denn wer ist mit einem Menschen inniger verbunden als seine Mutter? Und Maria mußte von ihm, den sie doch nur schützen wollte, das bittere Wort hören: Wer ist meine Mutter? – Dennoch:

Einladung zur realistischen Marienehrung. Das ist ihre Größe: Obwohl sie «draußen stehen blieb», solange sie ihren Jesus nicht begreifen konnte, verbitterte sie nicht. Sobald es ihr möglich wurde, kam sie herein. Das war noch nicht am Karfreitag, denn Joh 19,25–27 erweist sich beim Vergleich mit Mk/Mt/Lk als christologische Konstruktion. Es geschah nach Ostern auf Pfingsten zu, wie Apg 1,14 bezeugt. – Unbekümmert um das Muttergottes-Dogma und den Marienkult dürfen wir diese Frau ehren. Sie hat am meisten an Jesus gelitten, bis sie, die Blutsverwandte, ihm geistesverwandt werden konnte. Gerade deshalb steht sie uns besonders nahe, die wir langsam und mühsam versuchen, den wirklichen, den oft schwer begreiflichen Jesus zu begreifen und ihm zu folgen. – Und warum sollten wir sie nicht bitten dürfen, uns dabei zu helfen in einer ihr möglichen Weise? Das wäre keineswegs unevangelisch, denn sie lebt bei Gott, wie «alle Toten ihm leben». Also ist sie ansprechbar wie alle Hinübergegangenen. (Was sollten die Jesusworte vom «aufwachen» und «leben» sonst bedeuten?) *Wir sind doch allesamt, Lebende und Tote, eine einzige kosmische Großfamilie unter dem einen Vater.* – Ist das zuwenig? Oder zuviel? Es ist meines Erachtens jesusgemäß.

20. Seine Ruhe in der Gefahr
Mk 4,36–38.40

Sie nahmen ihn, wie er war, im Boot mit, und andere Boote fuhren mit. Da erhob sich ein heftiger Fallwind, und die Wellen schlugen in das Boot, so daß es sich schon mit Wasser füllte... Da sagen sie zu ihm: Meister, kümmert's dich nicht, daß wir zugrunde gehn?... Da sagte er zu ihnen: Was seid ihr so ängstlich? Wie ist es möglich, daß ihr (immer noch) kein Vertrauen habt?

Gegen eine nachträgliche Erfindung des obigen Textes spricht der noch nicht «verchristlichte» ruppige Ton der Jünger: Kümmert's dich nicht? Auch der theologisch belanglose Umstand, daß andere Boote mitfuhren. Das oben Weggelassene ist als Einfügung erkennbar: 1. Daß er schlief und geweckt werden mußte, während das Boot im Sturm sich schon mit Wasser füllte, ist unrealistisch. 2. Er soll den Sturm angesprochen und durch sein Machtwort gebändigt haben. Ob er das konnte, ob parapsychologische Kräfte soweit reichen, mag hier außer acht bleiben. Entscheidend ist die Frage, ob er das wollte, ob er auf diese eigenmächtige Weise, der Natur paranormal befehlend, statt den Schöpfer bittend, sich und die Seinen retten wollte. Sein Gesamtverhalten spricht dagegen. Schon am Anfang hat er den Gedanken, sich in der Einöde durch ein paranormales Brotwunder zu retten, als Mißtrauen gegen Gott abgelehnt. Seinen wundergläubigen Jüngern erklärt er, daß Gott den Menschensohn Menschenhänden überläßt. Und am Ende betete er, vertrauend und nüchtern zugleich: Vater, *wenn* es möglich ist...

Die gleiche Haltung zeigt er auch in der oben geschilderten Lebensgefahr. Das geht aus den noch im Text erhaltenen Jesusworten hervor. Er tadelt die an sich verständliche Ängstlichkeit der Jünger. Der Grund: Wie ist das möglich *(pos)*, daß ihr kein Vertrauen habt? *Pistis* bedeutet aber bei Jesus immer Vertrauen zu Gott und keineswegs Vertrauen in ein eigenes paranormales «Können» (vgl. Nr. 37!). Solches Vertrauen hätten sie nämlich längst von ihm lernen sollen.

Ein Jesus als Wettermacher, wie ihn der Mk-Redaktor darstellt, nützt uns gar nichts. Denn wir werden das Wettermachen nicht lernen (Gott sei Dank!). *Aber das Gottvertrauen können wir von ihm lernen. Das gäbe uns die innere Sicherheit, daß wir bei jedem Sturm in den Händen des Vaters sind und bleiben, auch wenn unser Kahn kentern sollte.* Und aus dieser Sicherheit käme die Ruhe und die Kraft, das jetzt Nötige und hier Mögliche zu tun, damit er «möglichst» nicht kentert. Das würde genügen.

21. Er will keine Wunderpropaganda
Mk 5,18–20 (Lk 8,38f.)

In Mk 5,1–17 wird berichtet, Jesus habe aus dem Besessenen von Gerasa eine Legion Dämonen ausgetrieben und sie auf ihre Bitte hin in eine Schweineherde fahren lassen, die sich dann in den See stürzte. Es ist kaum möglich und auch nicht nötig, bei allen Exorzismusgeschichten folgende drei Komponenten sauber zu scheiden: 1. Was wirklich geschah. 2. Was schon die Augenzeugen sich dazudachten. 3. Was spätere Prediger ausmalten. – Hier sei nur die Schlußszene bedacht:

Als er in das Boot stieg, bat ihn der zuvor Besessene, mit ihm sein zu dürfen. Aber er ließ ihn nicht zu, sondern sagte ihm: Geh zurück in dein Haus zu den Deinen! Ihnen melde, wie Großes der Herr an dir getan hat und wie sehr er sich deiner erbarmt hat! Aber er ging weg und fing an, in der Dekapolis als Herold zu verkünden, wie Großes Jesus an ihm getan hat, und alle staunten.

«Mit ihm sein» bedeutete, in den begrenzten Kreis jener Schüler aufgenommen werden, die Jesus für die Sendung an Israel zurüstete. Aber er wählte, «die er selbst wollte», und hielt den Nichtjuden wohl für ungeeignet zu diesem Auftrag. Statt dessen gab er ihm einen passenderen. Zu seinen Angehörigen soll er zurückgehen und als Heide den Heiden die gute Botschaft sagen und vorzeigen: So gut ist «der Herr», auch zu den Heiden. Selbstverständlich bezeichnete Jesus damit nicht sich selbst, sondern Gott, den Herrn aller Völker. – Aber der Geheilte verkündete (*kerysso:* als Herold ausrufen) etwas anderes: «wie Großes Jesus an ihm tat». Und alle staunten; nicht über Gottes Güte, sondern *über ein Wunder Jesu. Womit der Verkündigungsauftrag verfehlt und für die Hörer nichts gewonnen ist.* (Vgl. Nr. 9.)

22. Er erbarmt sich der Abergläubischen
Mt 9,20–22 (Mk 5,25–34/Lk 8,42–48)

Siehe, eine Frau, die zwölf Jahre an Blutfluß litt, kam von hinten heran und berührte seine Mantelquaste. Denn sie sagte sich: Wenn ich bloß seinen Mantel berühre, werde ich gesund werden. Aber Jesus drehte sich um, schaute sie an und sagte: Fasse Mut, meine Tochter! Dein Vertrauen hat dich gerettet. Und von jener Stunde an wurde die Frau gesund.

Die geplagte Frau wagte nicht, den «Wundertäter» anzusprechen. So berührte sie heimlich seinen Mantel, hoffend, daß davon Heilkraft ausgeht. *Doch Jesus tadelt sie deshalb nicht.* Er ist ihr gut und richtet sie auf. Meine Tochter! Fasse nur Mut! Und gleichzeitig korrigiert er nüchtern ihren Aberglauben: (Nicht dieses Kleidungsstück, sondern) Dein Vertrauen ist es, das dich gerettet hat. Von da an wurde sie gesund.

23. Krankenheilung oder Totenerweckung?
Mk 5,22–24.35–43 (Mt 9,18f.23–26/Lk 8,40–42.49–56)

Einer der Synagogenvorsteher kommt und, sobald er ihn sieht, fällt er ihm zu Füßen und bittet ihn sehr: Meinem Töchterchen geht es ganz schlecht. Daß du

doch kommst und ihr die Hände auflegst, damit sie gerettet werde und lebe! Und er ging mit ihm weg, und eine ganze Menge folgte ihm, und sie umdrängten ihn ... (Hier ist die Heilung der Blutflüssigen eingefügt.) Während er noch redete, kommen Leute aus dem Haus des Synagogenvorstehers und sagen: Deine Tochter ist gestorben. Was belästigst du den Meister noch? Aber Jesus hörte nebenbei, was gesprochen wurde, und sagt zum Synagogenvorsteher: Hab keine Angst! Vertraue nur! Und er ließ niemanden weiter mitgehen außer Petrus, Jakobus und dessen Bruder Johannes. Und sie kommen in das Haus des Synagogenvorstehers, und er schaut sich das Durcheinander an, die laut weinenden und vieles herumschreienden Frauen. Und er geht hinein und sagt ihnen: Was schreit ihr euch heiser und weint? Das Kind ist nicht gestorben, sondern schläft nur. Da verlachten sie ihn. Er aber warf alle (Klagefrauen) hinaus und nimmt nur den Vater des Kindes und die Mutter und seine Begleiter mit und geht hinein, wo das Kind war. Und er faßte kräftig die Hand des Mädchens und sagt ihm: Talitha kumi! Das heißt übersetzt: Mägdelein, ich sage dir, wach auf! Und gleich stand das Mädchen auf und ging umher. Es war zwölf Jahre alt ... Und er sagte, ihr solle zu essen gegeben werden.

Wenn ein unschuldiges Kind krank wird oder gar stirbt, müssen laut Jahwes Gerechtigkeit die Eltern schuldig sein. Was bei einem Herrn Synagogenvorsteher besonders prekär ist! Also lauerten die Klageweiber schon, bis es soweit sei, daß sie ihr «tiefes Mitgefühl» hinausschreien können. Man ließ bei der ersten Ohnmacht des Kindes schnell dem Vater melden, ärztliche Hilfe komme zu spät. Und als Jesus, der das Verhalten seiner Landsleute wohl kannte, dennoch dem Vater Mut machte und dann im Hause feststellte, daß das Kind nicht tot ist, paßte das durchaus nicht ins Konzept dieser herzzerreißend Weinenden. Statt sich zu freuen, verhöhnten sie ihn. Und er warf sie hinaus. – Bemerkenswert, wie realistisch Jesus heilte. Das sofortige Umhergehen des Mädchens und das hier sinnlose Schweigegebot mögen als zu einer Heilungsgeschichte gehörig hinzugekommen sein. Aber auf die Nüchternheit des Arztes Jesus verweisen zwei Momente. 1. Er faßte sie kräftig bei der Hand *(krateo)* wie damals die Schwiegermutter des Petrus, während Jairus nur um die Segensgeste der Handauflegung gebeten hatte. 2. Am Ende sagt er noch, daß der Rekonvaleszentin zu essen gegeben werde. Waren die Eltern so verdattert, daß sie das vergaßen? Wahrscheinlicher ist, daß er anordnete, was sie dem Kind nunmehr geben sollten. Wenn das zutrifft, war Jesus in der zeitgenössischen Heilkunst besser bewandert, als die «Wunderberichte» vermuten lassen.

Wie Mt/Lk den Mk-Text «verbesserten»: Mk: «Meinem Töchterchen geht es ganz schlecht» *(eschatos echei)*. Mt: «Meine Tochter ist soeben gestorben. Aber komm und lege deine Hand auf sie, dann wird sie lebendig.» Lk: «Er hatte eine einzige Tochter, ungefähr zwölf Jahre alt, und diese starb gerade.» / Lk: «Da verlachten sie ihn, wissend, daß sie gestorben ist... Kind steh auf! Und ihr Lebensgeist kehrte zurück.» – Die Tendenz ist offenkundig. Wer aber argumentieren möchte, mit der Diagnose «Nicht tot, sondern schlafend» meine Jesus den Schlaf des Todes, der bedenke, daß Jesus hier nicht mit Theologen über Aspekte des Todes diskutiert, sondern Klageweiber hinauswirft, die unter «nicht-tot» jedenfalls nur «noch-lebend» verstehen können. Oder er hätte sie bewußt getäuscht.

Der Zweck der Totenerweckungsgeschichten: Nach der Erwekkung des Jünglings von Nain (Lk 7,11–17) bekennen alle: «Ein großer Prophet ist unter uns aufgestanden.» Bei der Erweckung des seit vier Tagen verstorbenen Lazarus (Joh 11,1–44) betet Jesus: «Vater, ich wußte, daß du mich immer erhörst. Aber wegen der Menge, die um mich herumsteht, habe ich es gesagt, denn sie sollen glauben, daß du mich gesandt hast.» Schauwunder sollen also Jesu Sendung beweisen und ihn verherrlichen. – Das widerspricht der Absicht des wirklichen Jesus eindeutig. Wenn er aus der Kraft des Gottvertrauens Kranke heilt, verbietet er jede Propaganda für seine Person. Er will nur die Liebe des Vaters, die ihn bewegt und die er verkündet, den Menschen aufzeigen, indem er Leidende aufrichtet. *Dagegen Hinübergegangene, die nicht mehr leiden, zurückholen wollen, so daß sie nochmals sterben, widerspräche der Schöpfungsordnung, wäre gottwidrig.* Denn Gott wird sie jenseitig aufwecken.

24. Ablehnung im Heimatdorf
Mk 6,1–6 (Mt 13,53–58/Lk 4,16–24)

Er ging von dort weg und kommt in seine Vaterstadt, und seine Schüler folgen ihm. Da Sabbat war, begann er in der Synagoge zu lehren. Und die vielen, die

ihn hörten, entsetzten sich und sagten: Woher hat dieser Mann Derartiges, und was ist das für eine Weisheit, die diesem gegeben wurde? Und (andere sagten): Woher solche Krafttaten, die durch seine Hände geschehen sind? Ist das nicht der Handwerker, der Sohn der Maria und Bruder des Jakobus, Joses, Judas und Simon? Und sind nicht seine Schwestern hier bei uns? Und sie stießen sich an ihm. – Und Jesus sagte ihnen: Nirgends ist ein Prophet mißachtet außer in seiner Vaterstadt, bei seinen Verwandten und in seiner Familie. – Und er konnte dort keinerlei Krafttat wirken ... Und er wunderte sich über ihr Mißtrauen.

Hätte Jesus so gepredigt, «wie es sich gehört», wäre alles gut verlaufen. Aber er verkündete mit Vollmacht derart Neues, daß die Hörer «sich entsetzten». Die einen spürten darin die Weisheit und fragten sich, woher er sie habe (da er weder auf einer Theologenschule noch in Indien war). Andere verwiesen aber auf seine eigenartigen Krafttaten (von denen die Gelehrten aus Jerusalem behaupteten, sie seien Teufelswerk). Von Gott kommt das nicht, denn er ist doch nur ein ganz gewöhnlicher Mensch: der Schreiner aus der Schustergasse, der Sohn der Maria (eine Beleidigung, jemanden nicht nach dem Vater zu benennen). Und seine Brüder und Schwestern, die kennen wir doch! – Hier wäre zu erwarten, daß Mk irgendeinen Kontakt Jesu mit seiner Familie erwähnt, ob sie ihn verteidigte, ob er wenigstens seine Mutter besuchte. Aber er berichtet nur die schmerzliche Erkenntnis Jesu, daß ein Prophet auch in der eigenen Familie verkannt wird (was Lk wieder wegläßt).

Er wundert sich über ihr Mißtrauen, weil das, was er sagt und tut, doch vertrauenswürdig ist, einfach und einsichtig. *Aber sie meinen komischerweise, ein Prophet müsse weit herkommen als ein fremdes Wesen, als ein Übermensch.* Daß ein einfacher Mensch Gott suchen und von Gott erfaßt werden kann, diese Selbstverständlichkeit wollen sie nicht gelten lassen. Später wird er sich bewußt «Mensch» nennen. (Siehe Nr. 32 u. 33.)

25. Ruht ein wenig aus!
Mk 6,31–32

Er sagte ihnen: Kommt, ihr allein, an einen einsamen Ort und ruht ein wenig aus! Denn die kamen und gingen, waren viele, so daß sie nicht einmal zum Essen Zeit hatten. Und sie fuhren im Boot weg an einen einsamen Ort, für sich allein.

Diese Szene, bezeichnenderweise von Mt/Lk weggelassen, ist theologisch belanglos und einer Christusverehrung eher abträglich. Eben deshalb ist sie ein historisch glaubwürdiges Detail, um den wirklichen, noch nicht vergoldeten Jesus kennenzulernen. Wer mitten im pastoralen Hochbetrieb seinen ermüdeten Mitarbeitern sagt: «Ruht ein wenig aus!», der ist kein Fanatiker, der über Leichen geht, sondern ein menschlich empfindender, einfacher Mensch: *nicht besessen von einer Idee, sondern bewegt von einem menschlichen Gott.*

26. Gebt ihr ihnen zu essen!
Mk 6,34–39.41–44 (Mt 14,15–21/Lk 9,12–17);
Mk 8,1–10 (Mt 15,32–38); Mk 8,14–21 (Mt 16,5–12)

Er begann, sie vieles zu lehren. Und als es schon spät geworden war, traten seine Jünger zu ihm und sagten: Die Gegend ist öde, und es ist schon spät. Entlaß sie, damit sie in die umliegenden Höfe und Dörfer gehen und sich etwas zu essen kaufen! Er aber erwiderte ihnen: Gebt ihnen zu essen, ihr selbst! Sie sagen zu ihm: Sollen wir weggehen, für 200 Denare Brote kaufen und ihnen zu essen geben? Er aber sagt ihnen: Wie viele Brote habt ihr? Geht schnell hin und seht nach! Sie stellen es fest und sagen: Fünf, dazu zwei Fische. Da befahl er den Leuten, alle sollten sich auf dem grünen Rasen zum Essen niederlegen, und zwar in einzelnen Tischrunden... Und er nahm die fünf Brote und die zwei Fische, blickte zum Himmel auf und sprach den Lobpreis Gottes (als Tischgebet) und zerbrach die Brote und gab sie den Jüngern, damit diese sie den Leuten vorlegen. Auch die Fische teilte er für alle. (Vers 43:) Und sie nahmen die abgebrochenen Stücke auf, zwölf Tragbehälter voll, auch von den Fischen. (Vers 42:) Und alle aßen und wurden satt. – Und die von den (5) Broten aßen, waren 5mal tausend (5mal «viele») Männer.

Hier ist ein Wort zur Methode fällig. Unbekümmert um theologische Moden, denen zufolge z. B. die sechs Brotvermehrungsgeschichten selbstverständlich nicht historisch, sondern nur kerygmatisch relevant sind, gehe ich an jeden Mk-Text mit dieser Vertrauensvorgabe heran: Ich halte ihn für die Wiedergabe von Erlebtem bis zum Beweis des Gegenteils, d. h. bis ich auf Unmögliches stoße, das ich zunächst einklammern muß. – Im obigen Text sind nur drei Vergrößerungen unmöglich: 1. Woher die 5000 Männer (Mt: plus Frauen und Kinder), wenn Städte wie Kapernaum und Bethsaida nur 2–3000 Einwohner hatten? 2. Unsinnig, daß die zuvor Hungrigen das übrig gebliebene Brot liegen lassen. Aber nur Mt/Lk reden von «übrig gebliebenem». Und woher die 12 Körbe in der Einöde? Die Widersprüche lösen sich, wenn man Vers 43 dem 42. voranstellt und *kophinos* als «etwas zum Tragen» (in der Einöde notfalls der Mantelzipfel) versteht, womit die Zwölf die von Jesus abgebrochenen Brotstücke aufnehmen *(hairo)* und zu den Leuten tragen, statt sie am Ende vom Boden aufzulesen. 3. Tischrunden *(symposion)* sind nicht Abteilungen zu 50 und 100, entsprechend der militärischen Hundertschaft, sondern Grüppchen, die am Tisch miteinander essen. Der Zweck dieser Umordnung von der Hörerschaft zur Tischgemeinschaft: jetzt sollen auch sie ihre Vorräte miteinander teilen, denn so ist es unmöglich, den Tischnachbarn hungrig zusehen zu lassen. – «5 × 1000» kann (nach ThWNT; Lohse) auch «5mal sehr viele» bedeuten. – Der Vorgang wurde ursprünglich nicht als Wunder erzählt, denn das Staunen und Lobpreisen als üblicher Abschluß der Wundergeschichten fehlt. – Es ist darum verantwortbar, den ursprünglichen Mk-Text als Bericht zu verstehen, etwa so:
Jesus, der die Gottesherrschaft, die konkrete Auswirkung Gottes in den Menschenherzen, nicht nur bereden, sondern vorzeigen wollte, sagt seinen Schülern: Gebt ihr den Hungrigen zu essen! Nicht Geld aus der Kasse, sondern euren eigenen Mundvorrat, jetzt! Und zwar alles! – Statt ihnen zu danken oder sie um Erlaubnis zu bitten, blickt er zum Himmel und preist den, der letztlich alles gibt. Von Gott her (und das ist der Unterschied zum Kommunismus aus menschlichen Rechtsansprüchen!) ist er ermächtigt, diese Brotfladen ohne Rücksicht auf Eigentumsrechte zu «zerbre-

chen» *(kata-klao),* um Hungrige zu sättigen, wie der Vater aller Menschen es will. *Die Zwölf sollten das radikale Brotbrechen = Brotteilen lernen, und die Menge sollte nicht passiv sich füttern lassen, sondern sich zu Tischrunden gruppieren, wo man in Tuchfühlung brüderlich miteinander teilt.* Das war die einfache Tatpredigt Jesu, die einfache Menschen direkt, ohne theologischen Kommentar, beim Miterleben verstehen konnten, und die keinerlei Mirakel brauchte.

Das konkrete Ergebnis: Alle aßen und wurden satt. Unabhängig davon, ob es 30 oder 100 Leute waren, unabhängig davon, ob andere auch etwas Proviant besaßen und ihn ebenso teilten (was sehr wahrscheinlich ist), jedenfalls bekamen alle etwas zu beißen. So wenig es auch sein mochte, das Knurren des Hungers und das Murren der Unzufriedenheit hörte auf. Man war eine zufriedene, ja fröhliche Bruderschaft um Jesus geworden. – Das Fazit für Schüler Jesu: Brot vermehren, das werden wir nie lernen. Unseren Meister als mysteriösen oder auch sakramentalen Brotgeber hoch-hinauf-ehren ist eine Flucht ins Ungreifbare und macht keinen satt. Unser eigenes Brot ohne Angst mit den Hungernden teilen, das können und sollen wir von ihm lernen.

(Mk 8,1–10) In jenen Tagen, als wieder viele Leute da waren, die nichts zu essen hatten, rief er die Jünger zu sich und sagte ihnen: Mich erbarmt der Leute, weil sie schon drei Tage bei mir ausharren und nichts zu essen haben. Und wenn ich sie hungrig nach Hause entlasse, werden sie unterwegs ermatten, weil einige von ihnen weit herkamen. Seine Jünger antworteten ihm: Woher wird jemand es fertigbringen, daß diese von Broten hier satt werden in öde Gegenden hinein (um durch menschenleeres Gelände nach Hause zu kommen)? Aber er fragte sie: Wie viele Brote habt ihr? Sie antworteten: Sieben. Da befiehlt er den Leuten, sich auf die Erde zu setzen. Er nahm die sieben Brote, sprach das Dankgebet, brach sie und gab sie den Jüngern, damit diese sie vorlegen, und sie legten sie den Leuten vor. Und sie hatten nur wenige Fische. Und er segnete sie und sagte, daß auch diese vorgelegt werden. Und sie aßen und wurden satt ... Es waren etwa 4mal Tausend. Und er entließ sie nach Hause, und gleich bestieg er das Boot mit den Jüngern und kam in die Gegend von Dalmanutha.

Das ist meines Erachtens keine variierende Erzählung derselben Speisung, sondern der mit «wieder» angekündigte Bericht über ein ähnliches Ereignis. Gegen eine Legendenbildung spricht auch der «Abstieg» von 5000 zu 4000. Schauplatz ist nicht die Einöde, sondern ein Ort, wo von weither Kommende «drei Tage bei ihm bleiben» konnten, und von wo aus er das Boot bestieg. Das ist wohl sein Haus in Kapernaum. Erst Mt verändert das «in öde Gegenden hinein» zu «in öder Gegend». – Daß Jesus das wichtige «Lehrstück» des Brotteilens wiederholte, ist nicht zu verwundern.

(Mk 8,14.16–17.19–21) Sie hatten vergessen, Brote mitzunehmen, und hatten nur eines bei sich im Boot ... Und sie disputierten gegeneinander, weil sie keine Brote haben. Er merkt es und sagt ihnen: Was disputiert ihr, weil ihr keine Brote habt? Merkt und versteht ihr immer noch nichts? Habt ihr ein versteinertes Herz? ... Als ich 5 Brote zerbrach in die 5mal Tausend (5mal viele), wie viele Tragbehältnisse (*kophinoi*) **voll abgebrochener Stücke habt ihr da aufgenommen? Sie sagten ihm: Zwölf. Als ich die sieben Brote in die 4mal Tausend (4mal viele) zerbrach, wie viele geflochtene Körbchen (***spyridai***, die zum Haushalt gehören) voll abgebrochener Stücke habt ihr da aufgenommen? Sie sagen: Sieben. Und er sagt ihnen: Bringt ihr's immer noch nicht zusammen?**[15]

Das heißt doch: Habt ihr trotz dieser zwei Übungsstunden noch nicht begriffen, daß man einen einzigen Brotfladen notfalls in Stücke bricht und an viele verteilt, statt zu streiten, wem er gehört? (Ein «Trost» für uns, die wir zwei Jahrtausende später und weit weg vom Meister es auch noch nicht begriffen haben?)

27. Ging er übers Wasser?
Mt 14,26–31

Was in Mk 6,48–52 und dementsprechend bei Mt/Lk vom Wandeln Jesu über den See erzählt wird, ist unter Einsatz von PSI-Kräften möglich. Aber das angegebene Motiv ist jesuswidrig: er tut so, als wolle er an den bedrängten Jüngern vorübergehen. Er zeigt ihnen nur, was er alles kann, weil sie es bei dem Brotmirakel noch nicht erkannten (Mk 6,48.52). – Dagegen kann Mt 14,26–31 sehr wohl einen Traum des Petrus (ähnlich Apg 10,10–16) wiedergeben, der ihm eine verborgene oder verdrängte Wirklichkeit bewußt machte und ihm eine wichtige Weisung gab:

Als die Jünger ihn auf dem See wandeln sahen, entsetzten sie sich, sagten: Es ist ein Gespenst, und schrien vor Angst. Gleich sagte ihnen Jesus: Habt Mut! Ich bin es. Fürchtet euch nicht! Petrus aber antwortete ihm: Herr, wenn du es bist, so befiehl, daß ich auf dem Wasser zu dir komme! Er aber sagte: Komm! Und Petrus stieg aus dem Boot und wandelte über die Wasser und kam zu Jesus. Aber als er den Wind merkte, bekam er Angst und begann zu sinken und schrie laut: Herr, hilf mir! Jesus aber streckte sofort seine Hand aus, ergriff ihn und sagte ihm: Du vertraust zu wenig. Wohin (eis ti) bringt dich dein Zweifel?

Ein wahrer und packender Traum. Wohl deshalb hat ihn Petrus weitererzählt. Später wurde daraus eine Wundergeschichte.

28. Was wirklich unrein macht
Mk 7,1.5–7.14.18–20; Mt 15,12–14

Die Pharisäer und einige der von Jerusalem gekommenen Schriftgelehrten gehen miteinander zu ihm ... Und kritisch fragen sie ihn: Warum wandeln deine Schüler nicht nach der Überlieferung der Alten, sondern essen das Brot mit (kultisch) unreinen Händen? Er aber sagte ihnen: Gut hat Jesaja über euch Schauspieler prophezeit, wie geschrieben steht: Dieses Volk ehrt mich mit den Lippen, aber ihr Herz hält sich weit weg von mir. Doch sie verehren mich umsonst, indem sie als heilige Lehren Menschengebote lehren ... Und wieder wie zuvor rief er die Menge zu sich und sagte: Auf mich hört alle und versteht es auch! ... Merkt ihr denn nicht, daß alles, was von außen in den Menschen hineinkommt, ihn nicht verunreinigen kann, weil es nicht in sein Herz geht, sondern in den Bauch und in den Abort hinausgeht? Somit erklärte er alle Speisen für rein. Aber, sagte er, was aus dem Menschen herauskommt, die bösen Überlegungen, das macht den Menschen unrein.

Den Aufpassern aus Jerusalem geht es nicht um Hygiene, sondern um das Fundament jüdischer Religiosität, um die Treue zur heiligen Überlieferung. Höflich beschuldigen sie nicht den Meister, sondern seine Schüler. Er brauchte sich nur von diesen zu distanzieren. Aber er greift seine Gegner direkt und will ihr Innerstes zur Umkehr bewegen. Er nennt diese Theologen Schauspieler. Das sind nicht böswillige Heuchler, sondern Leute, die nicht spontan handeln dürfen, sondern berufsmäßig eine ihnen vorgeschriebene Rolle aufsagen müssen. Den Schriftgelehrten, die ihm nicht glauben, gibt er ein Schriftwort, an dem sie ihre Verkehrtheit erkennen können: Ihr Herz ist weit weg von Gott, weil sie von Menschen gemachte Gebote als gottgewollte lehren. – Das Volk aber ruft er nach wie vor zu sich heran, um es von den erdachten Gottesgeboten zu befreien. Dem Volk erklärt er volkstümlich, warum kultische Unreinheit überhaupt nichts bedeutet: Was ihr eßt, kann das Herz nicht beschmutzen, denn es geht durch den Magen hinaus in den Abort. Nur die unsauberen Absichten des Herzens, die machen unrein vor Gott. Jeder Fischer und Bauer in Galiläa versteht das sofort. Er lacht und ist plötzlich frei von alten Ängsten. – Aber:

(Mt 15,12–14) Damals kamen die Jünger heran und sagen ihm: Weißt du, daß die Pharisäer, als sie das Wort hörten, daran Anstoß nahmen? Aber er antwortete: Jede Pflanze, die nicht mein himmlischer Vater gepflanzt hat, wird (von ihm) mit der Wurzel ausgerissen werden. Laßt sie (Anstoß nehmen)! Blind sind sie und führen Blinde.

Was Jesus da «aus sich selbst Verständliches» so unnachgiebig verkündet, ist religionsgeschichtlich eine Ungeheuerlichkeit. In allen Religionen gibt es Reinigungsriten. Aber was soll noch die Taufe des Johannes? Und was soll noch die dem Auferweckten in den Mund gelegte Taufe bei Christen, von der die Sakramentenlehre sagt, sie rechtfertige und heilige aus-sich-wirkend (ex opere operato) den sündigen Menschen, wenn *nach der ureinfachen Theologie Jesu doch nur die reine Absicht des Herzens ihn vor Gott rein macht?* Religiöse Riten sind an sich gut wie Gesten der Liebe. Doch wo sie «religio» ersetzen sollen, werden sie zum Aberglauben, zum nichtgepflanzten Unkraut, das auszureißen ist.

29. Das Herz besiegt den Plan
Mk 7,24–29 (Mt 15,21–28);
Mk 10,46–52 (Mt 20,29–34/Lk 18,35–43)

Von dort brach er auf und ging weg in die Gegenden von Tyrus. Er ging in ein Haus und wollte, daß niemand es erfahre, und konnte doch nicht unerkannt bleiben. Vielmehr hörte gleich eine Frau von ihm, deren Töchterchen einen ungereinigten Geist hatte, und kam und fiel ihm zu Füßen. Aber die Frau war eine Heidin, eine Syrophönizierin ihrer Herkunft nach. Sie bat ihn, daß er den

Dämon aus ihrer Tochter vertreibe. / (Einfügung:) Er sagte ihr: Laß zuerst die Kinder satt werden, denn es ist nicht recht, das Brot der Kinder zu nehmen und es den Hündchen vorzuwerfen! / Und sie sagt ihm: Gewiß, Herr, fressen auch die Hündchen unter dem Tisch von den Brosamen der Kinder. Und er sagte ihr: Um dieses Wortes willen geh hin, der Dämon ist aus deiner Tochter ausgefahren.

Es ist unmöglich, daß derselbe Jesus, der nach seiner Gotteserfahrung so frei Zöllnern und Sündern die unverdiente Güte Gottes anbietet, der furchtlos verkündet, daß nur die unreine Absicht des Herzens vor Gott unrein macht, einer heidnischen Mutter, die für ihr krankes Kind sich ihm zu Füßen warf, ins Gesicht schleudert: Ihr Heiden seid vor Gott nur Hunde, wir Juden sind seine Kinder. Überdies wäre die Vorstellung, durch die Heilung eines Heiden würde den Juden etwas weggenommen, geradezu borniert. Dagegen ist wahrscheinlich, daß die Heidin in ihrer Demutshaltung vor dem großen jüdischen Heiler Jesus sagte: Gewiß, wir sind (in euren Augen) nur Hunde, aber dennoch...! Und spätere Nacherzähler konnten die Worte der Frau Jesus in den Mund legen.
Was ihn bewog, vorübergehend außerhalb der Landesgrenzen unterzutauchen, ist nicht gesagt. Besser als die Spekulation darüber ist das bescheidene Eingeständnis, daß unsere Kenntnis der äußeren und inneren «Geschichte Jesu» lückenhaft bleibt. – Bedeutsam aber ist seine Beweglichkeit von einer Situation zur andern. Er plante, verborgen zu bleiben. Aber das Erbarmen mit dieser Mutter zog ihn stärker als seine Planung. *Wohin das unverdorbene Herz «jetzt» drängt, das will Gott «jetzt», mag es auch unklug erscheinen.* – Ähnlich «unklug» handelte er in Jericho:

(Mk 10,46–52) Als er mit seinen Jüngern und ziemlich viel Volk Jericho verließ, saß der Sohn des Timäus Bartimäus, ein blinder Bettler, am Wege. Als er hörte, daß es Jesus von Nazaret ist, begann er zu schreien: Sohn Davids, erbarme dich meiner! Da schalten ihn viele (Jünger), er solle schweigen. Der aber schrie noch viel mehr: Sohn Davids, erbarme dich meiner! Da blieb Jesus stehen und sagte: Ruft ihn her! Und sie rufen den Blinden und sagen ihm: Fasse Mut, steh auf! Er ruft dich. Der aber sprang auf, ließ dabei seinen Mantel fallen und kam zu Jesus. Und Jesus antwortete ihm (auf sein Schreien): Was willst du, daß ich dir tue? Doch der Blinde sagte zu ihm: Lieber Meister, daß ich aufblicken kann. Und Jesus sagte ihm: Geh nur! Dein Vertrauen hat dich gerettet. Und sofort blickte er auf, und er folgt ihm auf dem Wege.

Schon die Bettler in Jericho (nahe Jerusalem!) wußten, daß man Jesus für den Sohn Davids hielt. Das heißt aber: Er ist der vom Volk ersehnte kriegerisch-politische Messiaskönig. Das hier laut herauszuschreien war dumm, weil sehr gefährlich. Deswegen sollte der Blinde schweigen. Der begriff nicht und schrie noch lauter: Sohn Davids! Jesus wollte gewiß nicht diese irreführende Propaganda, aber helfen wollte er, wo auch immer kranke Menschen ihm vertrauten. So heilt er hier den Blinden, obwohl es klüger wäre, seine gefährliche Messiasovation zu verbieten oder zu überhören. *Jesus ist kein Taktiker.*
Aber er sagt auch nüchtern dem Geheilten, was ihn wirklich gerettet hat: nicht ein mirakulöser Davidsohn, sondern «dein eigenes Vertrauen».

30. Heilt er nur charismatisch?
Mk 7,32–34; 8,22–25

Die meisten Heilungsgeschichten erwecken den Eindruck, Jesus habe mühelos durch sein Befehlswort geheilt. So erscheint der Wundertäter größer. Nur bei Mk finden sich noch einige unkorrigierte Erzählfragmente, die auf menschliche Mühen, Methoden und Mittel hinweisen:

Sie bringen ihm einen, der taub ist und schwer redet, und bitten ihn, ihm die Hand aufzulegen. Und er (statt dessen!) nahm ihn beiseite von der Menge weg und legte seine Finger in seine Ohren und spuckte (auf die Finger) und berührte seine Zunge. Und zum Himmel blickend seufzte er: Ephphata! Das heißt: Öffne dich doch!
(8,22–25) Sie bringen ihm einen Blinden und bitten ihn, er möge ihn berühren. Und er (statt dessen!) faßte die Hand des Blinden und führte ihn hinaus aus dem Dorf, tat Speichel auf seine Augen, legte ihm die Hände auf und fragte ihn: Siehst du etwas? Und aufblickend sagte der: Ich sehe die Menschen; wie Bäume sehe ich sie herumlaufen. Daraufhin legte er nochmals die Hände auf seine Augen. Da schaute dieser genau hin, wurde wiederhergestellt und sah alles ganz deutlich.

Hier ist noch anzufügen, daß er nach der Heilung des Jairustöchterchens anordnete, ihm etwas (Besonderes?) zu essen zu geben;

daß seine Schüler die Kranken mit Öl salben sollten (Mk 6,13); daß er auch den Epileptiker unter Widerständen heilte (Mk 9,26f.). Diese sehr dürftigen und durch das medizinische «Verständnis» der Zeugen und Erzähler eingefärbten Erinnerungsbrocken lassen immerhin noch soviel erkennen: 1. Jesu Heilmethode, von den Evangelisten generell ins Mirakulöse gesteigert, glich wahrscheinlich der damals üblichen. Medizinische und psychische Therapie flossen noch ganz natürlich ineinander. Jesu Methode muß schon deshalb eine von «Menschen» und nicht nur von Ausnahmemenschen (Charismatikern) erreichbare sein, *weil er von allen Botschaftern der Gottesherrschaft verlangt, daß sie heilen wie er.* 2. Seine Heilintention und somit auch Heilkraft war es, was ihn von den zeitgenössischen Therapeuten abhob und ihn ungewöhnlich erfolgreich machte: sein starker Wille und sein ungebrochenes Vertrauen, daß die natürlich vorhandene Lebenskraft des Schöpfers sich möglichst ungehemmt im kranken Menschen auswirke. Die kranken Glieder berührend, fleht er *zum Himmel hinauf:* Nun öffne dich!

31. Er verweigert Wunderbeweise
Mk 8,11–13 (Mt 16,1–4); Lk 11,29–30.32 (Mt 12,38–41)

Die Pharisäer zogen aus und begannen, mit ihm zu disputieren, wobei sie von ihm ein Wunderzeichen forderten, und zwar vom Himmel her. Da stöhnte er tief in seinem Geiste und sagt: Was fordert dieses Geschlecht ein Wunderzeichen? Amen, ich sage euch: Unmöglich, daß diesem Geschlecht ein Wunderzeichen (von Gott) gegeben wird! Und er ließ sie stehen...

Ein Zeichen vom Himmel muß es sein. Nur ein spektakuläres Eingreifen Gottes, ein Mirakel, könnte diese frommen Leute überzeugen, daß der unfromme, Gesetz und Tradition mißachtende Prediger doch von Gott gesandt ist. Denn was er bisher vorzeigte, seine Heilungen, kann immer noch irdisch, vielleicht sogar dämonisch erklärt werden. – Jesus steht erschüttert und völlig machtlos vor dieser Mauer, die pharisäische Religiosität zu ihrem Schutz um sich herum aufgebaut hat. Wörtlich sagt er: «Wenn diesem Geschlecht ein Wunderzeichen gegeben wird!» Dieses «Wenn» ist zu ergänzen: Dann strafe mich Gott! Er gebraucht hier eine bedingte Selbstverfluchungsformel, die vom Volk als Ausdruck absoluter Sicherheit verwendet wurde. Denn wer will mit einer ungesicherten Behauptung sein Heil riskieren? So absolut sicher kommt aus der Tiefe seiner Seele (im Geiste stöhnend) und aus der Klarheit seiner Gotteserkenntnis (Amenwort) die Behauptung: Es ist unmöglich, daß Gott diesen Menschen, die ihm mißtrauen, einen Wunderbeweis gibt. Jesus weiß es aus Erfahrung: Der wirkliche Gott zaubert nie. Er handelt schöpfungsgemäß, und die ihm Vertrauenden erleben darin seine Fürsorge. – Dagegen behaupteten die Theologen: *Gott muß Wunder wirken, damit unser Katechismus gültig bleibt.*

(Lk 11,29–30.32) Dieses Geschlecht ist ein böses Geschlecht. Ein Wunderzeichen fordert es, aber ihm wird kein Zeichen (von Gott) gegeben werden, nur das Zeichen des Jona. Denn wie Jona für die Niniviten zum Zeichen wurde, so wird es auch der Menschensohn für dieses Geschlecht sein... Die Männer von Ninive werden beim Gericht zusammen mit diesem Geschlecht aufstehn und es als böse beurteilen, weil sie sich schon auf die Predigt des Jona hin bekehrten. Und siehe, hier ist mehr als Jona.

Jona wirkte keine Wunder in Ninive. Sein Heroldsruf *(kerygma)* «Kehrt um!» war den Bewohnern Zeichen zur Umkehr genug. So versteht sich Jesus nur durch seine Botschaft als das von Gott gegebene Zeichen für Israel. Umkehrbereite brauchen nur zu prüfen, ob eine Botschaft in sich richtig ist, egal durch wen sie kommt. (Ein Kind kann zu seinen Eltern sagen: Seid doch wieder gut zueinander!, und redet somit gottgemäß.) Wer aber nicht umkehren will, der fordert vom Rufer, er solle sich erst durch Gesetzestreue oder durch Wunder legitimieren. – Leider wurde schon in Mt 12,40 das Zeichen des Jona ins Gegenteil verkehrt: das Wunder des Jona wäre sein Aufenthalt im Bauch des Walfisches; das große Wunder Jesu werde sein dreitägiger Aufenthalt im Erdinnern sein. Also doch Beweis durch Mirakel! Man beachte auch einmal, wie die Begeisterung den Verstand eines Theologen ausschalten kann: Was im Mittelmeer passierte, war doch für die Leute am Tigris kein Wunderbeweis! Was *künftig* in der Grabhöhle, von keinem gesehen(!), passieren wird, soll *jetzt* für die Hörer Jesu Wunderbeweis sein!

32. Was ich bin? – Ein Mensch!
Mk 8,27–31 (Mt 18,13–21 / Lk 9,18–22)

Jesus und seine Jünger zogen fort in die Dörfer von Cäsarea Philippi. Auf dem Weg fragte er seine Jünger: Was sagen die Leute, wer ich sei? Die antworteten ihm: Johannes der Täufer, andere Elija, aber andere sagen, du bist einer der Propheten. Und er selbst fragte sie: Ihr aber, was sagt ihr, wer ich sei? Da antwortete ihm Petrus: (Wir sagen:) Du bist der Messias. Da ermahnte er sie nachdrücklich, daß sie überhaupt nicht von ihm reden sollen. Und er fing an, sie zu belehren, daß er als einfacher Mensch («Menschensohn») viel zu leiden habe ...

Jesus erlebte, daß er von den einen verteufelt und von den anderen vergöttert wurde. Weil beides seiner Botschaft schadet, wollte er seine Botschafter gegen beide Torheiten mit Nüchternheit wappnen. Das ist der Zweck der obigen Jüngerbelehrung. – Auf seine Frage, was man über ihn sagt, kommen abgestuft drei Antworten. Die phantastische: der wiedergekommene Täufer oder Elija; die mit «aber» eingeleitete und irgendwie-richtige: einer der zeitgenössischen Propheten (Jesus warnte vor falschen Propheten); die scheinbar genau-richtige: Du bist der Messias. – Aber den Messias als Hoffnungsträger Israels dachte man sich teils als prophetische, teils (in Qumran) als priesterliche Gestalt, zumeist aber als «Sohn Davids», und das heißt: als den gottgesandten, kriegerischen und politischen Befreier Israels vom römisch-heidnischen Joch. Weil der Titel «Messias» mehrdeutig war, konnte Jesus nicht eindeutig ja oder nein dazu sagen, obwohl die Jünger und erst recht die späteren Christusverehrer nur ein Ja erwarteten. Trotzdem hat wenigstens Mk, obwohl sein Buchtitel Jesus den Messias nennt, die beiden nüchternen Reaktionen Jesu auf das Petrusbekenntnis ungeschönt überliefert:[16]

1. Über seine Person sollen sie gar nicht reden. Seine Gottesbotschaft haben sie weiterzusagen und nicht ihre Meinungen über Jesus. – Leider begann schon Paulus, der Jesus nicht kannte, das Evangelium «über» Jesus, den Davidsohn und Messias/Christus, zu verkünden, das er «mein» von Gott mir geoffenbartes Evangelium nannte. Und ihm folgte faktisch die christliche Theologie.

2. «Von da an begann er», seinen Jüngern klarzumachen, daß er sich für den hält, der er wirklich ist. Während ihn seine Verehrer

für einen Übermenschen und seine Gegner für einen Untermenschen (Teufel) halten, nennt er sich «Mensch», der, weil er Mensch ist, mit dem Leiden rechnen muß. «Der Sohn des Menschen» (so wörtlich) bedeutet in der aramäischen Muttersprache Jesu nichts anderes als «einfacher Mensch» und hat in der religiösen Sprache (Psalm 8 und Ezechiel) den Beiklang des aus sich hilflosen, aber von Gott umsorgten Menschen. Nur so konnten Jesu Landsleute den Ausdruck ohne Kommentar verstehen. Die Selbstbezeichnung «Menschensohn» war möglich im Sinne von «unsereiner», aber nicht allgemein üblich. Jesus gebrauchte sie pointiert und provozierend; wie wenn ein Professor bei seinen superklug gewordenen Studenten mit hintergründigem Humor wieder ganz von unten zu dozieren beginnt: Eins ist eins, nicht mehr und nicht weniger! – Leider wurde auch diese «Elementarlektion Jesu über Jesus» von den Theologen bald wieder ins Gegenteil verkehrt: Sie deuteten die Selbstbezeichnung Jesu als den apokalyptischen «Menschensohn». Der ist ein mysteriöser, machtvoller Übermensch; noch nicht nach Dan 7, wohl aber nach der im 1. Jahrhundert vor Jesus entstandenen Henochliteratur. Seit grauer Vorzeit von Gott im Himmel aufbewahrt, wird er «an seinem Tag herabkommen», und als Weltenrichter auf dem «Thron seiner Herrlichkeit» die Rache Gottes an den Bösen vollziehen. Aber Jesus konnte diesen «Menschensohn» schon deshalb nicht gemeint haben, weil die Dörfler, die ihn verstehen sollten, damit nichts anfangen konnten. Denn mit dieser Bedeutung taucht das Wort «Menschensohn» nur in der Literatur der Apokalyptiker auf, die vor dem Volk geheimgehalten wurde. Daß Jesus selbst dieses Wort so unkompliziert wie das Volk gebrauchte, zeigt Mk 3,28, wo er «Menschensöhne» sagt statt «Menschen».[17]
(Nur um die jesusfremde, apokalyptische Mißdeutung abzuwehren, erlaube ich mir, den Ausdruck «Menschensohn» in den echten Jesuswörtern öfters mit «einfacher Mensch» zu übersetzen, obwohl auch das noch nicht präzis genug den Sinn Jesu wiedergibt.)

33. Als Mensch Menschen ausgeliefert
Mk 10,32-33 (Mt 20,17f./Lk 18,31f.); Lk 9,43-45; Mk 9,31-32; 8,32-33 (Mt 16,22f.)

Sobald Jesus sich entschied, Jerusalem als Zentrum Israels für seine Botschaft zu gewinnen, riskierte er den tödlichen Konflikt mit der Inquisition und mußte seine Jünger darauf vorbereiten. Mk/Mt/Lk bringen je drei solche Belehrungen, die sie zum Teil zu detaillierten Prophezeiungen «verbesserten». Hier die wichtigsten Texte:

Aber sie waren auf dem Weg hinauf nach Jerusalem und Jesus ging ihnen voran. Sie erschraken darüber und, die ihm folgten, hatten Angst. Und wieder nahm er die Zwölf beiseite und begann, ihnen zu sagen, was im Begrift ist, ihm zu begegnen: Siehe, wir ziehen hinauf nach Jerusalem...
(Lk 9,43-45) Alle gerieten außer sich (nach der Heilung des Epileptikers) über die Größe Gottes. Jedoch während alle staunten über all das, was er tat, sagte er zu seinen Schülern: Ihr, setzt in eure Ohren hinein diese meine Worte, denn (es ist anders, als ihr meint): Der einfache Mensch wie ich hat vor sich, daß er in die Hände von Menschen ausgeliefert wird. – Sie aber verstanden diese Rede nicht, und sie war vor ihnen verhüllt, so daß sie ihren Inhalt nicht merkten: Sie hatten auch Angst, ihn über diesen Ausspruch zu befragen.
(Mk 9,31-32) ... Sie werden einen einfachen Menschen wie mich töten und der getötete wird nach drei Tagen wieder aufstehn (Mt/Lk: aufgeweckt werden). Sie aber verstanden den Ausspruch nicht und hatten Angst, ihn zu befragen.

Was Jesus sagt, um seine Jünger für Jerusalem zu rüsten, ist an sich ganz einfach, denn es kommt aus seiner nüchternen Bescheidenheit und seinem Gottvertrauen zugleich: Zwar muß der Mensch mit dem Schlimmsten rechnen, ohne daß Gott eingreift, aber Gott (der den Menschen liebt!) wird ihn jenseitig wieder aufwecken, schon «nach drei Tagen». Diese Redeweise bedeutet: Sehr bald nach dem Tod und nicht erst an einem «jüngsten Tag», wie die Apokalyptiker meinen.[18] Natürlich gilt beides ebenso für die Jünger, die mit Jesus in das Todesrisiko gehen. – Aber sie haben für solche Worte keinen Platz in ihren Ohren, weil ihre Köpfe randvoll sind mit ihren Messiasillusionen. Sie meinen, dem Messias könne nichts passieren.

(Mk 8,32–33) **Da nahm Petrus ihn zu sich und fing an, ihn nachdrücklich zu ermahnen. (Mt: ER ist dir gewogen, Herr. Keineswegs wird dir dieses zustoßen.) Der aber, sich umwendend und seine Jünger anschauend, ermahnte nachdrücklich den Petrus: Weg da! Hinter mich! Satanas! (Mt: Meine Falle/Versuchung bist du.) Weil du nicht im Sinne hast, was Gottes ist, sondern was der Menschen ist.**

Daß Gott diesen Jesus Menschen überläßt, erscheint dem Petrus derart unmöglich, daß er es wagt, den Meister zu belehren; nicht öffentlich, sondern privat; er nimmt ihn zu sich. Sein Argument: Gott ist dir gewogen *(hileos soi)*, darum kann dir das nicht zustoßen.[19] Das Argument des Versuchers in der Einöde war das gleiche: Wenn Gott dich liebt als seinen Sohn, dann muß er dich durch Wunder vor dem Verhungern retten. Hier geht es für Jesus um's Ganze, um sein neues, realistisches Gottesbild. Darum seine tiefe Erregung, in der harte, abgehackte Wörter fliegen. Sie gelten drei Adressaten zugleich: Dem Petrus, von dem er sich abwendet (Hinter mich!); der Jüngergruppe, die er anschaut und belehrt; dem Satanas, den er namentlich anspricht. Er sagt nicht und meint nicht, daß Petrus ein Satan sei, denn er verteufelt keinen Menschen. (Das hat ihm erst Joh in 6,70 und 8,44 unterstellt.) Der eigentliche Widerpart Jesu ist der Satanas, der den Ijob und jeden Menschen versucht, von Gott sein Recht zu fordern, statt ihm zu vertrauen. – *Mit der alten Theo-«Logik» (Gott muß...) werden die Jünger scheitern vor der Realität,* werden ihr Gottvertrauen und somit ihr Stehvermögen verlieren in der bevorstehenden Zerreißprobe eines Karfreitags.

34. Das Risiko, ihm zu folgen
Mk 8,34 (Mt 16,24/Lk 9,23); Mt 10,38 (Lk 14,27)

Er rief die Leute zusammen mit seinen Jüngern zu sich heran und sagte ihnen: Wenn einer hinter mir hergehen will, soll er sich selbst verleugnen und sein Hinrichtungskreuz aufnehmen, dann soll er mir folgen!
(Mt 10,38) Wer nicht sein Hinrichtungskreuz annimmt und mir nachfolgt, der paßt nicht zu mir.

Das «Kreuz konkret», daß Jesus meint und die um ihn Versammelten so verstehen, ist der Querbalken, an dem die Römer zum Tod verurteilte Rebellen aufhängen. Wer jetzt noch weiter mit ihm gehn will, muß den Rebellentod riskieren. Wenn nicht, bleibe er daheim. – Statt ihnen einzureden, in Jerusalem könne nichts Schlimmes passieren (wie Petrus meinte), verlangt er im Gegenteil von seinen Schülern, aber auch von den Sympathisanten *(ochlos):* Rechnet von vornherein mit dem Schlimmsten, egal ob es eintrifft oder nicht! Sagt nein zu eurem Selbsterhaltungstrieb (verleugnet euch!) und folgt mir so wie Leute, die nichts mehr zu verlieren haben, weil sie schon zur Kreuzigung verurteilt sind und ihren Balken aufgenommen haben. Wer aber nicht so entschlossen wie ich selbst hinter mir hergehen will, sondern nur soweit, bis es ihm zu gefährlich wird, der taugt nicht für mein Vorhaben (für die «Eroberung» Jerusalems). – So etwas kann nur einer fordern, der genau weiß, was Gott in dieser geschichtlichen Stunde *(kairos)* von ihm will: dem Volk Israel *jetzt* die Chance der Gottesherrschaft anbieten.

Lk wollte das Jesuswort vom Kreuz-Aufnehmen in die späte Situation der Christen übertragen, indem er das Wörtchen «täglich» einfügte. Aber dadurch hat er seinen Sinn ungewollt verwässert, ja verfälscht. Die alltäglichen Leiden ertragen, ist etwas anderes als im Engagement für die Sache Gottes den Rebellentod riskieren. Außerdem hat Jesus die Alltagsnöte der Menschen wie Krankheit, Hunger usw. keineswegs als gottgewollt akzeptiert, sondern sie beseitigt, wo er konnte. Erst recht nicht hat er nach Art der Asketen tägliche Kreuzchen gesammelt und mystifiziert. – Aber Jesu Entschiedenheit bleibt maßgebend für alle, die sich an ihm orientieren. *Wer klar erkennt, was Gott von ihm will, mit anderen Worten: was hier und jetzt richtig und notwendig ist, der fragt* (wie z. B. Friedrich von Spee oder Martin Luther King und viele andere) *nicht mehr, was es ihn kostet.*

35. Klärung und Stärkung auf dem Tabor
Mk 9,1–8 (Mt 16,28–17,8/Lk 9,27–36)

Der Aufbruch nach Jerusalem brachte für Jesus und sein Gefolge eine furchtbare Belastung. Bei den Galiläern war er als Heiler und Prediger beliebt und trotz Bespitzelung nicht in akuter Gefahr. In Jerusalem mußte er mit der Ketzerhinrichtung rechnen. Daß er die Messiasillusionen seiner Jünger zerstörte und statt dessen die Bereitschaft zum grausigen Rebellentod von ihnen forderte, mußte auf diese Männer (Menschen wie wir!) wie ein lähmender Schock wirken. Natürlich lag der Zweifel in der Luft: Wenn die Gottesherrschaft in Jerusalem nicht kommt, ist alles umsonst.

Er sagte ihnen: Amen, ich sage euch: Es sind einige unter denen, die sich hier aufgestellt haben, die werden keineswegs den Tod kosten, bis sie gesehen haben, daß die Gottesherrschaft *gekommen ist,* und zwar in der Kraft (Gottes). Und sechs Tage später nimmt Jesus den Petrus, Jakobus und Johannes mit und führt sie für sich allein hinauf auf einen hohen Berg.

Die umständliche Formulierung «einige von den hier Aufgestellten» statt «von euch» und die euphemistische Umschreibung des bitteren Sterbens verweisen auf die Situation: den Marsch nach dem lebensgefährlichen Jerusalem. Dort soll die Gottesherrschaft kommen. Aber einige werden mit ihren Augen sehen, daß sie schon «gekommen ist» (Perfekt-Partizip!), daß sie in der Gotteskraft da ist und nur offenbar werden muß. Das verheißt Jesus aus innerer Gewißheit mit einem Amenwort, jedoch nur einigen, weil es um ein charismatisches «Sehen» geht. Und dazu führt er 6 Tage später seine drei intimsten Freunde in die Einsamkeit. Ob der Berg Tabor hieß, ist belanglos. – Exegeten, die «wissen», daß die Taborgeschichte nur eine später gestaltete Ostergeschichte sein kann, trennen sie (gegen den eindeutigen Mk-Text!) von dem vorausgehenden Amenwort. Dieses deuten Exegeten, die ebenso «wissen», daß Jesus nur ein Apokalyptiker gewesen sein kann, als seine irrige Prophezeiung, daß das Gottesreich schon zu Lebzeiten einiger Jünger «kommen werde». Statt zunächst einmal den Mk-Text zu buchstabieren!

(9,2b–4) Und er wurde vor ihnen verwandelt (Mt: sein Antlitz leuchtete wie die Sonne; Lk: während er betete), und seine Gewänder wurden glänzend, sehr weiß, wie kein Walker auf Erden sie weiß machen kann. Dann erschien ihnen Elija mit Mose, und sie redeten miteinander zu Jesus.

Was die Drei mit ihren Augen sehen: Jesus leuchtet von innen her. Die beglückende Gegenwart Gottes, immer geglaubt, wird ihm hier leib-seelisch erlebbar, und die Jünger schauen den Widerschein.[20] – Dann «erscheint» (ophthe) ihnen Elija, der Prophet, und bringt Mose, den Gesetzgeber, mit. Beide zusammen reden auf Jesus ein. Worüber?

(9,5–6) Und Petrus antwortend, sagt zu Jesus: Rabbi, es ist gut, daß wir hier sind. Machen wir doch drei (Laub-)Hütten, dir eine und dem Mose eine und dem Elija eine! Denn er wußte nicht, was er antworten sollte, denn sie waren sehr verängstigt.

Aus der «Antwort», mit der Petrus auf das Einreden der beiden auf Jesus reagiert, läßt sich das Thema erschließen. Sie hatten Angst. Gewiß nicht vor Jesus. Also vor Elija mit Mose. Wegen der Angst vor diesen wußte Petrus nicht die richtige Antwort. Er meinte, eine gute Lösung der Streitfrage (wer maßgebend sein soll) vorzuschlagen: Sie, die Apostel Jesu, werden statt nur eine Hütte für Jesus oder eine größere für alle drei zu bauen, für jeden eine errichten. Dann können Jesus und Mose und Elija nebeneinander dableiben, natürlich als die miteinander-maßgebenden Lehrer Israels. – Diese Angst vor der religiösen Autorität von «Gesetz und Propheten» und die daraus erwachsene Idee eines friedlichen Nebeneinanders entspricht der Gewissensnot eines frommen Juden, der die neue Botschaft Jesu annehmen möchte, aber spürt, daß sie nicht vereinbar ist mit der mächtigen Tradition, an die er sich noch gebunden fühlt. Die richtige Lösung kommt ihnen erst durch ihre charismatische Gotteserfahrung:

(9,7–8) Da bildete sich eine Wolke, die sie überschattete. Und eine Stimme kam aus der Wolke: Dieser da ist mein Sohn, mein geliebter. Hört auf diesen da! Und plötzlich, sich umsehend, erblickten sie keinen einzigen mehr außer Jesus allein mit ihnen.

Sie hören aus der Wolke, dem Zeichen der Gegenwart Gottes, dieselbe, alles entscheidende Zusage Gottes an Jesus, so wie dieser nach seiner Taufe. Nun wissen sie charismatisch-direkt und brauchen es nicht nur zu vermuten, wer der geliebte Sohn Gottes ist. Daraus ergibt sich die eindeutige Anweisung an die Botschafter Jesu: Hört auf diesen! Und das heißt: statt auf andere Autoritäten! Diese anderen sind im Augenblick verschwunden, wie angstmachende Traumgebilde beim Erwachen verblassen. – So haben die Drei «*en dynamei*», durch einen Krafterweis Gottes, wahrnehmen dürfen, daß die Gottesherrschaft in dem gotterfüllten und von Gott bestätigten Sohn wirklich schon «gekommen ist». *Und zugleich hörten sie den klaren Gottesbefehl, daß sie Jesu neue Botschaft nicht vermengen dürfen mit der des Mose oder mit der des Elija, so wie Jesus selbst sich von beiden abgrenzte.*

Der Mißerfolg Gottes: 1. Auch diese drei Apostel haben die Passion Jesu nicht, wie zu erwarten war, bestanden. 2. Die Christenheit addierte trotzdem die mosaische Gesetzlichkeit und Gottesgerechtigkeit zum Evangelium Jesu. Und sie verhielt sich zu ihren Gegnern so kriegerisch, «wie auch Elija getan» (durch deren Vernichtung).
Dementsprechend haben schon Mt/Lk die Taborgeschichte abgeändert, harmonisiert: Mose und Elija statt Elija mit Mose / erscheinen in Herrlichkeit / reden mit Jesus / über sein Ende in Jerusalem. / Die Jünger sind schlaftrunken / sehen Jesu Herrlichkeit und die zwei bei ihm stehen. / Damit diese nicht weggehn, will Petrus drei Hütten bauen / weil er nicht wußte, was er sagte (statt «antwortete»). / Die Wolke machte ihnen Angst, nicht die beiden Gestalten.
So zeigen auch unsere Kirchenbilder den verklärten Jesus brav umrahmt von Mose und Elija. Die Angst und Zweifel auslösende Konfrontation zwischen Altem Bund und Neuem Bund sowie die eindeutige Entscheidung der «Stimme» für «Jesus allein» entschwand aus dem Bewußtsein.

36. Fels für die künftige Sammelstätte
Mt 16,16–18

Es gab wahrscheinlich zwei verschiedene Messiasbekenntnisse des Jüngers Simon in dieser Abfolge: Zuerst sagte er nur, Jesus sei der Messias, und meinte wohl den vom Volk erwarteten Messias nach dem Muster Davids. Das lehnte Jesus ab. Auf dem Tabor sah und hörte er charismatisch, daß Jesus der geliebte Sohn des lebenden Gottes ist und daß sie auf ihn allein hören sollen. Daraufhin kam er zu dem korrigierten Messiasbekenntnis: «Du bist der Messias (als) der Sohn des lebenden Gottes», d. h., *weil du «der Sohn» bist, darum bist du allein «der Maßgebende»*, also der Messias. Das akzeptierte Jesus und machte den Simon zum Petrus, zum Fundament seiner künftigen Jüngersammlung. – Mt überliefert dieses zweite Messiasbekenntnis, verbindet es aber mit dem ersten und fügt ein Element späterer Kirchenordnung hinzu.

Simon Petrus sagte: Du bist der Messias, der Sohn des lebenden Gottes. Antwortend sagte Jesus zu ihm: Glücklich bist du, Simon Barjona, weil nicht Fleisch und Blut es dir enthüllten, sondern mein Vater im Himmel. – Und ich sage dir: Du bist Petrus, und auf diesen Felsen werde ich meine Ekklesia bauen, und dann werden die Tore des Hades sie nicht überwältigen.

Nicht Fleisch und Blut, nicht menschliches Bemühen, Belehren und Nachdenken, sondern Gott selbst brachte (konkret: durch das charismatische Taborerlebnis) den Simon zur Erkenntnis: Jesus ist wirklich der Sohn des lebenden, des wirkenden und spürbar sich mitteilenden, nicht nur gedachten Gottes und somit der Messias. – Auf diesem gottgegebenen Fundament konnte Jesus in die Zukunft bauen. Denn auf dem Weg nach Jerusalem mußte er befürchten, daß die ihm drohende Ketzerhinrichtung auch sein Werk, die Sammlung Israels unter die Gottesherrschaft, vernichten würde. Aus dem Tor zum Reich der Toten *(pylai hadou)* gibt es keine Rückkehr zur Erde. Aber jetzt sieht er die Chance, die Sammlung über seinen Tod hinaus fortzusetzen: Er wird seine *ekklesía* (= synagogé = hebr. *qahál* = Versammlung und Sammelort der 12 Stämme Israels) auf diesem Jünger erbauen, den ihm Gott selbst als Fels im Gewoge gegeben hat. Denn dieser

Simon, der zuerst aus Angst drei Hütten für drei Autoritäten nebeneinander bauen wollte, mag auch in Zukunft schwach und schwankend bleiben, eines ist aber sicher: Er wird nie mehr nicht-glauben können, was er auf dem Tabor selbst gesehen und gehört hat, daß Jesus der geliebte Sohn ist, auf den sie hören sollen. Und in der Tat hat Petrus nach der Karfreitagskatastrophe die flüchtenden Jünger wieder gesammelt und nach dem Weggang des Auferweckten in Jerusalem die Sammlung der neuen Gemeinde Jesu begonnen. Ohne den Felsenmann wäre Jesus und seine Botschaft vergessen worden, nachdem er als Irrlehrer hingerichtet war.

Der Auftrag, nach seiner eigenen Umkehr die Brüder zu stärken und zu sammeln (Lk 22,32) und so als Fels zu fungieren, auf dem *Jesus selbst* seine Ekklesia bauen will, galt zunächst nur dem Jünger Simon. Wer nach ihm diese Funktion ausüben soll, hat Jesus nicht vorwegbestimmt. Aber drei Daten sind diesbezüglich sicher: 1. Der Petrusdienst, zu stärken und zu sammeln (= leiten), ist immer notwendig, in der Ortsgemeinde und in der weltweiten Jüngergemeinde auch bei noch so demokratischer Struktur. Das ist ein nüchternes Erfordernis der soziologischen Realität. Faktisch wäre An-archie keine Befreiung, sondern Pan-archie: Jeder macht sich zum Papst. 2. Keinerlei «Papst», auch kein «papierener», sondern Jesus selbst muß in der Gemeinschaft von Jüngern Jesu der «allein Maßgebende» bleiben; nicht theoretisch, sondern konkret und *nachprüfbar.* 3. Darum legitimiert das Petrusamt keinerlei Art von Herrschaft. Es muß brüderlicher Dienst bleiben, wie es Jesus nachdrücklich gebietet (Lk 22,26f).

Aber Mt fügt in 18,19 hinzu: «Ich werde dir die Schlüssel der Gottesherrschaft geben. Was du binden wirst auf Erden, wird gebunden sein bei Gott» und in 18,17f. die Anweisung: «Wenn er (der sündige Bruder) auch auf die Gemeinde nicht hört, soll er dir wie der Heide und der Zöllner sein» (d. h. ausgeschlossen). Die ungeheuerliche Idee, Gemeindeglieder so zu verpflichten oder zu entbinden oder sie von der Heilsgemeinschaft auszuschließen, daß der juridische Akt auch für Gott gilt, kommt aus der alttestamentlichen Vorstellung von der Heiligkeit Jahwes (*kadosch* heißt abgesondert!) und der entsprechenden Heiligkeit seines allein-erwählten Volkes: Alles Unreine soll ausgesondert, Sünder sollen ausgemerzt werden. – Direkt entgegengesetzt ist die Grundintention des von Jesus verkündeten «mütterlichen Vaters». Weil er alle seine Kinder liebt, sucht er die verlorenen unentwegt, will die Sünder heilen durch das Gratisangebot seiner Liebe. So verhält sich Jesus zu den Sündern und am Ende zu Judas, dem er noch den Becher des Neuen Bundes reicht. – Jedoch das bei Mt angefügte Jesuswort erweist sich als echt, sobald es für sich genommen wird: «Amen, ich sage euch: Was ihr auf Erden binden werdet, wird bei Gott gebunden sein, und was ihr auf Erden lösen werdet, wird bei Gott gelöst sein.» Denn das ist der Inhalt der Vaterunser-Bitte: «Und löse unsere Schuld, wie auch wir Schuld lösen unseren Schuldigern!» Aber das bedeutet konkret: *Wenn Fritz an Franz schuldig wurde, muß er von Franz und nicht vom Amtsträger Peter die Absolution erbitten; nur dann ist er auch von Gott absolviert.*

37. Heile, wenn du das «kannst»!
Mk 9,17–18.22–24; Mt 17,19–20 (Lk 14,37ff.)

Meister, ich habe deinen Schülern gesagt, sie sollen ihn (den Dämon in meinem Sohn) austreiben, und sie waren nicht stark genug... Aber wenn du etwas kannst, dann erbarme dich unser und hilf uns! Doch Jesus sagte ihm: Dieses «Wenn du kannst»! Alles ist dem möglich, der vertraut. Gleich rief der Vater des Knaben: Ich vertraue. Hilf meinem Mißtrauen!... (Mt:) Die Jünger gingen zu Jesus, als sie allein waren, und sagten: Warum konnten wir ihn nicht austreiben? Er aber sagt ihnen: Wegen eures zu geringen Vertrauens.

Die Jünger haben ihre psychische Energie eingesetzt (wie wir es wahrscheinlich auch täten, wenn wir ungelernt charismatisch heilen sollten). Doch die war nicht stark genug, meint der Vater des epileptischen Jungen, und hofft, daß der Meister mehr vermag. Da zeigt ihnen Jesus mit dem verärgerten Ausruf «Dieses: Wenn du kannst!», daß beide, der Vater und die Jünger, in einer falschen Spur denken. Es geht gar nicht um das «Können», um menschliche Kraft, sondern allein um das Vertrauen zu Gott, dem eigentlichen Heiler. *Wer die psychischen Barrieren wie Angst, Zweifel und Selber-machen-Wollen wegräumt, der macht es möglich, daß DER*

ATEM, die belebende Kraft des Schöpfers, ungehindert sich im Menschen auswirken kann. – Hierin liegt das Geheimnis, die «Methode» des großen Heilers.

38. Dem Herrgott etwas Gutes tun
Mk 9,36–37 (Mt 18,2–5/Lk 9,47f.)

Er nahm ein Kind, stellte es in ihre Mitte, schloß es in die Arme und sagte ihnen: Wer eines dieser Kinder meinetwegen aufnimmt, der nimmt mich auf. Und wer so mich aufnimmt, der nimmt nicht mich auf, sondern den, der mich gesandt hat.

Die wahrscheinliche Situation: Kinder, Frauen und Sklaven galten nichts. Wenn nun der hochgeehrte Rabbi Jeschua irgendwo zum Essen eingeladen wurde, konnten sich diese ewig hungrigen Gassenkinder an ihn hängen, um drinnen ein paar Brocken zu erwischen. Also mußte man ihn hereinnehmen und schnell das Kroppzeug aussperren, damit es den vornehmen Gast nicht belästigt. – Da deckt Jesus unhöflich die Wirklichkeit auf. Zuerst das Zeichen: Er stellt so ein armes Wesen in die Mitte, zum Anschauen. Dann umschließt er es mit den Armen, so daß keiner es von ihm trennen kann. Danach folgt das obige Deutewort. Er identifiziert sich mit den Geringen. Und Gott, der ihn sendet, um seine Güte zu verkünden, identifiziert sich mit ihm und mit denen, die er in die Arme schließt. – Es klingt allzu anthropomorph oder gar verrückt; aber man kann tatsächlich dem scheinbar alles-habenden Herrgott noch etwas Gutes tun, indem man seinen Kindern Gutes tut. *«Was ihr einem dieser Geringsten getan habt...»* (Nr 68)

39. Wer heilt, ist für uns
Mk 9,38–40

Johannes sagte zu ihm: Meister, wir sahen einen, der uns nicht nachfolgt, in deinem Namen Dämonen austreiben, und wir hinderten ihn, weil er uns nicht nachfolgt. Aber Jesus sagte ihnen: Hindert ihn nicht!...[21] denn wer nicht gegen uns ist, der ist für uns.

Die Intention der Jünger ist engstirnig gerichtet auf «unseren Verein», auf «unsere Kirche», die «allein-seligmachend» ist, der deshalb das Monopol des Heilens gebührt. – Die Intention des Meisters gleicht der Intention des Schöpfers: *Menschen sollen geheilt werden, wo und wie auch immer.* Wer den Meister versteht, löst sich von allem Prestigedenken und freut sich neidlos, wenn er sieht, daß auch außerhalb seiner Kirche Menschen geholfen wird. *Helfende sind von Natur aus «für uns».*

40. Die gottgewollte Sexualität
Mt 19,3–9 (Mk 10,2–12)

Nicht die Schöpfung Gottes, sondern das Gesetz des Mose bestimmte, was zwischen Mann und Frau rechtens ist. Nach Dtn 24,1 durfte er sie entlassen, «wenn sie nicht sein Gefallen findet»; natürlich niemals sie ihn! Und das galt als Gottes eigenes Wort (Dtn 26,17). Strittig war unter den Rechtsgelehrten nur, ob ein schwerwiegender Grund vorliegen muß (so Schammai) oder jeder beliebige genügt (so Hillel), z. B. «wenn sie die Suppe anbrennen läßt».

Pharisäer, die ihn prüfen wollten, kamen heran und sagten: Ist es erlaubt, seine Frau aus jedem beliebigen Grund zu entlassen? Aber er antwortete: Habt ihr nicht gelesen: Der Schöpfer hat die Menschen von Anfang an männlich und weiblich gemacht. Und sprach: Wegen dieser Tatsache wird der Mensch Vater und Mutter verlassen und sich mit seiner Frau vereinen, und die zwei werden so zu einem Leib. Daher sind sie nicht mehr zwei, sondern ein Leib. Was nun Gott selbst zusammengefügt hat, darf der Mensch nicht auseinanderreißen.

Unbekümmert um Gesetze wertet Jesus die Sexualität höher und doch realistischer als moderne Sexologen und Moraltheologen. Der gute Schöpfergott hat die Menschen männlich und weiblich geprägt. Er selbst und kein Teufel hat ihren lustbetonten Sexualtrieb so stark gemacht, daß sie die Nestbindung an die Eltern zerreißen können, um sich zu vereinen. Jesus sieht diese gottgewollte Einung als totale: Sie sind ab jetzt wie ein einziger Leib. Ohne Geschlechtspartner fehlt dem Menschen die schöpfungsgemäße

Ganzheit. Darum darf kein Mensch (auch kein Mose als Gesetzgeber) Mann und Frau wieder auseinanderreißen. Das ist Jesu schöpfungsgemäße Maxime; vor aller Kasuistik. – Aber der konkrete Mensch ist nun mal nicht wie Pflanze und Tier ein unverdorbenes Geschöpf. Durch Krankhaftes und Sündhaftes ist er gebrochen; so auch seine Sexualität und Ehe. Und Jesus kam, Gebrochenes zu heilen, statt es wegzuwerfen.

(Mt 19,7–9) Sie sagen ihm: Wozu hat dann Mose befohlen, ihr einen Scheidebrief zu geben und sie zu entlassen? Er sagt ihnen: Im Blick auf eure Herzensverkrustung hat Mose euch gestattet, eure Frauen zu entlassen. Aber vom (Schöpfungs-)Anfang her ist es nicht so. Ich aber sage euch: Wer immer seine Frau entläßt – außer wegen Unzucht – und eine andere heiratet, der treibt Ehebruch.

Auch Mose wollte helfen, indem er durch die Scheidebriefregelung einen Damm gegen die völlige Willkür errichtete. Das tat er nur wegen eurer Herzensverkrustung, aber von der Schöpfung her ist das nicht richtig. – Nach Jesus, der den Schöpfer kennt, braucht das Herz und die Liebesfähigkeit des Menschen niemals zu vertrocknen, weder durch gegenseitige Gewöhnung noch durch gegenseitige Enttäuschung. Warum das so ist, sagt Jesus im Ganzen seiner Gottesbotschaft: *Der Mensch soll über seine gottgegebene, aber zunächst naturhaft-egozentrische Erotik hinausreifen bis zu dem hohen Eros Gottes, bis zu der selbstlosen Liebe, die nie ermattet, die Schuld vergibt statt zu vergelten, die nur dienen und heilen will, ohne zu fragen, ob der Partner es wert ist.* Jesus weiß, daß dieser göttliche Eros jedem Menschen möglich ist, der sich vom ATEM des Schöpfers erfassen läßt.

Die Konsequenz: Es gibt vom Schöpfer her keine Erlaubnis, einem Menschen die ihm zugesagte Liebe wieder aufzukündigen, somit keine Erlaubnis, ein Eheband aufzulösen. Wer, aus welchen Gründen auch immer (außer einem!) seine Frau entläßt, treibt Ehebruch, handelt gottwidrig. – Außer die Trennung geschieht «wegen Unzucht» (Mt 5,32; 19,9)! Diese verkürzte und darum mißverständliche Formulierung klärt sich im Rahmen der Ethik Jesu. Es ist unmöglich, daß er erlaubt, den Partner *zur Strafe* für seine Vergehen hinauszustoßen. Wenn aber «porneia» (ein weiter

Begriff) so zu verstehen ist, daß der Partner auf Grund seines ehewidrigen Verhaltens bereits draußen ist und gar nicht zurückkehren will, dann soll er nicht äußerlich per Gesetz zurückgehalten werden. Ihn aus dem Kerker einer innerlich toten Ehe herauszulassen, ist dann kein Hinausstoßen mehr, kein Akt der Vergeltung oder Liebesverweigerung, sondern eher eine Lebenshilfe. Die so verstandene «Ausnahme» würde das jesuanische Prinzip «selbstlose Liebe» nicht aufheben, sondern anwenden.

41. Der rätselhafte Eunuche
Mt 19,12

Es gibt Eunuchen, die vom Mutterleib an so geworden sind. Und es gibt Eunuchen, die von Menschen dazu gemacht wurden. Und es gibt Eunuchen, die sich selbst dazu gemacht haben wegen der Gottesherrschaft.

Dieses Wort, hier ohne die wahrscheinlich redaktionelle Rahmung zitiert, erscheint auf den ersten Blick jesusfremd. Die Schwierigkeit: Wenn Gott selbst Mann und Frau zu einer unlösbaren Einheit verbinden will, wie kann dann die Gottesherrschaft Menschen eheunfähig machen? – Aber der dreiteilige Spruch ist nicht erfunden, denn «Eunuche» war für Juden ein böses Schimpfwort. Kein Christ konnte es Jesus zur Bezeichnung seiner Jünger in den Mund legen. Doch er selbst hat Spottnamen, die ihm entgegengeschleudert wurden, aufgefangen und mit Humor bestätigt, hat ebenso seinen Jüngern empfohlen: Wenn sie euch meinetwegen beschimpfen und eure Namen wie etwas Ekelhaftes ausspukken, lacht darüber und tanzt weiter! (Lk 6,22f.) Beispiele: Du Idiot! Richtig, denn Gott offenbart sich den *nepioi*, den Unmündigen, und nicht den Gescheiten. Er ist nur ein gewöhnlicher Mensch, ein Saufkumpan der Zöllner, kein Asket und Prophet wie Johannes! Richtig, ich bin «ein Mensch». Aber was weise, was gottgemäß ist, werden die Werke zeigen. So konnte er auch auf die Beschimpfung als Eunuche reagieren: Richtig; aber ich habe mich selbst zum Eunuchen gemacht wegen der Gottesherrschaft. Es ist also eine jesuanische Bildrede.

Was kann sie bedeuten? Sicher ist sie nicht wörtlich gemeint (wie

z. B. Origenes es auffaßte und durch Selbstentmannung praktizierte). Sicher befiehlt er, der bewußt «nicht fastet», keine sexuelle Askese, um sich damit den Einlaß in die Gottesherrschaft zu «verdienen». Bisher glaubte auch ich wie die meisten Ausleger, Jesus rede vom Verzicht auf die Ehe, um sich ungeteilt für die Ausbreitung der Gottesherrschaft engagieren zu können. Doch die Ehe ist für den Apostel nur dann ein Hindernis, wenn seine Frau «nicht mitgeht». Faktisch wurden alle außer dem Asketen Paulus in der Missionsarbeit von ihren gläubigen Ehefrauen unterstützt, nämlich «die übrigen Apostel und die Brüder des Herrn und Petrus» (1 Kor 9,5). Nimmt man die bildhafte Redeweise Jesu einmal ernst, dann zeigt sich: Der «Eunuche» verzichtet nicht auf die Ehe, sondern ist unfähig zur Ehe. Ich möchte hier nur anregen, in dieser Spur weiter zu fragen, zunächst bei Jesus: Machte er sich selbst wegen der Gottesherrschaft zum «Eunuchen», das bedeutet: innerlich unfähig, einen Menschen «mit ganzem Herzen» zu lieben? Wenn ein Mensch so wie Jesus Gott als dem Liebenden begegnet und so wie er nicht nur mit dem Verstand, sondern «mit ganzem Herzen» Gott liebt, kann er nicht «auch» einen Menschen mit «ganzem Herzen» lieben. Das wäre irreal, denn der Mensch hat nur ein einziges, und zwar menschliches Herz, nur ein einziges Zentrum seiner Emotionen.
Sofort erheben sich zwei Fragen. 1. Kann der Mensch einen unsichtbaren Gott überhaupt mit dem Herzen lieben? Oder ist das, nüchtern gesehen, eine Überforderung? Antwort: Jesus konnte das und erwartete es von seinen Jüngern (Nr. 108). 2. Kann ein Mensch, der Gott mit ganzem Herzen liebt, überhaupt noch echt und direkt seine Mitmenschen lieben? Oder bleibt da nur noch eine «sogenannte» und indirekte Liebe, die über den konkreten Menschen hinweg auf Gott schaut? Antwort: Jesus hat die Menschen weder nebenbei noch indirekt, sondern aus seinem ganz von Gott erfüllten Herzen heraus, man darf sagen: mit dem Herzen Gottes, mit DEM ATEM GOTTES, direkt geliebt; hat Leiber geheilt und nicht nur Seelen. Inspiriert von einem «mütterlichen Vater», der alle seine Kinder retten will, konnte er die menschlich begrenzte «Nächsten»-Liebe total entgrenzen bis zur Feindesliebe, die immer noch echte Liebe bleibt. – Wenn diese Deutung des «Eunuchen» als eines «Selbst»-losen jesusgemäß ist, dann führt

sie auch zu folgendem, ebenso paradoxen Ergebnis: Wer «wegen der Gottesherrschaft sich zum Eunuchen machte», wird aus dem Geist der Gottesherrschaft heraus seine Gattin auch dann noch selbst-los lieben, wenn der Scharm verflogen, ja, wenn sie ihm zur Last oder gar zur Feindin geworden ist. – Mit Zölibat hat das nichts zu tun.

Das Rätsel vom «Eunuchen wegen der Gottesherrschaft» löst sich im Rahmen der neuen Gottesbotschaft: Die Geschlechterliebe ist in ihrer Wurzel eine begehrende. Der Eros Gottes dagegen ist mütterlich schenkende Liebe. Wer die Gottesherrschaft so annimmt wie Jesus, wer sich vom ATEM, von der Liebe des Schöpfers zu den Menschen *ganz* umprägen läßt, der wird wie Gott: Er verschenkt sich selbst an alle (Nr. 82, 114: Brotgabe) statt irgendeinen gierig zu lieben und erotisch zu beherrschen. Die den Eros Gottes nicht kennen, meinen dann: Er macht sich zum «Eunuchen».

42. Gottesherrschaft ist nur etwas für Kinder
Mk 10,13–16 (Mt 19,13–15/Lk 18,15–17)

Sie brachten ihm Kinder, daß er sie berühre. Aber die Jünger schalten sie. Doch Jesus, der es sah, ertrug das nicht und sagte ihnen: Laßt die Kinder zu mir kommen und hindert sie nicht! Denn solchen gehört die Gottesherrschaft. Amen, ich sage euch: Wer die Gottesherrschaft nicht so aufnimmt wie ein Kind, wird gewiß nicht in sie eingehen. Und er nahm sie auf die Arme und segnete sie, indem er ihnen die Hände auflegte.

Wieder muß Jesus den Übereifer seiner Jünger abwehren. Sie wollten ihm diese Belästigung ersparen. Die scheinbar belanglose Idylle offenbart sein Verhalten und sein Gottesbild.
1. Er hat ein Herz für Kinder, zumal für zurückgestoßene, und liebkost sie wie ein normal empfindender Mensch. Ob er seinen Unmut äußert oder die Kleinen auf den Arm nimmt, er bleibt immer spontan.
2. Wie er sich naturhaft-mütterlich zu Kleinkindern verhält, so verhält sich sein Gott zu den Menschen. Für Sogeartete ist die Gottesherrschaft da. Aus innerer Gewißheit (Amen!) nennt er die

Konsequenz: *Nur der gelangt in die Gottesherrschaft, der sie so annimmt, wie Kleinkinder etwas annehmen. Diese können noch nichts verdienen. Sie können nur vertrauend sich beschenken lassen. Das ist die allein-richtige Grundhaltung des Menschen vor Gott, auch des Erwachsenen.*

43. Keine Kniebeuge vor Jesus!
Mk 10,17–19 (Mt 19,16f./Lk 18,18–20); Lk 11,27–28

Als er sich auf den Weg machte, lief einer auf ihn zu, fiel vor ihm auf die Knie und fragte ihn: Guter Meister, was soll ich tun, damit ich jenseitiges Leben rechtlich erwerbe? Aber Jesus sagte ihm: Was nennst du mich gut? Keiner ist gut außer einem: Gott. Die Gebote (Gottes) kennst du doch ...

Gott allein ist der aus sich heraus Gute. Darum ist für Menschen nur maßgebend, was Gott gebietet, nicht was Jesus etwa aus sich heraus gebietet. *Darum sein Zorn, wenn jemand ihn verehrt, als sei er ein Gott! Er führt nur zu Gott.*

(Lk 11,27–28) Während er so predigte, erhob eine Frau aus der Menge ihre Stimme und sagte zu ihm: Selig der Leib, der dich getragen hat, und die Brüste, die du gesogen hast! Er aber sagte: Nicht so, sondern selig sind, die das Wort Gottes hören und befolgen.

Das Lob dieser begeisterten Frau galt der Person Jesu. Man ehrte einen berühmten Mann dadurch, daß man die Mutter beglückwünschte, die ihn gebären durfte. Jesus lehnt solchen Personenkult ab, wie er die Kniebeuge und Anrede «Guter Meister!» ablehnte. Weil ihm hier wie dort und immer nur eines wichtig ist: Gott selbst. Die den Willen Gottes hören und tun, die sind glücklich. – *Man beachte auch, wie Jesus hier seine ekklesia, seine Jüngersammlung, entkonfessionalisiert:* Nicht die Rechtgläubigen (Juden, Katholiken, Protestanten etc.) preist er selig, sondern jene, die das Wort Gottes statt dogmatisierter Menschenworte hören und dieses Wort nicht nur richtig auslegen, sondern tun.

44. Einlaß nur ohne «Gepäck»
Mk 10,23.25–27 (Mt 19,20–26/Lk 18,21–27);
Lk 13,23–24 (Mt 7,13 f.)

Nachdem ihn jemand fragte, wie er jenseitiges Leben «rechtmäßig erwerben» *(kleronomeo)* könne (Nr. 43), antwortete Jesus: durch Erfüllung der bekannten «Gebote Gottes», die das gegenseitige Verhalten rechtlich regeln: Nicht töten, nicht stehlen usw.

Er aber sprach: Meister, das alles habe ich von Jugend auf befolgt. Als Jesus ihn anschaute, gewann er ihn lieb und sagte zu ihm: Eines fehlt dir noch. Geh gleich hin! Was du hast, verkauf's und gib es den Armen! Und haben wirst du einen Schatz im Himmel (bei Gott). Wohlan, dann folge mir! Der aber wurde traurig über das Wort und ging schmerzlich bewegt davon, denn er hatte viele Güter. – Da schaute Jesus umher und sagt seinen Schülern. Meine Kinder, wie schwer ist es für die Reichen, in die Gottesherrschaft zu gelangen!... Leichter ist es, daß ein Kamel durch das Nadelöhr hindurchkommt, als ein Reicher in die Gottesherrschaft hinein. Über die Maßen entsetzt sagten sie zueinander: Und wer kann da gerettet werden? Jesus schaut sie an und sagt: Bei Menschen ist es unmöglich, aber nicht bei Gott.

Gerechtes Verhalten wird auch jenseitig gerecht belohnt, schöpfungsgemäß durch die Zufriedenheit des Gerechten mit sich selbst. – Aber das ist noch nicht das große Glück, der «Schatz» der Gottesherrschaft, der letztlich Liebe ist. *Dieser Schatz ist nicht zu verdienen, er wird geschenkt. Doch er kann nur dem geschenkt werden, der das göttliche Spiel des Hin- und Herschenkens mitmacht.* Wer seinen Besitz verschenkt, hat damit nichts «verdient»; er ist nur arm und leer genug geworden, daß Gott ihm alles schenken kann. Und Gott wird sich selbst ihm schenken.
Diese neue Botschaft ist einsichtig und wunderbar. Aber ist sie auch realisierbar? Für alle oder nur für auserwählte Charismatiker? Schon auf Erden oder erst im Himmel? Wenn nicht, ist die gute Botschaft Illusion. – Jesus erlebte und verkündete einen Gott, der alle Menschen liebt und zum Fest der Gottesherrschaft einlädt. Also ist das totale Schenken als Einlaßbedingung auch allen «irgendwie» möglich. Jedoch wie? – Jesus verlangte gewiß nicht, daß seine Jünger inmitten einer auf Eigentum und Gütertausch gegründeten Wirtschaftsordnung plötzlich alles

bis aufs Hemd wegschenken. Das würde zum Chaos führen. Er duldete zumindest ihre Gemeinschaftskasse. Aber wo Hungrige zu speisen waren, nahm er ihren letzten Mundvorrat, fünf Brote und zwei Fische, und verschenkte ihn. Also will er die innere Lösung vom Besitz, verbunden mit der echten Bereitschaft, ihn notfalls auch faktisch wegzugeben. – Dazu war jener Reiche nicht bereit. Sein Eigentum war so sein «eigen» geworden wie dem Kamel seine Höcker. Mit solchem Gepäck kommt er nie durch's Nadelöhr. Denn in den göttlichen Bereich des Schenkens gelangt man nur wie ein dünnes, knotenfreies Fädchen: ohne Eigentums-Recht.

Kein Wunder, daß die Jünger bei dieser «unmöglichen» Einlaßbedingung «über die Maßen entsetzt waren». Ob so überhaupt ein Mensch gerettet werden kann? Jesu Antwort: Aus menschlichem Bemühen allein ist es in der Tat nicht möglich, den Eigentumsanspruch bzw. die Angst vor der Eigentumslosigkeit wie einen unnötigen Rucksack abzulegen. Denn der Mensch braucht nun mal täglich Brot, um zu leben. Und er soll leben. Aber der Kontakt mit Gott macht es möglich, im Grunde das einfache Vertrauen, daß Gott Wirklichkeit ist: als Schöpfer, der ohne Wunder die Raben ernährt, und als Vater, der seine Kinder umsorgt, nicht erst im Himmel, sondern jetzt auf Erden. In diesem Realismus kann der Mensch ohne Angst sich innerlich von seinem Besitz lösen, um ohne Höcker durch das Nadelöhr zu kommen oder ohne Gepäck sich durch die enge Tür zu zwängen:

(Lk 13,23–24) Einer sagte zu ihm: Herr, sind es wenige, die gerettet werden? Der aber sagte zu ihm (ohne die Frage nach der Zahl zu beantworten!): Ringt darum, hineinzukommen durch die enge Tür! Denn viele, sage ich euch, werden (eine breitere Tür) suchen, um hineinzukommen, und es wird ihnen nicht gelingen.[22]

45. Was kriegen wir dafür?
Mk 10,28–30 (Mt 19,27–20/Lk 18,28–30)

Da fing Petrus an, ihm zu sagen: Wir da, wir haben alles verlassen und sind dir gefolgt. (Mt: Was wird denn uns zuteil werden?) – Jesus sagte: Es gibt keinen, der Haus oder Brüder oder Schwestern oder Mutter oder Vater oder Kinder

oder Äcker meinetwegen und der Guten Botschaft wegen verlassen hat, der nicht jetzt in dieser Zeit hundertfach Brüder und Schwestern und Mütter und Kinder und Äcker erhält, trotz Verfolgungen – und im kommenden (jenseitigen) Äon äonisches Leben.

Es ist zwar nicht fein, beim Schenken nach dem Gegengeschenk zu fragen, aber der Meister hat Geduld mit «Schülern». Er nennt ihnen zwei Gewinne: Wer sich von seinem Familienclan ablöst und seinen Grundbesitz zurückläßt (vom Verlassen der Frau ist nicht die Rede), um ihm zu folgen und dann seine Botschaft zu verkünden, erhält in der neuen Jüngergemeinschaft alles hundertfach wieder; schon in diesem *kairos,* in der jetzt erfüllten Zeit der Gottesherrschaft. *Zweifellos wollte Jesus, daß seine Anhänger wie eine Großfamilie füreinander sorgen.* (Man beachte: Es gibt darin zwar hundertfach Mütter, aber keine Väter!)

Diese Zusage ergänzt die vorausgehende Forderung, seine Habe den Armen zu schenken, und macht sie realisierbar, ohne Wunder. Wer innerhalb der Jüngergemeinde dem Vater vertrauend und den Brüdern vertrauend sich von seinem Eigentum löst und es zur Verfügung stellt, der braucht gar nicht zu darben, weil die andern genauso für ihn sorgen. Also keine Spur von Asketismus. Natürlich sollen die Äcker nicht einfach weggegeben, sondern weiter bewirtschaftet werden, nur eben nicht für den Besitzer, sondern für die Gemeinschaft, die auch ihn trägt. *Der Kommunismus Jesu basiert auf Vertrauen und Liebe.*

46. Keine Christusherrschaft!
Mk 10,35–40 (Mt 20,20–23)

Jakobus und Johannes, die Söhne des Zebedäus, treten zu ihm hin und sagen ihm: Meister..., gewähre uns, daß einer zu deiner Rechten und einer zu deiner Linken sitze in deiner Herrlichkeit (Mt: in deinem Königreich). Aber Jesus antwortete ihnen: Ihr wißt gar nicht, was ihr erbittet. Könnt ihr den Becher trinken, den ich trinke...? Sie sagten ihm: Wir können es. Da sagte ihnen Jesus: Den Becher, den ich trinke, werdet ihr trinken... Aber das Sitzen zu meiner Rechten und Linken zu gewähren, das steht mir nicht zu (sondern die erhalten es, denen es bereitet ist).

Noch auf dem Weg nach Jerusalem dieses große Mißverständnis der Sache Jesu, vermengt mit kleinkariertem Ehrgeiz. Sie «wissen gar nicht», um was es ihm geht, weil sie nicht loskommen von ihrer alten Vorstellung, die Basileia müsse eine triumphale Königsherrschaft des Messias-Christus sein, worin dieser die Ehrenplätze oder Ministerposten zuteilt. – Die kalte Dusche: Ich habe keine Throne zu vergeben. Das heißt: Ich bin kein Christus-König. Gott (der allein Gute) ist allein König in der Basileia und allein für die Sitzverteilung zuständig. *Wer aber mir besonders nahe sitzen will, muß mir besonders treu nachfolgen, muß bereit sein, mit mir auch den Leidensbecher zu trinken.*

Jesus stand mit seiner einfachen Ausrichtung auf den erkannten Willen Gottes einsam inmitten seiner Umgebung, die zwar fromm, aber durch verhärtete Traditionen verbogen war. Schmerzlicher als im Kampf mit Gegnern zeigte sich diese Einsamkeit im Konflikt mit denen, die ihm besonders nahestanden: mit seinem «Taufvater» Johannes, mit seiner Familie in Nazaret und mit seinen drei Freunden im Zwölferkreis Petrus, Johannes, Jakobus. Diese drei hatten das charismatische Taborerlebnis, und jetzt drängelt sich das Brüderpaar (sehr wahrscheinlich gegen Petrus) an die ersten Plätze, als ob es in Jerusalem nicht um Gottes Herrschaft ginge, sondern um eine illusionäre Messiasherrschaft, also doch um Menschenherrschaft. Trotz jahrelangem «mit ihm sein» und trotz Tabor nichts begriffen! *Das ist die Einsamkeit Jesu.*

47. Er korrigiert Jesaja
Lk 4,16–22

Er ging nach seiner Gewohnheit am Sabbat in die Synagoge und stand auf, um vorzulesen. Das Buch des Propheten Jesaja wurde ihm gereicht. Er öffnete es und fand die Stelle, wo geschrieben steht: Geist des Herrn auf mir, weil er mich gesalbt hat, den Armen eine gute Botschaft zu bringen und zu heilen, die am Herzen zerbrochen sind. Er hat mich gesandt, den in Knechtschaft Lebenden die Freilassung und den Erblindeten das Wiedersehen-Können zu verkünden, die Mißhandelten in Freiheit loszuschicken, das angenehme Jahr (Nachlaßjahr) des Herrn als Herold anzusagen. Und er rollte das Buch zusammen, gab es dem Diener zurück und setzte sich. Die Augen aller in der Syn-

agoge waren fest auf ihn gerichtet. Und er begann, ihnen zu sagen: Heute ist diese Schrift erfüllt vor euren Ohren. Und alle waren ihm (zustimmende oder ablehnende) Zeugen, denn sie verwunderten sich über die Worte der Gnade, die aus seinem Munde kamen.[23]

Jesus sucht das für seine Predigt passende Prophetenwort Jes 61,1f. und verändert es dreifach: 1. Er fügt den Gottesauftrag hinzu, den Erblindeten das Sehen-Können zu verkünden. Das bedeutet: Nicht nur hören und glauben-müssen, sondern sehen und erleben-dürfen, daß Gott den Menschen gut ist. 2. Die überflüssige Notiz «Er rollte das Buch zusammen» fällt auf. Der Vergleich mit dem Jesajatext läßt erkennen, was dies bedeutet. Dort steht geschrieben: «auszurufen ein Gnadenjahr des Herrn / und einen Tag der Rache für unseren Gott». *Es ist ungeheuerlich, daß er beim Vorlesen die kanonisierte Aussage des Propheten halbiert, indem er das ergänzende Wort von der Rache Gottes einfach wegbricht!* 3. Er behauptet, dieses Wort von Gottes Güte allein sei nicht mehr Zukunft, sondern habe sich erfüllt, und zwar «heute» (mit seiner neuen Gottesbotschaft). – Begreiflich, daß die Hörer sich verwunderten über diese so noch nicht gehörten «Worte der Gnade». Es heißt: Sie waren ihm Zeugen *(martyreo)* wie bei einem Ketzergericht; ob pro oder contra, ist nicht gesagt.

48. Das Vertrauen eines Heiden
Mt 8,5–10.13 (Lk 7,1–10)

Als er aber nach Kapernaum hineinkam, trat ein Hauptmann an ihn heran und bat ihn: Herr, mein Sohn/Knecht liegt zu Hause gelähmt darnieder und leidet große Qualen. Er sagt zu ihm: Ich soll kommen und ihn heilen? Aber der Hauptmann antwortete: Ich bin's nicht wert, daß du unter mein Dach eingehst. Aber sag's nur mit einem Wort, und mein Junge wird geheilt werden... Als Jesus das hörte, wunderte er sich und sagte seinen Begleitern: Ich sage euch, bei keinem in Israel habe ich solches Vertrauen gefunden... Und Jesus sagte zu dem Hauptmann: Geh nur! Wie du vertraut hast, soll dir geschehen! Und der Junge wurde in jener Stunde gesund.

Das betont vorangestellte «ego» zeigt die Frage an: Ich, der Jude, soll in das Haus des Heiden gehn? Entweder zögerte Jesus, hier ein Gebot der Schicklichkeit zu übertreten, oder er wunderte sich, daß ein Offizier der römischen Besatzungsmacht so bescheiden ist, einen Juden in sein Haus zu bitten. Letzteres ist wahrscheinlicher. – In dem wohl später geäußerten Wort an seine Begleiter wird deutlich, wie das Vertrauen der Menschen Jesus beglückt, weil es ihm ermöglicht, ihnen zu helfen. Nun fand er bei Juden überall außer in Nazaret großes Vertrauen. Das Besondere an diesem Heiden war seine Bescheidenheit «Ich bin's nicht wert...» und die Tatsache, daß er Jesus selbstverständlich auch eine Fernheilung zutraute.

Jesus kann sich wundern und weiterlernen: *Das Heil aus Gottvertrauen ist allen Menschen angeboten, Heiden wie Juden.*

49. Trennung statt Friede
Mt 8,19–20 (Lk 9,57f.); Mt 10,34–36 (Lk 12,51–53); Lk 9,59–62 (Mt 8,21f.)

Ein Schriftgelehrter kam zu ihm und sagte: Meister, ich will dir folgen, wohin du gehst. Da sagt ihm Jesus. Die Füchse haben Höhlen und die Vögel des Himmels Nester; aber ich, ein einfacher Mensch, habe nichts, wohin ich mein Haupt legen kann.

Nicht alle Theologen lehnten Jesus ab. Dieser z.B. wollte sein Schüler werden. Jesus nennt ihm den Preis, den ein Schriftgelehrter zu zahlen hat, so wie er jenem Reichen, der ihm folgen wollte, seinen spezifischen Preis nannte, nämlich sich von allem Besitz zu lösen. Daß ein Wanderprediger mit seinen Schülern kein festes Quartier hat, brauchte Jesus nicht erst zu sagen. Das wußte man, und damit rechnete der Bittsteller ohnehin. Jesus, der gern in Bildern redet, meint gewiß seine geistige Heimatlosigkeit. Er hat keine Geborgenheit, keinen Schutz bei der Autorität eines Schulhauptes oder einer angesehenen Gruppe wie der Pharisäerbruderschaft oder der Essenermönche in Qumran. Er ist nur ein einfacher Mensch, der auf Gott hört. *Dieses «kein Nest haben» wird das Risiko des jungen Theologen sein.*

(Lk 9,59–60) Er sagte einem andern: Folge mir! Aber der sagte: Erlaube mir, daß ich erst weggehe, meinen Vater zu begraben! Aber er sagte ihm: Laß die Toten ihre Toten begraben! Du geh hin und verkünde die Gottesherrschaft!

Dieses Wort wird oft mißverstanden. Es wäre sinnlos und es widerspräche dem Verhalten Jesu, der seinen ermüdeten Jüngern mitten im Hochbetrieb eine Ruhepause gewährt (Nr. 25), wenn er einem Sohn nicht erlaubte, seinen soeben verstorbenen Vater zu begraben. Hier geht es um viel mehr. Der zur Nachfolge Berufene setzt eine grundsätzliche Bedingung: Ich möchte schon, aber ich will warten, bis mein Vater stirbt (das ist der Sinn dieser Redewendung), weil er mir's nicht erlaubt. Diese Familienbindung lehnt Jesus strikt ab. *Laß die geistig Toten ihre Toten begraben. Wir haben dem Leben zu dienen.* Verkünde die Gottesherrschaft!

(Mt 10,34–36) Denkt nicht, ich sei gekommen, Frieden in das Land zu bringen. Ich kam nicht, Frieden zu bringen, sondern das Schwert. Denn ich kam, den Menschen zu trennen von seinem Vater... Die Feinde des Menschen sind seine Hausgenossen!

Der Familienvater ist der Hüter der Tradition. Und von der als irrig erkannten Tradition muß Jesus den Menschen losreißen. Das ist der Unfriede, den er in das Land Israel trägt. Er weiß aus Erfahrung (Nr. 19), daß vor allem die eigene Familie den Menschen, der unbefangen Gott suchen will, an die Tradition binden möchte. Darum ist sie «der» Gegner. – Die antike und speziell die jüdische Familienbindung ist bei uns fast ganz geschwunden. Der Wunsch, unsere Kinder möchten ihr christliches Erbe nicht wegwerfen, ist verständlich. Dennoch: Es genügt nicht, daß sie um der Eltern willen Ungeprüftes glauben. Jesus will, daß der Mensch seinem eigenen, wachen Gewissen folgend das tut, was Gott von ihm will. Also sagen wir unseren jugendlichen Aussteigern klar, was Gott will; *sagen wir's aber nicht mit Berufung auf Familientraditionen, sondern aus Überzeugung.* Dann mögen sie wählen und ihre Wahl verantworten. – Das harte Jesuswort vom «trennenden Schwert statt Frieden» ist auch richtungsweisend für jede ökumenische Bemühung. Daß evangelische und katholische Theologen miteinander suchen, was Jesus gelehrt hat, und davon «trennen», was später maßgebend gewordene Theologen wie Paulus oder Matthäus, Martin Luther oder Thomas von Aquin usw. hinzugesagt haben, *das wird uns voranbringen zur Mitte und somit zur Einung um den nur-einen Meister;* nicht die Diskussion um das unnötig Hinzugedachte und nicht Friede aus Freundlichkeit.

(Lk 9,61–62) Ein anderer sagte ihm: Ich werde dir folgen, Herr. Aber erlaube mir zuerst, daß ich mich ablöse von denen, die zu meinem Haus gehören. Aber Jesus sagte zu ihm: Keiner, der die Hand an den Pflug legt und zurückschaut, ist geeignet für die Gottesherrschaft.

Auch hier kann unter Abschiednehmen (falls es nicht von Lk eingetragen ist) nicht das Minimum von Menschlichkeit gemeint sein: Lebewohl sagen und kundtun, wohin man geht. Solches könnte nur ein Fanatiker verbieten. – Was Jesus nicht dulden kann, ist die friedliche Ablösung als Bedingung: Ich werde kommen, sobald mein Clan nichts mehr dagegen hat. Das heiße: rückwärts schauend pflügen. *Wer sich für die Gottesherrschaft einsetzt, darf sich nicht an der Vergangenheit orientieren,* darf nicht die Traditionsgebundenen um Erlaubnis fragen. Sonst pflügt er krumme Zeilen.

50. Er klärt seine Trennung von Johannes
Mt 11,2–9.11 (Lk 7,18–28); Lk 16,16–17

Zuerst hat Jesu die Botschaft des Propheten am Jordan geglaubt und hat sich deshalb von ihm taufen lassen. Dann, nach seiner eigenen Gotteserfahrung, trennte er sich von ihm und seinem Jüngerkreis und verkündete die heilende Güte Gottes: Er hielt Tischgemeinschaft mit Sündern. Johannes dagegen predigte weiter die Strenge Gottes und mußte unter Sündern (Herodes und Herodias) leiden, ein Märtyrer der Gerechtigkeit Jahwes.

Als aber Johannes im Gefängnis von den Werken des Christus hörte, ließ er ihm durch seine Jünger sagen: Du bist der Kommende? Oder sollen wir auf einen anderen warten? Und Jesus antwortete ihnen: Geht hin und meldet dem Johannes, was ihr hört und seht: Blinde sehen wieder und Lahme gehen,

Aussätzige werden rein und Taube hören und Tote werden aufgeweckt und Armen wird eine gute Botschaft verkündet. Und selig ist, wer an mir nicht Anstoß nimmt.

Was Johannes sagen läßt, wird nicht Frage genannt und ist auch keine, sondern eine Kritik in Frageform: Du willst der Kommende (Messias) sein? Denn Johannes nahm nach dem Schlußwort Jesu offensichtlich Anstoß an ihm, wohl wegen seines anderen Gottesbildes. – Die Antwort Jesu darf nicht als ein Sich-Brüsten mit seinen Heilerfolgen mißverstanden werden. Er sagt dem Propheten Johannes in der Bildersprache des Propheten Jesaja, was Gott jetzt tut: Geistig erblindete, gelähmte, aussätzige, taub gewordene und abgestorbene Menschen werden von Gott wieder aufgerichtet. Das ist eine *gute* Botschaft für die Armen. Seht's mit euren Augen und sagt es ihm! Das Schlußwort ist eine Einladung an den alten Meister Johannes: Statt zu verbittern, wirst du glücklich werden, wenn du an mir (dem ehemaligen Novizen) keinen Anstoß nimmst, wenn du gelten läßt, daß Gott kein rächender Richter ist, sondern allen ein liebender Vater.

(Mt 11,7–9.11) Während aber diese hingehen, begann Jesus, zur Menge über Johannes zu reden. Wozu seid ihr in die Einöde hinausgegangen? Schilf zu sehen, das im Winde schwankt? Oder wozu seid ihr hinausgegangen? Einen Menschen zu sehen, der in weiche Gewänder gekleidet ist? Siehe, die Leute, die weiche Gewänder tragen, leben in Königspalästen. Oder wozu seid ihr hinausgegangen? Einen Propheten zu sehen?... Amen, ich sage euch: Unter den Weibgeborenen ist kein größerer erstanden als Johannes der Täufer. – Aber der kleinste innerhalb der Gottesherrschaft ist größer als er.[24]

Jesus mußte sein Verhältnis zu Johannes klären, und zwar vor denen, die genauso wie er selbst früher zu ihm pilgerten, um einen großen Propheten zu erleben, und jetzt verunsichert Jesus mit Johannes verglichen (Nr. 12) oder auf einen friedlichen Ausgleich zwischen beiden Bewegungen hofften. Dabei gibt er das Musterbeispiel, wie grundlegende religiöse Differenzen ohne Gehässigkeit offenzulegen sind. Er anerkannt, was an Johannes gut und groß ist: seine Standfestigkeit gegenüber «Königen» und seine Härte gegen sich selbst; beides für Gott. Im «Noviziat» des «Rufers in der Wüste», das auf ein todesähnliches Untergetaucht-Werden hinzielte, lernten seine Jünger, Gott und die Abkehr von ihm todernst zu nehmen und rückhaltlos umzukehren.

Aber die eigentliche Frage, ob Johannes der von Gott gesandte Prophet ist, beantwortet Jesus (im Unterschied zu den Evangelisten) nicht direkt, sondern nennt zwei Eckdaten, aus denen die Hörer selbst sich die Antwort bilden können: 1. Unter den Weibgeborenen, d. h. als Mensch, ist er der größte. Er hat wie kein anderer seine menschliche Kraft (alles, was «Fleisch und Blut» vermögen; Nr. 36) eingesetzt, um seinem Gott zu dienen, so wie er konnte. 2. Aber er bewegt sich außerhalb der Gottesherrschaft, die Jesus erlebt und verkündet. Im Bereich Gottes (des wirklichen Gottes!) ist nicht menschliche Kraftanstrengung der Maßstab für Größe. Da mag ein Mensch gering und schwach sein wie ein Kind, aber sofern er hineingig, ist er vor Gott größer als die starken Großen, die draußen bleiben.

Das klingt paradox und ist zunächst ein Rätsel, aber nicht mehr für Jünger Jesu, die von ihm lernten, was Gottesherrschaft bedeutet: Das allen offenstehende Kraftfeld der Liebe Gottes, in das auch der armseligste Mensch eintreten kann, wenn er nur ganz-vertrauend diese Liebe annimmt und ebenso weiterschenkt an die andern Armseligen bis hin zu den Feindseligen und Bösen. *Aber oft wollen gerade die Starken und Gerechten nicht eintreten in einen solchen Raum, in dem z. B. die Heimkehr eines Taugenichts mit Musik und Tanz gefeiert wird* (Nr. 84). – Vom gleichen tiefen Konflikt zwischen den beiden Gottesbildern spricht Jesus in seinem religionsgeschichtlichen Rückblick:

(Lk 16,16–17) Das Gesetz und die Propheten reichen (Mt 11,13: prophezeiten) bis Johannes. Von da an wird die gute Botschaft von der Gottesherrschaft verkündet, und (doch) geht jeder gewalttätig gegen sie vor. (Mt 11,12: Gewalttätige rauben sie weg). Es ist leichter (sagen sie!), daß Himmel und Erde vergehen, als daß ein Häkchen vom Gesetzestext herunterfällt.

Die schon bei Mt/Lk herrschende Tendenz, Jesus mit Johannes und das Alte Testament mit dem Evangelium zu harmonisieren, bewirkte, daß dieses Jesuswort besonders kraß mißdeutet wurde.

Es ist doch schlichthin unmöglich, daß derselbe Jesus, der die Gesetze bezüglich Sabbat, Reinigung, Ehescheidung usw. unbekümmert übergeht, weil er sich nur am Willen Gottes orientiert, behauptet, kein Buchstabenhäkchen dürfe vom Gesetzestext hinfällig werden (was ihm in Mt 5,18 mit einem Amenwort unterstellt wurde). Er kann hier nur die absurde Behauptung seiner Gegner zitieren.[25] Fanatische Gesetzeshüter gingen gewaltsam gegen seine befreiende Botschaft von der Güte Gottes vor und raubten so den Menschen das Glück der Gottesherrschaft. – Das ist es, was Jesus im Blick auf die Geschichte Israels verwundert und enttäuscht: Gesetz und Propheten waren auf die große Zukunft ausgerichtet. Jetzt, wo sie Gegenwart wurde, wo die Gottesherrschaft gekommen ist, wird sie als unpassend abgelehnt und mit der Waffe des Gesetzes bekämpft.

51. Frauen in seinem Gefolge
Lk 8,1–3; 10,38–42; Mk 15,40–41; 16,1

Es begab sich in der Folgezeit, da wanderte er von Stadt zu Stadt und von Dorf zu Dorf und predigte und verkündete die gute Botschaft von der Gottesherrschaft. Und die Zwölf waren mit ihm und einigen Frauen, die von bösen Geistern und Krankheiten geheilt worden waren, Maria, genannt Magdalenerin, aus der sieben Dämonen ausgefahren waren, und Johanna, die Frau des Chusa, eines Verwalters des Herodes, und Susanna und viele andere, die alle mit ihrem Vermögen ihnen dienten.
(Mk 15,40–41) Es waren aber auch Frauen Augenzeugen (bei der Kreuzigung), unter denen Maria, die Magdalenerin, und Maria, die Mutter des kleinen Jakobus und Joses, und Salome waren, die ihm folgten, als er in Galiläa war, und ihm dienten, und viele andere Frauen, die mit ihm nach Jerusalem hinaufgezogen waren.
(Mk 16,1) Maria, die Magdalenerin, Maria, die (Mutter) des Jakobus und Salome kauften Spezereien, um hinzugehen und ihn zu salben...

Daß Jesus mit Frauen im Gefolge durch's Land zog, ist zweifellos historisch, weil derartiges von Judenchristen nicht erdacht werden konnte. Es war völlig unjüdisch. Nicht nur im Tempel (Frauenvorhof), auch in den Synagogen waren die Frauen streng von den Männern geschieden. Sie galten als unbelehrbar dumm: «Wer seine Tochter die Tora lehrt, lehrt sie Albernheit» (Sota 3,4). Sie waren vor Gericht nicht als Zeugen zugelassen. (Nur darum konnte sie Jesus nicht als «Apostel» in Israel einsetzen!) Jose ben Joachanan sagt: «Rede nicht viel mit der Frau; wegen eines unnötigen Gesprächs des Mannes mit *seiner* Frau wird der Mann in der Todesstunde zur Rede gestellt» (Abot 1,5). Im pharisäisch ausgerichteten Rabbinat galt: Die Frau, ein verführerisches Geschlechtswesen, ist auf der Straße nicht zu grüßen; sie darf am Mahl mit Gästen nicht teilnehmen, außer am Paschamahl; man läßt sich nicht von einer Frau bedienen.

In diesem Milieu zieht Jesus mit einer etwa 20köpfigen Gruppe von Dorf zu Dorf und bringt folgende erregende Neuheiten: 1. Er sagt aus innerer Vollmacht, was der wirkliche Gott will, ohne Rücksicht auf geheiligte Gesetze. 2. Er redet nicht nur von Gottes Güte, sondern heilt Kranke aus der Kraft des Gottvertrauens. 3. Er redet nicht nur von der Gleichwertigkeit aller Menschen vor dem Vater aller, sondern behandelt Frauen gleichwertig, zeigt sich öffentlich mit ihnen. 4. Er redet nicht nur von der Absicht Gottes, alle zu retten, sondern ißt und trinkt mit Sündern. Kurz: Er riskiert jeden Skandal, um den wirklichen Gott vorzuzeigen. – Man beachte auch, wie schon die ständige Gegenwart von Frauen sich auf die «Theologie» Jesu und seiner Gruppe auswirkte: Wenn Frauen «auch Menschen» sind, kann Gott nicht «nur Mann» sein! Und dieser ganzheitliche Gott prägt wieder das Verhalten seines Boten: Der kämpferische Mann Jesus umschließt wie die Mutter ein Kind mit seinen Armen, damit keiner es von ihm trenne (Nr. 38 u. 42). – Daß die Christenheit von dem jesuanisch-unbefangenen Miteinander von Mann und Frau bald wieder zurückfiel in die alte Männerherrschaft, verdanken wir vor allem Paulus.

Aber was sollen die Frauen? – Registrieren wir zuerst, *was sie taten:* 1. Sie waren dabei, in Galiläa und in Jerusalem. 2. Sie dienten der Gruppe, mit ihrem Vermögen. 3. Nur sie blieben dabei, unter dem Kreuz, am Grab, während die Jünger sich in Sicherheit brachten. (Daß der «Lieblingsjünger» mit der Mutter Jesu unter dem Kreuz stand, ist johanneische Theologie.) Diese Fakten genügen wahrhaftig, um den Frauen einen Ehrenplatz im Gefolge Jesu zu sichern. – Fragen wir nun, *was sie sollen.* Aber fragen wir weder

Paulus, der meint, sie sollen «schweigen», noch eine bestimmte Emanzipationsmode, die meint, sie sollen «reden und herrschen». Fragen wir nur den Meister! Daß er sie nicht als offizielle Botschafter (Apostel) sandte, ist milieubedingt. Es war in Israel unmöglich. So wie er einen Heiden nicht zum Apostel für Juden machen konnte, sondern ihn «zu den Seinen» schickte (Nr. 21). Entscheidend ist nur dieses: Er, der sich als Bruder und Diener seiner Jünger bezeichnete, hat allen das Herrschen über andere streng verboten. Jede Tätigkeit in der Gruppe darf nur Dienst sein, ob es das notwendige Leiten oder das Predigen oder das Heilen oder das Brotverteilen ist. Wo das neue *jesuanische Prinzip des Dienens* innerlich angenommen wird, da entkrampft sich von selbst die alte Machtfrage zwischen den Geschlechtern in Welt und Kirche. *Wer besser Suppe kochen kann, der diene als Koch, und wer besser eine Gemeinde leiten kann, der diene als Pfarrer! Dabei bleibt es völlig egal, ob er männlich oder weiblich ist.* Denn eine Frau Päpstin wäre um keinen Millimeter größer als ein Herr Koch. Was größer macht, ist allein die größere Dienstbereitschaft, sagt der Meister. – Aber er sagt auch nüchtern, wenn die Maria-Martha-Episode keine Legende ist, daß der «Küchendienst» nicht in ungesunde Hektik ausarten darf. Auch die Hausfrau hat das Recht zur Mußestunde. Hier die kleine Frauengeschichte ohne Kommentar:

(Lk 10,38–42) Auf ihrem Wanderweg kam er in ein Dorf. Eine Frau namens Martha nahm ihn in ihr Haus auf. Sie hatte eine Schwester namens Mariam. Die setzte sich nieder zu den Füßen des Herrn und hörte auf sein Wort. Martha aber war völlig in Anspruch genommen durch den vielen Tischdienst. Sie trat zu ihm und sagte: Herr, kümmert's dich nicht, daß meine Schwester mich allein aufwarten läßt? Sage ihr daher, daß sie mit mir zugreift! Aber der Herr antwortete ihr: Martha, Martha, du bist besorgt und aufgeregt um viele Dinge, aber nur wenige sind notwendig.

(Die Beifügung «oder nur eines» und das Wort vom «guten Teil» ist wohl erbaulicher Kommentar des Evangelisten.)

52. Er zahlt keine Tempelsteuer
Mt 17,24–26

Als sie aber nach Kapernaum kamen, traten die Einnehmer der Doppeldrachme (Tempelsteuer) zu Petrus und sagten: Zahlt euer Meister die Doppeldrachme nicht? Der sagte: Doch! Als er in's Haus ging, kam ihm Jesus zuvor und sagte: Was meinst du, Simon? Von wem nehmen die Könige der Erde Zoll oder Steuer? Von ihren Söhnen oder von den Fremden? Als er antwortete, von den Fremden, sagte ihm Jesus: Also sind die Söhne frei.[26]

Was Jesus ablehnt, ist die Steuerpflicht gegenüber dem Tempel. Wenn in der Gottesherrschaft, die er verkündet, Gott der Vater ist und wir die Söhne, dann sind wir eine Familie. In der Familie gilt nicht Zoll und Steuer, sondern freie, gegenseitige Hilfsbereitschaft. – Jedoch eine etablierte Religion, ob Synagoge oder Kirche, braucht eine gesetzlich abgesicherte wirtschaftliche Basis. Weil sie z. B. Gebäude erhalten und Angestellte bezahlen muß und ähnliches mehr: *Um sich selbst zu erhalten.* – Wollte Jesus demnach eine nicht-etablierte Religion, deren wirtschaftliche Basis nicht die Steuerpflicht ist, sondern das Vertrauen zum Vater und zu den Brüdern? Die Aussendungsworte weisen daraufhin (Nr. 17).

53. Kein «heiliger Krieg»!
Lk 13,1–4

Zur selben Zeit waren einige Leute da, die ihm berichteten von den Galiäern, deren Blut Pilatus mit dem ihrer Opfertiere vermischt hatte. Und er antwortete ihnen: Ihr meint, daß diese Galiläer Sünder waren im Gegensatz zu allen Galiläern, weil sie das erlitten haben. Nein. Ich sage euch: Wenn ihr aber nicht umkehrt, werdet ihr alle ebenso umkommen.[27]

Der Vorgang: Galiläer wurden oft gleichgesetzt mit Zeloten, die aus religiösem Eifer Israel von der heidnischen Fremdherrschaft befreien wollten, und zwar mit terroristischen Methoden («Sichelmänner»). Solche Galiläer wurden im Tempelhof von der Wachmannschaft des Pilatus abgeschlachtet, nachdem sie gerade ihre Opfertiere geschlachtet hatten. Die Meinung derer, die es

Jesus berichteten, war: So etwas konnte Gott nur zulassen, weil diese Zeloten Sünder waren. Frommen Zeloten könnte das nicht zustoßen. – Jesus sagt hier wie in seiner ganzen Gottesbotschaft ein klares Nein zu diesem Vergeltungsdenken, das in das Gottesbild eingetragen wurde. Darum kann das folgende Jesuswort nicht doch wieder bedeuten: Wenn ihr nicht umkehrt, straft euch Gott. Es deckt vielmehr realistisch die wahre Ursache dieses blutigen Gemetzels auf: Wenn ihr (die ihr euch für die sündlosen Galiläer-Zeloten haltet) nicht umkehrt von eurem galiläischen Zelotismus, dann werdet ihr ebenso umkommen, ebenso mit Pilatus in Konflikt geraten und niedergemetzelt werden. – Dasselbe sagt er den Frauen, die ihn beweinen (Nr. 124). Gott vertrauend braucht er keinen Konflikt mit Rom, um in Israel die Gottesherrschaft zu verwirklichen. *Er will keinen «heiligen Krieg» gegen die Feinde Gottes und seines Volkes,* wie ihn fromme Juden damals von einem Messias nach dem Muster Davids erwarteten, und wie ihn fromme Christen vor und nach Muhammed praktizierten.

Zweiter Teil
Die Reden Jesu

54. Gottesherrschaft ist für Armselige da
Lk 6,20–21 (Mt 5,3.6.4.)

Ihr habt Glück, ihr Armen, weil die Gottesherrschaft euer ist.
Ihr habt Glück, ihr jetzt Hungrigen, weil ihr satt werden sollt.
Ihr habt Glück, ihr jetzt Weinenden, weil ihr lachen werdet.

Immer bedeutet *makarios* im Munde Jesu: Glück haben, weil man einen Schatz fand, den man nicht «verdiente». Wenn die Gottesherrschaft für Arme da ist, dann, weil Gott «ein Herz für die Armen hat». Also einseitig? Nein, ganz natürlich, wie eine Mutter zuerst für ihre schwächsten Kinder sorgt. – Jesus vergeistigt nicht (wie Mt: die Armen im Geiste; die nach Gerechtigkeit Hungernden), sondern meint Leute, die kein Brot haben, und solche, die vor Schmerzen weinen. – Aber die sollen nicht hier arm bleiben, um jenseits reich zu werden. Die Mt-Formulierung «Himmelreich» statt «Gottesherrschaft» verleitet zu solcher Vertröstung. Hier und jetzt sollen die Hungernden satt werden, soll das Lachen sich ausbreiten, weil der gute Gott, der im Himmel sowieso herrscht, auf Erden zur Herrschaft, d. h. zur Auswirkung kommt; natürlich durch Menschen hindurch. Darum sind keine apokalyptischen Mirakel dazu nötig. Menschen, vom ATEM Gottes beseelt, werden ihr Brot mit den Hungernden teilen und werden aus der Kraft des Gottvertrauens Kranke heilen, so daß ringsum das Weinen sich in Lachen wandelt. *Denn nicht Angst und Trauerfasten, sondern Lebensfreude ist nach Jesus das Zeichen dafür, daß der wirkliche Gott da ist.*

55. Siegen werden die Sanften
Mt 5,5.7.9.38–41 (Lk 6,29)

**Glück haben die Sanften, weil diese das Land als Erbe empfangen werden.
Glück haben die Barmherzigen, weil diese Erbarmen finden werden.
Glück haben die Frieden Schaffenden, weil sie Söhne Gottes heißen werden.**

Nehmen wir die Jesusworte doch erst mal konkret, ehe wir sie vergeistigen! Es ging um Land, um das Land Israel, das die Römer besetzten; also um Politik! – Das war der Kontrasthintergrund im Denken der von Jesus Angesprochenen: Jahwe selbst hat doch dieses Land seinem Volk als Erbe verheißen. Somit höchster Rechtsanspruch auf seinen Besitz. Aber Josua mußte es mit dem blanken Schwert erobern, wobei der «Herr der Heerscharen» ihm durch Wundereingriffe half. Jahwe, gütig gegen Israel, ist also ein furchtbarer Kriegsgott gegen die Fremdvölker. Er gebietet nicht Erbarmen, sondern die Niedermetzelung aller Lebewesen in Jericho und den anderen eroberten Städten (so 12mal «ohne Gnade» in Jos 6–11), nicht Frieden durch Ausgleich, sondern Unterwerfung. Also handeln die Zeloten im Sinne Gottes, wenn sie wie Terroristen die Besatzer und ihre Komplizen bekämpfen. Also hat das Volk recht, wenn es einen «Sohn Davids» als gottgesandten Messias erwartet, d. h. einen Krieger und Herrscher im Stil Davids. – Zu alledem sagt Jesus: Nein, der wirkliche Gott ist anders! Das weiß er, weil DER ATEM sanft wie eine Taube ihn durchdrang. Nicht der Krieger ist Gott blutsverwandt, sondern der Friedliche ist ihm Sohn. – Sicher versprach Jesus dem Volk kein Stück Land im Jenseits. (Wechsel ausstellen, die er nicht einlösen muß, kann jeder!) Er meinte es konkret: Die Juden werden immer freier und friedlicher in ihrem Land leben, wenn sie dem Zelotismus abschwören und in der Gesinnung ihres Vaters unentwegt auch den Römern begegnen, obwohl sie ihnen Unrecht tun. Aber wo bleibt da die Gerechtigkeit? Jesu Antwort:

(Mt 5,38–41) Ihr habt gehört, daß (von andern Sprechern Gottes) gesagt wurde: Auge gegen Auge und Zahn gegen Zahn (Ex 21,24). Ich aber sage euch: Dem bösen Menschen nicht feindlich gegenüberstehen! Sondern wer dich auf die rechte Backe schlägt, dem wende auch die andere hin! Und dem, der dich vor Gericht bringen und dein Untergewand nehmen will, laß auch

den Mantel! Und wer dich zu einer Meile Frondienst nötigen will, mit dem geh gleich zwei!

Die Beispiele treffen die damalige Lage des Volkes: Die Besatzungsmacht zwang zu Frondiensten; Römer schlugen mit dem rechten Handrücken auf die rechte Wange, was dem Juden verboten war; Steuerpächter konnten sogar das Gewand pfänden. Das ist die grob-konkrete Redeweise Jesu. Wortwörtliche Anweisungen sind es nicht, denn sich nackt ausziehen wäre verboten, ein Gepäck über den Bestimmungsort hinaus zu transportieren wäre sinnwidrig. Was sollen dann solche Forderungen? Er will damit sein «Ich aber sage euch» drastisch verdeutlichen. Mose sagte, Gott selbst (Ex 21,1) habe die korrekte Vergeltung Schlag gegen Schlag angeordnet. Das ist falsch. *Ihr sollt vom Vergeltungsdenken so frei sein, daß ihr dem Menschen, der euch Böses tut, nicht mehr feindselig gegenübersteht (anti-stenai).* – Die Übersetzung «sich dem Bösen (dem bösen Tun) nicht widersetzen» verbunden mit dem wörtlich verstandenen «andere Wange hinhalten» ist jesusfremd. Er hat sich z. B. dem bösen Tun der Gesetzeslehrer energisch widersetzt, aber nicht aus Rachsucht, sondern von seinem Gott her aus Liebe: um das Volk von unnötigen Lasten und die Gesetzeslehrer von ihrer Verkrustung zu befreien. – *Die Umsetzung der Bergpredigt in konkrete Politik ist notwendig. Aber dabei ist die Grundintention Jesu «hinter den Wörtern» sorgfältig zu beachten.*

56. Liebt so wie Gott: auch Feinde!
Mt 5,43–45 (Lk 6,27f.); Lk 6,35–36 (Mt 5,48)

Gerecht zu bleiben, auch dem Feind gegenüber, ist rational-korrekt wie das Nichtstehlen. Aber den Feind wirklich lieben ist dem menschlichen Herzen aus sich heraus nicht möglich. Darum erscheint Feindesliebe unrealistisch und das Bemühen um sie als Verkrampfung. – Aber der Realist Jesus begründet und ermöglicht sie aus einer stärkeren und umfassenderen Realität heraus:

Ihr habt gehört, daß (von anderen Sprechern Gottes) gesagt wurde: Du sollst deinen Nächsten lieben und deinen Feind hassen. Ich aber sage euch: Liebt eure Feinde und betet für eure Verfolger!

Ein Gebot, den Feind zu hassen, gibt es nicht im Alten Testament, wohl aber im Schrifttum der Qumranmönche. Ihre Gemeinderegel beginnt so: «Gott suchen mit ganzem Herzen... und alle Söhne des Lichtes lieben... und alle Söhne der Finsternis hassen, jeden nach seiner Verschuldung, mit Gottes Rache» (1 QS I,1–11). Um die Rache Gottes auf den Feind herabzurufen, hatten sie genügend Gebetsformulare, z. B.: «Verflucht bist du ohne Gnade... vom Zorn (Gottes) getroffen in der Verdammnis des ewigen Feuers» (1 QS II,5–9 u. ö.). – Haß wäre also nicht menschliche Schwäche, sondern Gottes Wille. Diese falsche Gottesbotschaft der Wüstenmönche (und des aus Qumran kommenden Täufers Johannes?) «habt ihr gehört». Dagegen erhebt sich Jesus mit prophetischer Vollmacht. Er fordert nicht nur die Feindesliebe, sondern begründet sie aus Gott:

(Mt 5,45) Liebt eure Feinde... damit ihr Söhne eures Vaters im Himmel werdet! Denn er läßt seine Sonne aufgehen über Böse und Gute und läßt regnen über Gerechte und Ungerechte.

Diese einfache Tatsache zerreißt die alten Spekulationen über die Gerechtigkeit und den Zorn Gottes wie ein darüberhingesponnenes Gewebe. Es ist erschütternd: Jedes Kind kann sehen, daß die Sonne den Bösen genau so scheint wie den Guten. Aber die klugen Erwachsenen wollen das nicht sehen und hinnehmen, weil es nicht in ihr System paßt. Darum denken sie sich etwas «darüber», was man zwar nicht sieht, was aber sein muß, damit am Ende «ihre Gerechtigkeit» herauskommt: Gott muß den Bösen irgendwie heimlich vergelten, diesseits oder jenseits. Aber das naiv-realistische «Kind» Jesus (ähnlich dem Kind in Andersens Märchen von des Kaisers neuen Kleidern) sagt nur das, was es sieht: Der Gott, der seine Sonne Bösen wie Guten scheinen läßt, ist allen gleich gut. Und ohne Winkelzüge folgert er daraus: Weil dieser Schöpfer unser Vater ist, sollen wir ebenso wie er allen gut sein, auch den Bösen. Da stürzen die komplizierten Konstruktionen über Gottes Gerechtigkeit (sei's apokalyptisches Zorngericht oder

Rechtfertigung durch stellvertretendes Sühnopfer oder durch rituelle Reinigungen) zusammen wie ein angepustetes Kartenhaus. Was darunter zum Vorschein kommt, ist das bleibende Grundgebot: So lieben, wie Gott liebt, um Gottes Sohn zu werden, um glücklich zu werden. – Aber damit wir uns nicht ins Kindermärchenreich verlieren, muß hier unbedingt mitbedacht werden, daß Jesus genauso realistisch die Dunkelseite Gottes sieht! Der alle Menschen liebende Gott ist der Schöpfer, der das Einander-fressen-Müssen seiner Geschöpfe verantwortet und sogar den Menschen Menschenhänden überläßt. Und dennoch ist der tiefste Antrieb des Höchsten so etwas wie Brutpflege oder Mütterlichkeit:

(Lk 6,35–36) Liebt eure Feinde ... und ihr werdet Söhne des Allerhöchsten sein, weil er gut ist zu den Undankbaren und Bösen. Werdet mütterlich (barmherzig), wie euer Vater mütterlich (barmherzig) ist!

Der Wortstamm *oiktirmon* steht in der griechischen Übersetzung des Alten Testaments für Mütterlichkeit, Mutterschoß. Jesus, der paradoxe Bilder und Formulierungen liebte, hat hier wohl so knapp und doch so umfassend wie nur möglich das Wesen Gottes dargestellt. Was geschieht denn in einem Lebewesen, das «mütterlich» wird? Etwas von außen gesehen Törichtes: statt weiter für sich zu sorgen, verschwendet es alle Mühe darauf, für andere hilflose Wesen zu sorgen, vom Nestbau bis zur Futterbeschaffung und Brutverteidigung. Das mütterliche Wesen kann gar nicht kalkulieren, ob diese «anderen» seine Güte verdient haben, ob sie vielleicht «undankbar und böse» werden. Es muß und will seine Mütterlichkeit ausleben. Der biologische Sinn dieser scheinbar irrationalen Selbstlosigkeit: *damit Leben werde.* – So ist der von Jesus erlebte und verkündete Gott *Vater und Mutter,* jedoch nicht nebeneinander, sondern ineinander: *Gott ist die Mutter im Vater, «euer Vater ist mütterlich».* Damit wird auch verständlich, warum Jesus Gott als *Abba* anspricht (Mk 14,36 [Nr. 120]; vgl. Röm 8,15; Gal 4,6), was eigentlich ein Kosewort ist und mit «lieber Vater» übersetzt werden müßte. Er wird dieses Gottesbild in seinen Gleichnissen ausmalen.

«Werdet» so, wie Gott ist, kann im Munde Jesu nicht bedeuten:

Macht euch durch moralische Anstrengung größer, als ihr seid! Das hieße ja: Geht auf Stelzen; tut so, als ob ihr die Bösen liebtet, obwohl das Herz nicht mitgeht! Und das wäre wieder eine fromme Schauspielerei, die ihm so zuwider ist. Wie «wird» denn ein zunächst rein egoistisches Kleinkind mütterlich? Durch natürliche Reifung über Pubertät, Partnerschaft zur Mutterschaft. So soll der Jünger Jesu die Mütterlichkeit Gottes als vorhandenen Keim in seinem Innern annehmen und ungehindert reifen lassen. Erster Schritt: Vertraut ihm! Das heißt: Mit Verstand *und* Herz seine Güte annehmen. Man kann doch leicht verstehen, daß eine Allmutter nicht nur «mich», sondern alle ihre Kinder liebt, also auch meine Feinde. Und man kann mit einem unverdorbenen Herzen es dem Herzen Gottes «nachfühlen», daß er auch diesen bösen Nachbarn lieber retten und zur Reife bringen als vernichten möchte. Solche Feindesliebe ist weder Schwäche noch verdrängter Haß noch gekünstelte Sympathie; sie ist nur entgrenzte Mütterlichkeit, die auch den Mut findet, den Bösen notfalls hart zu korrigieren (wie Jesus getan). Der zweite Schritt ist wie bei jedem natürlichen Werdeprozeß das geduldige Reifenlassen. Die gottgemäße, im Menschen angelegte und durch Jesu Gottesbotschaft nur wieder aufgeweckte mütterliche Liebe niemals hindern durch Festhalten am alten Vergeltungsdenken. Siebenmal siebzigmal vergeben! Wie aus dem Ei und dem Küken allmählich eine ihre Brut pflegende Henne wird, so sollen «Kinder» Gottes durch Reifung in der Liebe «Söhne» und «Töchter» ihres himmlischen Vaters werden. – *Das ist Jesu einfache Erklärung von «Sohn Gottes», als der er vom offenen Himmel her angesprochen wurde und der jeder Mensch «werden» soll: geistesverwandt mit Gott als dem Vater aller.*

57. Liebt so wie Gott: umsonst!
Lk 6,33–35.37–38 (Mt 5,46–48); Lk 14,12–14

Weder die Schwalbe, die ihre Jungen füttert, noch die menschliche Mutter fragt: Was hab' ich davon? – So brauchen folgende Jesusworte keinen Kommentar mehr.

Denn wenn ihr denen Gutes tut, die euch Gutes tun, was für eine Herzensgüte (charis, gratia) habt ihr da? Auch die Sünder tun dasselbe. Und wenn ihr denen leiht, von denen ihr es zurückerhofft, was für eine Herzensgüte habt ihr da? Auch die Sünder leihen Sündern, um das gleiche wieder zu bekommen. Ihr dagegen, liebt eure Feinde, tut Gutes und leiht, ohne etwas zurückzuerwarten, und euer «Lohn» wird groß sein: Ihr werdet Söhne des Höchsten sein.
(Lk 14,12–14) Wenn du ein Frühstück oder ein Abendmahl gibst, so lade nicht deine Freunde noch deine Brüder noch deine Verwandten noch reiche Nachbarn ein, sonst laden sie dich wieder ein und du bekommst deine Vergeltung! Vielmehr, wenn du ein Gastmahl gibst, so lade Arme, Krüppel, Lahme und Blinde ein! Dann wirst du Glück haben, weil sie dir nicht zurückzahlen können.

«Rückzahlung» erfolgt, obwohl sie nicht gefordert wird:

(Lk 6,37–38) Richtet nicht, und ihr werdet nicht gerichtet werden! Verurteilt nicht, und ihr werdet nicht verurteilt werden! Sprecht frei, und ihr werdet freigesprochen werden! Gebt, und euch wird gegeben werden! Ein... überfließendes Maß wird man euch in den Schoß geben, denn mit dem Maß, mit dem ihr meßt, wird euch wieder gemessen werden.

58. Wie kann der Mensch Gott erkennen?
Mt 5,8; 11,25–27 (Lk 10,21 f.); Mt 13,12 (Mk 4,25); Lk 13,12

Vor jeder theologischen Bemühung ist zu konstatieren: Wenn eine elementare Wahrnehmung dessen, was Gott will, für den Menschen wirklich heilsnotwendig ist, dann hat er auch von Kind auf die Anlage dazu. Die richtige Wahrnehmung Gottes kann wie das richtige Atmen nicht «zu kompliziert» sein.

Glück haben, die im Herzen unverdorben sind, weil diese Gott sehen werden.

Was Jesus verspricht, erfüllt sich auf Erden, wenn er nicht ausdrücklich hinzusagt: im Himmel. «Gott sehen», statt nur von ihm hören, bedeutet demnach: wahrnehmen, wie er sich verhält und was er will, und zwar *mit dem Herzen. Aber dazu muß dieses Wahrnehmungsorgan «rein» sein, d. h. noch nicht verdorben.* Beispiel: Ein Kind, das noch nicht durch Gesetzeslehrer verschult wurde, sieht ohne weiteres ein: Gott will, daß wir immer Menschen heilen. Die Rechtsgelehrten sagen: «Aber... nicht Sünder; nicht am Sabbat!» Sie sind für das Göttliche erblindet, weil ihr Sehorgan «Herz» verkrustet ist. – Jesus sagt, die im Herzen noch nicht Verdorbenen hätten «Glück» *(makarioi)*. Es ist also kein Verdienst.

(Mt 11,25–26) Ich preise dich, Vater, Herr des Himmels und der Erde, daß du dieses vor den Weisen und Klugen verborgen und den Unmündigen enthüllt hast. Ja (so ist es recht), Vater, weil es dir so gefällt.

Das den Klugen verborgene Geheimnis ist demnach so einfach, daß es Unmündigen mitgeteilt werden kann. «Unmündige» *(nepioi:* vermutlich ein Spottname Jesu und seiner Jünger) sind Menschen, die wie Kleinkinder und Schwachsinnige nicht rational urteilen können. Aber solch Unmündige können das für sie Wichtigste fühlen, nämlich, ob ihnen jemand gut oder böse ist. So vorrational offenbart sich Gott dem Menschen, wahrscheinlich schon dem noch tiernahen Urmenschen. Er fühlt: Der oder die Große über mir ist mir gut, weil er oder sie die Sonne scheinen, den Weizen wachsen und mich atmen läßt. Im Grunde nichts anderes hat Jesus nach seiner Taufe wahrgenommen, nur mit charismatischer Klarheit und Sicherheit: Der Schöpfer liebt mich als seinen Sohn. – Doch den Weisen und Klugen bleibt die «primitive», urtümliche Selbstmitteilung Gottes an den Menschen verborgen, *weil sie zu viel über Gott «schon wissen»*, z. B., daß er laut ihrem Katechismus in erster Linie korrekt-gerecht sein muß usw.

(Mt 11,27) Alles wurde mir von meinem Vater übergeben. – Niemand erkennt den Sohn, nur der Vater, und niemand erkennt den Vater, nur der Sohn und derjenige, der will, daß der Sohn es ihm enthülle.[28]

Mit dem ersten Satz beantwortet er wohl die wichtige Frage, die überall unausgesprochen in der Luft lag: Woher hat er all das Neue, das er als Nicht-Theologe mit Vollmacht über Gott verkündet? Von Gott selbst, der mir Vater ist. – Doch woran ist zu erkennen, daß gerade Jesus «der Sohn» ist und nicht die Taborgestalten Mose und Elija oder der Täufer Johannes? Es ist nicht von einem neutralen Standort zwischen Gott und Jesus aus zu erkennen oder durch Wunder zu beweisen. Nur Gott selbst weiß, wer ihm geistesverwandt ist. Darum die Hilflosigkeit Jesu, wenn er Menschen, die Gott nicht wirklich kennen, beweisen soll, daß er mit Gott übereinstimmt. – Aber welcher Mensch kennt denn Gott? Frage: Wer kennt Mozart? Antwort: 1. Mozart. 2. Wer wie Mozart fühlt, denkt, musiziert. So kennt den wirklichen Gott nur, wer ihm geistesverwandt ist, wer ihm Sohn ist. So entspricht es dem Neuen Bund: «Ich werde mein (Lebens-)Gesetz in ihr Inneres legen» (Jer 31,33). Wer nun Gott erkennen will, muß vertrauend zu dem Menschen gehn, von dem er spürt, daß er «Sohn Gottes» ist, damit er ihm Gott als den Vater enthülle. – Und *wie «erspürt» man das Gottgemäße* in einem Menschen, bevor man Gott auch rational etwas deutlicher erkennt? Mit dem Wahrnehmungsorgan der Unmündigen, *mit dem reinen, d. h. noch nicht durch falsches Denken verdorbenen Herzen:*

(Lk 13,12) Wer es (dieses Empfangs- und Wahrnehmungsorgan) hat, dem wird gegeben werden, und er wird im Überfluß haben; wer es aber nicht hat, dem wird auch das, was er hat, genommen werden.

Das heißt: *Gott will sich mitteilen, überströmend; aber er kann sich nur mitteilen, wenn der Mensch frei sich ihm öffnet, wenn er «es» hat, das empfängliche Herz.* Denn nur so ist zwischen Personen Liebe möglich. Doch die Evangelisten haben diese Glücksbotschaft Jesu ins Gegenteil «korrigiert».[29]

59. Habt keine Angst vor Menschen!
Lk 6,22–23 (Mt 5,10–12); Mt 10,28 (Lk 12,4);
Mk 3,27 (Mt 12,29/Lk 11,21f.)

Ihr habt Glück, wenn die Menschen euch hassen, wenn sie euch aus ihrer Gemeinschaft ausschließen und euch schmähen und euren Namen wie etwas übles ausspucken wegen dieses einfachen Menschen da. An jenem Tage seid fröhlich und tanzt, denn seht, euer Lohn ist groß im Himmel. (Mt:) Glück haben jene, die wegen der Gerechtigkeit verfolgt werden, denn ihnen gehört die Gottesherrschaft.
(Mt 10,28) Habt keine Angst vor denen, die den Leib töten, aber die Seele nicht töten können!

Wer zu diesem einfachen Menschen Jesus hielt, der nicht mal Schriftgelehrter war, der mit Sündern aß und trank und die Gesetze übertrat, mußte damit rechnen, daß er aus der Gemeinschaft der Anständigen exkommuniziert wurde. Solche Leute werden verfolgt «wegen der Gerechtigkeit», d. h. aus Eifer für die «Gesetze Gottes», die sie übertreten. Aber in Wirklichkeit sind es die Ausgestoßenen, die mit Gott übereinstimmen und in der Gottesherrschaft sind. Das ist ihr «Lohn». Dies zu wissen, macht sie unbekümmert, läßt sie lachen und tanzen; nimmt ihnen sogar die Angst vor dem Tod, weil ihre Seele, ihr eigentliches Leben, in der Hand Gottes bleibt.

(Mk 3,27) Niemand kann in das Haus des Starken eindringen und seine Geräte rauben, wenn er nicht zuvor den Starken fesselt. Dann mag er sein Haus ausrauben.

Das ist die Bildhälfte eines humorigen Gleichnisses, dessen Sachhälfte nach dem Sinn Jesu wohl so zu ergänzen ist: Ihr seid Gottes Eigentum. Also kann niemand euch gegen euren Willen gewaltsam aus dem Bereich Gottes herausholen, euch gott-verlassen machen. Denn er müßte zuvor «den Starken» fesseln. Also habt keine Angst vor Tyrannen! – «Der Starke» (EL, ELI-ELI!) ist ein alter Gottesname, den Jesus besonders in seiner Passion anruft (Nr. 124). Aber dieses isoliert überlieferte Logion wurde schon bei Mk als Argument gebraucht gegen den Vorwurf, Jesus treibe durch Beelzebub Dämonen aus. Bei Lk wurde es entsprechend ausgeschmückt. Demzufolge wird es irrtümlich so gedeutet: der Teufel sei der Starke; die Besessenen seien sein rechtmäßiges Eigentum; aber der stärkere Jesus könne ihn fesseln; er könne seine Habe «rauben». All diese Bildelemente sind jesusfremd und irreal.

60. Das alte und das neue Salz
Mk 9,50; Mt 5,13 (Lk 14,34f.); Mk 9,49

Etwas Gutes ist das Salz. Wenn das Salz aber salzlos wird (Mt: närrisch wird), womit werdet ihr es wieder aufbereiten? (Mt 5,13b) Es taugt zu nichts mehr...

Natürlich meint Jesus mit dem Bild vom Salz das, was auch seine jüdischen Hörer ohne weitere Erklärung darunter verstanden haben, nämlich die Tora, die das Volk Israel vor Fäulnis, vor dem Abfall von Jahwe, bewahren sollte. Daß sie an sich gut ist, bekundet Jesus auch in Mk 10,19, wo er auf die Zehn Gebote als Weg zum Leben verweist. – Aber die Tora als tabuisierter Überlieferungskomplex ist salzlos, ja «dumm» geworden dadurch, daß gottwidrige Menschenmeinungen (z. B. man dürfe sich rächen, dürfe seine Frau entlassen usw.) mit echten Gottesgeboten untrennbar vermischt wurden. *Ein solcher Komplex, in dem jedes geschriebene Wort als Gottes eigenes Wort gilt, ist nicht mehr aufzubereiten.* Das zeigten die Tüfteleien der Gesetzesausleger (Korban; Sabbatweg etc.). Israel braucht ein neues, anderes «Salz»:

(Mk 9,49.50b) Jeder soll mit Feuer gesalzen werden ...
Habt das Salz in euch selbst und untereinander haltet Frieden!
(Mt 5,13a) Ihr seid das Salz für das Land (Israel).

Das Feuer Gottes ist die neue, vor Fäulnis bewahrende Kraft. Sicher meint Jesus hier nicht das von Johannes angekündigte und in Mk 9,48 so verstandene Gerichtsfeuer, sondern jenes Feuer, das in ihm selbst brannte und das er «in das Land (Israel) bringen wollte» (Lk 12,49).
Es ist sein Feuer der Begeisterung für Gott, den guten Vater. – Diese Art von Salz sollen seine Botschafter in sich haben, denn sie sollen nunmehr das Salz für Israel sein. – «Aber seid friedlich miteinander!» *Eure Begeisterung für Gott darf nicht in Fanatismus gegen Menschen ausarten.* Konkret: Ihr dürft nicht fremden Exorzisten das Heilen verbieten; dürft nicht Feuer vom Himmel auf die feindlichen Samariter herabrufen; dürft nie aus Eifer für die Sache Gottes eure Gegner hassen. Dies ist das neue «Salz».

61. Versteckt euch nicht!
Mt 5,14–16 (Lk 11,33)

Es ist unmöglich, eine Stadt zu verstecken, die auf dem Berge liegt.
Man zündet auch nicht eine Lampe an und stellt sie unter den Scheffel, sondern auf den Leuchter. Dann leuchtet sie allen im Hause.

So soll euer Licht vor den Menschen leuchten, damit sie eure guten Werke sehen und euren himmlischen Vater preisen!
(Vers 14a:) Ihr seid das Licht für die Welt.

Für Jesus ist die Gottesherrschaft so real und so dominant wie eine Stadt auf dem Berg. Man könnte sie gar nicht verstecken. – Und man darf sie nicht verstecken, weil sie für alle da ist. Er hat mit seiner Botschaft von der Gottesherrschaft ein Licht angezündet, das allen im Hause (Israel) leuchten soll. Das darf nicht aus Angst, ein Luftzug könnte es ausblasen, unter den Getreidescheffel gestellt werden. Ebenso furchtlos und sendungsbewußt sollen seine Jünger ans Werk gehen. – Beachtenswert, daß er als «euer Licht» hier «eure guten Werke» versteht. An ihrem neuen, jesusgemäßen Verhalten (wirksamer als an ihrer Predigt) sollen die Menschen das Verhalten ihres Vaters erkennen und diesen preisen. – Wie ein Abschieds- und Sendungswort des Auferweckten klingt die Erklärung: Ihr seid nunmehr das Licht, nicht nur für das Haus Israel, sondern für die Welt. An *euch* liegt es, ob Gott in der Völkerwelt zum Leuchten kommt (Nr. 131). *Er leuchtet nur durch Menschen hindurch.*

62. Vom Gesetz zur Intention Gottes
Mt 5,17.20–22.27–28.33–34.37.48

Denkt nicht, ich sei gekommen, das Gesetz und die Propheten aufzulösen. Ich kam nicht, um aufzulösen, sondern um aufzufüllen... Denn ich sage euch: Wenn nicht eure Gerechtigkeit die der Schriftgelehrten und Pharisäer weit übertrifft, werdet ihr nicht in die Gottesherrschaft eingehen.
(1.) Ihr habt gehört, daß zu den Alten gesagt wurde: Du sollst nicht töten! Wer aber tötet, wird dem Gericht verfallen. Ich aber sage euch: Jeder, der seinem Brüder Böses will, wird dem Gericht verfallen...
(2.) Ihr habt gehört, daß gesagt wurde: Du sollst nicht ehebrechen! Ich aber sage euch: Jeder, der eine Frau begehrlich ansieht, hat schon in seinem Herzen mit ihr die Ehe gebrochen...
(3.) Ferner habt ihr gehört, daß den Alten gesagt wurde: Du sollst keinen Meineid schwören, sondern du sollst dem Herrn deine Schwüre halten. Ich aber sage euch: Ihr sollt überhaupt nicht schwören... Euer Wort sei vielmehr ja für ja, nein für nein. Was darüber ist, das ist vom Bösen.
Ihr also, seid ganz, wie euer himmlischer Vater ganz ist!

Wer schriftgelehrt auf geschriebene Gebote fixiert war, konnte Jesus vorwerfen, er zerstöre das Gesetz. Aber er will es nur auffüllen. *Das Ethos des Menschen soll «ganz» werden, wie Gott, sein Vater, in sich «ganz» ist.* Das heißt: *von der geheimen Absicht des Herzens bis zum äußeren Tun geradlinig, ungebrochen (Nr. 66)!* Dazu nennt er Beispiele: Nicht erst das Töten, sondern schon die Verdüsterung gegenüber dem Mitmenschen ist gottwidrig. Nicht erst der Ehebruch, sondern schon das «ich möchte» ist so unsauber wie die Tat. Nicht nur das unter Eid gesprochene Wort muß wahr sein. Es gibt keine Steigerung von wahr zu wahrer, sowenig wie von ganz zu ganzer. Jedwedes Ja aus dem Munde muß aus dem Herzen kommen als ungebrochenes Ja. Alles, was von dieser Geradheit und Ganzheit abweicht, ist gottwidrig, «ist aus dem Bösen». Natürlich folgt daraus, daß Söhne Gottes von innen bis außen ganz werden sollen, wie ihr Vater ganz ist.

Gut, daß wenigstens Mt diese Worte Jesu überliefert hat. Schade, daß er die Intention Jesu durch seine Zutaten ins Gegenteil verkehrt hat. «Denn wahrhaftig, ich sage euch: Bis der Himmel und die Erde vergeht, vergeht nicht ein einziges i oder ein einziges Akzentstrichlein vom Gesetzestext, bis alles (so Geschriebene) geschieht. Wer nun eines dieser geringsten Gebote auflöst und die Menschen so lehrt, wird der Geringste heißen in der Gottesherrschaft» (Mt 5,18f.). So soll Jesus seine Gesetzeserfüllung verstanden haben, obwohl er laufend Sabbat-, Reinheits- und andere Gebote bewußt übertreten hat, um den wirklichen Willen Gottes zu erfüllen! Dementsprechend hat Mt auch das «dem Bruder zürnen» legalistisch ausgewalzt: Wer ihn Dummkopf nennt, verfällt dem Hohen-Rats-Gericht, wer ihn Narr nennt, kommt in die Feuerhölle. Wieder hat der fromme Eifer eines frühchristlichen Gesetzeslehrers Jesus «verbessert».

63. Erst Versöhnung mit dem Bruder!
Mt 5,23–24; Mk 11,25–26; Mt 5,25–26 (Lk 12,58f.);
Mt 18,23–35; 6,12 (Lk 11,4)

In allen uns bekannten Religionen versucht der Mensch, seine Schuld vor der Gottheit auf Umwegen zu begleichen; entweder durch Sühnopfer, sei es eigene Bußleistung, sei es Tötung stellvertretender Sündenböcke, oder durch magisch wirkende Reinigungsriten. Wo er Gott nicht mehr im Bewußtsein hat, versucht er, Schuld sich auszureden (heute oft mit Psychologie). Jesus zeigt den *geraden* Weg zum Frieden mit Gott und den Menschen:

Wenn du nun deine Gabe hingebracht hast zum Opferaltar, und dort fällt dir ein, daß dein Bruder etwas gegen dich hat, so laß deine Gabe dort vor dem Opferaltar liegen und geh erst hin und versöhne dich mit deinem Bruder! Und dann komm und opfere deine Gabe!

Eine Predigt mit Witz: es ist gar nicht erlaubt, die Opferhandlung zu unterbrechen. Es ist gar nicht möglich, ein geschlachtetes Lamm etliche Tage vor dem Altar in Jerusalem liegenzulassen (bis man von der Reise nach Galiläa zurückkommt), um es erst dann zu opfern, weil es da schon stinkt. Was Jesus damit sagen will: Um sich mit Gott zu versöhnen, ist nur die Versöhnung mit dem Bruder nötig, *sonst nichts*.

(Mk 11,25–26) Wenn ihr euch schon aufgestellt habt zum Gebet, laßt erst die Schuld nach, wenn ihr etwas gegen jemanden habt, damit auch euer himmlischer Vater euch eure Verfehlungen nachlasse. Wenn ihr aber nicht vergebt, wird auch euer himmlischer Vater (trotz Gebet!) eure Verfehlungen nicht vergeben.

Was oben vom Opfer gesagt ist, das bereits zum Altar gebracht wurde, das gilt ebenso vom Gebet, zu dem man sich bereits feierlich hingestellt hat: Es bewirkt keinen Frieden mit Gott ohne die vorausgehende Versöhnung untereinander.

(Mt 5,25–26) Sei deinem Gegner gutgesinnt, jetzt, solange du mit ihm auf dem Wege bist. Damit dich der Gegner nicht dem Richter übergebe und der Richter dem Gerichtsdiener und du ins Gefängnis geworfen wirst. Amen, ich sage dir: von dort wirst du nicht herauskommen, bis du den letzten Pfennig bezahlt hast.

Die Alternative zur gegenseitigen Versöhnung auf Erden (auf dem Wege) ist die gerechte Vergeltung bis zum letzten Pfennig. Was bei der Botschaft Jesu von dem mütterlich liebenden Gott leicht vergessen wird, sagt er hier aus seiner ganzheitlichen Gotteserkenntnis heraus mit einem Amenwort: Gott wird im Jenseits gnadenlos vergelten müssen, solange ein Mensch gnadenlos auf seinem Rechtsanspruch besteht, weil solche Verhärtung den Menschen unfähig macht, Gnade zu empfangen.

(Mt 18,23–35) Deshalb verhält es sich mit der Gottesherrschaft wie mit einem König, der mit seinen Knechten abrechnen wollte. Als er aber abzurechnen anfing, wurde ihm einer vorgeführt, der 10 000 Talente[30] schuldig war. Da er nicht bezahlen konnte, befahl der Herr (nach damaligem Recht), ihn, seine Frau, seine Kinder und seine ganze Habe zu verkaufen und so die Schuld zu begleichen. Da fiel ihm der Knecht zu Füßen und sagte: Habe Geduld mit mir, ich will dir alles bezahlen. Da erbarmte sich der Herr jenes Knechtes, ließ ihn frei und schenkte ihm die Schuld.
Als aber jener Knecht wegging, traf er einen von seinen Mitknechten, der ihm 100 Denare schuldete. Und er packte und würgte ihn und sagte: Bezahle, was du schuldig bist! Sein Mitknecht fiel ihm zu Füßen und bat: Habe Geduld mit mir, ich will dir alles bezahlen. Er aber gab nicht nach, sondern ging hin und ließ ihn ins Gefängnis werfen, bis er die Schuld bezahlt hätte. Als nun seine Mitknechte das sahen, empörten sie sich sehr darüber, gingen hin und berichteten ihrem Herrn alles, was geschehen war. Da ließ sein Herr ihn zu sich rufen und sagte ihm: Du böser Knecht! Jene ganze Schuld habe ich dir erlassen, weil du mich batest. Hättest du nicht auch mit deinem Mitknecht Erbarmen haben müssen, wie ich mich deiner erbarmt habe? Und voller Zorn übergab ihn sein Herr den Folterern, bis er die ganze Schuld bezahlt habe. – So wird auch mein himmlischer Vater mit euch verfahren, wenn ihr nicht, ein jeder seinem Bruder, von Herzen vergebt.

In diesem Gleichnis werden die alternativen Verhaltensweisen zwischen Gott und Mensch sehr klar: entweder Gerechtigkeit oder Erbarmen. 1. Ausgangsbasis ist die Gerechtigkeit. Der Schuldige muß seine Schuld gestehen und die Rechtmäßigkeit der Rückforderung (Vergeltungsstrafe) anerkennen. An diesem ersten Akt des jenseitigen Gerichts, an dem schmerzlichen Erkennen und Eingestehen «Ich schulde Gott diese Summe» kann uns kein Gnadenweg vorbeiführen. 2. Aber Gott, der Liebende, will nicht vergelten, sondern vergeben, und zwar göttlich-ganz (10 000 Talente!). Er tut es, sobald es in sich möglich ist, d. h. sobald der Schuldige sich beugt und zunächst für sich selbst um Gnade bittet. 3. Aber die schon zugesagte Vergebung kann nur wirksam werden, wenn der Begnadigte ebenso seinen Schuldigern vergibt.

Diese innere «Notwendigkeit des Weiterschenkens» erkennt das Menschenherz spontan: Empörung der Mitknechte, Zorn des Herrn: Hättest du dich nicht erbarmen «müssen»? – Nein, eine Pflicht, 100 Denare zu verschenken, gibt es nicht auf der Ebene der Gerechtigkeit; wie es keine rechtliche Verpflichtung gibt, Hungrige zu sättigen, denen man nichts schuldet. Jedoch im Lebensraum der Liebe ist es unmöglich, Güte nur zu empfangen, ohne sie weiterzuschenken. Wer das tut, begibt sich selbst damit hinaus in den Raum der Gerechtigkeit, wo ihm korrekt vergolten werden *muß*. – Mit vielen Bildern sagt Jesus: Die Gottesherrschaft ist der Festraum der Liebe; draußen ist der dunkle Raum, wo die auf ihr Recht Erpichten mit den Zähnen knirschen. Gerechtigkeit ist nicht böse wie das chaotische Unrecht. Sie ist eine zu respektierende Alternative zum (scheinbar chaotischen!) Schenken und Vergeben. Aber der himmlische Vater ist zur Liebe entschieden. Und so entscheiden sich seine Söhne.

(Mt 6,12) Ihr nun sollt so beten: Vater... vergib uns unsere Verfehlungen so, wie auch wir denen vergeben *haben*, die sich gegen uns verfehlten!

Das ist die ganze Rechtfertigungslehre Jesu, immerfort hergebetet in der Christenheit. Und was für Rechtfertigungstheorien wurden (angefangen von Paulus) konstruiert und was für Gerechtmachungsmethoden praktiziert! Als Beispiel diene das Amenwort: «Was ihr bindet auf Erden, wird gebunden sein im Himmel, und was ihr löst auf Erden, wird gelöst sein im Himmel» (Mt 18,18). Das kann im Rahmen der Botschaft Jesu doch nur bedeuten: Wie ihr einander bindet oder löst, gegenseitig Vergeltung fordert oder Schuld nachlaßt, genauso verfährt Gott mit euch. Aber schon im Kontext von Mt 16,19; 18,15–18 und Joh 20,21 f. erscheint es so, als besäßen die Apostel (und ihre Nachfolger) eine Sondervollmacht, nach eigenem Urteil Sünden nachzulassen, und Petrus habe sogar die Schlüsselgewalt, durch Binden oder Lösen in das Himmelreich einzulassen oder davon auszusperren. Am Ende steht unter anderem eine Beichtpraxis, bei der A, der dem B Böses tat, dies dem ermächtigten C heimlich beichtet und von ihm losgesprochen wird. Aber A kann nur von B losgesprochen werden! Das will Gott. *Weil er «der Liebende» ist und deshalb die*

Gottesherrschaft nur eine Gemeinschaft von einander Vergebenden sein kann.

64. Keine Verführung zum Mißtrauen!
Mk 9,42 (Mt 18,6/Lk 17,1 f.)

Jesus weiß aus Erfahrung, daß nur das Vertrauen in einen Gott, der alle liebt, die Menschen tragen kann. So wie jemand im Wasser ohne Balken sich nur halten kann, wenn er «vertraut», daß die Wellen ihn tragen. Darum seine erste und ständige Aufforderung: Vertraut Gott! Darum ist das Schlimmste, was man einem Menschen antun kann, sein Gottvertrauen zu zerstören. Das zeigt Jesus im folgenden Bild:

Wenn jemand einen dieser Kleinen, die Gott vertrauen, (zum Mißtrauen) verführt, dann ist das für ihn (den Verführten) so, daß es besser wäre, wenn ihm ein Mühlstein um den Hals gehängt und er so ins Meer geworfen würde.

Denn mit einem Mühlstein am Hals kann einer immer noch leichter sich über Wasser halten, als ein Mensch ohne Gottvertrauen richtig leben kann. Jesus liebt solche groteske Übertreibungen in seinen Bildern. Ein Beispiel: Leichter geht ein Kamel durchs Nadelöhr. Mit dem Bild vom Mühlstein demonstriert er, *was die Weisen und Klugen mit ihrer Klugheit «diesen Kleinen», die Gott vertrauen wie Kinder ihrem Vater, Böses zufügen, wenn sie ihr eigenes Mißtrauen gegen Gott ihnen als Gewicht um den Hals binden.*[31]

65. Wähle das «kleinere Übel»!
Mk 9,45 (Mt 18,8f.)

Wenn dein Fuß dich in der Falle festhält, hau ihn ab. Es ist besser für dich, zum Leben zu kommen, wenn auch hinkend, als im Besitz beider Füße in die Gehenna/Grube geworfen zu werden.

Man sagt, wenn der Fuchs in eine Falle gerät, die seine Pfote festklemmt, beißt er sich die Pfote ab, um wenigstens hinkend weiterzuleben. Dieses Bild für ungebrochenen Lebenswillen und instinktive Klugheit gebraucht Jesus für ein Gleichnis. Doch es ist nur dessen erste Hälfte, die Bildaussage (Wie...). Die zweite, die Sachaussage (So...) fehlt. Aber sie ist leicht zu ergänzen, da bekannt ist, was «Leben» für Jesus bedeutet: *Ebenso sollst du entschieden loslassen oder weghacken, was dich hindert, in die Gottesherrschaft zu gelangen;* sei es das Festhängen am Besitz oder am Ehrgeiz oder an Traditionen oder an was auch immer. Das Bild vom Fuß in der Falle schließt zugleich das asketische Mißverständnis aus: Es wäre sinnlos, ohne Notwendigkeit den Fuß abzuhauen, um dadurch in die Gottesherrschaft zu gelangen, sondern *dann, wenn...*, ist es unerläßlich.[32]

66. Nur Schauspieler brauchen Applaus
Mt 6,1–6.16–18

Hütet euch, eure Gerechtigkeit vor den Menschen zu üben, um von ihnen beschaut zu werden; sonst habt ihr keinen Lohn bei eurem Vater im Himmel.

Zur Ganzheit des jesuanischen Ethos gehört die ungebrochene Zielrichtung auf Gott hin (Nr. 62). Diese innere Übereinstimmung mit dem liebenden und geliebten Gott zu erleben, hier noch im Schatten, jenseits im Licht, das ist der beglückende «Lohn» der Liebe. *Darum kein Zur-Seite-Schielen nach anderem Lohn, etwa nach Applaus,* auf den Schauspieler natürlich angewiesen sind. Jesus nennt als Beispiele die üblichen drei «guten Werke»: Almosen, Beten, Fasten. Sie bedürfen keines Kommentars.

1. (6,2–4) Wenn du nun ein Almosen gibst, posaune es nicht vor dir her, wie die Schauspieler tun... auf den Gassen, damit sie von den Leuten applaudiert werden. Amen, ich sage euch: Die so handeln, haben schon ihren Lohn. Du aber, wenn du Almosen gibst, soll deine Linke nicht wissen, was deine Rechte tut, damit so dein Almosen im Verborgenen bleibe, und dein Vater, der im Verborgenen (im Herzen) sieht, wird dir zurückgeben.
2. (6,5–6) Und wenn ihr betet, seid nicht wie die Schauspieler! Denn sie bevorzugen es, ... an den Ecken der Hauptstraßen sich aufzustellen, um ihr (Eröffnungs-)Gebet zu sprechen, damit sie von den Leuten gut gesehen werden können. Amen, ich sage euch: Die so handeln, haben schon ihren Lohn.

Du aber, wenn du betest, geh in deine Vorratskammer und verriegle die Tür, um zu deinem Vater im Verborgenen zu beten. Und dein Vater, der im Verborgenen sieht, wird dir zurückgeben (ant-worten).
3. (6,16–18) Wenn ihr aber fastet, macht euch nicht dunkelgesichtig wie die Schauspieler. Denn sie entstellen ihre Gesichter, damit sie den Leuten als Faster erscheinen. Amen, ich sage euch: Die so handeln, haben schon ihren Lohn. Du aber, wenn du fastest, nimm Haarpomade und wasch dein Gesicht, damit du nicht den Leuten als Faster erscheinst, sondern nur deinem Vater im Verborgenen, und dein Vater, der im Verborgenen sieht, wird dir zurückgeben.

Den Humor Jesu können Sie selbst in vielen Bildreden bemerken, wenn Sie unbefangen lesen. So auch hier: Er beobachtet eine Komödiantengruppe, die von Ort zu Ort zieht. Trompeter rufen die Leute herbei. Denn was wären Schauspieler ohne Zuschauer? Sie leben doch von deren Applaus und Spenden. Natürlich suchen sie für ihre Vorstellung einen Platz, wo sie gut gesehen werden, und das ist die breiteste Straßenkreuzung. Dort stellen sie sich auf zum obligatorischen Eröffnungsgebet. Sie müssen sich auch richtig schminken, damit man die dargestellten Typen leicht erkennt. Zum Beispiel der mit dem dunklen, verzerrten Gesicht mimt einen frommen Asketen, einen Faster. – Dabei will Jesus nicht diese armen Komödianten beschimpfen, die so ihr täglich Brot verdienen müssen, abhängig von der Gunst ihres Publikums. Er, der große Gleichnisdichter, zeichnet sie nur mit wenigen Strichen, um dann seinen Hörern dieses Bild als Spiegel vorzuhalten. Um ihnen lachend etwas Wichtiges zu sagen: «Du aber» brauchst doch keine Zuschauermenge als Brotgeber, du hast doch einen Vater, der dich liebt. Und nicht mal der schaut von außen zu, was du tust. Er ist dir viel näher, ist in deinem verborgensten Innern, er schaut in deinem Herzen. Auch die grotesken Anweisungen zum Verbergen statt Zeigen konnte er nur augenzwinkernd geben: Laß deine Linke nichts wissen! Geh in den Vorratsschuppen! Nimm Waschwasser und Pomade (statt Ruß)! Das dreimal betont ans Ende gerückte «Auszahlen» ist ebenso Humor im Munde dessen, der das Schenken als neues Lebensprinzip predigt. – Dieses und viele andere Jesusworte zeigen: *Wer mit dem wirklichen Gott so vertraut ist wie Jesus, der kann mal lachend, mal zornig, aber nie säuerlich und lieblos über das verkehrte Verhalten des Menschen zu Gott reden.*[33]

Leider wurde der Humor oft durch den frommen Eifer der Christus-Prediger wieder verdeckt. So auch hier. Die Ortsangabe «in den Synagogen» ist in Mt 6,2.5 offensichtlich später eingefügt, denn sie zerstört das Bild. Durchs Land ziehende Komödianten trompeten nicht in Synagogen und stellen sich nicht in Synagogen zum Gebet auf. Hier ist wieder die Bildaussage Jesu vermengt mit einer vom Evangelisten gedachten Sachaussage: Es müssen natürlich die bösen Pharisäer sein, die in den Synagogen ihre Almosen ausposaunen und an den Straßenecken sich zum Beten hinstellen. Konkret genommen, ist beides unsinnig, und beides zu behaupten ist eine Verleumdung. Aber es diente der frühchristlichen Polemik: Die Bezeichnung Pharisäer wurde (bis heute!) zum Synonym für «böswilliger Heuchler»; hypokrites, was an sich Berufsschauspieler ohne Abwertung bedeutet, wird (bis zur heutigen Einheitsübersetzung) unbesehen mit Heuchler wiedergegeben. Die so «verbesserten» Jesusworte sind bissiger Spott auf die anderen. Doch er wollte, *daß wir befreit lachen über unsere eigene (Du aber!) Neigung zum Schauspielern vor Gott und den Menschen, das gar nicht nötig ist.*

67. Wie Kinder mit ihrem Vater reden
Mt 6,7–8; Lk 11,1–4

Wenn *ihr* aber betet, sollt ihr nicht battabatta stammeln wie die Heiden. Denn sie meinen, daß sie durch ihr Vielreden erhört werden. Gleicht euch ihnen nicht an! Denn euer Vater weiß, was ihr nötig habt, schon bevor ihr ihn bittet.

Die Heiden machen so viele Worte, weil sie Gott nicht als ihren *Abba* sehen, sondern als einen fremden Herrn, den man über-reden muß. Wenn aber ein Kind (ein un-mündiges!) auf die Nase fällt, schreit es einfach: «Mama!», statt zu deklamieren: Sehr verehrte, gnädige Frau Müller, ich erlaube mir, Ihnen mitzuteilen, daß mir in Ihrer Abwesenheit hier folgendes zugestoßen ist... So auch Kinder Gottes. Statt battabatta rufen sie «Abba!» (Mk 14,36; Nr. 56 u. 120).

(Lk 11,1–2) Jesus betete an einem (abgelegenen) Ort. Als er aufhörte, sagte einer seiner Jünger zu ihm: Herr, lehre uns beten, wie auch Johannes seine Jünger beten lehrte! Er sagte ihnen: Wenn *ihr* betet, sagt: Vater, dein (Vater-) Name muß unbedingt geehrt werden, deine Königsherrschaft muß unbedingt kommen!

Man konnte es Jesus wohl anmerken, daß er vom Beten zurückkommt. So wird die Bitte eines Jüngers verständlich, der selber aus dem Kreis um Johannes kam. Wie dieser betete und zu beten lehrte, ist nicht überliefert. Aber sein Grundanliegen läßt sich aus seiner Predigt ablesen: Gerechter Richter, komm doch bald, die Spreu vom Weizen zu trennen! – Jesu Anliegen und Gebet seit seiner von Johannes abweichenden Gotteserfahrung ist zusammengefaßt in dem neuen Gottesnamen: Abba, lieber Vater. *Dieser Gott ist so faszinierend, daß er unbedingt* (Aorist-Imperativ) *verherrlicht werden und auf Erden zur Herrschaft, zur Auswirkung, kommen muß.* – Das soll auch der Jünger erstes und ständiges Anliegen sein.

Jesus hat wohl nicht den uns geläufigen Vater-unser-Text als Gebet für sämtliche Nebenanliegen formuliert. Denn zum einen würden da wichtige Intentionen fehlen, z. B. der Dank, die Bitte um Stärkung des Vertrauens, das Gebet um Krankenheilung usw. Zum andern würde das Beten doch wieder zum Plappern, wenn es nicht situationsbezogen ist. Vielmehr soll man dann um Brot bitten, wenn wirklich Brot fehlt usw. Wahrscheinlich sind die drei weiteren Vaterunser-Bitten gelegentliche Gebetsanregungen Jesu, die später mit dem obigen *Grundgebet* verbunden wurden:

(Lk 11,3–4) Wenn *ihr* betet, sagt: Vater... unser Brot für heute gib uns heute!
Wenn *ihr* betet, sagt: Vater... erlaß uns unsere Schulden, so wie auch wir unseren Schuldnern erlassen haben!
Wenn *ihr* betet, sagt: Vater... bring uns nicht in eine Zerreißprobe!

Die Brotbitte ist bescheiden und entspricht dem «Vertrauen» der Vögel in ihren Schöpfer: Heute nur das Brot für heute! Natürlich kommt in der Schule Jesu hinzu, was hier nicht eigens ausgesprochen ist: Gib es uns, so wie wir es weitergeben!
Die Vergebungsbitte spricht diese gegenseitige Verflechtung aus.

Das wird deutlicher, wenn man sie umkehrt: Du brauchst mir nicht zu vergeben, weil auch ich meinem bösen Nachbarn nicht vergebe.

Die letzte Bitte ist sehr bescheiden, unheroisch. Sie entspricht nicht der heldischen Devise «Viel Feind, viel Ehr» und nicht der paulinischen Leidenssehnsucht (Phil 3,10) und nicht der Tapferkeit des Petrus, der «meinte», er würde mit Jesus in den Tod gehen. Die Bitte, Gott möge uns *womöglich* eine Zerreißprobe ersparen (Aorist-Konjunktiv), entspricht der Nüchternheit Jesu.

68. Wo dein Schatz, da ist dein Herz
Mt 6,19–21 (Lk 12,33 ff.); Mt 25,34–45; Lk 16,1–6.9

Realistisch holt Jesus den Menschen dort ab, wo er steht. Er weiß, daß wir unentwegt das größere Glück suchen. Und das bejaht er, denn die Glücksuche ist uns wie der Hunger vom Schöpfer als Lebensmotor gegeben. Aber wo ist das «größere»? – Der Reichtum kann's schon deshalb nicht sein, weil er mit dem Tod zu Ende geht, während der Mensch vor Gott weiterlebt. Das zeigt Jesus drastisch an der Dummheit jenes satten Bauern, zu dem Gott sagt: «Du Tor, in dieser Nacht wird man deine Seele von dir fordern. Und was du aufgehäuft hast, wer wird es bekommen? So geht es dem, der für sich Schätze sammelt, aber nicht reich ist bei Gott» (Lk 12,20f.). – Das bleibende Glück, das Reich-Sein bei Gott, ist nicht das Raffen, sondern das Schenken, weil Gott Liebe ist. Wie man den großen Schatz schlichthin, die ungetrübte Freude des Herzens, erwirbt, zeigt Jesus in folgenden Bildern:

Sammelt euch nicht Schätze auf Erden, wo Mottenfraß sie unansehnlich macht und wo Diebe einbrechen und stehlen! Sammelt euch Schätze im Himmel... Denn wo dein Schatz ist, dort wird auch dein Herz sein.

So derb und doch lachend konnte Jesus mit reichen Zöllnern reden, wahrscheinlich beim Wein. Er sieht bei einem Tischnachbarn die Mottenlöcher in dem teuren Mantel und hört das Gejammer eines andern über einen Diebstahl. Und er erbarmt sich dieser armen Reichen, weil sie ihre Schätze verlieren, und rät ihnen eine sicherere Kapitalanlage. – Lk sagt's direkt: «Verkauft eure Habe und gebt Almosen» (12,33). Aber Jesus, der Pädagoge und Dichter, hat es diesen hartgesottenen Ganoven wohl in eine deftige Gaunergeschichte verpackt, die sie schmunzelnd schlucken, ehe sie merken, wie sie selbst am Angelhaken hängen:

(Lk 6,1–6.9) Da war ein reicher Mann, der hatte einen Verwalter, und dieser wurde bei ihm verklagt, daß er sein Vermögen verschleudere. Da ließ er ihn rufen und sagte zu ihm: Was höre ich da von dir? Gib Rechenschaft über deine Verwaltung! Du kannst nicht länger Verwalter bleiben. Da sagte sich der Verwalter: Was soll ich tun, da mir mein Herr den Verwalterposten nimmt? Graben kann ich nicht, zu betteln schäme ich mich. Ich weiß, was ich tun werde, damit mich die Leute in ihre Häuser aufnehmen, wenn ich von der Verwaltung abgesetzt werde. Und er ließ die Schuldner seines Herrn, einen nach dem andern, zu sich kommen und sagte zum ersten: Wieviel schuldest du meinem Herrn? Der sagte: 100 Bath (ca. 3600 Liter) Öl. Da sagte er zu ihm: Nimm deinen Schuldschein, setz dich und schreib schnell 50! ... Auch ich sage euch: Macht euch Freunde mit dem ungerechten Mammon, damit sie, wenn er zu Ende geht, euch in die äonischen Laubhütten aufnehmen.[34]

Das ist Jesu humorige Art, den Reichen (die übrigens nicht schlechter sind als jene Armen, die genauso egoistisch raffen möchten und nur nicht können!) das zu sagen, was er allen als Forderung Gottes verkündet: Teilt das eurige mit den Hungernden! Ihr habt vor Gott keinen Rechtsanspruch darauf, es ist unberechtigter «Besitz», denn alles ist euch nur zur «Verwaltung» anvertraut, ist euch von Gott geschenkt zum Weiterschenken. – Aber hier nennt Jesus, auf das kapitalistische Denken seiner Hörer eingehend, auch den Nutzeffekt dieser «Kapitalverschiebung auf eine sichere Bank im Ausland»: Die Menschen, denen ihr diesseitig Gutes getan habt, werden euch jenseitig als Freunde aufnehmen. Sollte denn unser Himmel darin bestehen, daß Menschen uns in ihre Gemeinschaft aufnehmen, wo wir doch hoch-hinauf-hofften, *«der Chef» werde uns aufnehmen?* Ja, daß die schenkende Liebe von Mensch zu Mensch das Glück der Menschen ist, bleibt prinzipiell gültig in den künftigen Äonen. Gott wird im Jenseits nicht als Dritter neu hinzukommen, sondern wird nur offenbaren, daß er immer und überall, wo Liebe geschenkt oder verweigert wird, schon mitten drin ist, schon mitbeteiligt ist. Das zeigt Jesus im

Gleichnis vom überraschenden Gericht Gottes, das später durch Vermischung von Bild und christologischer Deutung überarbeitet wurde. Hier die noch erkennbaren Bildelemente ohne die wahrscheinlichen Einfügungen:

(Mt 25,34–45) Dann wird der König denen zu seiner Rechten sagen: Kommt herein! ... Denn ich war hungrig und ihr gabt mir zu essen, ich war durstig und ihr gabt mir zu trinken, ich war fremd und ihr nahmt mich in eure Familien auf! ... Dann werden die ... ihm antworten: Herr, wann haben wir dich hungrig gesehen und dich gespeist, oder durstig und dich getränkt? Wann haben wir dich als Fremden gesehen und dich in unsere Familien aufgenommen? ... Und der König wird ihnen antworten: Ja, ich sage euch: Soviel ihr einem dieser meiner geringsten Brüder getan habt, soviel habt ihr mir getan. – Dann wird er auch denen zu seiner Linken sagen: Wandert weiter, weg von mir! ... Denn ich war hungrig und ihr gabt mir nichts zu essen, ich war durstig und ihr gabt mir nichts zu trinken, ich war fremd und ihr nahmt mich nicht in eure Familien auf. ... Dann werden auch diese ihm antworten: Herr, wann sahen wir dich hungrig oder durstig oder als Fremdling ... und haben dir nicht gedient? Dann wird er ihnen antworten: Ja, ich sage euch: Soviel ihr einem dieser Geringsten nicht getan habt, soviel habt ihr auch mir nicht getan.[35]

Zur Ergänzung des Bildes: Einen König erkennt man. Wenn der durchs Land reist, wird jeder es sich zur Ehre anrechnen, ihn aufzunehmen. Hier aber reisten Mitglieder der königlichen Familie incognito und machten teils gute, teils schlechte Erfahrungen. Alle, bei denen sie anklopften, werden ahnungslos zum König geladen und erleben dort die große Überraschung (die Pointe der Bildhälfte): Das haben wir doch nicht gewußt! – Worauf Jesus mit dem Gleichnis hinauswollte: Jetzt wißt ihr's! Ein Amen-Wort: Was ihr einem Mitmenschen an Liebe schenkt oder verweigert, das schenkt oder verweigert ihr Gott selbst. Dabei ist nicht mal von Unrecht die Rede. Denn es gibt keine Rechtspflicht, Fremde aufzunehmen oder Hungernde zu sättigen. Demgemäß ist auch die Reaktion des Königs nicht Lohn oder Strafe, sondern ein Gegengeschenk oder dessen Verweigerung. Kommt herein! Ich nehme euch so auf, wie ihr «mich» aufgenommen habt. (*synago*: mit den Familiengliedern im eigenen Haus aufnehmen) Oder: Zieht weiter, weg von mir! Es ist also kein Unterschied, *ob Liebende einander oder Gott aufnehmen.* Und es ist kein Unterschied, *ob sie im Jenseits von Menschen, denen sie Gutes taten, oder von Gott selbst aufgenommen werden.*

69. Das ungetrübte Wahrnehmungsorgan
Lk 11,34–36; Mt 7,4–5; 13,12.14–15; 15,12–14; 23,23–26

Das Licht(organ) des Leibes ist dein Auge. Wenn dein Auge einfältig-unverdorben ist, dann ist auch dein ganzer Leib im Licht. Wenn es aber schlecht ist, dann ist auch dein Leib im Dunkeln. Sieh also zu, daß das Lichtorgan in dir nicht verdunkelt ist. – Wenn nun dein ganzer Leib erhellt ist und keinen dunklen Teil mehr hat, dann wird alles erhellt sein, wie wenn das Licht dich mit dem Blitzstrahl erhellt.

Es ist natürlich ein Gleichnis: Wie das leibliche Auge, so das seelische Wahrnehmungsorgan für den Gott-Welt-Zusammenhang, das Jesus an anderer Stelle «Herz» nennt. Dieses muß nur «rein» sein oder gereinigt werden, um Gott wahrzunehmen, und so muß das geistige Auge nur «ein-fältig» (haplous: einfach, normal) sein. Wie die Reinheit des Fühlens, so ist die Einfalt des Sehens vom Willen abhängig. Schlechtes (poneros) Auge meint böswilliges Hinsehen. Darum die Aufforderung: Sieh zu, daß... Man muß nur die ganze Wirklichkeit sehen *wollen*, nicht Unpassendes übersehen wollen, nicht Gewünschtes hinzuphantasieren wollen, nichts aus Angst oder Ärger schwarz-sehen wollen. Dann klärt sich dir, was dunkel und verworren erschien, dann ist «dein ganzer Leib erhellt». Und am Ende, wenn in dir selbst und von dir aus in der Wirklichkeit deiner Umwelt nichts mehr verdeckt und verdunkelt ist, dann wird die eigentliche Lichtquelle (die nur Gott sein kann) dich wie durch einen Blitzstrahl erhellen, und du wirst das Ganze im Licht (Gottes) sehen.

Dazu zwei Beispiele: 1. Jeder kann sehen, daß Gottes Sonne auch den Bösen scheint. Aber wem das nicht paßt, der verdeckt das Faktum mit seinen dunklen Gedanken: Gott wird's ihnen schon heimzahlen. Wer wie Jesus die Wirklichkeit einfältig sieht und stehen läßt, dem erhellt sich blitzartig das Gott-Welt-Verhältnis: Der wirkliche Gott liebt eben alle Menschen! 2. Die zuerst gedungenen Arbeiter im Weinberg murren, weil die letzten auch den ganzen Tageslohn bekommen. Weil ihr Auge «böse» (poneros) ist, sehen sie die Wirklichkeit verdunkelt, daß nämlich ihnen kein Unrecht geschieht und daß Armen etwas geschenkt wird, worüber das einfältige Auge und gute Herz sich freuen würde (Mt 20,15).

(Mt 7,4–5) Wie kannst du deinem Bruder sagen: Bruder, wart, ich will dir den Splitter in deinem Auge herausziehen, während du selbst den Balken in deinem Auge nicht bemerkst? Du Schauspieler! Zieh zuerst den Balken aus deinem Auge, und dann magst du zusehen, wie du den Splitter im Auge deines Bruders herausziehst!

Den Splitter im Auge des Bruders entfernen, ihm helfen, die Wirklichkeit klar zu sehen, ist ein gutes Werk. Jesus fordert am Ende dazu auf. Aber es ist unerläßlich, zuvor gewissenhaft sich selbst zu prüfen, ob man wirklich klar sieht, *ob man nicht «ein Brett vor dem Kopf hat», ohne es zu merken*. Das kann im religiösen Bereich eine «selbstverständlich-richtige» Ideologie oder eine «allein-seligmachende» Tradition sein. (Um nur ein Beispiel zu nennen: Gott muß gerecht vergelten.) Wer mit dem Balken im Auge andere das Sehen lehren will, ist wie ein Berufsschauspieler, der die Rolle des Augenarztes nur mimt. Vielleicht galt dieses harte Wort einem Theologen, der Jesus freundlich (Wart, Bruder!) von seiner Verirrung befreien wollte. Aber Jesus sah die große Blindheit seiner Gegner:

(Mt 13,12.14–15) Wer es (das unverdorbene Wahrnehmungsorgan für die Wirklichkeit Gottes) hat, dem wird (Gotteserkenntnis) gegeben werden. Und wer es nicht hat, dem wird auch das, was er (angeblich) hat, weggenommen werden ... Und erfüllt wird an ihnen die Prophetie des Jesaja: Ihr werdet angestrengt horchen und doch nicht verstehen, angestrengt schauen und doch nicht sehen. Denn das Herz dieses Volkes ist stumpf geworden.

Nicht weil sie zu wenig hinhorchen, ausschauen, die Schrift studieren, merken sie nicht, was Gott will, sondern *weil ihr Spürorgan (das Herz für die Mitmenschen) stumpf und starr geworden ist*. Genau das ist es, was Jesus seinen theologischen Gegnern immer wieder vorwarf: «Geht hin und lernt (die ihr andere belehrt), was das ist: Barmherzigkeit will ich und nicht Opfer!» (Mt 9,13; 12,7)

(Mt 23,23-26) Ihr blinden Führer, die ihr die Mücke seiht und das Kamel verschluckt! Ihr zählt (als Almosen) ein Zehntel ab von Minze, Dill und Kümmelkörnchen und laßt beiseite das Wichtigste am Gesetz, nämlich das Urteil (Gottes), das Erbarmen und das Vertrauen... Ihr reinigt das Äußere an Becher und Schüssel, aber von innen her sind sie voll von Geraubtem und von Unmäßigkeit. Blinder Pharisäer, mache zuerst den Inhalt des Bechers rein (vor Gott), damit so auch sein Äußeres rein werde!
(Mt 15,12-14) Die Jünger sagen ihm: Weißt du, daß die Pharisäer Anstoß nahmen, als sie das Wort (von der Unwirksamkeit kultischer Reinigungen) hörten? Aber er antwortete: ...Laßt sie nur! Sie sind blind und führen Blinde. Wenn aber der Blinde einem Blinden den Weg zeigt, werden beide in die Grube fallen.

Und das wollte Jesus vermeiden: Das Volk soll nicht weiter verführt werden durch geistliche Führer, die wegen ihrer Herzensverhärtung den einfachen Weg zum Vater selber nicht mehr sehen. Aber es soll auch nicht ebenso blind ihm folgen, wie es zuvor den Gesetzeslehrern folgte. Es sollte vielmehr lernen, selber zu sehen. Das erhellt aus dem folgenden Jesuswort.

70. Urteilt selbst!
Lk 12,54.56-58

Aber den Volksmassen sagte er: Wenn ihr Gewölk im Westen aufsteigen seht, sagt ihr spontan: Regen kommt, und es geschieht so... Ihr Schauspieler, das Aussehen von Erde und Himmel wißt ihr zu beurteilen, aber die Gunst der Stunde (diesen kairós) beurteilt ihr nicht. Wie ist das möglich? Warum urteilt ihr nicht ebenso aus euch selbst heraus, was richtig ist?
Warum urteilt ihr nicht aus euch selbst heraus, was (vor Gott) recht ist? Denn während du mit deinem Gegner auf dem Weg zum Herrscher bist, gib dir Mühe, von ihm loszukommen, solange du mit ihm unterwegs bist, sonst wird er dich vor den Richter schleppen...

Bei Lk ist das Wort vom «selber urteilen» so eingeordnet, daß es sich sowohl auf die vorausgehenden «Zeichen der Zeit» als auch auf den nachfolgenden «Gang zum Richter» beziehen kann. Beides trifft zu, weil die Aufforderung zum «selber urteilen» statt «nachsagen» der Lehrmethode Jesu entspricht. Immer wieder sagt er mit seinen Gleichnissen: 1. Schaut richtig hin (wie die Blumen wachsen; was ein Bauer tut, dessen Ochse in die Grube fällt; wohin die Sonne scheint; was ein normaler Vater seinem Kind gibt usw.)! 2. Folgert richtig daraus, wie Gott sich verhält und wie ihr euch verhalten sollt! Dagegen die Methode der Schriftgelehrten: So ist es richtig, weil es da und dort so und so geschrieben steht.

Worin bestand nun die «Schauspielerei», die Jesus auch den Volksmassen vorwarf? Sie haben ihren gesunden Bauernverstand (siehe Wetterprognose!), aber «tun so, als ob» sie ihn nicht hätten, wenn es zu erkennen gilt, was Gott «jetzt» von ihnen will. Dann warten sie nämlich ab, was ihre Autoritäten ihnen vorsagen. Und wenn die erklären, am Sabbat dürfe man nicht heilen oder Jesus sei ein Irrlehrer, dann schlucken sie's. Nicht weil sie zu dumm sind, sondern weil sie, seit Generationen dumm-fromm gehalten, *nicht mehr wagen, «aus sich heraus zu urteilen»*. Dasselbe gilt für den Hingang zu dem Gericht, das Gott über jeden Menschen nach seinem Tode halten wird. Wie ein Konflikt mit dem Nachbarn schon auf dem Wege richtig (d. h. menschengemäß und zugleich gottgemäß) zu bereinigen ist, sagt ihnen kein Rechtsgelehrter (der nur korrekte Vergeltung kennt), sondern das unverdorbene Menschenherz: aufeinander zugehen; Schuld bekennen; möglichst wiedergutmachen, um Vergebung bitten und Vergebung gewähren.

Jesu Aufforderung an das Volk (!), selber zu urteilen, verbunden mit der Anweisung, Propheten zu prüfen (Nr. 73), hat *zwei enorme Konsequenzen: 1. Obwohl er aus innerer Vollmacht redet, läßt er die Richtigkeit seiner Botschaft nachprüfen;* allerdings nicht vom «Theologen» nach einem überlieferten theologischen System, sondern vom «Menschen», weil Gott ihm ein Wahrnehmungsorgan für das Richtige, das Schöpfungsgemäße und Gottgemäße, eingegeben hat. 2. *Er will nicht, daß wir aus Autoritätsangst ihm blind folgen. Das hat er nicht nötig!* Also nicht, weil «man» nun mal getauft ist, weil «man» (entsprechend dem Ausgang des 30jährigen Krieges!) in Süddeutschland katholisch und in Norddeutschland evangelisch glaubt, sondern weil «ich» mich von der Richtigkeit seiner Botschaft überzeugte, so wie «ich» es konnte, *darum* muß «ich» diesem Meister folgen und keinem andern.

71. Lösung vom Besitz ist unerläßlich
Mt 6,24 (Lk 16,13); Mt 25-33 (Lk 12,22-31)

Niemand kann zwei Herren dienen. Denn er wird den einen hassen und den andern lieben oder er wird sich um den einen bemühen und den andern vernachlässigen. Ihr könnt nicht Gott dienen und dem Mammon.

Hier erklärt Jesus die Loslösung vom Besitz, ähnlich wie im Bild vom «Kamel durchs Nadelöhr», als unerläßlich. Zwar konnte ein Sklave wie ein Gebrauchsgegenstand zwei Herren dienen. Bei den «Herren» Gott und Mammon geht das nicht, weil jeder das nur-eine «Herz» des Menschen verlangt. Wohin die Liebe tendiert, ist entscheidend. Und wer wie Jesus Gott kennt, kann ihn nur «ganz» lieben. – Aber dagegen steht die harte Notwendigkeit, täglich essen, das heißt: über Besitz verfügen zu müssen. Ist die hohe Forderung also irreal? Darauf antwortet der dem Schöpfer vertrauende Realist Jesus:

(Mt 6,25-33) Seid nicht ängstlich besorgt um das Leben, was ihr essen sollt, noch um den Leib, was ihr anziehn sollt. Denn das Leben (das der Schöpfer gibt) ist mehr als die Nahrung und der Leib mehr als die Kleidung. – Beachtet genau die Raben! Sie säen nicht einmal, sie ernten nicht, da sie weder Speicher noch Scheunen haben, und Gott ernährt sie doch. Um wieviel seid ihr (ihm) mehr wert als das Geflügel. Aber wer von euch kann durch ängstliches Sorgen seiner Körpergröße eine Elle hinzufügen? Wenn ihr nun diesbezüglich nicht das Geringste vermögt, was seid ihr dann ängstlich besorgt um das Übrige? – Beachtet genau die Lilien, wie sie weder spinnen noch weben. Aber ich sage euch, nicht einmal Salomon in all seiner Pracht war gekleidet wie eine von diesen. Wenn aber Gott das Grünzeug auf dem Feld, das heute steht und morgen in den Backofen geworfen wird, derartig kleidet, um wieviel mehr dann euch. Ihr vertraut ihm zu wenig. – Sucht auch ihr nicht, was ihr essen und trinken werdet, indem ihr euch überhebt! Denn all das erstreben die Heiden in der Welt (die Gott nicht kennen). Ihr aber habt einen Vater. Der weiß schon, daß ihr diese Dinge braucht. Vielmehr trachtet danach, daß er zur Herrschaft kommt, und diese Dinge werden euch (von ihm) dazugegeben werden!

Diese Predigt Jesu kann leicht mißverstanden werden im Sinne von «beten statt arbeiten». Dann wäre sie in der Tat irreal, nur ein frommes Märchen. Aber Jesus glaubt im Gegensatz zu seinen Zeitgenossen eben nicht an einen Gott, der notfalls zaubert. Sein

Gott verwandelt nicht Steine in Brote. Sein Gott überläßt den Menschen Menschenhänden. Jesus vertraut dem realen Gott, und das heißt: dem Schöpfer, dessen Wirken sichtbar ist. Jeder kann zusehen, wie er die Vögel füttert. Natürlich müssen sie «arbeiten», müssen ihre Beute erjagen. Aber der Schöpfer hat ihr Instinktgefüge und ihre Umwelt so zueinandergeordnet, daß sie leben können (und sterben, wenn ihre Zeit um ist). – Wenn der Mensch so wie Jesus nach seiner Gotteserfahrung in der Einöde, seinem Schöpfer vertrauend, bescheiden «mit den Tieren ist», wird er wie sie leben können. Er wird «naturgemäß» säen und ernten und wird davon essen. – Nur wenn er naturwidrig «sich überhebt» (*meteorizomai* wird in der griechischen Übersetzung des AT durchwegs so gebraucht!), wenn er so tut, als sei er der Schöpfer, müsse selbst für alles sorgen und könne auch seine Leibesgröße um 46 cm verlängern, wenn er mehr sein will, als er ist, und mehr haben will, als er braucht, dann macht er sich ver-rückt. Dann wird er nicht instinktiv-vernünftig wie die Vögel, sondern verängstigt Nahrung suchen (*merimnao:* hin- und her gezerrt die schlimmen Möglichkeiten erwägen). Also nicht arbeiten oder beten ist die Alternative, sondern *nervös herumfuchteln oder vertrauend das Nötige tun.* – Ihr wißt doch, daß der Schöpfer dieser Welt, der Lilien und der Raben, euch ein fürsorglicher Vater ist. *Also laßt ihn euer Leben ganz durchherrschen (Gottesherrschaft!), dann ergibt sich bzw. gibt er alles weitere.*

An dieser Grundforderung Jesu orientiert, kann man sehr wohl einen Großbetrieb mit Millionenumsatz vernünftig, sozial-verantwortlich und erfolgreich «verwalten»; ohne Herzinfarkt, bei gesundem Schlaf. Aber man kann keine Mark als Kapital «besitzen», ohne von ihm wie von dem Gegengott Mammon «besessen» zu werden.

72. Ein Vater gibt nur Gutes
Mt 7,7.9–11 (Lk 11,9–13)

Wer unter euch ist der Mensch, den sein Sohn um Brot bittet, er wird ihm doch nicht einen Stein hinreichen? Oder den er um einen Fisch bittet, er wird ihm doch nicht eine Schlange hinreichen? Wenn nun ihr, die ihr (an Gott gemes-

sen) böse seid, euren Kindern gute Gaben zu geben wißt, um wieviel mehr wird euer Vater im Himmel denen Gutes geben, die ihn bitten.

So einfach und einsichtig vermittelt Jesus die Gotteserkenntnis: Gott wird doch mindestens so gut sein wie ein normaler Mensch. Wenn nun ein Mensch, und sei's ein schlechter, Vater geworden ist und sein Kind ihn vertrauend bittet, dann bringt er es gar nicht über sich, sein eigen Fleisch und Blut böswillig zu betrügen. Er könnte ihm z. B. nicht eine Schlange hinreichen, die nur so aussieht wie ein Aal. (Dagegen könnte ein Kind, unwissend und mißtrauisch, den Aal für eine Schlange halten!) Wenn nun ein menschlicher Vater schon von Natur aus (wegen des ihm angeborenen Brutpflegetriebs) zumindest seinen Kindern Gutes gibt, dann erst recht euer Vater im Himmel.

Die enorme Konsequenz aus dieser Normalität: Da der Schöpfer nicht nur allgemein, sondern ganz konkret «mir» ein Vater ist, um mich persönlich besorgt, darf ich ihn vertrauend um alles bitten (in meiner Dummheit auch mal um unpassendes Zeug, z. B. um Schuhe, die mir «eine Nummer zu groß» sind). Was er mir dann durch seine göttliche Vorsehung hinreicht (nicht das, was ich mir eigensinnig grapsche), ist jedenfalls gut für mich. Auch wenn es mich momentan enttäuscht und ängstigt, weil das Brot wie ein Stein und der Fisch wie eine Schlange aussieht.

Weil Jesus aus seiner Gotteserfahrung am Jordan und in der Einöde weiß, daß der Schöpfer wie ein Vater ist, kommt seine Gute Botschaft nicht aus dem Wunschdenken. Sie stimmt und ist praktikabel:

(7,7) Bittet (Gott), und es wird euch gegeben werden! Sucht (Gott), und ihr werdet finden! Klopft an (bei Gott), und es wird euch aufgetan werden!

73. Entlarvt falsche Propheten!
Mt 7,15–16

Hütet euch vor den falschen Propheten, die in Schafskleidern an euch herankommen, inwendig aber reißende Wölfe sind! – An ihren Früchten werdet ihr sie erkennen. Erntet man von Dornsträuchern Trauben oder von Disteln Feigen?

Propheten sollen dem Volk eine Botschaft ausrichten, die Gott ihnen offenbarte. Ob ihre Reden wirklich aus Gott kommen oder aus ihrem eigenen Innern, das entscheidet, ob man ihnen gehorchen oder widersprechen muß. Doch wie kann das Volk dies erkennen, da es weder echten noch falschen Propheten ins Herz sieht? – Darauf gibt Jesus die verblüffend einfache Antwort, wieder mit einem Bild: An den Früchten erkennt man den Baum. Früchte wie Trauben und Feigen sind aber das, was nicht nur Gott im Verborgenen wirkt, sondern was Menschen schmecken und werten können. Wenn also das, was aus einem Propheten herauskommt, eine «gute» Botschaft ist, die Armselige beglückt, befreit und aufrichtet (was nicht heißt: die allen recht gibt und keinem weh tut), dann ist der Prophet echt. Denn dann spricht der wirkliche Gott aus ihm, der alle Menschen liebt. So einfach könnte das Volk seine Propheten und Prediger unterscheiden. Jeder könnte es, wenn er nur den Mut zum angstfreien Denken aufbrächte.

Jesus muß aus konkretem Anlaß vor falschen Propheten warnen. In den Jahren 200 vor ihm bis 100 nach ihm sind in Israel allerlei Propheten aufgetreten, die mit ihrer Apokalyptik die Leute verängstigten oder fanatisierten oder illusionierten. Ihre gemeinsame Offenbarung war: Jahwe oder sein Messias kommt bald zum zornigen Rachegericht (ähnlich der Predigt des Täufers und der Johannesapokalypse und den fälschlich Jesus in den Mund gelegten apokalyptischen Reden bei Mk/Mt/Lk sowie den apokalyptischen Passagen in den Paulusbriefen, vom selben Atem beseelt wie die gesamt apokalyptische Literatur jener drei Jahrhunderte: Qumrantexte, die Psalmen Salomos, Buch der Jubiläen, äthiopisches und slawisches Henochbuch, 4. Buch Esra u. a.). Diese Art von Propheten «kommen zu euch heran wie Schafe», nämlich außerordentlich fromm, zumal in ihrer Askese. Aber inwendig, vielleicht ohne es zu wissen, sind sie Wölfe. Warum? Sie sind es, von denen «ihr gehört habt: Du sollst deinen Nächsten lieben und deinen Feind hassen». Haß und Vernichtungswillen gegen die Bösen drinnen und die Fremden (Nicht-Erwählten) draußen ist nachweislich das unterschwellige oder ausgesprochene Ethos *aller* apokalyptischen Schriften. Für Jesus aber, der Gott als den Abba aller Menschen erfahren hat, ist die totale Entgrenzung der Liebe das Schibboleth, das untrügliche Erkennungsmerkmal dafür, ob eine

Botschaft vom wirklichen oder von einem erdachten Gott kommt. Wie die Traube nur vom Weinstock, so kommt die gute Botschaft für alle nur von einem Gott, der allen gut ist. Und weil die Apokalyptik bloß den Gerechten süß schmeckt, weil sie den Bösen als Nicht-Auserwählten keine Hoffnung läßt, aber die Guten hart und lieblos macht, *darum, und nicht nur wegen ihrer Irrtümer, ist die Apokalyptik eine sehr fromm erscheinende, doch in sich falsche Prophetie.*

74. Der Anspruch des Propheten Jesus
Mt 7,21.24–25.28–29 (Lk 6,46–49)

Nicht jeder, der zu mir «Herr, Herr!» sagt, wird in die Gottesherrschaft eingehen, sondern wer den Willen meines Vaters im Himmel tut.

Bescheiden tritt er hinter seinen Auftraggeber zurück. Keinerlei Jesusherrschaft, sondern Gottesherrschaft! Nur wer tut, was *Gott* will, wird in sie eingehen. Und wer *wirklich* täte, was Gott will, er sei Heide oder Jude, der bräuchte keine zusätzliche Belehrung, Erleuchtung oder Erlösung, um das Heil, die Gottesherrschaft, zu erlangen.
Aber Jesus erhebt den Anspruch, das, was Gott will, mit prophetischer Sicherheit zu wissen und zu verkünden:

(24–25) Jeder nun, der diese meine Worte hört *und sie tut*, gleicht einem Manne, der sein Haus auf einen Felsengrund baute. Da fiel der Platzregen, da kamen die Überschwemmungen, da bliesen die Stürme. Sie stürzten sich auf jenes Haus, aber es stürzte nicht zusammen, denn es war auf den Felsen gegründet ...
(28–29) Die Volksmassen gerieten außer sich über seine Lehre, denn er lehrte sie wie einer der (von Gott her) die Vollmacht dazu hat, und nicht wie ihre Schriftgelehrten (die nur Geschriebenes auslegen).

Aber schon im 1. Jahrhundert hat man diesen Herold des Gotteswillens zum «Herrn» erhöht über die Wolken hinauf, während man unten nicht mehr eindeutig «diese seine Worte hörte und tat», sondern sie mit jesusfremden Worten vermengte und überlagerte, so zuerst mit der Theologie des Paulus, die er «mein Evangelium» nennt, dann mit den christologischen Korrekturen in den Evangelien und besonders mit der Apokalyptik.

75. Alles wird offen zwischen Gott und Mensch
Mk 4,22 (Lk 8,17); Lk 12,3; Mt 10,27

Nichts ist (in Gott) verborgen, außer damit es sichtbar gemacht werde. Und nichts ist (von Menschen) ganz verborgen gemacht worden, sondern ans Tageslicht soll es kommen.

Dieses Jesuswort umfaßt alles Verborgene zwischen Gott und Mensch, sowohl die Gesinnung Gottes, die er allein mitteilen will, als auch die Gedanken der Menschen, die sie vor Gott und voreinander verstecken möchten. – Solch totale Offenheit ist unter Fremden nicht erzwingbar. Jeder hat das Recht, sich nicht zu offenbaren. Aber je mehr Vertrauen und Liebe statt Gerechtigkeit das gegenseitige Verhalten bestimmen, um so natürlicher wird man voreinander sich öffnen, auch seine geheimen Wunden zeigen. Nun ist aber die Gottesherrschaft eine Familie von Brüdern und Schwestern, belebt vom ATEM des alles liebenden Vaters. Ganz natürlich herrscht da reine, gegenseitige Durchsichtigkeit. Daraus folgt zweierlei:

(Lk 12,3) Darum wird alles, was ihr im Dunkeln geredet habt, im Licht gehört werden.

Alles, was irgendein Mensch irgendwann heimlich Gutes oder Böses dachte, wird nicht nur vom «Vater, der im Verborgenen ist», sondern von der ganzen Menschheit wahrgenommen werden. Weil alles, was der einzelne denkt und tut, die Menschheit etwas angeht. Weil wir nicht nur biologisch und tiefenpsychologisch ein globales Geflecht sind, sondern auch vor Gott, dem Vater, eine einzige Familie sind, deren Glieder einander helfen sollen, um miteinander in die Gottesherrschaft einzugehen. Darum ist die jenseitige Durchleuchtung jedes einzelnen nicht nur gerechte Strafe für solche, die ihre Bosheit weiter ableugnen wollen, sondern gehört zu dem natürlichen («gruppendynamischen») Reifungsprozeß *innerhalb* der Gemeinschaft, deren krankes Glied er ist. *Denn es genügt nicht, daß ein Gott mich freispricht. Die Menschen, denen ich auf Erden offen oder heimlich böse war, sollen mich durchschauen und freisprechen, damit ich mit ihnen (und nicht nur privat mit Gott!) glücklich leben kann.*

(Mt 10,27) Was ich euch im Dunkeln sage, sprecht aus im Licht! Und was ihr (von mir) ins Ohr hört, verkündet auf den Dächern!

Das Gegenteil davon ist die Geheimniskrämerei der Apokalyptiker. Sie hörten bei ihren Entrückungen (Himmelsreisen) geheime Botschaften, die sonst kein Sterblicher vernehmen kann und die sie nur Auserwählten und Eingeweihten weitersagen durften. Auch die Priester und Schamanen der meisten Religionen hüteten ihr standesgemäßes Geheimwissen, wie man z. B. die Gottheit mit rituellen Opfern versöhnt. Denn «Wissen ist Macht», solange das Volk unwissend bleibt. – *Jesus weiß kein göttliches Geheimnis, das nicht alle wissen sollen, um zu reifen, und darum es auch erkennen können.* Nur was jedes Menschenherz «instinktiv» schon immer ahnt, aber mit Zweifeln und Menschengedanken immer wieder zudeckt, das weiß Jesus seit seiner Gotteserfahrung mit aller Klarheit und akzeptiert es mit ungebrochenem Vertrauen: Es ist die Urgegebenheit, daß Gott den Menschen ganz gut ist, mit der Konsequenz, daß sie ihm ähnlich werden sollen, um glücklich zu werden. Genau besehen, eine echte Binsenwahrheit, die nur vergessen und unter einem Gerümpel von «Klugheiten» verschüttet war. Die soll nun von den Dächern gerufen werden; unbekümmert.

76. Alles wird bereinigt: so oder so
Mt 12,36; 5,25–26 (Lk 12,58f.)

Die alte, indische Karma-Lehre besagt: Nach dem ewigen Gesetz, dem der Schöpfer und die Schöpfung unterworfen bleibt, wird jede gute und böse Tat korrekt durch Lohn und Strafe ausgeglichen, wenn nicht in diesem Leben, dann durch frühere oder künftige Wiedergeburten. – Jesus lehrt die Sündenvergebung. Aber das eigentliche Anliegen der Karmalehre, die endgültige Berichtigung alles unrichtigen Verhaltens, wird dadurch nicht umgangen. Denn der Strafnachlaß, wenn er geschenkt wird, kann nur die zweite Hälfte der diesseitigen oder jenseitigen Schuldbereinigung sein. Die unerläßlich erste Hälfte ist die schmerzliche Schuldaufdeckung, bzw. das Schuldgeständnis:

Ich sage euch: Über jedes nichts-nutzige Wort, das die Menschen daherreden, werden sie am Tage des Gerichts Rechenschaft ablegen.

«a-ergon» (nichts-nutzig) ist das Wort, das seine Arbeit nicht oder nicht richtig tut, das ein bißchen lügt oder unnötig verletzt. – «Am Tag der Richtigmachung» wird Franz dem Fritz bekennen müssen: ... und damals hab' ich hinter deinem Rücken über dich gespöttelt. Das war nicht recht. Vergib mir! Und wenn Fritz dem Franz vergibt, dann ist für beide der Knoten gelöst, das «Karma» bereinigt. *Ohne gerechte Strafe, aber niemals ohne echte Umkehr und Selbstbereinigung der Herzen.* Solange aber Franz auch im Jenseits zu stolz ist, sämtliche Bosheiten seines Erdenlebens bis zu den geringsten aufzudecken und die Betroffenen um Vergebung zu bitten, wird er unter seinem Schuldbewußtsein leiden (man mag das Fegfeuer oder Hölle nennen), ohne daß solches Leiden ihn zu einem liebenden und somit vor Gott richtigen Menschen verwandeln könnte. Aber auch Fritz, dem hier Böses widerfuhr, wird dort nicht zum Frieden kommen, solange er dem Franz nicht vergibt. – Das ist nach vielen Jesusworten das «Karma-Gesetz» Gottes. Dem entspricht auch das folgende Amenwort:

(Mt 5,25–26) Sei schnell zur Versöhnung mit deinem Gegner bereit, solange du mit ihm auf dem Wege bist! Sonst wird der Gegner dich dem Richter übergeben und der Richter dem Gerichtsdiener und du würdest ins Gefängnis geworfen. Amen, ich sage dir: Von dort wirst du gewiß nicht herauskommen, bis du den letzten Heller bezahlt hast.

Die Liebe Gottes würde schwer mißverstanden, wenn wir ihm unterstellten, er verzichte großmütig auf die totale Bereinigung unserer Schulden. So oder so: entweder durch gegenseitige Schuldanerkennung und Schuldvergebung oder durch gerechte Sühne.

77. Die Samenkraft der Gottesbotschaft
Mk 4,3-9 (Mt 13,3-9/Lk 8,5-8); Mk 4,26-28

Jesus hat nie mit den biblischen Wundertaten Jahwes argumentiert. Statt dessen lehrte er, die alltäglichen «Wunder» des Schöpfers genau zu betrachten und gläubig zu bedenken; wie er die Raben nährt, die Lilien kleidet, seine Sonne auch den Bösen schenkt usw. Besonders liebte er wohl das stille, große «Wunder des Samens»:

Seht her (auf mich): Der Sämann zog aus zum Säen. Da geschah es beim Streuen, das eine fiel auf den Weg ... und anderes fiel auf steinigen Boden ... und anderes fiel in die Dornen ... und anderes fiel auf guten Boden und brachte Frucht. Es ging auf und wuchs und trug bis zu dreißigfach und sechzigfach und hundertfach. – Und er sagte: Wer Ohren hat, die zum Hören taugen, der höre (meine Botschaft)!

Jeder konnte ohne Erklärung erkennen, daß Jesus hier von seiner Predigttätigkeit spricht. Dabei betont er zwei Momente durch Übertreibung in der Bildaussage: 1. Dieser Sämann streut seinen kostbaren Samen so ungeplant umher, wie es der Wind tut, statt sorgsam-sparsam nur seinen Acker zu besäen. Jesus bietet seine gute Botschaft allen an, den Hörbereiten und den Schwerhörigen. Sein Feld ist die Welt. Der jeweilige Hörer bestimmt, wie die Botschaft sich auswirkt. 2. Sein Samen hat enorme Lebenskraft, bringt bis zu hundertfacher Frucht. Wer auch immer diese Botschaft mit bereitem Herzen (ohne Steine, ohne Dorngestrüpp) aufnimmt, wird Wunder der Verlebendigung erfahren. – Drum öffnet eure Ohren!

(4,26-28) So ist die Gottesherrschaft, wie wenn ein Mensch den Samen auf das Erdreich wirft und sich schlafen legt und wieder aufsteht, Nacht und Tag, und der Samen sproßt und wächst derart, daß er selbst es nicht weiß. Aus sich heraus bringt die Erde Frucht, erst einen Halm, dann eine Ähre, dann: der volle Weizen in der Ähre ist da!

Mt/Lk lassen dieses Gleichnis weg. Es war ihnen wohl zu gefährlich, weil es die Missionare zum «schlafen» verleiten könnte. – Aber Jesus ermahnt hier seine Boten, nicht zuviel «machen» zu wollen. Ihr habt nur den Samen auf das Feld, die Botschaft an das Ohr des Menschen zu bringen. Alles weitere ist nicht mehr eure Sache. Denn das Menschenherz, von der Gottesbotschaft befruchtet, entwickelt «selbst-tätig» *(automatikos)* seine Frucht. *Respektiert die Eigendynamik eurer Hörer! Und habt Geduld!*[36]

78. Die Gottesherrschaft wirkt still
Lk 13,20–21 (Mt 13,33); 17,20–21;
Mk 4,31–32 (Mt 13,31f./Lk 13,18f.)

Womit soll ich die Gottesherrschaft vergleichen? Sie gleicht einem Sauerteig, den eine Frau nahm und unter drei Scheffel Mehl mengte, bis das Ganze durchsäuert war.

Das Einleitungswort klingt wie ein Stoßseufzer Jesu: Wie soll ich es euch (die ihr von Johannes und anderen Propheten her ein apokalyptisches Spektakel erwartet) noch deutlicher machen, daß die Gottesherrschaft still heranreift? Sie gleicht dem Sauerteig, den alle kennen. Der verwandelt eine Mehlmasse in Brotteig. *Nicht mechanisch, sondern biologisch, nicht ruckartig und lärmend, sondern allmählich und still. So verwandelt die Gottesherrschaft normalerweise die Menschen.*

(Lk 17,20–21) Von den Pharisäern gefragt, wann die Gottesherrschaft kommt, antwortete er ihnen: Nicht so kommt die Gottesherrschaft, daß der Zeitpunkt an Zeichen zu erkennen wäre. Auch was den Ort anlangt, wird man nicht sagen können: Siehe, hier ist sie oder dort! Denn seht her, die Königsherrschaft Gottes ist in euch selbst (wenn ihr ihn einlaßt).

Denen, die fragen, wann Gott endlich mit seiner Wundermacht von außen her in die Welt einbricht, um sie in Ordnung zu bringen (was er nach dem AT früher so oft getan), muß Jesus zu ihrer Enttäuschung sagen, daß sie umsonst warten; daß in dieser apokalyptischen Art die Gottesherrschaft niemals kommt. *Der wirkliche Gott will «in» den Herzen der Menschen, die frei sich ihm öffnen, herrschen durch die Kraft der Liebe.* So einfach, ja so «natürlich», d. h. schöpfungsgemäß, kommt die Gottesherrschaft. Ohne Lärm wird sie groß:

(Mk 4,31–32) **Die Gottesherrschaft ist wie ein Senfkorn, das, wenn es gesät wird, kleiner ist als alle Samenkörner, aber nach dem Säen aufgeht und größer wird als alle Kräuter.**

Hier bricht der Optimismus Jesu durch, der durch keinen Mißerfolg zu bändigen ist. Weil er selbst das Senfkorn ist, der minimale Neuanfang der Gottesherrschaft, weiß er, daß nur das «Reich der Liebe» sowohl der Grundintention des Schöpfers als auch dem bleibenden Glückshunger der Menschen entspricht und darum sich durchsetzen wird; nicht «vermutlich, hoffentlich», sondern am Ende «sicher». Er spricht nur von der Kraft dieses unscheinbaren Samens, das größte Gewächs zu werden, aber nennt keinen Termin wie die Apokalyptiker. Er wird bei seinen Enttäuschungen über «diese Generation» wohl nicht mit Jahren gerechnet haben, sondern in der Dimension der Schöpfung mit diesseitigen und jenseitigen Äonen. Was die Dringlichkeit seines Anrufs, «jetzt» in die Gottesherrschaft einzutreten, keineswegs mindert.

79. Was die Gottesherrschaft wert ist
Mt 13,44–46

Die Gottesherrschaft gleicht einem im Acker vergrabenen Schatz, den ein Mensch findet. Er vergräbt ihn wieder, und in seiner Freude geht er hin, verkauft alles, was er hat, und kauft jenen Acker.
Wiederum verhält es sich mit der Gottesherrschaft wie mit einem Kaufmann, der edle Perlen sucht. Als er eine besonders wertvolle Perle fand, ging er weg, verkaufte erst alles, was er hatte, und kaufte sie.

Einmal ist es der Zufall, ein andermal das gezielte Suchen, was den Schatz finden läßt. Aber immer löst die «Ent-deckung» der Gottesherrschaft (die plötzlich aufleuchtende Gewißheit, daß Gott allen ganz gut ist) eine solch überwältigende Freude aus, daß der Mensch spontan *alles hingibt, um diesem Gott näher zu kommen. Nichts weniger als alles!* Man braucht einen solchen Entdecker nicht mehr mit Geboten zu gängeln oder mit Vergeltung zu bedrohen. Er reagiert spontan aus seinem Herzen heraus, so töricht wie ein total Verliebter und eben darin so vernünftig wie ein Kaufmann, der «seinen Schatz» gewinnen will. So wie Jesus selbst auf seine überwältigende Gotteserfahrung am Jordan reagierte, indem er jede Mühe und jeden Konflikt bis zur Ketzerhinrichtung riskierte.

80. Die Gottesherrschaft ist für alle da
Mt 13,47–48; 12,30 (Lk 11,23)

Die Gottesherrschaft gleicht einem Fischernetz, das in Meer geworfen wurde und Fische aller Art zusammenbrachte. Erst wenn es gefüllt ist, zieht man es ans Ufer, setzt sich hin und liest die guten in Gefäße, aber wirft die unbrauchbaren wieder hinaus.

Das Gleichnis ist zu Jüngern gesprochen, die etwas vom Fischen verstehen und die nunmehr alle Menschen, gute und böse, wie mit einem Schleppnetz in die Gottesherrschaft sammeln sollen. Sie wissen, daß es unsinnig wäre, schon beim Fischen das Unbrauchbare auszusortieren. Das ist erst «am Ufer» möglich. Gott wird nach der Schwelle zum Jenseits aussortieren, was nicht in die Gottesherrschaft paßt. Ihr aber dürft keinen, der *euch* nicht paßt, aus eurer Sammlung *(qahal, ekklesia, communio)* vorzeitig hinauswerfen. – Für Fischer unbrauchbar sind faktisch nur die zu kleinen Fische. Und die wirft man auch beim Sortieren am Ufer nicht achtlos weg, sondern vernünftigerweise wieder zurück ins Meer, damit sie weiterwachsen.[37]

(Mt 12,30) Wer nicht mit mir ist, der ist gegen mich. Und (denn) wer nicht mit mir sammelt, der zerstückelt.

Jesus wollte zuerst ganz Israel und dann alle Menschen unter die Gottesherrschaft sammeln. Aber neben ihm sammelten die Zeloten, die Pharisäerbruderschaft, die Qumranmönche, die Johannesschule und andere ihre Anhänger. Sie alle wollten nur die Besten aufnehmen, um mit ihnen Elitegruppen zu bilden, und diese bekämpften dann einander als die allein-richtigen Israeliten. So wurde das Volk zerstückelt. – Jesus, getrieben von einem Gott, der alle retten will, wollte alle sammeln, Gute und Böse, wollte besonders die «verlorenen Schafe des Hauses Israel» wieder einsammeln, die Zöllner und Sünder. Darum zog er als *Lumpensammler* durchs Land. – *Wer aber die Lumpen bzw. unbrauchbaren Fische vorzeitig aussortiert, exkommuniziert, der ist gegen ihn, weil er seine Sammelbewegung in Elitegruppen zerstückelt.*

81. Gottwidrige Frömmigkeit: Korban
Mk 7,9–13 (Mt 15,3–6)

Großartig, wie ihr das Gebot Gottes absetzt, damit ihr eure eigene Überlieferung bewahrt. Denn Moses sagte: Ehre deinen Vater und deine Mutter! ... Ihr aber sagt: Wenn einer seinem Vater oder seiner Mutter erklärt: «Korban», d. h. was dir aus meinem Erbe zugute kommen sollte, sei Opfergabe (an den Tempel)!, dann laßt ihr ihn für seinen Vater und seine Mutter nichts mehr leisten. Somit setzt ihr das Wort Gottes außer Kraft durch eure Überlieferung, die ihr selbst zur Überlieferung gemacht habt. Und derartige Dinge tut ihr viele.

Fein ausgeklügelt: Man konnte sein väterliches Erbe dem Tempel schenken. Dann durfte man es zwar zeitlebens weiter gebrauchen, durfte aber nichts davon an andere abgeben, z. B. an die Eltern. Die Logik: Gott ist wichtiger als die Menschen. Also ist es richtiger, die Erbschaft ihm zu schenken (konkret: dem Tempel; noch konkreter: den Priestern Gottes!), als sie zu vergeuden durch Fürsorge für die alten Eltern. Eine Tragödie der Theo-logik ohne Herz. – Das Schlußwort, ob von Jesus selbst oder von Markus hinzugefügt, nötigt uns, Geistliche und Laien, zu einer ernsthaften Gewissenerforschung: *«Und derartige Dinge tut ihr viele.» Mit der Tautologie von der «überlieferten Überlieferung» deckt er auf, wie in der Theologiegeschichte Menschenmeinungen tabuisiert werden.* Indem ihr «was die Alten sagten» von Generation zu Generation ungeprüft weitersagt, macht ihr es zur heiligen Überlieferung. Und am Ende setzt eure Moraltheologie das außer Kraft, was der Schöpfer selbst ohne Katechismus durch die Stimme des Gewissens, durch das unverdorbene Gespür für Gut und Böse, jedem Menschen sagt, z. B.: Kümmere dich um deine alten Eltern!

82. Sein «Ich» erzeugen
Lk 17,32–33 (Mk 8,35/Mt 10,39; 16,25)

Denkt an die Frau des Lot (die zögernd zurückschaute und darum erstarrte)! Wenn einer darauf ausgeht, seine psychè (sein Ich, sein Leben) für sich selbst zu erhalten, wird er sie verderben. Aber wenn einer sie verliert (sich selbst verschwendet), dann wird er seine psychè zum Leben erzeugen.

Hier ist mehr gesagt als in den vier ähnlich lautenden Verfolgungslogien, die sich auf das «meinetwegen verlieren» beziehen und nur vom «retten» bzw. «wiederfinden» der «Psyche» reden (Mk 8,35; Mt 16,25; Lk 9,24). Paradox und darum gezielt erscheint der Ausdruck *zoogoneo:* zum Leben erzeugen. Wie kann denn ein Mensch sich selbst erzeugen? Indem er wahrhaft liebt, beginnt er, sich selbst zu vergessen, seine ängstliche Rückbindung ans eigene Ich (im Gegensatz zu Lots Frau) zu zerreißen, d. h. seinen Egoismuspanzer aufzusprengen, um sich freudig an andere zu verströmen. Und erst in diesem Sich-Verströmen wird der innerste Keim des menschlichen Ich zu seiner (gottähnlichen) Lebendigkeit aufgeweckt. Denn der Mensch ist nach Jesus berufen, Gott ähnlich zu werden. Und der Gott, den Jesus erlebte, verhält sich nicht wie ein auf seine Ehrung bedachter orientalischer Fürst (so dachten die Alten), sondern wie ein «mütterlicher Vater». Das heißt: *Gottes «Ich» ist ungepanzert, sein Wesen, seine Vitalität ist reine Liebe, die sich an die Schöpfung verströmt.* Nur so kann auch das innerste, gottähnliche «Ich» des Menschen sich selbst ent-binden.

83. Große dienen den Kleinen
Mt 18,10

Seht zu, daß ihr keinen von diesen Kleinen verachtet! Denn, das sage ich euch, ihre Boten im Himmel schauen zu jeder Zeit das Antlitz meines Vaters im Himmel.

Nach dem orientalischen Hofzeremoniell dürfen nur die allerhöchsten und dem Herrscher persönlich vertrauten Minister neben seinem Throne stehen, ihm in die Augen schauen und ihn direkt ansprechen. Von diesem Bild geht Jesus aus und korrigiert es entscheidend. Diese höchsten Diener Gottes, personähnliche Mächte, die vom Schöpfer ausgehend die Schöpfung durchwalten, dienen zugleich «diesen Kleinen», die ihr verachtet. Denn sie fungieren als Boten *(angeloi)* Gottes an die Menschen. (Fast möchte man ihren Dienst im Kosmos mit dem des Nervensystems im Organismus vergleichen, wenn nur dieses Bild nicht pantheistisch mißverstanden würde!) – Worauf es Jesus ankommt: Er stülpte das von den Alten gedachte, hierarchisch geprägte Gott-Welt-Verhältnis um. Der Herr-Gott dient mit seinen Engeln den Menschen, um so besorgter, je schwächer sie sind. Weil der wirkliche Gott nicht wie ein Patriarch thront und richtet, sondern wie ein *Abba* empfindet und seine Kinder liebt. Und das weiß Jesus seit seiner Gotteserfahrung: Er ist «mein Vater im Himmel». – *Wenn das aber wahr ist, daß der Herr-Gott mir dient*..., dann «muß» ich ebenso den Geringsten dienen, um diesem *faszinierenden* Gott näher zu kommen.

84. Der Vater ist mütterlich
Lk 15,11–14.17–32

**Ein Mensch (!) hatte zwei Söhne. Der jüngere sagte zum Vater: Gib mir das Erbteil, das mir zusteht! Da teilte er das Vermögen unter sie. Und nach wenigen Tagen packte der jüngere Sohn alles zusammen und zog in ein weit entferntes Land. Dort vergeudete er sein Vermögen durch ein liederliches Leben. Als er aber alles verschwendet hatte, begann er Hunger zu leiden... Doch er kam zu sich und sagte: Wieviele Tagelöhner meines Vaters haben Überfluß an Brot, während ich hier vor Hunger umkomme. Ich will mich aufmachen, zu meinem Vater gehen und ihm sagen: Vater, ich habe mich gegen... dich versündigt und bin nicht mehr, dein Sohn zu heißen. Halte mich wie einen deiner Tagelöhner! Und er machte sich auf und ging zu seinem Vater. – Als er noch weit weg war, erblickte ihn sein Vater und wurde von Mitleid ergriffen, und er lief und fiel ihm um den Hals und küßte ihn. Der Sohn aber sagte ihm: Vater, ich habe mich gegen... dich versündigt und bin nicht mehr wert, dein Sohn zu heißen. Doch der Vater sagte seinen Knechten: Schnell, bringt das beste Gewand und zieht es ihm an... und holt das Mastkalb und schlachtet es... Und sie begannen, ein fröhliches Fest zu feiern.
Sein älterer Bruder aber war auf dem Feld. Als er heimkam und sich dem Haus näherte, hörte er Musik und Tanz. Da rief er einen der Knechte und**

fragte, was das bedeute. Der sagte ihm: Dein Bruder ist gekommen, und dein Vater hat das Mastkalb schlachten lassen, weil er ihn gesund wiederhat. Da wurde er zornig und wollte nicht hineingehen. – Aber sein Vater kam heraus und redete ihm gut zu. Doch er erwiderte seinem Vater: Siehst du, so viele Jahre diene ich dir und habe nie dein Gebot übertreten, aber mir gabst du nie ein Zicklein, daß ich mit meinen Freunden feiern konnte. Wo aber dieser dein Sohn da gekommen ist, der dein Hab und Gut mit Dirnen verpraßte, hast du ihm das Mastkalb geschlachtet! Doch der Vater sagte ihm: Mein Kind, du bist ja immer bei mir, und alles meinige gehört dir ohnehin. Aber nun mußten wir doch feiern und uns freuen, weil dieser dein Bruder wie tot war und wieder auflebte. Er war verloren und wurde wieder gefunden.[38]

Die Geschichte handelt von «irgendeinem Menschen», aber sie bildet Gott ab, so ausführlich wie kein anderes Gleichnis: Gott ist «Mutter im Vater».

1. Die weiblichen Elemente: Ein Vater-Herr, zumal ein orientalischer, rennt einem davongelaufenen Taugenichts nicht nach. Er steht und pfeift ihn zurück, und wenn er gnädig ist, nimmt er den Heimkehrer unter angemessenen Bedingungen wieder auf. Doch dieser Vater benimmt sich wie eine Mutter, die so an ihrem Kind hängt, als wär's ein Stück von ihr (was es in der Tat als ihre Leibsfrucht auch ist). Eine Mutter hält ständig Ausschau, bis sie ihr Kind von weitem erblickt, läuft ihm entgegen und drückt es an ihr Herz. – Dann dieser irrationale Überschwang des Freudenausbruchs, der einem Mann weder liegt noch ansteht, aber der gefühlsbetonten Frau erlaubt wird: Festkleid und Festschmaus mit Musik und Tanz. Mit Recht empfand der Ältere dies als ungleiche Verteilung der Liebe. – Schließlich geht in der Begeisterung die Frage nach der Gerechtigkeit, auf die sich der schuldbewußte Heimkehrer eingestellt hatte, völlig unter. Wer so mit Küssen und Tanzen beschäftigt ist, kann nicht gleichzeitig Schulden abrechnen und eine Strafpredigt halten. Und er braucht es auch nicht. Denn nach der Herzensumkehr des Schuldigen hat Strafe keinen Sinn mehr. Was das mütterliche Wesen intendierte, war ja nicht die Korrektur einer sachlich-rechtlichen Situation (die der Richter anstrebt), sondern *die belebende Wieder-Einigung mit der eigenen Leibesfrucht.* Und diese Belebung ist erreicht, wenn das Herz des Kindes sich wieder dem Herzen der Mutter zuwendet. Darum verdeutlicht Jesus am Ende des Gleichnisses, daß verloren und gefunden sich nicht auf einen Sachverhalt bezieht, sondern auf das Leben. Dein Bruder (auch dir verbunden!) war tot (wie ein vom Lebensstrom abgetrenntes Glied) und wurde wieder lebendig. – *Nicht «Sachen», sondern «Leben» hervorbringen und es spontan wie das eigene hegen, das ist Mütterlichkeit.*

2. *Die männlichen Elemente:* Ein nur vom Mutterinstinkt geleiteter Mensch wird seine Kinder nicht «loslassen». Er neigt dazu, sie in der Nestgeborgenheit, im Babystadium, in der Abhängigkeit festzuhalten. (Darum schwindet der Bemutterungstrieb in der Tierwelt periodisch.) Der Mutter liegt es nicht, ihr Kind in das echte Risiko hinauszulassen, d. h. in die Gefahr, sich ganz zu verirren. Ein «nur-mütterliches» Wesen, das es gottlob nicht gibt, könnte seine eigene Leibesfrucht nicht in jene Freiheit ent-binden, die eine Reifung zum eigen-willigen und gegenüber-seienden Ichwesen erst ermöglicht. Der von Jesus gezeichnete Vater wagt es, seinen Jungen, obwohl er ihn mütterlich liebt, weggehen zu lassen «in ein weit entferntes Land», in die gefährliche Welt. Ohne Sicherheiten! Außer dieser einen: daß ihm die Umkehr zu diesem Vater immer offen bleibt.

Zur ewigen Theodizeefrage («Wie kann Gott nur?»): *Der Schöpfer «muß» die Freiheit seiner Geschöpfe riskieren, und zwar mit allen Konsequenzen, auch den fürchterlichsten. Weil ohne echte Entscheidungsfreiheit zum Guten wie zum Bösen personale Reifung in sich unmöglich ist.*

Die nur-mütterliche Emotion würde auch dem Element Gerechtigkeit nicht genügen, weil es inneren Abstand und rationale Objektivität erfordert. Eine Mutter kann ihr Kind gut verteidigen, aber schlecht richten. Der Vater im Gleichnis erkennt und versteht die Not seines älteren Sohnes, der sich ungerecht behandelt fühlt. Ihm deckt er korrekt die Wahrheit auf: Dir geschieht kein Unrecht, denn alles Meinige gehört schon immer dir. Es ist aber zu beachten, *daß er dem älteren Sohn ebenso mütterlich begegnet wie dem jüngeren.* Er geht auch ihm entgegen, redet ihm gut zu, nennt ihn «mein Kind», begründet ihm (fast sich entschuldigend), warum jetzt anders gefeiert werden mußt. Also keine «kalte» Gerechtigkeit!

3. Die Absicht dieser Predigt: Wann immer Jesus in neuer Weise über Gott redet, will er seine Hörer bewegen, sich nach diesem Gott umzuorientieren. Hier zielt er auf jene, die sich natürlich mit dem ordentlichen Sohn identifizieren. Nicht den Sündern will er sagen, es sei nicht so schlimm, daß sie Gott davonliefen, sondern den Gerechten gilt sein Predigtschluß: Werdet nicht hart und lieblos in eurer Gerechtigkeit! Denkt und empfindet so wie euer Vater gegenüber euren verlorenen Brüdern, nicht richterlich, sondern mütterlich! Der Gerechte «wollte nicht hineingehen» in dieses Fest, diesen irrationalen Reigen der Liebe mit einem heimgekehrten Nichtsnutz. Jeder versteht das. Dennoch, solange der Korrekte nicht umkehrt zur Barmherzigkeit bis zur Gratis-Vergebung, *solange bleibt er draußen stehen in der selbstgewählten «kalten Hölle der Gerechten»*. Natürlich werden sie draußen «heulen und mit den Zähnen knirschen» vor Zorn über die «Ungerechtigkeit» Gottes. Aber das Fest der Liebe wird deshalb nicht abgeblasen. (Vgl. Nr. 93)

85. Mütterlichkeit: Freude am Retten
Lk 15,8–10; Mt 18,12–14 (Lk 15,3–7)

Welche Frau, die nur zehn Drachmen besitzt und eine davon verliert, zündet nicht Licht an, fegt das Haus und sucht sorgfältig, bis sie findet? Und wenn sie gefunden hat, ruft sie ihre Freundinnen und Nachbarinnen zusammen und sagt: Freut euch mit mir, weil ich die Drachme gefunden habe, die ich verloren hatte! – Ich sage euch: Ebenso kommt bei den Engeln Gottes Freude auf über einen einzigen Sünder, der umkehrt.

Jesus scheut sich nicht, Gott mit einer armen Frau zu vergleichen. Erschütternd ist dieses Bild, weil es zeigt: Der scheinbar alles habende und alles könnende Gott muß mühsam etwas suchen, was er dringend braucht, *aber nicht selber herstellen kann!* Das ist die *freie und vertrauende Umkehr* des Menschen zu ihm. Würde er sie erzwingen, dann wäre sie keine freie Wiederzuwendung des Herzens, sondern nur die Bewegung einer ferngesteuerten Maschine. Gott könnte so seine Macht über funktionierende Geschöpfe genießen und *bliebe im Grunde doch einsam*. Nur wenn Freie ihm ihr

Vertrauen schenken (!), kann Gott, der nach Jesus ein Herz hat, die Freude gegenseitig geschenkter Liebe *empfinden*. Und diese seine Freude explodiert und erfüllt den Himmel: Freunde, unser Franz ist wieder da!

(Mt 18,12–14) Was meint ihr? Wenn jemand 100 Schafe hat, und eines davon herumirrt, wird er doch nicht die 99 auf den Bergen lassen und weggehn, das verirrte zu suchen? (Aber Gott tut das.) Und wenn es ihm gelingt, es zu finden, Amen, ich sage euch: dann freut er sich über dieses mehr als über die 99 nicht verirrten. – So (stark) ist der Wille eures Vaters im Himmel, daß nicht eines von diesen Geringen verloren gehe.

Im Unterschied zum Gleichnis von der verlorenen Drachme gebraucht Jesus hier das Paradoxon. (Leider ist es bei Mt verwischt und bei Lk ganz aufgelöst: Wer von euch täte das nicht?) Das tut nämlich kein Schafhirt, der nüchtern rechnet! Aber Gott, «der Hirte Israels», reagiert nicht rational wie ein Kaufmann, sondern *emotional wie eine Mutter*. Während die Priester und Gesetzeslehrer als legitime Seelenhirten in Israel die Sünder aussperrten, um nur die Gerechten noch gerechter zu machen, erkannte Jesus als *unbedingten* Willen des *Abba:* Nicht eines seiner weggelaufenen Kinder darf ihm verloren gehn. Und seine Freude über die wiedergefundenen ist nicht nur groß, sondern (für Rechner unerwartet) viel größer als über die nicht verlorenen. So ganz anders, so mütterlich ist der Gott Jesu.

Es ist absurd, nein: es macht zornig und traurig zugleich, daß christliche Apokalyptiker bis heute dem Gott Jesu unterstellen dürfen, er werfe die Sünder in eine Hölle, aus der sie *nie mehr umkehren können;* daß Paulus bibeltreu lehrte, Gott selber habe das Herz des Erzsünders Pharao verstockt, so daß er nicht mehr umkehren *konnte,* um an ihm *seine Gerechtigkeit und Macht zu demonstrieren;* daß auch ein rebellischer, *aber zu bibeltreuer* Luther solch eklatante Widersprüche zur Botschaft Jesu nicht aufdeckte.

Erlauben Sie nach diesem Zornausbruch eine kleine Humoreske: Der Riese Eisenwunder griff neulich unbedacht in einen rostigen Nagel, und sein kleiner Finger eiterte. Statt ihn zu heilen, hackte er ihn ab und warf ihn weg. Denn er sagte sich: Was soll's? Ich mach mir einen neuen Finger. So großartig ist der Riese Eisenwunder. Und das ist sein Geheimnis: Weder das Eitern eines Fingers noch das Weghacken *«tut ihm weh»,* weil er in seiner Mitte nicht mehr so ein altmodisches Herz wie unsereiner hat, sondern einen perfekten Computer – Baujahr 2001. Wäre das nicht ein perfekter Gott, alles machend und bewegend, aber selber *durch nichts bewegt,* wie *Aristoteles* dachte, und ohne jede Emotion *in sich ruhend,* wie *Buddha* dachte?

86. Mütterlichkeit: Spontanes Erbarmen
Lk 10,29–31.33–37

Ein Gesetzeslehrer (der schon wußte, daß im Gesetz geschrieben steht: Liebe deinen Nächsten wie dich selbst!) wollte sich rechtfertigen und sagte zu Jesus: Aber wer ist mein Nächster? Jesus erwiderte:
Irgendein Mensch (!) ging von Jerusalem nach Jericho hinab und fiel unter die Räuber. Die zogen ihn aus, schlugen ihn und ließen ihn halbtot liegen. – Irgendein Priester ging zufällig auch jenen Weg hinab. Als er ihn sah, ging er auf der anderen Seite vorbei . . . – Aber irgendein Samariter, der auf Reisen war, kam auf ihn zu, und als er ihn sah, wurde er von Mitleid bewegt. Er ging hin, goß Öl und Wein in seine Wunden und verband sie. Dann hob er ihn auf sein Reittier, brachte ihn zu einer Herberge und pflegte ihn. – Dem Wirt gab er am andern Tag zwei Denare und sagte: Kümmere dich um ihn! Und was du etwa mehr aufwendest, werde ich selbst dir erstatten, wenn ich zurückkomme.
Was meinst du, wer von diesen dreien ist dem, der unter die Räuber fiel, zum Nächsten geworden? Er antwortete: Der ihm Barmherzigkeit erwies. Da sagte ihm Jesus: Geh nun, du selbst handle so!

Die Frage, wieweit die gesetzliche Verpflichtung zur Nächstenliebe reicht, ist für einen Gesetzeslehrer, der Gott korrekt gehorchen will, sehr wichtig. Jesu verblüffende Antwort: Es gibt kein Gesetz und gibt keine Grenze für die Menschenliebe. Das zeigt er an irgendeinem Menschen in Not, von dem niemand weiß, wie «nah» er ihm ist, ob er ein Volksgenosse oder Heide, ein Gerechter oder Sünder ist, weil er ohne Kleider und besinnungslos daliegt. «Irgendein Mensch», zufällig ein Nichtjude, begegnet ihm und reagiert spontan als Mensch: Von Gott oder Gesetz als Motivation ist keine Rede, «nur» das instinktive «Mitleid bewegt ihn», dem Mitmenschen zu helfen, und zwar ganz, mit allen Kräften. Er folgt einfach dem guten Drang des Herzens, den der Schöpfer dem

Menschen einpflanzte, lange bevor Gesetze formuliert und einem Gesetzgebergott zugeschrieben werden. – Menschenwidrig reagiert dagegen der Priester. *Nicht weil er böse ist, sondern weil er an ein angebliches Gottesgesetz gebunden ist.* Die kultische Reinheitsvorschrift für Priester gebietet ihm, um einen Vielleicht-Toten einen Bogen zu machen *(anti-par-erchomai)*. – Auch der Wirt reagiert menschenwidrig. Er ist nicht ungerecht, sondern «nur Kaufmann», wenn der Samariter, der großmütig alles umsonst für den Schwerverletzten tat, ihm garantieren mußte, er werde ihm alles erstatten, was er über die bereits vorausgezahlte Verpflegung eventuell noch aufwendet. Der Barmherzige verschenkt sich umsonst, ohne daß ein Gesetz dies gebietet, und *der Kaufmann verdient dabei korrekt, ohne daß ein Gesetz dies verbietet!* – Jeder Mensch, auch ein Gesetzeslehrer, erkennt, wer von diesen drei dem Armen ein Nächster wurde und somit die Intention des Gebots der Nächstenliebe erfaßte und erfüllte. Aber das andere ist Jesus noch wichtiger: Du selbst handle so! *Folge dem guten Trieb, statt Gesetze zu fragen,* ob du darfst oder mußt! (Der Levit, nur eine Verdoppelung des Priesters, wurde wohl hinzugefügt, weil man den korrekten Wirt nicht mehr als «Dritten» erkannte.)

87. Vergebung ohne Grenzen
Lk 17,3–4 (Mt 18,15.22)

Wenn dein Bruder sich verfehlt, weise ihn zurecht (Mt: unter vier Augen). Und wenn er umkehrt, vergib ihm! – Und wenn er siebenmal am Tage sich gegen dich verfehlt und siebenmal sich dir wieder zuwendet und sagt: Ich bereue, wirst du ihm vergeben! (Mt: Nicht nur siebenmal, sondern siebzigmal siebenmal.)

Barmherzigkeit darf nicht mit Lässigkeit verwechselt werden. Wo eine Verschuldung des Bruders vorliegt, soll sie nicht übergangen werden, weder aus moralischer Gleichgültigkeit noch aus Angst vor einem Krach noch aus «Liebe». Echte Bruderliebe tendiert auf Heilung. Und dies geschieht zuerst durch Bewußtmachung des objektiven Unrechts und der subjektiven Schuld, jedoch «zwischen dir und ihm allein» (Mt), nicht in öffentlicher Bloßstellung.

Im ehrlichen Gespräch unter vier Augen kann auch herauskommen, daß keine Schuld vorliegt oder nur eine weit geringere als angenommen. Der zweite unerläßliche Schritt ist die innere Umkehr des Schuldigen, jenes mutig-demütige «ich bekenne und bereue», das oft schwerer fällt als sachlich-korrekter Schadenersatz. Aber ohne *metanoia* (Umkehr) bleibt die Vergebung unwirksam, auch wenn sie angeboten wird. (Psychotherapeuten, die Schuldgefühle nur wegreden, statt sie sorgfältig zu klären und notfalls Umkehr zu fordern, heilen nicht die Tiefe, sondern beschwichtigen die Oberfläche.) Erst dann ist der dritte Schritt möglich: redlicher Friede aus herzlicher Vergebung. Und unsere Bereitschaft, so zu vergeben, muß unbegrenzt bleiben: 70mal 7mal!

Nun sagt uns Jesus, der Vater würde uns ebenso unbegrenzt vergeben. Das heißt: *Gott wird einen umkehrwilligen Sünder nie zurückweisen, weder in diesem Äon noch im jenseitigen.* (Nr. 63) Also ist ein Richter, der Noch-nicht-Bekehrte ins ewige (!) Feuer wirft, oder ein Bräutigam, der den zu spät umkehrenden Brautjungfern für immer seine Tür verschließt, nur das Gottesgespenst von Apokalyptikern. – *Aber man sage nicht leichtfertig, es könne keine Hölle geben!* Der entscheidungsfähige Mensch kann dem mütterlichen Vater davonlaufen und *kann stolz «draußen» bleiben,* obwohl das Tor zum Vaterhaus offensteht und der Zutritt «nur» die Herzensumkehr kostet. Jeder Teufel kann in den Himmel kommen, sobald er «will», sobald er sich beugt und umkehrt in den Bereich der Liebe. Aber kein Gott kann ihn zu dieser Eigenbewegung zwingen. – *Daß Liebe nur nicht zur Theorie wird!* Personale Liebe agiert frei *und* reagiert auf den Partner. Allen, auch den Verlorensten, sagt Gott: Ich liebe dich. Aber nur denen, die (wie Jesus) sich ihm zuwenden, kann er re-agierend sagen: Du gefällst mir, oder: Komm her! Das ist der «Lohn». So auch die Liebe unter Menschen. Allen sollen wir gut sein, auch den Bösen. Aber «Freunde» dürfen wir, um nicht zu lügen, reagierend doch nur jene nennen, die sich uns zuwenden.

88. Wie selbstlose Einung wirkt
Mt 18,19

Amen, ich sage euch: Wenn zwei von euch auf Erden übereinstimmen in dem ganzen Werk, für das sie um Hilfe bitten, wird sie ihnen zuteil von meinem Vater im Himmel.

Wo nur *einer* diktiert, herrscht Ein-tracht. Wo *zwei* am selben Werk *(pragma)* beteiligt sind, droht Zwie-tracht, weil zumeist *einer den andern «besiegen» möchte.* (Das klassische Beispiel ist der kleinliche Ehestreit.) «Ganz übereinstimmen», das würde von beiden Partnern erfordern, ganz selbstlos, ohne jedes Prestigedenken dem gemeinsamen Werk zu dienen. Das wäre gottgemäß. Und wo beide so selbstlos-gemeinsam wirken und zugleich vertrauend Gott um Hilfe bitten, da hilft er wirklich, sagt Jesus, der Gott als seinen «Vater im Himmel» kennt.
Der Meister bürgt für sein Amenwort. Also ist es nicht theoretisch zu diskutieren, sondern konkret zu testen, ob es stimmt. *Bedingung ist freilich, daß beide die Selbstlosigkeit riskieren, «ich» aber damit beginne.* – Dieses Erfolgsmittel gilt nach Jesu Wort für jedes gottgemäße Werk auf Erden im politischen und religiösen Bereich. Angenommen, zwei Kirchen oder auch nur zwei Theologen derselben Konfession dienen der Aufgabe, die Botschaft Jesu zu verdeutlichen und zu verwirklichen: Solange ein Partner noch den heimlichen Wunsch hegt, den andern zu besiegen, statt selbstlos mit ihm der Botschaft zu dienen, sind ihre Werke unrein, nichtgesegnet, mögen sie noch so großartig erscheinen.

89. Die künftige Gegenwart des Meisters
Mt 18,20

Wo zwei oder drei auf meinen Namen hin versammelt sind, dort bin ich, in ihrer Mitte.

Das ist ein eigenständiges Jesuswort, erkennbar an dem neuen Subjekt «Ich» statt «der Vater». Es wurde aufgrund von Ähnlichkeiten mit Vers 19 durch «denn» verbunden. – Solange Jesus sich leibhaft unter ihnen bewegte, brauchten die Jünger doch keine Anweisung, wie sie seine Gegenwart erreichen können. Sie mußten nur dorthin kommen, wo er sich befindet, um ihn zu sehen und zu hören. Aber je näher die Gefahr rückte, daß er ihnen entrissen werden könnte, desto akuter wurde ihre Sorge: *Was wird aus uns, wenn du nicht mehr bei uns bist?* Die Frage ist von existentieller Bedeutung. Auch noch am Ende des zweiten Jahrtausends für Menschen, die sich an Jesus orientieren möchten. Denn er mit seiner einmalig klaren Gotteserfahrung ist der vertrauenswürdigste Wegführer zum wirklichen, nicht nur gedachten Gott. *Kein Petrus und kein Stellvertreter wird Jesus ersetzen können.*

Fragen wir zuerst, wie man sich im Lauf der Christentumsgeschichte das wirksame Hiersein Jesu dachte. 1. Apokalyptiker wie der Autor der «Geheimen Offenbarung» u. a. meinten, er komme eines Tages mit Getöse vom Himmel herunter; aber nicht mehr, um die Menschheit zu Gott zu führen, sondern nur, um abzurechnen. 2. Charismatiker wie Paulus u. a. meinten: «Mir», dem Auserwählten, hat Christus vom Himmel her sich mitgeteilt. Aber der Rest der Welt kann bzw. darf die Echtheit solcher geheimer Direktmitteilungen nicht prüfen. 3. Die christlichen Schriftgelehrten meinten und meinen (im Prinzip wie damals die jüdischen), alles, was nacheinander über Jesus gesagt, geschrieben und mit Autorität gelehrt wurde, stamme vom irdischen Jesus oder himmlischen Christus oder vom Heiligen Geist. Um den heute wirksam hierseienden Jesus zu hören, müsse man demnach nur das Neue Testament aufschlagen und einige Verse zwischen Mt 1,1 und Offb 22,21 lesen. Aber die Gelehrten übersehen, daß es *schöpfungswidrig ist, den gottgegebenen Normalverstand auszuschalten,* um die offenkundigen Widersprüche in der «Schrift» nicht zu sehen oder sie gewaltsam zu harmonisieren.

Hören wir also genau hin, unter welchen Bedingungen Jesus nach seinen eigenen Worten den Jüngern nahe bleibt. (Dabei ist jedoch seine Abschiedsanweisung mit zu bedenken, sie sollten «zu seinem Gedächtnis» miteinander das Brot brechen und gemeinsam aus einem Becher trinken!) – 1. Zusammenkommen! Auch wenn es nicht Tausende, sondern nur zwei oder drei im Dorf oder im Haus sind. Aus seiner Klause, seinem eigenen Denkgehäuse heraus und aufeinander zugehen. Einander annehmen, bescheiden aufeinander hören. Er ist nie nur «mein», sondern immer «unser aller» Meister, der auch durch meinen Nachbarn hindurch mich korrigieren kann. 2. Auf seinen Namen hin! Er selbst, seine Gottesbotschaft muß der eindeutige Orientierungspunkt, das Zentrum der konzentrischen «Sammlung» *(ekklesia, qahal)* bleiben. Was die Mehrheit, was ein Amtsträger, was ein Charismatiker, was Herr oder Frau Jemand in dieser Runde sagt, ist nur insoweit «Maß»gebend, als es mit der nur-einen Mitte übereinstimmt. 3. Dort ist er selber mittendrin! Gewiß nicht gespenstisch, etwa als unsichtbarer Dreizehnter in einem Kreis von zwölf Sichtbaren, so daß man sagen könnte: dort steht er. Er will doch nicht hier sein, um zuschauen zu können oder um sich beweihräuchern zu lassen, sondern um weiter zu wirken als Meister seiner Jünger. *Also ist er dynamisch in ihrer Mitte, mit seiner dynamis, seiner starken, auf Gott gerichteten Grundintention.* Er ist geistig prägend wirksam «in der Mitte»: im Herzen des einzelnen und dadurch zugleich in der Mitte der Versammelten. Aber er wird nie gegen die Schöpfungsordnung wie die sogenannten ungereinigten Geister irgendwo gewaltsam oder mysteriös einbrechen. Er wird nur dort «in der Mitte sein», wo man sich ihm vertrauend öffnet, indem man *brüderlich-miteinander sich auf ihn hin sammelt.*

90. Kein Grund zur Menschenfurcht
Lk 12,4.6–7 (Mt 10,28–31)

Euch, meinen Freunden, sage ich: Fürchtet euch nicht vor denen, die den Leib töten und danach nicht vermögen, irgend etwas mehr zu tun!

Wie kann man einer akuten Gefahr begegnen? – Der übergläubige Petrus meinte: Dir, Herr, kann in Jerusalem gar nichts passieren, weil Gott dir gewogen ist. (Nr. 33) Zweckoptimisten trösten sich: Es wird schon nichts passieren. *Der Realist Jesus rechnet mit der Realität unten und der Realität oben zugleich.* 1. Unten: Ja, sie können eure Leiber töten. Gott überläßt den Menschen Menschenhänden, ohne einzugreifen. Erwartet keine schöpfungswidrigen Mirakel! 2. Oben: Hier sagt er nur, was Machthaber nicht mehr tun können (Mt: die Seele töten). Was Gott tun wird, sagt er an anderer Stelle. (Nr. 33 und 107) Der Getötete bleibt in der Hand Gottes, der ihn wieder aufweckt. Darum kein echter Grund zur Angst! sagt Jesus seinen Freunden, die mit ihm den Rebellentod riskieren sollen.

(12,6–7) Fünf Spatzen, kosten die nicht nur zwei As? – Und nicht einer von ihnen ist bei Gott vergessen. (Mt: fällt zur Erde ohne euren Vater) – Aber bei euch sind sogar sämtliche Haare am Kopf (von ihm) abgezählt worden. – Habt keine Angst! Ihr seid doch mehr wert als viele Spatzen.

So «leicht» konnte Jesus mit Freunden über Gott reden. Die wahrscheinliche Situation: Sie haben fünf Spatzen von einem Gassenjungen gekauft, der sie mit einer Schleuder vom Dach holte, um sich etwas zu verdienen. Nun müssen sie mühsam Federchen zupfen, um sie braten zu können. Verschmitzt fragt Jesus, was sie kosten. So billig sind also diese Geschöpfe Gottes für den Menschen! Und nun folgt, humorig dahingesagt, *ein theologieerschütterndes Offenbarungswort: Der wirkliche Gott kümmert sich um Spatzen,* aber nicht von hoch oben her generell um das Spatzengeschlecht als Teil der Natur. Nein, um *diesen* Spatzen Nr. 8524 kümmert er sich. Was nicht heißt, daß er ihn deshalb vor der tödlichen Schleuder retten mußte. Aber er war dabei, hat es zugelassen und miterlebt, daß dieser Spatz «zur Erde fiel». So ist der Schöpfer mit jedem seiner Geschöpfe verbunden! Das hat Jesus nicht erdacht, sondern erlebt, als er nach seiner Gotteserfahrung am Jordan «mit den Tieren war und die Engel ihm dienten». Ein neues Gott-Welt-Bild!

Weil Jesus darin lebt, kann er mit Humor die selbstverständliche Folgerung daraus ziehen: Und bei euch hat er sogar sämtliche Schädel-, Bart- und Augenbrauenhaare einzeln abgezählt (wie eine Mutter bei ihrem Säugling die heraufkommenden Zähnchen zählt). *Denn euch ist der Schöpfer der Welt ein Vater.* Also keine Angst!

91. Jesus über seine Belastungen
Lk 12,49–50; Mk 9,19 (Mt 17,17/Lk 9,41)

Feuer auf die Erde zu werfen (in das Land Israel zu bringen), dazu bin ich gekommen, und was will ich anderes, als daß es schon entflammt sei? – Aber eine Taufe habe ich vor mir, um mit ihr getauft zu werden, und wie ist mir bange, bis sie vollendet ist!

Ob er Feuer vom Himmel holen und auf die Erde werfen wollte wie ein Prometheus oder nur Feuer ins Land Israel bringen wollte, wie eine Mutter das Herdfeuer im kalten Haus entzündet, (gè bedeutet Erde oder Land), jedenfalls ist es das lebensnotwendige, wärmende Feuer und nicht das Leben vernichtende, das Elija, fanatische Jesusjünger, der Täufer und andere Apokalyptiker auf die Sünder herabrufen wollten. Doch es genügt nicht, daß es in ihm selber brennt, seine Umgebung müßte endlich «Feuer fangen»! – Aber er sieht eine Verfolgungswelle auf sich zukommen, die ihn in den Tod tauchen will. Und er mimt nicht den Heroen, sondern gesteht seinen Freunden, wie sehr ihm davor bangt. *Nein, der wirkliche Jesus ist kein verkleideter Gott, sondern – Gott sei Dank! – «nur» unser Bruder, aus unserem schwachen Fleisch und Blut.* Dem können wir folgen. Auch durch die Todestaufe hindurch.

(Mk 9,19) O dies Geschlecht ohne Vertrauen! Wie lange soll ich denn noch bei euch sein? Wie lange soll ich euch denn noch ertragen?

Er, dem das Gottvertrauen so natürlich war wie das Aufrechtgehen, wollte seine Mitmenschen, die ängstlich dahinkrochen, doch nur aufrichten zum einfachen Vertrauen in den guten Vater. Daß es ihm trotz allem nicht gelang, machte ihn gelegentlich müde wie einen erfolglosen Prediger. *Und doch blieb er unter dieser Last, treu bis ans Ende,* statt außerhalb Israels mehr Erfolg zu suchen.

92. Leichter Sinn statt «Fleiß»
Mt 22,2–3.5.8–10 (Lk 14,16–24)

Mit der Gottesherrschaft verhält sich's wie mit einem König, der seinem Sohn das Hochzeitsfest veranstaltet. Er schickte seine Knechte aus, um die zur Hochzeit Geladenen zu rufen ... Die aber kümmerten sich nicht darum, sondern gingen fort, der eine auf seinen Acker, der andere zu seinem Geschäft ... Da sagte er seinen Knechten: Die Hochzeit ist bereitet, aber die Geladenen waren die Einladung nicht wert. So geht nun an die Straßenkreuzung und, wen immer ihr trefft, den ladet zur Hochzeit. Und die Knechte gingen hinaus auf die Straße und brachten alle zusammen, die sie antrafen, ob sie böse oder gut waren, und der Hochzeitssaal füllte sich mit Leuten, die sich zum Festmahl niederlegten.[39]

Wenn einem Menschen großes Glück widerfährt, wird er leichten Sinnes und «muß» seine überschäumende Freude mitteilen. So jene arme Frau, die ihren Groschen wiederfand, so jener Vater, der seinen verlorenen Sohn wieder in die Arme schließen konnte, so hier der König, dessen Sohn nun heiratet. Wie schmerzlich, wenn die Ernsten für solchen Leichtsinn nichts übrig haben und kalt-korrekt bleiben. Dort war es der ältere Sohn, hier sind es die zuerst Geladenen. Sie haben nach ihrem Kalkül Nützlicheres zu tun, als zu feiern. Sie gehn zur Arbeit, der eine aufs Feld, der andere ins Geschäft. Ehe wir sie verurteilen: Handeln sie nicht rational-richtig? *Aber das Richtmaß des Menschen ist keine Rechenmaschine, sondern der wirkliche Gott.* Und der handelt aus einem *menschenähnlichen Herzen* heraus, sagt Jesus immer wieder. Darum lädt er andere ein, damit sein Festsaal voll werde. Gute und Böse, d. h. egal, ob sie es verdienten oder nicht. Wenn sie nur bescheiden genug sind, sich beschenken zu lassen, und genug Herz haben, sich mit ihm zu freuen!

93. Leichter Sinn statt «Ernst»
Mt 22,2.11–13

Mit der Gottesherrschaft verhält sich's wie mit einem König, der seinem Sohn das Hochzeitsfest veranstaltet ... Als er eintrat, um sich die zu Tisch Liegenden anzusehen, erblickte er dort einen Menschen, der sich kein hochzeitliches

Gewand angezogen hatte. Da sagte er zu ihm: Freund, wie konntest du es wagen, ohne Hochzeitsgewand hier hereinzukommen? Der aber verstummte. Da sagte der König zu den Dienern: ... Bringt ihn hinaus ins Dunkel draußen. Dort ist der Ort zum Heulen und Zähneknirschen.[40]

Wer ohne Festgewand, dem Zeichen der Mitfreude, in eine feiernde Gesellschaft hereinplatzt und auf die freundliche Frage des Gastgebers hin sich nicht entschuldigt (etwa: zu arm), der tut es bewußt. Der will mit seinem Arbeitskittel demonstrieren gegen diese Feier, gegen diesen übertriebenen Aufwand (wie man in Bethanien gegen jene verschwenderische Liebende protestierte). Aber der König läßt sich und seinen Gästen die Freude nicht vermiesen. Der richtige Ort zum Protestieren, zum zornigen Zähneknirschen gegen Gottes leicht-sinnige Freude am Schenken, ist draußen im Dunkel. Schafft ihn dorthin, wo er hingehört!

94. Leichter Sinn statt «Vorsicht»
Mt 25,14–21.24–29 (Lk 19,12–27); Lk 17,7.9–10

Ein Mann, der auf Reisen ging, rief seine Diener und übergab ihnen sein Vermögen. Dem einen gab er fünf Talente, dem andern zwei und einem andern eines, jedem nach seiner Fähigkeit, und reiste ab. Der die fünf Talente erhalten hatte, begann sofort, damit zu wirtschaften, und gewann fünf weitere dazu. Ebenso gewann der mit den zweien noch zwei dazu. Der aber das eine erhalten hatte, ging hin, grub ein Loch in die Erde und versteckte das Geld seines Herrn. – Nach langer Zeit kam der Herr zurück und rechnete mit den Dienern ab. Da kam der Diener, der die fünf Talente erhalten hatte, und brachte noch fünf weitere ... Sein Herr sagte zu ihm: Recht so, du bist ein guter und mutig-vertrauender Diener. Weniges hast du mutig-vertrauend bewirtschaftet, ich will dich über vieles setzen. Komm herein zum Freudenfest deines Herrn! (Genauso der mit den zwei Talenten) – Auch der das eine Talent empfangen hatte, kam herbei und sagte: Ich kenne dich, du bist ein hart-korrekter Mensch ... Und weil ich Angst vor dir hatte, ging ich hin und versteckte dein Talent in der Erde. Siehe, hier hast du das deine! Aber sein Herr erwiderte ihm: Du bist ein schlechter und ängstlich-zögernder Diener. Du konntest wissen, daß ich (nicht korrekt, sondern risiko-freudig) gern ernte, wo ich nicht gesät, und einsammle, wo ich nicht ausgeteilt habe. Also hättest du mein Geld den Kreditgebern bringen müssen, und ich hätte es bei meiner Ankunft mit Zinsgewinn zurückerhalten. Darum nehmt ihm das Talent und gebt es dem, der die zehn Talente hat! – Denn jedem, der (Hinzugewonnenes)

hat, dem wird gegeben werden und er wird im Überfluß haben. Wer aber nichts (Hinzugewonnenes) hat, dem wird auch das, was er hat, weggenommen werden.

In allen Gleichnissen Jesu ist nur auf den springenden Punkt zu achten, sonst entstehen Zerrbilder, wie z. B. in der schrecklichen Lk-Version.[41] Hier geht es allein um die Risikofreudigkeit des Mannes und seiner zwei Diener und um die Risikoscheu des dritten. Die beiden haben den Sinn ihres Herrn erkannt und aufgenommen, seinen (leicht-sinnigen) Wagemut, der sich schon darin zeigt, daß er ihnen sein Vermögen an-«vertraut» und sie in seiner Abwesenheit ohne detaillierte Einzelanweisungen wirtschaften läßt. Sie wagen Kreditgeschäfte (Kredit – *credere,* glauben, vertrauen!) und gewinnen nicht nur den Zinszuwachs, sondern auch die Sympathie ihres Herrn: Komm herein zum Feiern! – Zielpunkt der Mahnpredigt ist der dritte Diener. Die Hörer werden in ihrer alten Gottesvorstellung erschüttert: Nur dieser handelt perfekt-korrekt und eben dadurch falsch! Er vergräbt das Geld und schützt es so vor Verlust, um es eins zu eins dem Eigentümer zurückzugeben. Aus Angst vor dem Herrn, den er für hart-korrekt *(sklerós)* hält. Doch dieser wirft ihm vor, er sei ein ängstlich-zögernder *(oknerós)* Diener, obwohl er wissen konnte, daß er selbst risikofreudig ist. (Leider werden durch die nivellierenden Übersetzungen «strenger Herr», «fauler Diener» und «treuer Diener» statt «vertrauender», was *pistós* im klassischen Griechisch ursprünglich bedeutet, die Akzente verwischt, denn sklavisch-«treu» ist gerade der Dritte!) – Das will Jesus seinen Hörern sagen, die sämtliche Gesetze pünktlich erfüllen möchten, um am Ende vor Gott gerechtfertigt dazustehn: *Eure ängstliche Gerechtigkeit bringt euch nichts.* Statt dessen *erspürt und verwirklicht wagemutig die Absicht Gottes* (daß sie nicht Gerechtigkeit, sondern Liebe ist, predigte er ständig), damit ihr am Ende in die *Freude* Gottes eingehen könnt! – Dasselbe sagt er im Gleichnis vom Ackerknecht:

(Lk 17,7.9–10) Wer von euch... erweist seinem Knecht herzlichen Dank, weil er das ihm Aufgetragene getan hat? So sollt auch ihr, wenn ihr (nur) alles euch Aufgetragene getan habt, euch sagen: Wir sind untaugliche Knechte, nur, was wir schuldeten, haben wir getan.

95. Leichter Sinn statt «scharfer Blick»
Mt 20,1–17

Mit der Gottesherrschaft verhält sich's wie mit einem Gutsherrn, der frühmorgens ausging, um Arbeiter für seinen Weinberg zu dingen. Als er sich mit den Arbeitern auf einen Denar für den Tag geeinigt hatte, schickte er sie in seinen Weinberg. Um 9 Uhr ging er wieder aus und sah andere arbeitslos auf dem Markt herumstehen und sagte ihnen: Geht auch ihr in meinen Weinberg, ich werde euch geben, was recht ist! Und sie gingen hin. Um 12 und um 15 Uhr ging er wieder aus und tat ebenso. Als er um 17 Uhr nochmals ausging, traf er wieder andere, die herumstanden, und sagte ihnen: Was steht ihr hier den ganzen Tag müßig? Sie sagten ihm: Weil uns niemand Arbeit gab. Da sagte er ihnen: Geht auch ihr in den Weinberg!
Doch als es 18 Uhr war, sagte der Weinbergsbesitzer zu seinem Verwalter: Rufe die Arbeiter und zahle ihnen den Lohn aus! Fange bei den Letzten an bis hin zu den Ersten! Da kamen die um 17 Uhr Eingestellten und erhielten je einen Denar. Als nun die Ersten kamen, meinten sie, mehr zu bekommen. Aber auch sie erhielten je einen Denar. Während sie ihn bekamen, murrten sie gegen den Gutsherrn: Diese Letzten haben eine Stunde gearbeitet, und du stellst sie uns gleich, die wir die Last des Tages und die Hitze ertragen haben. – Der aber antwortete einem von ihnen: Freund, ich tue dir kein Unrecht. Hast du nicht einen Denar mit mir vereinbart? Nimm das Deine und geh! Ich will aber diesem Letzten soviel geben wie dir. Darf ich mit dem Meinen nicht tun, was ich will? Oder ist dein Blick böse, weil ich gut bin?

Hier malt Jesus wohl das ärgerlichste Bild von Gott. Er zeigt, daß es nur am Menschen liegt, an seinem guten oder bösen Auge, seinem leichten oder verdüsterten Sinn, ob er sich über das Verhalten Gottes ärgert. Denn es gibt drei Arten, hinzuschauen auf diese merkwürdige Endauszahlung: 1. Rein sachlich: Der Herr tut kein Unrecht, die Arbeiter der ersten Stunde erleiden kein Unrecht, sie empfangen den vereinbarten Lohn. 2. Mit «bösem Auge» wahrgenommen: Diese Letzten haben kein Geschenk verdient. Richtig; wenn er schenkt, muß er auch uns, die Ersten, entsprechend beschenken, denn wir haben's verdient. Falsch, denn Geschenke werden nicht verdient; so hart das auch klingen mag! 3. Mit leichtem Sinn und «gutem Auge» gewertet, wie der Herr selbst «gut ist»: Da wird armen Schluckern, die vorher keine Arbeit fanden und doch einen Tageslohn für ihr tägliches Brot brauchen, etwas geschenkt. Und darüber freut sich ein gütiger Mensch. – Fazit: Es ist dein Sehorgan, deine helle oder dunkle

Brille, die dein Bild von der Landschaft hell oder dunkel macht. Es ist dein Herz, dein leichter oder verdüsterter Sinn, der dir Freude oder Ärger bereitet, wenn du siehst, daß Gott andere beschenkt. Hier wird (ergänzend zu Nr. 87) ein anderes Moment der Liebe von Jesus sichtbar gemacht. *Personale Liebe ist oberhalb des Gerechtigkeitsniveaus wirklich ganz frei.* Der Liebende ist natürlich gebunden, niemandem Unrecht zu tun und jedem notleidenden Nächsten nach Vermögen zu helfen. Aber er ist keineswegs gebunden, seine «Geschenke» *gleichmäßig* zu verteilen; trotz des Risikos, daß Neid erwächst. Beispiele solcher Freiheit: Das unterschiedliche Startkapital von 1, 2 und 5 Talenten; die Verschwendung des teuren Nardenöls an nur einen. Die Freiheit der Liebe macht die Geschichte Gottes mit der Menschheit bunt, spannend, unberechenbar.

96. Leichter Sinn statt «exakte Rechnung»
Lk 18,9–14

Einigen, die zu sich selbst das Vertrauen hatten, gerecht zu sein, und die anderen verachteten, sagte er folgendes Gleichnis: Zwei Menschen gingen in den Tempel, um zu beten, der eine ein Pharisäer und der andere ein Zöllner. Der Pharisäer stellte sich hin und, in sich gekehrt, betete er so: Gott, ich danke dir, daß ich nicht bin wie die andern Leute, die Räuber, Betrüger, Ehebrecher oder auch wie dieser Zöllner da. Ich faste zweimal in der Woche, ich gebe den Zehnten von allem, was ich einnehme. – Der Zöllner aber stand weit weg und wollte nicht einmal die Augen zum Himmel erheben, sondern schlug sich an die Brust und sagte: Gott, sei mir Sünder gnädig! – Ich sage euch: Dieser ging freigesprochen hinab in sein Haus, jener nicht.

Alle Bibelleser ergreifen Partei für den braven Zöllner. Es ist aber nötig, dem Pharisäer gerecht zu werden, der in der Christenheit zur Spottfigur des bösen, selbstgerechten Heuchlers geworden ist. *In Wahrheit ist er nur der Typ des «anständigen Bürgers in uns».* Was hat er denn Böses getan? Darf er nicht konstatieren, daß er kein Blutsauger wie damalige Zollpächter geworden ist, und Gott dafür danken? Was hat jener korrekte ältere Sohn, was hat jener seit dem frühen Morgen arbeitende Taglöhner Böses getan? Diese drei und alle Anständigen sollten nach Jesus nicht etwa leichtsinnig, sondern nur leichteren Sinnes werden, um sich der Geringen zu erbarmen, statt sie zu richten. Dann erst würden sie mit Gott übereinstimmen. Sonst sind sie trotz ihrer Gerechtigkeit nicht gerechtfertigt, d. h., sie sind «nicht-richtig» im Sinne des mütterlichen Vaters. – Der schuldbewußte Zöllner ist nicht mehr leichtsinnig, denn er wagt nicht einmal, die Augen zu Gott zu erheben. Aber in ihm ist jener unerläßliche Ansatz von «leichtem Sinn» Gott gegenüber: Er traut Gott zu, daß er Schuld vergeben kann, statt korrekt abrechnen zu müssen. *So trifft er das Herz Gottes.*

97. Leichter Sinn «und» hoher Einsatz
Mt 11,28–30; Lk 6,46; Mt 7,21.24.27; 25,1–4; Lk 14,33

Zum Abschluß der Reden Jesu: Was er fordert (Eigentumsverzicht, Selbsthingabe, Kreuzesnachfolge, Feindesliebe u. ä.), erscheint utopisch. Was dagegen die Tora fordert (gerechtes Verhalten, gute Werke und Beobachtung der Kultvorschriften), erscheint bei einiger Anstrengung menschlich-machbar. Dennoch ruft Jesus nicht einigen Auserwählten, sondern den Volksmassen zu, denen die Gesetzeslehrer (Lk 11,46) kaum zu tragende Lasten aufbürden:

Zu mir her, all ihr Mühseligen und Belasteten, und ich will euch erquicken. Nehmt mein Joch (statt das «Joch der Tora») auf euch und werdet meine Jünger! ... Denn mein Joch ist gut angepaßt, und meine Last ist leicht.

Widerspricht diese Rede von der leichten Last nicht den hohen Anforderungen Jesu? Das Geheimnis liegt wohl in dem «gut angepaßten Joch», das dem Packesel und dem Zugochsen und so auch dem Menschen die Lasten leicht-tragbar macht. Das angenehmste Tragjoch ist zweifellos die Freude. Da tut im Gleichnis einer «mit Freuden» das Schwerste, gibt seine ganze Habe weg, um damit den weit größeren «Schatz im Acker» zu gewinnen (Nr. 79). In der Tat ist *das neue Tragjoch Jesu,* das ihn alles bis zur Kreuzigung ertragen läßt, *die Freude an Gott,* dem unermeßlichen Schatz des Menschen, es ist das bruchlose Vertrauen, die absolute innere Gewißheit, daß der wirkliche Gott kein rechnender Kaufmann, sondern ein Liebender ist, der am Schenken, Retten und Heilen seine Freude hat. Daraus erwächst der «leichte Sinn». – *Und mit solch leichtem Sinn ist der hohe Einsatz möglich,* den Jesus nicht von einigen besonders Frommen fordert, sondern vom *ochlos,* von der Volksmasse, konkret: von unsereinem, noch konkreter: von «mir». Nur mit dem leichten Sinn Jesu wird die erschreckend ernste Forderung Jesu, ihm zu folgen, realisierbar:

(Lk 6,46) Was betitelt ihr mich «Herr, Herr» und tut nicht, was ich sage?
(Mt 7,21) Nicht jeder, der «Herr, Herr!» zu mir sagt, wird in die Gottesherrschaft eingehen, sondern wer das tut, was mein Vater im Himmel will.
(Mt 7,24.27) Jeder, der diese meine Worte hört und sie tut, gleicht einem vernünftigen Mann, der sein Haus auf den Felsengrund baut ... Und jeder, der sie hört, aber nicht tut, gleicht einem Dummkopf, der sein Haus auf den Sand baut ...
(Mt 25,1–4) Die Gottesherrschaft gleicht zehn Brautjungfern, die mit ihren Lampen dem Bräutigam entgegengingen. Fünf von ihnen waren dumm und fünf vernünftig. Die Dummen ergriffen die Fackeln und nahmen kein Öl mit. (Lampe ohne Brennstoff = Glaube ohne Tun). Doch die Vernünftigen nahmen Öl in Gefäßen zusammen mit ihren Fackeln.
(Lk 14,33) Kein einziger von euch, der sich nicht ablöst von allem, was er hat, kann mein Jünger sein.

Es wäre nicht gut, über diese klaren Worte noch klug zu reden. Besser ist es, *sich von ihnen packen zu lassen.*

Dritter Teil
Der Kampf um Jerusalem

98. Wozu nach Jerusalem? Warum jetzt?
Mt 6,9–10 (Lk 11,2)

«Vater... Dein Reich komme, (das heißt:) dein Wille geschehe wie im Himmel so auf Erden!»

Das war die Grundintention Jesu, die all seine Schritte lenkte. – Zwar kommt die Gottesherrschaft nie mit Gewalt und Getöse, sondern keimt in den Herzen. Darum zuerst und immer Jesu «Seel»-sorge: Kehrt um! *Aber zur Ganzheit der Gottesherrschaft «auf Erden» gehört die politische Auswirkung.* Nicht nur als Individuen, sondern auch als Gemeinschaftswesen, die sie sind, als «Versammelte», als Volk und als Menschheitsfamilie sollen alle den Willen ihres gemeinsamen Vaters tun, ihr Brot teilen, einander aufrichten usw. – Konnte Jesus auf dieses Hochziel hin nicht auch den «Heiden» direkt die Gottesherrschaft verkünden und darauf ausgehen, z. B. Rom, ihr Zentrum im Mittelmeerraum, geistig zu erobern? Historisch möglich war es (siehe Missionstätigkeit des Paulus!). Jesus lehnte solches ab, weil er sich nur zu Israel gesandt wußte und weil er (ähnlich den alten Propheten) glaubte, die Völker würden «herankommen», wenn Israel die Gottesherrschaft angenommen hat. Er glaubte an die heilsgeschichtliche Sendung seines Volkes zu diesem Dienst an allen Völkern, nicht zu ihrer Beherrschung. – Wenn aber Israel diese einmalige Mission hat, dann muß es als Volksganzes zur Umkehr kommen und nicht nur als Summe von einzelnen oder Grüppchen, die zum Ganzen in Widerspruch gerieten. Volksreligion im gesunden Sinn des Wortes! Das heißt aber sofort: Mit Jerusalem, der religiösen, geistigen und politischen Mitte Israels. Darum war der «Kampf um Jerusalem» für Jesus unausweichlich. Er mußte versuchen, dort nicht nur

«das Volk», die Pascha-Pilgermassen, sondern vor allem die Maßgebenden, «die Ältesten, Hohenpriester und Schriftgelehrten», zum Umdenken zu bewegen.
Doch warum schon jetzt? Jesus war ca. 36 Jahre alt. Er konnte noch 10 bis 20 Jahre einplanen, um erst «das Volk unten» zu gewinnen. Die Mächtigen oben waren ohnehin Taktiker (Mk 14,1 f.) und würden der Übermacht der Masse, die z. B. den Tempel als Institution durch Opfer- und Steuerverweigerung wirtschaftlich austrocknen konnte, allmählich weichen. Doch solche Überlegungen widerstrebten Jesus. Von seinem Gott, dem Schöpfer, her war es ihm nicht erlaubt, auch nur einen Gegner, und sei es als letztes Bollwerk ein einziger Hoherpriester oder Kaiser oder Papst, mit List und Gewalt zur Scheinumkehr zu bewegen. Jesus muß so wie der Schöpfer die freie Eigenbewegung des Menschen «abwarten», die er nur anregen, aber durch nichts «machen» kann. Also bleibt ihm keine andere Wahl, als nach Jerusalem zu ziehen, *um die «Herzen» der Maßgebenden zu gewinnen;* obwohl er mit ihrer Versteinerung sicher rechnen mußte! – Bei versteinerten Herzen aber hat es wenig Sinn, Jahre oder Jahrzehnte zu warten auf eine bessere Chance, sie aufzuweichen. So bleibt uns höchstens zu fragen, warum Jesus das Paschafest des Jahres 30 (statt 29 oder 31) wählte. Und das weiß nur er.

99. Angstmacher und Ängstliche
Mk 3,6; 8,15; 10,32; Lk 13,31–33

Die Pharisäer gingen hinaus (nach der provozierenden Sabbatheilung) und ließen alsbald eine Beratung mit den Herodianern gegen ihn zu, wie sie ihn umbringen könnten.
(Lk 13,31–33) In jener Stunde kamen einige Pharisäer zu ihm und sagten: Geh hinaus und wandere weg von hier, weil Herodes dich töten will. Und er sagte ihnen: Geht ihr hin und sagt diesem Fuchs: Siehe, ich treibe Dämonen aus und vollbringe Heilungen heute und morgen, und am dritten Tage bin ich fertig. Aber solange muß ich (noch hier) herumwandern (können), denn es gehört sich nicht, daß ein Prophet außerhalb Jerusalems umkommt.
(Mk 8,15) Er schärfte den Jüngern ein: Seht zu, hütet euch vor dem Sauerteig der Pharisäer und vor dem Sauerteig des Herodes!

Die gesetzestreuen Pharisäer waren die geborenen Gegner der liberalen Herodianer. Nur notgedrungen berieten sie mit ihnen, wie der gemeinsame Gegner Jesus (für die Pharisäer ein Ketzer, für Herodes ein zweiter Johannes) umzubringen sei. – Dann erdachten sie miteinander einen klügeren Plan: Statt Jesus in Galiläa, im Hoheitsgebiet des Herodes, zu greifen und diesen mit einem zweiten Prophetenmord in den Augen des Volkes zu belasten, sollte man den Wanderprediger wegscheuchen nach Judäa-Jerusalem, wo ihn die Tempelbehörde oder die Besatzungsmacht greifen kann. Also muß man ihm Angst machen: Fliehe, Herodes will dich töten! – Jesus durchschaut das Ränkespiel. Sagt eurem Herodes, daß ich ihn nur für einen Fuchs halte! Sagt ihm, daß ich Dämonen austreibe und Kranke heile, was er mir nicht verbieten kann, und daß ich hier in Galiläa solange wirke, wie ich selbst es für richtig halte, und dann nach Jerusalem ziehe, denn «es gehört sich nicht» (bittere Ironie!), daß ein Prophet in Galiläa umgebracht wird; dafür ist Jerusalem zuständig.

Der «Sauerteig der Pharisäer» ist ihre falsche Theologie. Aber was ist dann der mitgenannte «Sauerteig des Herodes»? Wahrscheinlich das, wodurch er sich negativ auf die Jünger auswirkt: seine Angst einflößende Tyrannei. *Wo beide Fermente, religiöse Ideologie und politische Macht, sich verbinden, da droht hohe Gefahr für den Menschen.* Weil die Existenzangst ihn zum Lügner macht, ihm *angepaßtes* Handeln, dann *angepaßtes* Reden und schließlich sogar *angepaßtes* Denken aufzwingt. *Die Gottesherrschaft aber ist auf frei Denkende und eigenverantwortlich Handelnde angewiesen.* Deswegen Jesus dringende Warnung an seine Jünger vor dieser gefährlichen Sauerteig-Kombination. – Seit er «sein Antlitz nach Jerusalem wandte», suchte er in allen Leidensankündigungen und Verfolgungslogien sie gegen die Tyrannenangst zu stärken, nicht durch Verharmlosung, nicht durch abergläubische Wundererwartung, sondern durch ganzheitlichen Realismus: Menschen unten können töten; Gott oben wird wieder aufwecken. «Ganz offen sprach er das Wort» (Mk 8,32). Und die Jünger reagierten zwiespältig. Manche hofften auf Ministerposten, andere hatten Angst, Petrus hielt sich für den Tapfersten.

(Mk 10,32) Sie waren auf dem Weg hinauf nach Jerusalem, und Jesus ging ihnen immer voran. Da staunten sie (wohl über seinen Mut), aber jene, die ihm folgten, hatten Angst.

100. Ernüchterung im voreiligen Jubel
Mk 14,26–29 (Mt 26,30–33)

Rechtzeitig zum Paschafest, an dem Pilger aus ganz Israel und der Diaspora sich in Jerusalem sammelten, brach Jesus in Galiläa auf. Eine Gruppe von Galiläern, Jünger und Sympathisanten, Männer und Frauen, folgten ihm; gespannt, wie er sich in Jerusalem offenbaren werde. Sie zogen im Jordantal südwärts über Jericho hinauf zum Ölberg. Auf seiner Kuppe hat man plötzlich das ganze Panorama der heiligen Stadt vor sich, beherrscht von dem großartigen Tempelkomplex. Hier war für die müde herankommenden Pilger der Ort, stehenzubleiben und in Jubel auszubrechen.

Sie zogen zum Ölberg, Loblieder singend.[42] **Da sagt ihnen Jesus: Alle werdet ihr (an mir) Anstoß nehmen... Aber danach, wenn ich (von Gott) wieder herausgeholt bin, werde ich euch nach Galiläa führen. Doch Petrus sagte zu ihm: Wenn auch alle an dir Anstoß nehmen, aber nicht ich.**

Wie ein Feldherr, der nie die Nerven verliert, vor seiner Entscheidungsschlacht, so überblickt Jesus vor seinem «Kampf um Jerusalem» realistisch die Lage und trifft seine Disposition: 1. Sein ganzes Gefolge wird an ihm Anstoß nehmen, an seinem Verhalten und an seinem Geschick. Ich werde eure fantastischen Messiaserwartungen enttäuschen, denn ich muß mit dem Schlimmsten rechnen. 2. Aber was auch immer geschieht, ich weiß, daß ich von Gott (passivum divinum) «herausgeholt werde». (*egeiro* wie in Mt 12,11 u. ö.) 3. Dann führe ich euch wieder zurück nach Galiläa, was zweierlei bedeutet: a) Wir bleiben nicht in Jerusalem, um hier eine Messiasherrschaft zu errichten. b) Ihr dürft keineswegs auseinanderlaufen wie Schafe, deren Hirt niedergeschlagen wurde! – So sorgte Jesus von vornherein für die *«Fortsetzung des Kampfes, auch nach einer verlorenen Schlacht»*.

101. Wie er selbst sich darstellt
Mk 11,1–3.8–11 (Mt 21,1–9/Lk 19,28–40)

Als sie sich Jerusalem nähern, nach Bethphage und Bethanien, zum Berg der Ölbäume hin, schickt er zwei seiner Jünger voraus und sagt ihnen: Geht in das vor euch liegende Dorf, und gleich am Anfang werdet ihr ein Eselsfüllen finden, auf das sich noch kein Mensch gesetzt hat. Bindet es los und bringt es! Und wenn euch jemand sagt: Was tut ihr da?, dann sagt: Der Herr braucht es und schickt es sogleich wieder her... Und sie brachten das Füllen zu Jesus, legten ihre Kleider darüber, und er setzte sich darauf.

Der Autor, der diese Geschichte nach dem Hörensagen rekonstruierte, brachte einiges durcheinander. Der Weg verläuft so: Von Bethanien nach Bethphage etwa 1 km, von da zum Ölberg etwa 700 m, von hier zum Tempel etwa 700 m Luftlinie. – Außerdem beeinflußte die Wundertendenz seine Darstellung. Ohne «Weissagung» mag sich folgendes ereignet haben: Jesus hielt vor dem Dorf (Bethanien?) an. Man konnte das erste Haus schon sehen. (Bethanien war eine Siedlung von Galiläern.) Jesus, der nach Joh schon früher in Judäa und Jerusalem gewirkt hatte, wußte, daß dort ein Sympathisant wohnt («Simon der Aussätzige» in Bethanien?). Darum konnte er sich von diesem ein Reittier ausleihen lassen mit dem Hinweis: Der Herr braucht es.
Nun ist aufmerksam am Text zu beachten: einerseits wie Jesus selbst sich in Jerusalem darstellen wollte, und andererseits, wie seine galiläischen Begleiter ihn darstellen wollten. – Jesus wußte, wie die alten Propheten, mit eindrucksvollen und dem Volk verständlichen Zeichenhandlungen umzugehen. Zu Fuß ist er nur ein Paschapilger. Zu Pferd ist er ein «Herr». Er wählt den bescheidenen, friedlichen Esel als Reittier. Denn der Esel ist das Erkennungszeichen eines *unkriegerischen, so nicht erwarteten «Messias»*, der aber in Sach 9,9f. angekündigt ist. Hier der ganze Text: «Juble laut, Tochter Sion, jauchze, Tochter Jerusalem! Siehe, dein König kommt zu dir, gerecht und siegreich. Demütig ist er und reitet auf einem Esel, auf dem Füllen einer Eselin. Er schafft die Streitwagen fort aus Ephraim und die Streitrosse aus Jerusalem, es werden abgeschafft die Kampfbogen. Er gebietet Frieden den Völkern, und seine Herrschaft reicht von Meer zu Meer, vom

Strom bis zu den Enden der Erde.» Die Schriftgelehrten, aber auch die einfachen Leute konnten am Zeichen des Esels das *Friedensprogramm* Jesu ablesen. – Doch es kommt ein neues Moment hinzu. Jesus will ausdrücklich ein Eselsfüllen, «auf dem noch nie ein Mensch gesessen hat». Wenn das noch ungezähmte, naturwilde Tier ihn ohne Widerstand trägt, dann sieht man: Er ist nicht nur gegen die Menschen friedlich, sondern *gegen alle Geschöpfe,* und dieses Tier fühlt es. Dabei geschieht nichts Mirakulöses, denn es ist derselbe Jesus, der nach seiner entscheidenden Gotteserfahrung sich demütig der Schöpfung einfügte und «mit den Tieren war». – So wollte Jesus sich darstellen. Doch die Ovationen seiner Anhänger waren zwiespältig:

(11,8–11) Viele breiteten ihre Kleider auf den Weg, andere aber grüne Büschel, die sie von den Feldern abschnitten. Jene, die ihm vorausliefen, und jene, die ihm folgten, riefen: Hoshia na! / Gesegnet ist, der da kommt im Namen des Herrn! / Gesegnet ist die Königsherrschaft unseres Vaters David, die da kommt! / Hoshia na in den Himmelshöhen! / Und er zog nach Jerusalem hinein in den Tempel.

Wozu diese umständliche Verdoppelung: die ihm vorausliefen; die ihm folgten? Hinter ihm *(opiso mou!)* zu gehn, oblag den richtigen Schülern. Von ihnen war zu erwarten, daß sie ihren Meister richtig proklamierten als den «im Namen Jahwes Herankommenden» (Ps 118,26). Er wird im Auftrag Gottes reden und handeln. Auf die Frage der Leute, wer dieser sei, antworten sie: *«Das ist der Prophet Jesus aus Nazaret in Galiläa»* (Mt 21,10f.). Darauf bezieht sich wohl auch der bei Lk 19,39f. notierte Einwand einiger Pharisäer aus der ihn begleitenden Menge: «Meister, weise doch deine Jünger zurecht!» Aber Jesus weiß, daß er «der» Prophet ist, und jetzt sollen alle es wissen: «Ich sage euch, wenn diese es verschweigen, werden es die Steine rufen.»
Andere aber (die eigenwillig vor ihm herliefen?) proklamierten ihn als messianischen Herrscher. Die eigenen Kleider vor einem Herankommenden auszubreiten, damit er darüberschreite, war der Unterwerfungsgestus bei der Thronbesteigung eines neuen Königs. Diese Huldigung und die lauthalsige Ankündigung einer Königsherrschaft im Stile Davids war nicht im Sinne Jesu. Im Tu-

mult des Einzugs konnte er das nicht verhindern; später distanzierte er sich davon (Mk 12,35–37). – Pilatus, dessen Spitzeln das Messiasgeschrei gewiß nicht verborgen blieb, hielt diesen «König auf dem Eselchen» wohl für einen frommen Spinner. Sonst hätte er ihn sofort verhaften müssen.

102. Er bangt um den Feigenbaum Israel
Mk 11,11–14; Lk 19,41–42

Als er (im Tempel) alles ringsum sich angesehen hatte, ging er, da es schon spät war, mit den Zwölfen nach Bethanien hinaus. – Und am andern Morgen, als sie aus Bethanien herauskamen und er von weitem einen Feigenbaum voller Blätter sah, ging er hin, ob er etwas an ihm finden werde. Und als er zu ihm kam, fand er nichts als Blätter. Denn die Reifezeit für Feigen war noch nicht da. Und er antwortete ihm (dem Feigenbaum, als ob dieser sich verteidigt hätte): Soll denn in Ewigkeit niemand mehr eine Frucht von dir genießen? Und seine Jünger hörten ihn.

Nicht die Tempelgebäude, die er schon kannte, bestaunte er, sondern das Wichtigere, den Tempelbetrieb ringsum bedachte er, zunächst schweigend. Dann zog er sich nach Bethanien zurück, wo ihm von «Simon dem Aussätzigen» während der Jerusalemer Tage Quartier geboten wurde; doch wohl mit Frühstück, so daß er nicht «hungerte», wie bei Mk eingefügt wurde.

Die Geschichte vom Feigenbaum: Natürlich wußte Jesus, daß zur Osterzeit noch keine Feigen reif sind, so wie er wußte, daß Bäume nicht Aramäisch verstehen! Es war wieder (ähnlich dem Ritt auf dem Jungesel) eine prophetische Zeichenhandlung, eine Belehrung der Jünger, von denen am Ende betont wird, daß sie «ihn hörten». Die Symbolik ist leicht erkennbar. Wie ein Hungriger etwas Genießbares am Feigenbaum sucht, so verlangt Gott die Umkehr Israels. Aber immer findet er sie «noch nicht», wie ein Baum im Frühjahr «noch nicht» Früchte bietet. Statt dessen findet man am Baum Blätterwerk, in Jerusalem kultische Geschäftigkeit, wie im Tempel zu beobachten war. Darum die ungeduldige Frage an den Feigenbaum Israel: *Willst du denn immerfort «noch nicht» umkehren?* Einmal muß doch die «Reifezeit der Feigen» kommen! (Mk 12,1–6: Einmal werden die Winzer doch den schuldigen Tribut entrichten!) – In diesen Tagen geht es Jesus dringend um das «*Heute*» (*kairos,* erfüllte Wartezeit) des Heilsangebots an Israel:

(Lk 19,41–42) Als er näherkam und die Stadt erblickte, weinte er über sie und sagte: Wenn doch *an diesem Tage* auch du erkennen würdest, was zum Frieden dient!

Dieser echt jesuanische Ausruf wurde in Vers 42b–44 wieder antijüdisch und apokalyptisch verfälscht: Erst wird das Heil dem Volk «verborgen», dann wird es zur Strafe für sein Nichtsehen zu Boden geschmettert samt seinen Kindern. Welch ein Gott!
Ebenso grausig wurde durch Erweiterung der Feigenbaumgeschichte die Gestalt Jesu verzerrt. Es begann damit, daß die bange Frage «Soll denn niemand mehr...?» als verdammende Aussage gehört wurde: «In Ewigkeit soll niemand mehr eine Frucht von dir genießen!» Im Griechischen unterscheiden sich nämlich Frage- und Aussagesätze oft nur durch die Betonung bzw. Interpunktion, die nicht immer gesetzt wurde. Nachdem aus der Hoffnung eine Verfluchung wurde, mußte auch deren Erfüllung hinzugedichtet werden: «Als sie am Morgen vorbeikamen, sahen sie den Feigenbaum von den Wurzeln aus verdorrt» (Mk 11,20), und Mt verbessert: «Der Feigenbaum verdorrte auf der Stelle.» Ja, Jesus lehrt seine Jünger, ebenso zu zaubern: «Amen, ich sage euch: Wenn ihr Glauben habt und nicht zweifelt (Mk: daß das geschieht, was einer sagt), dann werdet ihr nicht nur das mit dem Feigenbaum Geschehene vollbringen, sondern...» (Mt 21,20f). – So haben frühe Prediger Jesus, um ihn zu vergrößern, *zu einem Narren gemacht.* Denn wer will im Frühjahr reife Feigen pflücken? Wer redet mit einem Baum? Wer verzaubert ihn, nur weil er jetzt seinen Hunger nicht stillen kann? Und wenn Israel gemeint ist, wird's noch schlimmer: Welcher normale Mensch verflucht *ein ganzes Volk zu ewiger Unbekehrbarkeit,* nur weil einige seiner maßgebenden Machthaber ihn gegenwärtig ablehnen? Das kann nur ein geisteskranker Fanatiker sein. Aber es ist nun mal «Heilige Schrift» geworden, also «muß» es wahr sein! Also hält ein heute hoch angesehener Professor der neutestamentlichen Exegese die Verfluchung des Feigenbaumes nach Mk für konkret so geschehen: «Jesu Hun-

ger motiviert seine Suche nach Feigen. Der konkrete, nicht symbolisch verständliche Zug läßt alle symbolischen Auslegungen der Szene scheitern.» Ja, er verteidigt Jesu magischen Gebrauch des todbringenden Fluches gegen die «humanistische Realitätsscheu».[43]
Wahrhaftig ein Mysterium! Nicht, daß Jesus aus purem Zorn einen unschuldigen Baum verzauberte, sondern daß der Heiler Jesus in einen echten Hexer umgewendet werden konnte; nicht nur im abergläubischen ersten Jahrhundert, sondern bis gegen Ende des zweiten Jahrtausends; nicht von Laien, sondern von tiefgläubigen Wissenschaftlern inmitten der Kirche! – Nicht möglich? *Auch in der christlichen Theologiegeschichte ist wie in der ganzen «Menschengeschichte unter einem schweigenden Gott» nichts nichtmöglich.* Gegen dieses Faktum zu rebellieren, kann das Gottvertrauen kosten. Es zu akzeptieren, kann als «kalte Dusche» heilsam wirken.

103. Der Tempel werde Haus des Vaters!
Mk 11,15–18 (Mt 21,12f./Lk 19,45f.)

Am andern Morgen... kamen sie nach Jerusalem. Er ging in den Tempel und fing an, Leute, die im Tempel verkauften und einkauften, auszustoßen. Die Tische der Geldwechsler stieß er um und das Gestühl der Taubenverkäufer. Er ließ es auch nicht zu, daß jemand beim Durchschreiten des Tempelhofes ein «Gerät» bei sich trug. Er belehrte sie (seine Zuhörer) und sagte ihnen: Steht nicht geschrieben: Mein Haus soll heißen Haus des Bittens, offen für alle Völker? Aber ihr habt es zu einem Unterschlupf für Räuber gemacht. (Joh 2,16: Macht das Haus meines Vaters nicht zu einem Haus des Kaufens!) – Die Oberpriester und die Schriftgelehrten hörten das. Da suchten sie, wie sie ihn umbringen könnten, denn sie fürchteten ihn.[44]

Vergessen wir unsere vom Joh-Text geprägte Vorstellung, wonach Jesus «mit einer Geißel aus Stricken alle Händler aus dem Tempel jagte», und halten uns an den Mk-Text! – Es geht um die «im Tempel Verkaufenden und Einkaufenden». Aber hier wurden nur Opfertiere verkauft, und das war genauso legal wie heute der Verkauf von Opferkerzen auf dem Vorplatz von Wallfahrtskirchen. Von Wucher ist nirgends die Rede. Auch nicht davon, daß er jemand «aus dem Tempel» trieb. Was wäre überhaupt damit gewonnen, wenn der Handel ein paar Schritte weiter draußen weitergeht? Und warum sollte er die «Käufer» von Opfertieren bestrafen? – Es geht dem kultkritischen Jesus bei seinem Kampf um den Tempel um etwas anderes als die kultische Reinheit des Tempelgeländes: um die Reinigung der Religion von der *Mentalität des Kaufens.* Das Haus Gottes soll *«ein Haus des Bittens»* sein. Weil der Gott Jesu ein Vater ist, der seinen Kindern schenkt, damit sie weiterschenken, und kein Kaufmann, dem man Kühe, Schafe, Tauben hingibt, damit er Erntesegen und anderes hergibt. Diese «Systemveränderung» konnte er doch nicht bewirken durch eine Verlagerung des Opfertierhandels vom Vorhof auf die Straße, sondern nur dadurch, daß er «anfing», jene hier Ein- und Verkaufenden, *die sich also noch mit Kultopfern befaßten, aus seiner Jüngergemeinschaft auszuschließen. Ekballo* bedeutet im NT auch Ausschluß aus einer Gemeinschaft (Mt 8,12 par.; Mk 1,43; Joh 6,37 u. ö.).

Eine ebenso radikale Reinigung der Religion, speziell der jüdischen, steckt hinter seinem Verbot, ein «Gerät» durch den Tempel zu tragen. Wenn er freilich damit Wasserkrüge, Besen usw. meinte, wäre er noch mehr als die Pharisäer auf kultische Reinheit versessen. Und man müßte sich auch fragen, wie er konkret das «nicht zulassen» konnte. Etwa durch Kontrollposten an sämtlichen 9 Toren des Tempelareals? *Skeuos* kann Haushaltsgerät bedeuten, aber ebenso *Kriegsgerät.* Das ambivalente Wort ist hier gut gewählt, denn unter der Römerherrschaft war es den Juden nicht erlaubt, Kriegsgerät, z. B. Schwerter, bei sich zu haben. Doch im Gewand konnte man ein langes Messer haben zum Kälberschlachten (und zum Menschenschlachten) oder ein Beil zum Holzspalten (und zum Schädelspalten). Josephus Flavius nennt die Zeloten «eine Art von Räubern in Jerusalem», weil sie das Pilgergedränge im Tempelhof immer wieder terroristisch ausnutzten, vermutete Römerfreunde im Gewühl erdolchten und antirömische Revolten inszenierten. Die Antwort der Römer von der nahen Burg Antonia war dann blutiges Gemetzel. Lk 13,1–3: Pilatus ließ Galiläer (das bedeutet: Zeloten) beim Opfern umbringen. Wer aber meint, Gott habe das nur zugelassen, weil sie sündiger waren als die andern Galiläer = Zeloten, der irrt, sagt Jesus. Vor diesem Hintergrund ist seine Entscheidung zu verstehen: Er duldete nicht, daß einer seiner Anhänger (die aus Galiläa kamen!) mit einer Mordwaffe unterm Mantel das Tempelgelände betrat, um hier *im Namen Gottes die Feinde Gottes zu bekämpfen.* Ja, er entlarvte die nationalistische Religion (Nur wir Juden sind Gottes Volk, Gottes Kinder, die Heiden aber Hunde!) als gottwidrig: *Das Haus des Vaters soll «für alle Völker» offenstehen,* also auch für Römer und Griechen!

Die Hüter des Heiligtums, Priester und Theologen, hörten das und waren intelligent genug, zu merken, daß hier das *Fundament ihres religiösen Systems* und, damit unlösbar verquickt, *ihrer wirtschaftlichen und sozialen Existenz* untergraben wird: «Sie fürchteten ihn.» Einen, der aus Übereifer für die Heiligkeit des Tempels mal vorübergehend die Händler verjagt, brauchte man nicht gleich umzubringen. Aber diesen Umstürzler mußten sie unschädlich machen. Jetzt beginnt ein spannender Kampf um den Tempel, die Herzmitte Jerusalems und Israels.

104. Wer gab dir diese Vollmacht?
Mk 11,27–31.33 (Mt 21,23–27/Lk 20,1–4)

Und wieder kommen sie nach Jerusalem. Während er im Tempel umhergeht, treten die Oberpriester und die Schriftgelehrten und Ältesten auf ihn zu. Sie sprachen zu ihm: In welcher Vollmacht tust du das? Oder wer (welcher Mensch) gab dir diese Vollmacht, daß du so etwas tun darfst? Aber Jesus sagte ihnen: Ich will euch eine Gegenfrage stellen. Es geht um eine einzige Begründung. Antwortet mir, dann werde auch ich euch sagen, in welcher Vollmacht ich das tue. Die Tauftätigkeit des Johannes, war sie vom Himmel her ermächtigt oder von Menschen her? Antwortet mir! Da überlegten sie's bei sich ... Dann sagen sie zu Jesus: Wir wissen es nicht. Da sagt ihnen Jesus: Ich selbst (ego!) sage es euch auch nicht, in welcher Vollmacht ich dies tue.

Leider sind die Gegner Jesu schon in den Evangelien durchwegs als hinterlistige Bösewichter abgestempelt. So will der Redaktor des Mk-Evangeliums irgendwoher wissen, was jene Männer «bei sich überlegten»: «Sagen wir, Johannes war ein Prophet, dann hält er uns vor, wir hätten ihm nicht geglaubt. Sagen wir, er war kein Prophet, dann haben wir das Volk gegen uns» (Vers 32). Ein rein

taktisches Kalkül. Demzufolge erscheint dann Jesu Schweigen auch nur als ein schlauer Ausweg.
Nein, Jesus wollte wirklich «den alten Tempel zerstören und einen neuen errichten». Freilich nicht als Mauerbrecher, sondern in einem tieferen und darum gefährlicheren Sinn. Das sollten auch jüdische Theologen, die heute Jesus heimholen möchten, nicht übersehen. Die Männer der Glaubensbehörde in Jerusalem lebten nicht nur vom Tempelsystem, sondern waren von dessen Richtigkeit ebenso ehrlich überzeugt wie ein Kardinal vom Katholizismus oder ein Superintendent vom Protestantismus. Und sie trugen die Verantwortung dafür, daß nicht selbsternannte Propheten oder Messiasse, deren es damals genug gab, das Volk verwirrten und obendrein Konflikte mit den Römern provozierten. Also mußten sie auch den Wanderprediger aus Galiläa testen, ob er ein Phantast sei oder wirklich ein Prophet, wie seine Anhänger behaupteten. Daß sie letzteres überhaupt für möglich hielten und deshalb ihn prüfen wollten, ist ehrenwert. Dagegen wurden in der Kirchengeschichte Abweichler oft auch ungefragt a priori verdammt! – Die Anklage der Tempelzerstörung und andererseits der Zweifel, ob nicht doch Gott hinter Jesus stehe, schwelt im ganzen Prozeß Jesu bis zu seiner Ketzerhinrichtung («Wenn Gott ihn liebt, soll er's zeigen, dann wollen wir ihm glauben!»), ja bis zur Apostelverfolgung (Gamaliel: «Wenn dieses Werk von Menschen stammt...»).
Jesus nimmt die legitime Frage der Glaubensbehörde, ob er ein von Gott gesandter Prophet sei, sehr ernst. Er hätte sie nur oberflächlich abgefertigt, wenn er mit seinen Krankenheilungen argumentiert hätte, denn parapsychologische Wirkungen, «Wunder» genannt, sind auch Nicht-Propheten möglich. Ebensowenig ist der Erfolg eines Werkes ein Beweis für seine Gottgemäßheit, wie der freundliche Gamaliel meinte. Jesus sagt auch nicht einfach: Gott gab mir die Vollmacht, sondern versucht, ihnen die Tiefe des Problems, wie man Prophetentum (Gottes Atem!) erkennt, bewußt zu machen. Das beste Beispiel dafür ist Johannes der Täufer, der ebenso von der Glaubensbehörde geprüft worden war. Jesus selbst hatte sich zuerst von ihm taufen lassen und sich dann doch von ihm abgewandt, um eine ganz andere Richtung einzuschlagen. War er nun ein Prophet? Sagt mir den einen und eigentlichen

logos (Begründung, Rechenschaft), warum er es war oder nicht war! Nachdem sie bei sich überlegten, mußten sie bekennen: Wir wissen es nicht. Das heißt aber: Wir haben kein Organ, kein Meßinstrument, um vom Gottesgeist erfaßte Menschen als solche sicher zu erkennen. Daraufhin Jesus folgerichtig: Dann sage ich selbst (betontes *ego*) euch auch nicht, aus welcher Vollmacht ich handle. Es würde euch nichts nützen. *Nur euer eigenes Herz, euer Wahrnehmungsorgan für das Göttliche, könnte es euch sagen.* (Jüngern gegenüber, die ihm *vertrauten,* scheute er sich nicht, zu bekennen, daß Gott ihm als dem Sohn «alles geoffenbart hat», und er sagte ihnen auch, woran echte und unechte Propheten zu erkennen sind: Nr. 73).

Nach Mk ist das Gespräch mit der Prüfungskommission hier noch nicht zu Ende. Ohne direkt zu sagen: Ich bin es, bemüht sich Jesus weiterhin, sie zum eigenen Nachdenken zu bewegen durch das folgende Gleichnis von den Weinbergspächtern und das Bild vom Schlußstein.[45] *Wir müssen voraussetzen, daß Jesus die Maßgebenden in Jerusalem nicht provozieren, sondern wirklich bekehren wollte.*

105. Der Sohn ist maßgebender Bote
Mk 12,1–6.10–11.34.37 (Mt 21,33–46; 22,41–45 / Lk 20,9–19);
Lk 10,23–24

Und er fing an, mit ihnen (die ihn nach seiner Vollmacht fragten) in Gleichnissen zu reden: Jemand «pflanzte einen Weinberg, machte einen Zaun darum, grub eine Kelter und baute einen Wachturm» (Jes 5,2). Dann verpachtete er ihn an Bauern und reiste außer Landes. Zur rechten Zeit sandte er einen Knecht zu den Bauern, um seinen Anteil an den Früchten des Weinbergs von ihnen zu erhalten. Aber die ergriffen ihn, prügelten ihn und schickten ihn mit leeren Händen fort... Und viele andere sandte er. Die einen mißhandelten sie, die anderen schlugen sie tot. Nun hatte er nur noch einen, seinen geliebten Sohn. Diesen sandte er als letzten zu ihnen. Dabei sagte er sich: Zu meinem Sohn werden sie sich umwenden...

Das Bild von Israel als dem sorgfältig angelegten, aber nur Härlinge tragenden Weinberg Jahwes war den Schriftgelehrten bekannt. Jesus wandelt es ab: Die Pächter sind es, die ihm den schuldigen Zins verweigern. Daß er mit den abgewiesenen Knechten die früheren Propheten meinte, war sofort zu erkennen. Doch dann die Überraschung. Jesus sagt zwar nicht direkt, er sei der Sohn, denn er erzählt nur eine erdichtete Geschichte. Aber er legt ihnen damit nahe, zu bedenken: Könnte nicht Gott als letzten Boten seinen «geliebten Sohn» senden in der Hoffnung, daß sie wenigstens diesen respektieren, «sich nach ihm umwenden»?[46] – Doch dieser Gedanke war für sie eine Zumutung. *Sollte ein dahergelaufener Wanderprediger der «Sohn» Gottes sein?* Das hieße: Gott viel enger verbunden und darum maßgebender als seine «Knechte», die großen alten Propheten? – Weil Jesus merkte, daß die hohen Priester, Gelehrten und Ratsherren ihn für untauglich hielten, am Aufbau Israels überhaupt mitzuwirken, geschweige denn als Maßgebender, gibt er ihnen ein anderes Bild aus Psalm 118 zu bedenken, an dem die Eigenart der Fügung Gottes zu erkennen ist:

(Mk 12,10–11) Habt ihr denn (in dieser Situation) nicht diese Schriftstelle wiedererkannt: «Der Stein, den die Maurer nach Prüfung als unbrauchbar eingeschätzt haben, dieser ist zum Haupt-Eckstein geworden. Durch den Herrn ist er dieser (Haupt-Eckstein) geworden, und er ist unbegreiflich für unsere Augen.»?

Ein gewöhnlicher Stein, den die Fachleute prüfen und verwerfen *(apo-dokimazo),* wird dann doch zu dem Hauptquader an der Ecke, wo die Mauer eine neue Richtung einschlägt. – Ein einfacher Mensch (Menschensohn), den die Theologen prüfen und verwerfen, wird dann doch zu dem *Maßgebenden, von dem aus die weitere Geschichte der Religion eine andere Richtung nimmt.* Das ist zwar unbegreiflich, aber nur für unsere Augen. Denn nicht der Stein, nicht der Mensch Jesus bewirkt das, sondern *Gott steht dahinter.*
Aber daß Gott einen gewöhnlichen Menschen zum Eckstein machen könnte, zu dem für Israel allein Maßgebenden, und das bedeutet: zum Messias, dagegen argumentierten die Schriftgelehrten mit ihrem Instrumentarium der Schrift: Der Messias muß ein Sohn Davids sein. Das war in jenem schriftgläubigen Milieu nicht nur geistig, sondern zunächst genealogisch gemeint. (Darum be-

hauptete Paulus in Röm 1,3 Jesu Davidssohnschaft «dem Fleische nach», und Mt/Lk konstruierten Stammbäume, allerdings widersprüchliche, die Jesu Abstammung von David beweisen sollten.) Er hätte dieser ganzen Argumentation ausweichen können mit der Erklärung: Ich bin kein Messias. Doch das durfte er nicht, weil «Messias» für jüdisch Empfindende immer auch bedeutete «der letztlich Maßgebende». Also mußte er (der nach Lk 4,17 lesen konnte und sich in der Schrift auskannte, obwohl er dem Volk nicht schriftgelehrt predigte) das faktisch gefährliche Gegenargument aus der Schrift mit der Schrift entkräften:

(Mk 12,34.37) Jesus antwortete, während er im Tempel lehrte: Wie können die Schriftgelehrten behaupten, der Messias sei ein Sohn Davids? ... David nennt ihn Herr. Woher ist er dann sein Sohn?

Nur das ist es, was Jesus hier behauptet: ob man ihn «Meister» oder «Prophet» oder «Messias» nennt: Jedenfalls ist er «der Herr», was in diesem Zusammenhang heißt: der über David Stehende, der weder genealogisch noch geistig von ihm Abhängige, sondern «der Maßgebende». Genauso hat er sich in anderen Bildern dargestellt als «der Eckstein» und als der nach den Knechten als letzter gesandte «Sohn des Weinbergbesitzers». Und genauso sagte er seinen Jüngern:

(Lk 10,23–24) Selig die Augen, die sehen, was ihr seht. Denn ich sage euch: Viele Propheten und Könige wollten sehen, was ihr seht, und haben es nicht gesehen.

Propheten wollten die Gottesherrschaft schauen, Könige, als erster David, wollten als «Gesalbte Jahwes» die Herrschaft Jahwes über Israel darstellen. Aber Jesus weiß mit charismatischer Gewißheit seit seiner Gotteserfahrung, bestärkt durch die Konfrontation mit Mose und Elija auf dem Tabor, daß *er allein der ist, «auf den sie hören sollen»,* wie die Stimme aus der Wolke befahl. *Darauf muß er jetzt bestehen,* ob die Theologen ihn als Spinner verachten oder als Ketzer verurteilen. Und darauf bestand er bei seinem ganzen Kampf um Jerusalem, von dem demonstrativen Einzug bis zu seinem Bekenntnis vor dem Hohenpriester.

«Sie suchten, ihn festzunehmen, aber sie fürchteten die *Volks-*

masse» (Mk 12,12). Es waren also keineswegs «die» Juden, die Jesus verwarfen, was seit Paulus und den Evangelien in der Christenheit geglaubt wurde und zu dem bis heute schwelenden und immer wieder ausbrechenden «christlichen» Antijudaismus führte. Es waren nur einige damals maßgebende Große in Israel, die *nicht zur Bescheidenheit des Herzens umkehren und auf einen schlichten Menschen als Boten Gottes hören wollten*, während die Volksmassen, also *«die» Juden*, ihm anhingen.

106. Testfrage: Kaisersteuer?
Mk 12,14.17 (Mt 22,15–21/Lk 20,20–25)

Meister, wir wissen, daß du redlich bist und dich um niemand kümmerst. Du achtest nicht auf die Person, sondern lehrst nach der Wahrheit den Weg zu Gott. – Ist es (von Gott) erlaubt, dem Kaiser Steuern zu zahlen oder nicht? Sollen wir (falls es erlaubt ist) zahlen oder nicht zahlen? – ... Aber Jesus sagte ihnen: Was dem Kaiser gehört, das gebt dem Kaiser zurück, und was Gott gehört, gebt Gott zurück! – Und sie staunten sehr über ihn.

Die Evangelisten schreiben, es seien Pharisäer und Herodesanhänger gewesen, die von der Prüfungskommission geschickt waren; sie hätten nur so gesetzestreu getan, um ihn bei einem Wort zu fassen und dann dem Statthalter anzuzeigen. Vielleicht. Aber lassen wir beiseite, was Evangelisten «dachten», daß andere «gedacht» haben könnten! Beschränken wir uns auf das, was Zeugen hören und sehen und folglich überliefern konnten. Und halten wir die Fragesteller nicht von vornherein für abgefeimte Schurken! So kommen wir der Wirklichkeit wahrscheinlich näher.

Es war für den frommen Juden eine ernste Gewissensfrage: Dürfen wir, Gottes Volk, überhaupt den Kaiser als Herrn unseres Landes anerkennen, indem wir ihm die Kopfsteuer zahlen? Und sollte es erlaubt sein, ist es auch politisch verantwortbar, die (faktisch überhöhte, erpresserische) Steuer zu zahlen? Oder ist Steuerboykott hier gerechtfertigt? Wer eine befriedigende Antwort auf diese zutiefst religiösen Fragen suchte, mußte sich an einen wenden, der nicht wie die Theologen entweder mit den Römern paktierte oder Angst vor ihnen hatte, an einen Meister, dem man vertrauen kann, daß er redlich und furchtlos den Weg zu Gott lehrt. – Jesu Antwort[47] ist verblüffend einfach. Gebt dem Kaiser zurück, was ihm gehört! Er definiert aber nicht, wieviel von den Steuern und Abgaben, die aus dem jüdischen Volk herausgepreßt wurden, rechtens dem Kaiser zu erstatten sind für eventuelle Gegenleistungen. Vielleicht sogar nichts. *Keineswegs gebietet Jesus, ihm alles zu geben, was er beansprucht,* also auch ungerechte Steuern, sondern ausdrücklich das, «was ihm gehört». Und das zu ermessen, mußte Jesus dem Verstand und Rechtssinn des jeweils Betroffenen überlassen. Nicht aus feiger Klugheit, sondern weil dies nur von Fall zu Fall aus der realen Situation zu klären ist.

Jesu Antwort ist kein nichtssagendes Ausweichen. *Er greift die eigentliche Gewissensfrage auf und löst sie.* Gegen die antike Verschmelzung von politischer Loyalität und Kaiservergottung stellt er klar: Der Kaiser ist kein Konkurrent zu Gott (auch wenn er sich so gebärdet). Wer dem Kaiser das Seine gibt, nimmt Gott nichts weg (so wenig, wie wenn er einem heidnischen Arbeiter seine Dienste bezahlt). *Keine Mystifizierung menschlicher Herrschaftsstrukturen,* ganz im Gegensatz zu Paulus (Röm 14,1–7)! – Um dies zu verdeutlichen, fügt Jesus hinzu: «Und gebt Gott zurück, was Gott gehört!» Wer Jesus Meister nannte wie die hier Fragenden, konnte wissen, was Gott gehört; daß er uns Liebe schenkt und wir ihm Liebe (statt nur Pflichterfüllung, also «Steuern») zurückschenken sollen. Das Gespräch verlief gut: «Sie staunten sehr über ihn.»

107. Testfrage: Auferweckung?
Mk 12,18.26–27 (Mt 22,23–32/Lk 20,27–38)

Sadduzäer kamen zu ihm, die sagten, es gebe keine Auferstehung... Ihnen sagte Jesus: Was die Toten angeht, daß sie (von Gott) wieder aufgeweckt werden, habt ihr nicht im Buch des Mose über den Dornbusch lesend erkannt, wie Gott zu ihm sprach: Ich-bin-da (ego!), der Gott Abrahams und der Gott Isaaks und der Gott Jakobs? Er ist kein Gott der Toten, sondern der Lebenden. (Lk: Denn alle leben ihm.) – Ihr verlauft euch weit weg (von Gott).

Die Theologen sadduzäischer, priesterlicher Richtung, besonders traditionsbewußt und bibeltreu, leugneten die moderne, apokalyptisch orientierte Auffassung von einer Totenerweckung beim Endgericht. Sie konnten sich auf den alten Glauben Israels berufen, Gott kümmere sich nicht um die (kultisch unreinen) Toten. Diese Meinung erwuchs wahrscheinlich aus der Ablehnung des bizarren Totenkults der Ägypter. Aber sie führte (ähnlich wie die Ablehnung des weiblichen Elements in der Gottheit) zu einem anderen Irrtum, der sich so äußerte: «Jahwe, mein Gott... Ich werde (als Sterbenskranker) zu denen gezählt, die zur Grube fahren... deren du nimmer gedenkst, die keinen Anteil mehr haben an deiner Sorge... Nach dir breite ich (noch lebend) meine Hände aus, denn an den Verstorbenen tust du doch keine Wunder. Die Schatten stehen doch nicht auf, dein Lob zu verkünden» (Ps 88,5–13; ähnlich Ps 6,6; 30,10; 115,17 und Jes 38,18). Das ist gewiß nicht der Gott Jesu. – Darum seine heftige Antwort: Ihr habt euch weit verlaufen. Zwar ist ER kein Gott der Toten (im Sinne der heidnischen Totenkulte), sondern der Lebenden. Aber nicht, weil er sich um Tote nicht mehr kümmert, sondern *weil es für ihn keine Toten gibt. Denn ihm leben alle.* Und das mußte Jesus Schriftgelehrten schriftgemäß beweisen: Als Gott sich dem Mose im brennenden Dornbusch als der ICH-BIN-DA-(JAHWE) offenbarte, nannte er sich Gott Abrahams, Isaaks und Jakobs. Wenn er ein Gott der Lebenden ist und nicht der Toten, dann *lebten* die zur Zeit des Mose längst verstorbenen Patriarchen, obgleich ihre Gebeine in Grabmälern ruhten. Sie lebten also ohne massive Körper. – Das war keine exegetische Spitzfindigkeit, sondern gründete auf der Urbedeutung der JAHWE-Offenbarung an Israel: Ich bin immer-jetzt für euch da, helfend euch zugewandt. Wenn dieser Gott sich als Gott Abrahams offenbart, heißt das nicht nur religionshistorisch: Ich bin der, den Abraham früher verehrte, sondern auch: Ich bin der *jetzt* dem Abraham zugewandte Gott. – Somit grenzt sich Jesus zugleich von den Apokalyptikern ab, die meinten, erst am Weltende und nur zum Zweck der Abrechnung kümmere sich Gott wieder um die Toten und wecke sie auf, indem er ihre Leichen wiederherstellt. Jesu Vertrauen, daß Gott «den getöteten Menschen schon nach drei Tagen wieder aufweckt», ergibt sich ganz

natürlich aus seinem *Vertrauen, daß Gott den Menschen liebt.* In
dieser inneren Gewißheit kann er behaupten: «Ihm leben alle.»[48]

108. Testfrage: Die Besonderheit?
Mk 12,28–34 (Mt 22,34–40/Lk 10,25–28)

Einer der Schriftgelehrten... fragte ihn: Welches von allen Geboten ist das erste (in deiner Schule)? Jesus antwortete: Das erste ist: Höre Israel, der Herr, unser Gott, ist der einzige Herr. Und du wirst doch den Herrn, deinen Gott, lieben aus deinem ganzen Herzen und aus deiner ganzen Seele und aus deinem ganzen Verstand und aus deiner ganzen Kraft! Das zweite ist dieses: Du wirst doch deinen Nächsten lieben wie dich selbst! Ein wichtigeres Gebot als diese gibt es nicht. – Da sagte ihm der Schriftgelehrte: Gut, Meister, der Wahrheit gemäß sagtest du: Er ist der einzige und es gibt keinen anderen außer ihm. Und ihn lieben aus ganzem Herzen, ganzem Verstand und ganzer Kraft und den Nächsten wie sich selbst, ist wichtiger als alle Brandopfer und anderen Opfer. Als Jesus sah, daß er mit Verstand geantwortet hatte, sagte er zu ihm: Du bist nicht weit weg von der Gottesherrschaft.

Dieser Theologe ist gutwillig und wurde später als bösartig dargestellt.[49] Er will Jesus nicht wie einen Schüler prüfen, ob er das jedem Juden geläufige Hauptgebot kennt. Er will wissen, was speziell in seiner Schule das Maßgebende ist im Unterschied zu den Pharisäern, Sadduzäern, Johannesjüngern usw. Jesu Antwort ist zunächst enttäuschend: Nichts Spezielles! Was in Israel allgemein als selbstverständlich-erstes Gebot gilt, Gott und den Nächsten lieben, das ist die Mitte seiner «neuen», im Grunde urjüdischen, ja urmenschlichen Botschaft. Aber der Schriftgelehrte, «Verstand habend» *(noun-echos),* erkennt sehr wohl die Eindeutigkeit und die Konsequenz dieser Konzentration auf das scheinbar Selbstverständliche: Dies ist wichtiger als der hier zelebrierte Opferkult. Daraufhin bestätigt ihm Jesus, daß er der Gottesherrschaft nahe ist. Das bedeutet: *Der Jude braucht keine andere Religion. Er muß nur der ursprünglich-einfachen Grundrichtung seiner Religion folgen, die der Prophet Jesus wieder aufdeckte,* nämlich: 1. Gott allein ist der Herr. 2. Er ist ganz zu lieben. 3. Seinetwegen ist jeder Nächste zu lieben. – Aber näher besehen erscheint dieses dreifache Urgebot durchaus nicht mehr selbstverständlich. Denn:

Kann ein Mensch überhaupt Gott lieben? Als Antwort genügt nicht, daß es in der religiösen Literatur (Bhagavadgita, Psalmen, Heiligenlegenden, Kirchenlieder usw.) behauptet wird. Zwar dürfen wir die Gotteserfahrungen anderer Menschen nicht a priori als unmöglich bestreiten. Aber wir müssen unsere emotionalen und rationalen Einwände erst mal offen heraussagen.
1. Der emotionale Einwand: Menschliche Liebe braucht *menschliche Wahrnehmung.* Noch sind wir erdgebundene Wesen, die auf Sinneseindrücke angewiesen sind, um Sympathie zu empfinden. Wie können wir da einen *Unsichtbaren* «herzlich» statt nur «gedanklich» lieben? Wohl ist es möglich, auch eine nie gesehene Person zu lieben, weil man sich von ihr «ein Bild machen» konnte aufgrund von Indizien (Berichte, Briefe, Werke usw.). Nur so indirekt erfahren wir normalerweise etwas von dem unsichtbaren Gott. Aber da bleibt die Gefahr, daß ich im Grunde *«mein» zu mir passendes Bild von Gott* liebe.
2. Der rationale Einwand: Liebe ist sauber zu unterscheiden von *Gerechtigkeit!* Den unsichtbaren Gott zu respektieren und ihm zu *gehorchen,* fordert die rational einsichtige Gerechtigkeit: weil er als der Schöpfer mein *absoluter Herr* ist. An diesem *mathematisch-sicheren Datum* führt keine Naturwissenschaft und keine Philosophie, auch kein Gotteshaß und keine Gottesverzückung vorbei. – Aber Liebe ist etwas wesentlich anderes: ein «Geschenk» des Herzens, in Freiheit hingegeben, aus Sympathie (innerem Einklang) und Vertrauen, das wiederum vorweg-«geschenkt» wird. Daraus folgt: a) Kein Gott und kein Mensch kann Liebe rechtlich fordern wie die Einlösung einer Schuld. Der Schöpfer kann auch sein Geschöpf, so verrückt das klingen mag, nur *bitten,* ihm Vertrauen und Liebe zu *schenken.* Darum ist zumindest das «Liebesgebot» wortwörtlich nach dem hebräischen und griechischen Text zu übersetzen «Du wirst doch lieben!», statt «Du sollst!», wie es bei den gerechten Forderungen, nicht zu stehlen, nicht zu lügen usw. üblich ist. b) Im Unterschied zur Gerechtigkeit ist Liebe ihrem Wesen nach nicht begrenzt und insofern nicht wie ein Gesetz zu «erfüllen». Wenn das Brot bezahlt ist, sind Bäcker und Käufer miteinander quitt. Aber wer sich auf schenkende Liebe einläßt, kann sich nie mehr sagen, er habe *genug getan.*
Mit diesen unseren Einwänden, die alle besagen, Liebe zu Gott,

nicht theoretisch, sondern konkret genommen, überfordere den Menschen, gehen wir zum Meister, um zu lernen. – Unser Mitmensch Jesus hat Gott nicht nur gedanklich, sondern herzlich geliebt. Beleg: Er hat die Freude an Gott spürbar ausgestrahlt in seinem neuen, heiteren Lebensstil. Trauerfasten bei diesem Gott wäre absurd. *Also ist echte, emotionale Liebe zu Gott menschenmöglich.* – Aber er hat zuvor Gott «erlebt», am Jordan; zwar charismatisch, jedoch real, in leibseelischer Ganzheit. Und wir haben keinen Anspruch, Gottes beglückende und klärende Gegenwart so ähnlich wahrzunehmen wie er oder die drei Jünger auf dem Tabor. Sollten wir mehr «leisten» als er, nämlich Gott lieben, ohne ihn wahrzunehmen? – Wann, wo hat Jesus seine Jünger aufgefordert, Gott zu lieben? Merkwürdig: *Kein diesbezügliches Logion ist überliefert.* In Mk 12,28ff. zitiert er nur, was alle wußten: Du wirst doch... Er hat die Liebe zu Gott wohl nie ausdrücklich befohlen, aber unaufdringlich ständig dafür geworben, auf zweierlei Weise: a) In seinen Gleichnissen malte er Gott wie einen *liebenden und überaus liebenswürdigen Menschen,* als den «mütterlichen Vater». b) In seinem Verhalten ließ er die Menschenfreundlichkeit Gottes auch spüren, so daß man sie nicht blindlings für-wahr-halten mußte. Er berührte die «Unberührbaren» (Aussätzigen), trat für die Geringen ein, für Kinder und Frauen, er nahm die aus der Gesellschaft der Anständigen verbannten öffentlichen Sünder in seine Tischgemeinschaft. Hinzu kommt, aus der Kraft seines Vertrauens in einen guten Gott heilte er Kranke effektiv. In seiner Nähe konnte man's merken: Gott ist da und ist uns gut.
Zur Ganzheit menschlicher Wahrnehmung gehört aber Gefühl *und* Verstand. Wer also «aus ganzer Seele Gott lieben» will, darf den Verstand (Einsicht und wache Verantwortung) nicht ausschalten. *Das hört man kaum im religiösen Bereich.* Aber Jesus (wenn nicht der Evangelist im Sinne Jesu) hat diese «Ergänzung» ausgesprochen. Nach Dtn 6,5 ist Gott zu lieben «aus ganzem Herzen / aus ganzer Seele / mit aller Kraft». Jesus fügt hinzu: «und aus deiner ganzen Vernunft» *(dianoia). Also nicht blind-fromm!* – Von daher ist zu verstehen, warum Jesus seinen Schülern immer wieder die Augen öffnen wollte für die ganze, hell-dunkle Schöpfungswirklichkeit, in der Gott sich auswirkt und sein Verhalten wahrzunehmen ist. Betrachtet die Lilien, das Gras, die Spatzen,

die Raben, wie sie vom Schöpfer umsorgt werden, und übersehe nicht, daß trotzdem Gras verbrannt wird und Spatzen tot zur Erde fallen! Folgert daraus, daß Gott euch noch mehr umsorgt, obwohl er (schöpfungsgemäß!) keine Rettungswunder tut. Betrachtet, wie der Schöpfer seine Sonne Guten und Bösen scheinen läßt, und folgert daraus: Nicht ein Märchengott, den man nach den Erzählungen der Alten glauben soll, sondern der *wirkliche Gott, dessen Werke man betrachten und mit gesundem Verstand richtig deuten kann,* der ist trotz seiner Verborgenheit, trotz seiner oft schmerzlichen scheinbaren Abwesenheit vertrauenswürdig und liebenswert wie ein *Abba*.

Aber warum predigt dann Jesus nicht eindeutiger: Liebt erstens Gott und zweitens den Nächsten? Warum predigt er konkret nur die Nächstenliebe? – Weil Gott selbst *nicht isoliert, vor oder neben dem Mitmenschen* (gewissermaßen als dessen eifersüchtiger Nebenbuhler) geliebt werden will, sondern *«im» Mitmenschen*. Und das braucht ein Mensch, wenn er jetzt mit Hungrigen sein Brot teilt, noch gar nicht zu wissen oder zu reflektieren. Das wird früh genug *am Ende* offenbar, wenn Gott zu ihm sagt: Mich hast du gesättigt. *Ja, mich hast du geliebt.* Und der «Lohn», der große «Schatz», wird Gottes Gegenliebe sein: Her zu mir! – So ist es möglich, daß Menschen, zwar unwissentlich, aber wirklich und wirksam, Gott lieben, den sie nicht sehen.

109. Er warnt vor Theologenherrschaft
Mk 12,37–39 (Mt 23,6f./Lk 20,46); Mt 23,8–9

Die große Menge hörte ihm freudig zu. Und er sagte bei seiner Belehrung: Hütet euch vor solchen Schriftgelehrten, die darauf ausgehn, in Talaren umherzuwandeln, auf den Märkten gegrüßt zu werden, die vordersten Sitze in den Synagogen zu erhalten und die besten Liegeplätze bei den Gastmählern!

Mit einem Wort: Vor ehrgeizigen Theologen hütet euch! Könnte man ebenso sagen: Von ehrgeizigen Maurern laßt euch kein Haus bauen? Nein, denn ihr Ehrgeiz wird sie anspornen, gut zu arbeiten. Aber den Theologen macht der Ehrgeiz untauglich für seine Arbeit. Wer sich selbst (im Talar) produzieren möchte, der fragt:

Was denken die Leute (auf dem Markt) von mir? Was denkt die kirchliche Behörde (die in der Synagoge die Ehrensitze zuweist) von mir? Was denken die Wohlhabenden (die zu Gastmählern einladen) von mir? Der ehrgeizige Theologe kann nicht mehr «ohne Rücksicht auf Verluste» fragen: *Was will Gott von mir?* – Nach Jesus besteht die Aufgabe des Theologen nicht darin, das Überlieferte unkritisch weiter zu überliefern. Er soll *mit wachem Gewissen unterscheiden*, was in den Überlieferungen der Alten gottgemäß und was gottwidrig ist, wie es Jesus immer wieder getan hat. Freilich braucht der Theologe dazu neben seiner Wissenschaftlichkeit auch ein prophetisches Gespür für das Göttliche. Aber dies ist gerade nichts Mysteriöses, sondern nur *das «unverdorbene Herz», mit dem man «sieht», was Gott will* (Mt 5,8), daß z. B. ein herzloses Sabbatgebot trotz «Heiliger Schrift» gottwidrig ist. – Darum hütet euch vor Schriftgelehrten, die sich aus Eitelkeit an Menschen orientieren!

(Mt 23,8–9) Sie lassen sich gern von den Leuten Rabbi nennen. Dagegen ihr, laßt euch nicht Rabbi nennen! Denn nur einer ist euer Lehrer, ihr alle aber seid nur Brüder. Nennt auch keinen von euch auf Erden Vater, denn nur einer ist euer Vater: der im Himmel.

Der nur-eine Lehrer ist nicht Jesus, sondern Gott selbst. Das folgt aus Mk 10,17–19. Und es entspricht der Klarstellung: Ihr seid nur Brüder, nämlich unter dem einen Vater. – Jesus wollte nicht nur die alte Theologenherrschaft brechen, sondern auch keine neue aufkommen lassen. Es gibt in der an Jesus orientierten Gemeinschaft keinen Vater-Ehrentitel, vor allem aber keine Vater-Autorität. Weil im Umfeld Jesu die Urgegebenheit gültig bleibt, daß Gott ganz allein «der» Vater ist![50]

110. Er warnt vor Priesterherrschaft
Mk 12,41–43.40 (Lk 21,1–4 / Mt 23,14 / Lk 20,47); Mk 13,1–2

Und er setzte sich der Tempelschatzkammer gegenüber und schaute zu, wie das Volk Kupfergeld in die Schatzkammer warf. Viele Reiche warfen viel hinein. Und eine arme Witwe kam, die warf zwei Lepta hinein, das ist ein Quadrans. Da rief er seine Jünger herbei und sagte ihnen: Diese arme Witwe hat mehr hineingeworfen als alle anderen ...

Die, welche die Häuser der Witwen verzehren und zum Schein dafür großartig beten, diese werden ein härteres Gericht erfahren.[51]

Jesus, der von Grund auf «den Tempel reinigen» und wieder zum Haus des Vaters machen wollte, hat den gesamten Tempelbetrieb scharf beobachtet und seine Gottwidrigkeit durchschaut. So bezüglich der Opfergeschäfte, des Tempelmißbrauchs durch Terroristen, der Tempeltheologen und hier des Tempelschatzes. – Die wirtschaftliche Basis des Systems war einerseits die pflichtgemäße Tempelsteuer, die er schon in Galiläa ablehnte (Nr. 52), andererseits das freiwillige Opfer der Reichen, aber auch der Ärmsten. Gewiß respektiert er die Haltung dieser Witwe, die «mehr hingibt als alle». Aber er verurteilt die Haltung derer, die den so entstandenen Tempelschatz verzehren. Das sind die Priester, die vom Tempel leben. Sie verzehren das Eigentum der Witwen, und ihre scheinbaren Gegenleistungen sind großartige Gebete und Zeremonien. Dafür werden sie von Gott gerichtet, und zwar «mehr». Natürlich mehr als andere, die dasselbe tun (z. B. raffgierige Zöllner), aber dabei wenigstens Gott aus dem Spiel lassen, nicht als Gegenleistung Gebete rezitieren.

(Mk 13,1–2) Und als er den Tempel (endgültig?) verließ, sagte einer seiner Jünger zu ihm: Meister, schau, was für Steine und was für Gebäude! Und Jesus sagte ihm: Du siehst diese mächtigen Gebäude. (Ich sehe:) Kein einziger Stein blieb auf dem andern, der nicht in sich aufgelöst wurde.[52]

Als Jesus nach dem gescheiterten «Kampf um den Tempel» hinausging, wollte der Jünger ihn kaum wie bei einem Museumsrundgang auf die schönen Bauten aufmerksam machen, die er längst kannte. Wahrscheinlich wollte er sagen: Gegen diesen gewaltigen Tempel sind wir machtlos. Jesus rügt ihn, daß er nur «sieht», was in die Augen springt, diese protzige Selbstdarstellung einer Religion durch den herodianischen Prachtbau. Er selbst weiß, was in der Absicht Gottes schon Faktum ist (Aoristform wie in Mk 11,24; erst bei Mt/Lk in Futur abgeändert!), und sagt es in seiner gewohnten Bildersprache: Jeder einzelne «Stein» ist bereits in sich aufgelöst *(kata-lyo!)*, ist zerbröselt. Das bedeutet etwas anderes und weit Schlimmeres als gewaltsame Zerstörung durch Kriegseinwirkung, die wieder repariert werden könnte: *Diese Kultopferreligion* (vom «Vater» etwas «kaufen» wollen), deren Ort und Symbol der Tempel ist, *hat keine Zukunft, weil sie dem wirklichen Gott, dem «Vater», nicht entspricht.* Die naive Frage, in welchem Jahr die Tempelmauern abgebrochen werden, ist darum abwegig.

III. Er ist vorweg-verurteilt
Mk 14,1–2; Mt 21,17; 26,3–4; Lk 21,37; 22,39; Joh 11,48–50.54.57

Die Leidensgeschichte Jesu, die mit dem Tötungsbeschluß des Hohen Rates konkret wurde, ist kaum historisch exakt zu rekonstruieren. Ursprünglich beim Gottesdienst «immer-wieder-erzählt» wurde sie zum Kernstück des Mk-Evangeliums, das Mt/Lk übernahmen. Aber auch das späte Joh-Evangelium hat aus einer uns unbekannten Quelle viele historisch glaubwürdige, jedoch von Mk/Mt/Lk abweichende Traditionen. Hier sind die wichtigsten Texte zum Passionsbeginn aneinandergereiht:

**Es war aber zwei Tage vor dem Pascha und dem Fest der ungesäuerten Brote. Da suchten die Oberpriester und Schriftgelehrten nach einem Weg, wie sie ihn mit List festnehmen und töten könnten. Sie sagten nämlich: Nicht in dem Festgedränge, damit es nur ja keinen Aufruhr im Volk gibt!
(Mt 26,3–4) Da versammelten sich die Oberpriester und Ältesten des Volkes im Palast des Hohenpriesters, Kajaphas genannt, und berieten gemeinsam, daß sie Jesus festnehmen und töten möchten...
(Joh 11,48–50) Sie sagten: Wenn wir ihn gewähren lassen, werden alle an ihn glauben. Dann werden die Römer kommen und uns die heilige Stätte und das Volk nehmen. Kajaphas, der Hohepriester jenes Jahres, sagte ihnen (die Jesus verteidigten!): Ihr versteht überhaupt nichts. Ihr bedenkt nicht, daß es besser für euch ist, wenn ein einziger Mensch für das Volk stirbt, als wenn das ganze Volk zugrunde geht...
(Joh 11,54.57) Jesus bewegte sich von nun an nicht mehr öffentlich unter den Juden (sondern zog sich in die Gegend nahe der Wüste zurück, an einen Ort namens Efraim. Dort blieb er mit seinen Jüngern)... Die Oberpriester... hatten nämlich, um ihn festnehmen zu können, angeordnet: Wenn jemand weiß, wo er sich aufhält, soll er es melden.
(Mt 21,17) Er ging (statt eine Pilgerherberge in der Stadt zu nehmen!) aus der Stadt hinaus nach Bethanien und blieb dort über Nacht. (Ebenso Mk 11,11.19)
(Lk 21,37; 22,39) Er lehrte tagsüber im Tempel, nachts aber ging er hinaus**

und übernachtete auf dem sogenannten Ölberg (zwischen Jerusalem und Bethanien) ... Er ging (nach dem letzten Abendmahl) hinaus und begab sich seiner Gewohnheit gemäß an den Ölberg.

Mit dem Tötungsbeschluß sind die Würfel gefallen, ist Jesu Versuch gescheitert, den «Tempel» zu erobern, die theologisch Maßgebenden in Israel für seine neue Gottesbotschaft zu gewinnen. – Ihr Bewußtsein ist wohl ohne Schuld (sie sind nicht wissend böswillig), weil sie überzeugt sind: Jesus verführt das Volk religiös und provoziert einen Konflikt mit den Römern. Darum ist es zwar nicht schön, aber notwendig, ihn zu beseitigen. Dies möglichst unauffällig zu bewerkstelligen, ist nur vernünftig.
Ihre wirkliche Schuld liegt unterhalb der Bewußtheit. Es ist die nicht nur ihnen, sondern *«dem Menschen» mangelnde Bescheidenheit vor Gott,* das Nicht-bereit-Sein, geheiligte Menschenüberlieferungen loszulassen und auf einen kindhaften Menschen wie Jesus zu hören, ob nicht doch Gott aus ihm spricht. – Jesu Kampfesweise: Zwar greift er offen an (Mk 14,49! – Nr. 122), aber denkt nicht daran, sich als Opferlamm auszuliefern. Er schützt sich durch den allabendlichen Rückzug nach Bethanien oder zum Ölberg, solange er kann. – Die Frage bleibt für uns offen, im Herzen Jesu verschlossen: Warum floh er in der letzten Nacht, als er sicher mit der Verhaftung rechnen mußte, nicht über den Ölberg hinaus nach Bethanien und nach Galiläa, wo er sicherer war? Vielleicht sah er noch eine allerletzte, wenn auch noch so unwahrscheinliche Chance, die Maßgeblichen zur Umkehr zu bewegen. Und die mußte er, getreu seinem inneren Auftrag, ausschöpfen bis zum bitteren Ende, d. h. notfalls bis zur Hinrichtung, statt kurz zuvor sich selbst zu retten.

112. Echte Liebe kalkuliert nicht
Mk 14,3–6.8 (Mt 26,6–13 / Lk 7,36–50 / Joh 12,1–8)

Und als er in Bethanien war, im Hause Simons des Aussätzigen, während er zu Tische lag, kam eine Frau mit einem Alabastergefäß voll Salböl aus echter, teurer Narde. Sie zerbrach das Alabastergefäß und goß den Inhalt über sein Haupt. Da waren aber einige, die das nicht ertrugen und sich sagten: Zu welchem Zweck geschah diese Verschwendung des Salböls? Man hätte doch die-

ses Salböl um mehr als 300 Denare verkaufen und das Geld den Armen geben können. Und sie fuhren sie an. Aber Jesus sagte: Laßt sie! Warum versetzt ihr der Frau Schläge? Das gute Werk hat sie getan: an mir... Was ihr möglich war, hat sie getan...

Zweifellos ist der Vorgang historisch, weil derart Ungehöriges nicht von Christusverehrern erdichtet werden konnte. Daß die in Lk 7,36–50 erzählte Salbung durch die Sünderin eine Variante ist, die auf anderem Überlieferungsweg entstand, ist wahrscheinlich.[53] Wir dürfen, ohne die Geschichte und Gestalt Jesu zu verfälschen, davon ausgehen, daß sowohl der Gastgeber «Simon» als auch die Salbende «Maria» bei Mk/Mt/Joh und bei Lk identisch ist. – Um den wirklichen Jesus deutlicher zu erkennen, setzen wir nicht blindlings voraus, daß er und Maria richtig handelten, sondern schlüpfen in die Haut der damals beteiligten anständigen Juden (oder wenn Sie wollen: wir bleiben in unserer Haut eines anständigen Bürgers) und sprechen von daher ungeniert unsere Zweifel aus:
1. Der Zweifel des Gastgebers (nach Lk), der kein bösartiger Pharisäer sein muß: Wenn dieser Prediger ein Prophet ist, ein ganz von Gott erfüllter Mensch, wie kann er dann überhaupt die Liebeserweise einer Frau annehmen? Überdies einer «solchen»? (Denn woher hat und wozu benutzt eine ordentliche jüdische Hausfrau derart teures Parfüm?) Müßte er dieses Weib nicht von sich weisen?
2. Der Zweifel der Jünger zielt in andere Richtung: Sie kannten Jesu Verhalten gegenüber Sündern und kannten auch die Magdalenerin Maria. Neu war für sie der eklatante Widerspruch zur Forderung des Meisters, alles den Armen zu geben. Diese sinnlose Verschwendung, und zwar an seine Person! 300 Denare sind 300 mal das notwendige Brot für einen armen Taglöhner und seine Familie. Warum hat er, der damals in der Einöde ihre letzten fünf Brote zum Austeilen «zerbrochen» hat, hier nicht ebenso energisch reagiert? Ist er schwach geworden?
Keinerlei Zweifel und Bedenken hemmen mehr diese Frau. *Sie tut, was sie fühlt.* Was in ihr ist an Dankbarkeit, Verehrung und Liebe zu diesem einzigartigen Meister, der sie durch seine Kraft und Güte von «sieben Dämonen befreit hat» (Lk 8,2), das muß

jetzt heraus. Jetzt, wo sie spürt, daß bald die Verfolgung über ihn hereinbricht. Darum platzt sie ohne Einladung in die Männergesellschaft bei Tisch, verharrt an den Füßen des zu Tisch liegenden Jesus, weint, trocknet die darauf getropften Tränen schnell mit ihrem Haar und liebkost sie (nach Lk). Dann verschwendet sie ihr teueres Nardenöl ganz und gar an ihn. Mehr noch, sie zerschmettert ihr Alabastergefäß. Das bedeutet: Sie wird nie mehr Parfüm benötigen. *Für ihn bricht sie mit ihrem bisherigen Leben, ohne «Rücksicht»;* so wie einer, der «die Hand an den Pflug legt, *ohne zurückzuschauen».*

Wie Jesus die Zweifel auflöst: (1) Er kommt von einem Gott her, der nur auf die Rettung des Menschen ausgeht. Darum freut er sich über die Umkehr und Dankbarkeit einer Sünderin mehr als über die Korrektheit der Anständigen. (2) Er kommt von einem Gott her, der den Menschen «männlich und weiblich gemacht hat» (Mk 10,6). *Darum läßt er die Frau fraulich fühlen und handeln:* «Was ihr möglich war, hat sie getan.» Das «gute Werk», das ihr mit Recht von ihr verlangt, hat sie auf ihre Weise (mehr emotional und personbezogen) getan, nämlich an mir. Zu ergänzen: Und ihr Männer sollt auf eure Weise (mehr auf sachliche Notwendigkeiten achtend und vernünftig teilend) das gute Werk an den Armen tun. (3) Er kommt von einem Gott her, der sich offen dem Menschen mitteilt und der jede Art von Heuchelei haßt und am Ende aufdeckt. *Darum versteckt Jesus seine Gegenliebe zu dieser Frau nicht,* auch nicht zu dem «höheren Zweck», seinen guten Ruf zu wahren. Er verteidigt sie offen. – Der verständliche Zweifel, «ob dieser ein Prophet ist», löst sich mit der Frage, *ob der wirkliche Gott «übermenschlich» oder menschlich ist.*

Das Thomasevangelium enthält zwei Logien, die auf ein gespanntes Verhältnis der Magdalenerin zu den Aposteln hinweisen. Log. 114: «Simon Petrus sprach zu Jesus: Maria soll von uns weggehen! Denn die Frauen sind des Lebens nicht wert. Jesus sprach: Siehe, ich werde sie ziehen (groß machen), daß ich sie männlich mache, damit sie auch zu einem lebendigen Geist wird, der euch Männern gleicht.» (Das ist Ironie angesichts der eingebildeten «Größe» dieser «Männer»!) Log. 21: «Maria sprach zu Jesus: Deine Jünger, wem gleichen sie? (Gleichen sie dir, wenn sie mich so behandeln?) Er sprach: Sie gleichen kleinen Kindern, die sich niederließen auf einem Feld, das ihnen nicht gehört. Wenn die Herren des Feldes kommen, werden sie (diese Kinder) sagen: Überlaßt unser Feld uns!» (Sie benehmen sich so, als seien sie «die Herren».)

113. Der rätselhafte Verräter
Mk 14,10–11 (Mt 26,14–16/Lk 22,3–6); Mt 27,3

Und Judas Iskariot, einer der Zwölf, ging zu den Oberpriestern mit der Absicht, Jesus diesen zu übergeben. Als die es hörten, freuten sie sich und versprachen, ihm Silbergeld zu geben. Dann suchte er, wie er ihn bei guter Gelegenheit übergeben könnte.

Wie konnte es so weit kommen? Versuchen wir anhand der greifbaren Fakten, *unseren Mitmenschen Judas* (wie unsere Mitmenschen Stalin und Hitler) zu verstehen, ohne ihn zu verteufeln und ohne ihn heilig zu sprechen. – Sein Beiname «skarioth» (nach mehreren Handschriften) läßt vermuten, daß er ein Sikarier war, ein «Dolchmann», der für die gerechte Sache Israels gegen die heidnischen Besatzer und ihre jüdischen Helfer (Zöllner) kämpfte. Auch der Apostel Simon der Kananäer war ein Zelot. – Jesus berief beide in seine Zwölfergruppe. Also war Judas ursprünglich kein heimtückischer Bösewicht, sondern wie die andern ein Schüler Jesu, bereit, ihm zu folgen, sogar in das gefährliche Jerusalem. – *Es ist bemerkenswert, daß er nicht auffiel durch offene Konflikte mit Jesus,* wie z. B. Petrus und die Donnersöhne (Jakobus und Johannes). Derartiges wäre überliefert worden, um ihn als schon immer bösartig zu denunzieren. Sein heimlicher Zweifel an dem Messias Jesus verdichtete sich erst in Jerusalem zu dem Entschluß, ihn dem Gericht auszuliefern. – Der letzte Schub, der Judas zum Umkippen brachte, war nach der Mk/Mt-Chronologie wohl die Salbung in Betanien. Daß Jesus sich von einer Frau mit Parfüm im Wert von 300 Tageslöhnen überschütten ließ und sie noch verteidigte, statt ihr im Blick auf die vielen Hungernden ins Gewissen zu reden, das mußte einen Zeloten zutiefst empören. Kann denn dieser der von Gott gesandte Retter Israels sein?

Judas hat nicht selber Jesus gerichtet, etwa durch einen an sich möglichen Giftmord. Er hat ihn nur dem ordentlichen Gericht ausgeliefert, dem Richterspruch des Hohenpriesters, der «kirchlichen Inquisition». So verlangte es auch der Gehorsam gegen die geistliche Behörde (Joh 11,57). Judas konnte sich sagen: Entweder er ist ein falscher Messias, dann wir er gerichtet. Oder er ist doch der wahre, dann wird er es beweisen können, denn der gerechte Gott läßt seinen Messias nicht im Stich. – Nach Mk/Lk wollte Judas durch diesen patriotischen Dienst sich kein Geld verdienen. Es wurde ihm von den Oberpriestern «aus Freude versprochen», nachdem er sich bereit erklärt hatte.

Jesu Verhalten gegenüber dem mißtrauischen, feindseligen Jünger bleibt *ungebrochene Güte:* Er warnt ihn zu Beginn des Abendmahls, doch ohne ihn vor den anderen bloßzustellen. Er exkommuniziert ihn nicht, sondern gewährt ihm Anteil an dem einen Becher, aus dem alle trinken sollten, und mahnt ihn nach diesem Akt des geschenkten Vertrauens noch eindringlicher: «Dieser Becher ist der Neue Bund... Doch siehe, die Hand dessen, der mich ausliefert, ist mit mir auf dem Tisch!» (Lk 22,20f.)

Wenn Judas ein Herz hatte, mußte er es in diesen Stunden immer stärker panzern mit «frommer Gerechtigkeit», damit die «Menschlichkeit», die er hinausgedrängt hatte, nicht mehr zurückdrängt und ihn hindert, sein Werk zu vollenden. – Vielleicht wurde er am Ölberg im Augenblick der offenen Konfrontation noch schwach. Es ist nämlich unwahrscheinlich, daß er mit dem Verhaftungskommando den psychischen Kraftakt eines falschen Kusses als Erkennungszeichen vereinbarte. Ein Handzeichen genügte doch. Wer hat eine solche Verabredung gehört, daß er davon erzählen konnte? Dann war diese Umarmung ungeplant, war eine spontane Selbstverteidigung des total verwirrten, ungetreuen Jüngers gegenüber dem immer noch getreuen und immer noch liebenden Meister und bedeutete: Ich bin nicht so böse, ich konnte nicht anders. – Jesu Antwort: Freund, wozu du gekommen bist...! Der unvollendete Satz besagt wohl: Ich betrachte dich trotz allem weiter als Freund, aber was du jetzt vorhast, ist furchtbar.

(Mt 27,3) Als Judas sah, daß Jesus verurteilt worden war, empfand er umgekehrt.

Metamélesthai: anders empfinden; dagegen *metanoêin:* anders denken. An sich sollte er jetzt zufrieden sein, daß die Gerechtigkeit ihren Lauf nahm. Statt dessen empfindet er plötzlich anders infolge des Schocks, den die Verurteilung Jesu in ihm auslöste. Er «fühlt», daß er Unrecht tat und daß Jesus unschuldig ist. Aber er rettet sich wiederum in seine Gerechtigkeit: das zu Unrecht erworbene Silber bringt er zurück und bezeugt laut vor den Richtern Jesu Unschuld. So handelt er korrekt. Doch um als Mensch und als Jünger wieder heil zu werden, mußte er weitergehen, mußte er seine Gerechtigkeit auf Liebe hin überschreiten. Ob er dies wollte, ob er wenigstens die Absicht hatte, vertrauend auf Jesus zuzugehen und ihn um Vergebung zu bitten, wissen wir nicht, denn seine Spur verliert sich im Gestrüpp widersprüchlicher Legenden (Mt 27,5 ff.; Apg 1,18–20).

Urteile über Judas: Nach Joh 12,4–6 war er ein erbärmlicher Dieb. Ein oberflächliches, gehässiges Urteil. – Nach Mk 14,21c / Mt soll Jesus gesagt haben: «Für ihn wäre es besser, wenn er nie geboren wäre» (so die Einheitsübersetzung). Das bedeutet: Er ist endgültig verloren. Ein solcher Gedanke ist jesuswidrig. Denn der Gott, den er verkündet, sucht alle Verlorenen, bis er sie findet! Dieser Satz ist gewissenhaft-wörtlich zu übersetzen: «Besser wäre es für ihn, wenn er nicht geboren wäre als jener (so geartete) Mensch.» – Nach Lk 22,3 «drang Satanas in Judas ein», nicht der garstige Teufel *(diabolos),* sondern Satanas als der Anwalt der Gerechtigkeit Jahwes. Hier wird das tiefenpsychologische Drama «jenes so gearteten Menschen» angesprochen. Zuerst war in ihm der Geist des Gerechtigkeitsfanatismus virulent als Erbe der Väter. Dieser wurde ihm durch Jesus, den Verkünder der schenkenden Liebe, ausgetrieben. Aber weil das gereinigte Haus des Judas nicht mit dem Geist des Vertrauens erfüllt wurde, konnte der alte Geist der «Gerechtigkeit» zurückkehren und sein grausiges Werk tun. (Vgl. die Bildgeschichte vom Rückfall in Mt 12,43–45).

Leider ist nirgendwo zu lesen, daß Petrus oder ein anderer Jünger sich um Judas kümmerte. Obwohl Jesus deutlich genug sagte: «Simon, Simon, Satanas hat sich euch ausgebeten, um euch (das heißt: dich und Judas und alle, die mir folgen möchten) zu sieben wie den Weizen. Ich habe aber für dich gebetet, daß dein Vertrauen nicht aufhöre. Aber du, wenn du dich einst zurückgefunden hast, stärke deine Brüder!» (Lk 22,31 f.) *Solche Hilfe statt Steine für Judas, das wäre erst der Sieg des Geistes Jesu.*

114. Das neue Pascha
Mk 14,12-22; Lk 22,15-16.19.22 (Mt 20,17 ff.)

Und am ersten Tage der ungesäuerten Brote, als man das Paschalamm schlachtete, sagen ihm seine Jünger: Wo willst du, daß wir hingehen und Vorbereitungen treffen, daß du das Paschalamm essen kannst? Und er schickt zwei seiner Jünger (Lk: Petrus und Johannes) und sagt ihnen: Geht in die Stadt (Lk: Siehe, sobald ihr die Stadt betretet)! Da werdet ihr mit einem Mann zusammenkommen, der einen irdenen Wasserkrug trägt. Folgt diesem und, wo er eintritt, sagt dem Hausherrn: Der Meister läßt fragen: Wo ist die Unterkunft für mich, in der ich das Paschalamm mit meinen Jüngern esse? Und dieser wird euch ein Obergemach zeigen, groß, mit Liegepolstern ausgestattet, schon vorbereitet. Dort bereitet es für uns! Und die Jünger gingen fort, kamen in die Stadt und fanden es so, wie er gesagt hatte, und bereiteten das Paschalamm.

Der Verdacht, hier werde eine Weissagung Jesu konstruiert, ist unbegründet, sieht man genau hin. Ihm lag sehr daran, dieses Paschamahl innerhalb Jerusalems zu feiern, wie es Pilgerpflicht war, jedoch an einem *würdigen und zugleich sicheren* Ort. Da er steckbrieflich gesucht wurde (Joh 11,57), war irgendeine Pilgerherberge für ihn und seine Gruppe zu gefährlich. Also hatte er selbst zuvor (bei Tageslicht war er sicher vor der Behörde, weil sie «das Volk fürchtete») den passenden Raum bei einem vertrauenswürdigen Hausbesitzer ausgesucht. Nebenbei vermerkt: Nach R. Pesch, Wie Jesus das Abendmahl hielt, Freiburg 1977, S. 104 «grenzte das Gebäude des Abendmahlsaals in den Tagen Jesu an ein Quartier, das von Essenern besiedelt war». Den Hausherrn brauchte Jesus nur zu bitten, daß er seinen Diener mit einem für Männer unüblichen Wasserkrug als Erkennungszeichen zur richtigen Zeit an das richtige Stadttor schicke. In Kommentaren von 1953 und 1968 ist noch zu lesen, Jesus offenbare hier wie in Mk 11,1-6 sein «übermenschliches Wissen». Aber man ehrt ihn kaum, wenn man ihm statt normal-menschlicher Klugheit allerlei Mirakelchen zumutet: Ich kann hellsehen, also bin ich der Messias.

Zur Bereitung des Paschalamms: Am 14. Nisan, dem Tag vor dem Hochfest, mußten die Pilger selbst ihr Lamm schlachten, und zwar im Tempelhof. Ein Priester fing das Blut auf und goß es als Opfer gegen den Brandopferaltar. – Die an sich unnötige, aber betonte Wiederholung «Dort bereitet es» im Zusammenhang mit dem «Paschalamm schlachten» (14,12) besagt demnach: Nicht im Tempel mit dem Opferritual, sondern «dort», wo der Mann mit dem Wasserkrug euch hinführt! – Man beachte: Jesus wählte einen Raum zum «Feiern», groß genug und mit Liegepolstern ausgestattet!

Der Ritus des Paschamahls als Rahmen der Abendmahlsworte Jesu:

1. Segensspruch über den ersten Becher.
2. Vorspeise: Bitterkräuter (Erinnerung an die Knechtschaft in Ägypten) mit einer Tunke aus Fruchtmus.
Ankündigung des Verrats: «Der mit mir in die Schüssel tunkt...»
3. Das gebratene Lamm wird aufgetragen, aber noch nicht gegessen.
4. Der zweite Becher wird gefüllt, aber noch nicht getrunken.
5. Haggada. Die Befreiungsgeschichte Israels wird rituell erzählt, darin der Sinn des geschlachteten Lammes erwähnt: Wegzehr. – Ein Text aus dem 1. Jahrhundert: «In dieser Nacht wurden sie befreit, in ihr werden sie befreit werden.»
«Mit Sehnsucht verlangte ich... nicht mehr, bis zur Sinnerfüllung des Paschalammes...»
6. Man singt die erste Hälfte des Paschahallel (Ps 113f.).
7. Hauptmahlzeit. Der Hausvater spricht das Dankgebet über das ungesäuerte Mazza (Brot) und bricht jedem einen Bissen davon ab.
«Brot, das bin ich für euch.»
8. Das Lamm wird gegessen und der zweite Becher dazu getrunken.
Jesus ißt mit, denn jetzt ist dessen Sinn erfüllt.

9. Zur Danksagung nach dem Hauptmahl wird der dritte Becher getrunken.
Trinkt ihr ihn! Ich trinke keinen Wein mehr,
«bis die Gottesherrschaft kommt».
10. Der vierte Becher wird gefüllt, aber noch nicht getrunken. – Man singt die zweite Hälfte des Paschahallel (Ps 115–118,136). Ende des Rituals.
11. Man trinkt den vierten Becher zum symposionsartigen Ausklang. Raum für freie Tischgespräche.
«Dieser Becher ist der Neue Bund.» (Jetzt ist die Gottesherrschaft als Neuer Bund «gekommen».)
Gespräche: Die Hand des Verräters auf dem Tisch / Rangstreit / Schwerter?

Ankündigung der Auslieferung:

(Mk 14,17–20) Und am Abend kam er mit den Zwölfen. Und als sie zu Tische lagen und aßen, sagte Jesus: ... Einer von euch wird/will mich ausliefern, einer, der mit mir ißt. Da wurden sie traurig und einer nach dem andern sagte ihm: Doch nicht ich? Er aber sagte ihnen: Einer von den Zwölfen, der mit mir in die Schüssel tunkt.
(Lk 22,22) Der Menschensohn geht zwar seinen Weg, wie er durch Eingrenzungen vorgezeichnet ist, aber wehe jenem Menschen, durch den er ausgeliefert wird!
(Mk 14,21c) Besser wäre es für ihn, wenn er nicht als jener (so geartete) Mensch geboren worden wäre.

Die Situation: Dieses Lamm wurde vor kurzem wehrlos dem Schlächter übergeben. Und ich soll zum Schlachten ausgeliefert werden. Von einem aus eurer Mitte. Von einem, der jetzt noch mit mir ißt. – Ein furchtbarer Schlag für die Jünger. Diese Eröffnung ist bitterer als die Bitterkräuter, die sie zur Erinnerung an das Elend der Väter in Ägypten in die Schüssel tauchen und kauen. – Jesus selbst ist von dem Verrat nicht erschüttert. Er wird, wie er schon damals dem «Fuchs» Herodes sagen ließ, seinen geraden Weg weitergehen: zur notwendigen letzten Konfrontation mit der Glaubensbehörde. Dieser Weg ist ihm, dem «Menschen», der keine mirakulösen Sprünge machen kann noch will, «durch Eingrenzungen vorgezeichnet» *(horizomai).* Er wird, zwar Menschenhänden ausgeliefert wie ein Lamm, das tun, was Gott von ihm will. Weder die Hinterlist des Herodes noch die des Judas bestimmen seinen Weg. – Aber der Verräter ist schlimmer dran als der Verratene. Schlimm für ihn, daß er ein derart verbogener Mensch geworden ist! – *Mit allem, was Jesus sagt, will er den Judas erschüttern und retten, ohne ihn durch Bloßstellung zu verbittern und noch mehr zu verhärten.*

Die Sinnerfüllung des Paschalamms: Wahrscheinlich nach der Haggada, der Erinnerung an den Auszug aus Ägypten und der Sinndeutung des Paschalamms, sagt Jesus:

(Lk 22,15–16) Mit Sehnsucht verlangte ich danach, dieses Paschalamm mit euch zu essen, bevor ich leide (wie dieses?). Denn ich sage euch: Bis es seine Sinnerfüllung findet in der Gottesherrschaft, werde ich es nicht mehr essen.

Jesus war gewohnt, situationsgemäß und in Bildern zu reden. Alle haben das zuvor geschlachtete und nun zum Essen angebotene Lamm vor Augen und hören seine Sinndeutung. Es ist *kein Gott dargebrachtes «Opferlamm»*, wie Christen von der paulinischen Kreuzopfertheorie her leicht voraussetzen könnten. Ursprünglich (Ex 12,1–4) ist es die *notwendige Wegzehr* für den Ausbruch aus der ägyptischen Sklaverei. In der Nacht vor dem Marsch in die Freiheit war es eilig zu essen, die Hüften gegürtet, Schuhe an den Füßen, den Stab in der Hand. Erst später wurde es, verbunden mit dem von Jesus abgelehnten Tempelopferkult, auch zum «Pascha-Opfer für Jahwe» (Ex 12,26f.). – Dieses Paschalamm findet seine endgültige Sinnerfüllung erst in der Gottesherrschaft, wenn Menschen zur wirklichen, gottgewährten Freiheit aufbrechen. Bis es soweit kommt, wird Jesus kein Paschalamm mehr essen. – Aber gleich darauf ißt er es doch! Ein Widerspruch? Nein, das ist die kräftige, bewußt schockierende Zeichensprache des jüdischen Propheten Jesus. Denn ein bedingtes Verzichtgelöbnis, das im nächsten Augenblick ostentativ «gebrochen» wird, bedeutet: eben jetzt ist diese Bedingung erfüllt, jetzt ist der Aufbruch in die Gottesherrschaft da. Demnach sieht Jesus in dem geschlachteten Lamm seinen Auftrag symbolisiert, durch Selbsthingabe die «Wegzehr» zu sein für den bevorstehenden Weg seiner Jünger in die Freiheit der Gottesherrschaft.

Die Brotgabe: Zu Beginn der Hauptmahlzeit, des Lammessens, vollzog Jesus den Mazza-Ritus (Brot verteilen), mit dem er zugleich die Sinnerfüllung des Paschalammes (Wegzehr) darstellte:

(Mk 14,22/Lk 22,19) Und während sie aßen, nahm er Brot, dankte Gott, brach es und gab es ihnen und sagte: Nehmt hin! Eßt! Das bin ich, (Lk:) für euch gegeben. Dasselbe tut zu meinem Gedächtnis!

«Mein Leib» oder «meine Seele» bedeutet im semitischen Sprachgebrauch nichts anderes als «ich». Wohl in Anspielung auf das vorliegende Lamm, das sie verzehren werden, wählt er die konkrete Formulierung «mein Leib». – Das passivum divinum «gegeben» bedeutet: *Gott hat mich für euch gegeben.* – Wenn er, was normalerweise nicht nötig ist, sie aufforderte «Nehmt nur und eßt!», haben die Jünger wohl geschaudert und gezögert, eine solche Gabe anzunehmen.

Da sind zwei erschütternde Aussagen: 1. *Ich bin ganz für euch da.* So wie dieses Brot, das nur existiert, um gegessen zu werden. Als Wegzehr. 2. Tut dasselbe, handelt ebenso! Vom wirklichen Jesus ist nie anzunehmen, daß er seine Person verherrlichen wollte; auch nicht, daß er einen mysterienartigen Umweg zum Heil eröffnen wollte. Immer ist er der Meister, der seinen Jüngern so auf Gott hin vorangeht, daß sie ihm folgen sollen. Darum bedeutet sein Auftrag: *Seid auch ihr ganz für einander da wie Brot!* «Zu meinem Gedächtnis»: Damit meine Botschaft, mein Werk in euch lebendig bleibt![54] Ähnliches gilt vom nachfolgenden Weinwort.

115. Der Neue Bund
Lk 22,18.20; 1 Kor 11,25 (Mk 14,23f./Mt 26,27f.)

Ich sage euch: Nie mehr werde ich ab jetzt von dem Gewächs des Weinstocks trinken, bevor nicht die Gottherrschaft kommt.

Vorher hatte er gelobt, kein Paschalamm mehr zu essen, bis sich sein Sinn erfüllt in der Gottesherrschaft, und hat es doch gleich darauf gegessen, weil sein Sinn erfüllt wurde durch seine Selbsthingabe als «Brot für euch». Wenn er nun gelobt, keinen Wein mehr zu trinken, bevor..., dann ist eine ähnliche Überraschung zu erwarten: *daß nämlich «jetzt» die Gottesherrschaft kommt.*

(1 Kor 11,25/Mk 14,23f./Lk 22,20/Mt 26,27f.) Und nach dem Paschamahl nahm er den Becher und dankte Gott, gab ihn ihnen und sagte: Trinkt aus diesem, ihr alle! Denn dieser Becher ist der Neue Bund... – Und alle tranken daraus. – Tut dies, sooft ihr (ihn) trinkt, zu meinem Gedächtnis![55]

Also ist die Gottesherrschaft jetzt «gekommen»! Aber nicht als apokalyptisches Spektakel, sondern «nur» als der Neue Bund. Die Jünger wußten als Juden, daß es der von Jeremia (31,31 ff.) angekündigte «andere» Bund Gottes mit seinem Volk ist, anders als der auf gegenseitiger Gerechtigkeit beruhende alte Sinaibund, zu dem das alte Paschalamm als Wegzehr diente; «ich werde mein Gesetz ihnen ins Herz schreiben» (statt auf Steintafeln). Dieser Liebesbund mit Gott hat jetzt endlich Gestalt angenommen in dem Becherbund Jesu. Denn alle sollen (was beim jüdischen Gastmahl und Paschamahl nicht üblich war) aus einem einzigen Becher trinken zum Zeichen ihrer Bruderschaft mit dem Meister unter dem einen gemeinsamen Vater. Das also soll nach dem Stiftungsakt bei dem «mit Sehnsucht erwarteten Paschamahl» die Kirche (*ekklesia, qahal,* Sammlung) Jesu sein: *Zuinnerst ein Liebesbund mit Gott,* der sein Lebensgesetz «ins Herz schreibt» / zugleich ein *Liebesbund mit dem Meister,* der sich selbst hingibt wie Brot / zugleich ein *Liebesbund der Jünger,* die wie Brüder aus einem Becher trinken (d.h. wie Brüder und Schwestern sich verhalten). Diese Idee der Kirche hat ihre passende Gestalt nicht im Tempel mit Cella und Opferaltar, auch nicht im Lehrsaal, sondern in der *Tischrunde,* wo man einander kennt und einander helfen soll, wo kein Ausweichen in die Anonymität einer Hörerschaft möglich ist (darum die Aufteilung der Masse in «Tischgemeinschaften» beim Brotteilen in der Einöde! *Der Eßtisch ist das Maß für die Untergliederung der allumfassenden Kirche Jesu*). «Vom Gewächs des Weinstocks» sollen sie miteinander trinken statt Wasser. *Leichter Sinn und leibhafte Freude* über die Gegenwart des liebenden Gottes (Mk 2,19) soll die Gesellschaft Jesu und ihre Versammlungen prägen. (Weitere Merkmale kommen hinzu: Nr. 116–118.)

Daß in den gewordenen Kirchen wenig von all dem zu spüren ist, darf uns weder zur Resignation noch zur Kritik-«Sucht» verleiten. Mit dem Optimismus Jesu sollen wir auf *sein* Hochziel der Jüngersammlung in den Neuen Bund zugehen, nicht fantastisch im Hauruck-Verfahren, sondern mit dem Realismus Jesu: das hier und jetzt Mögliche mutig tun.

116. Zeichen des Neuen Bundes: Keine Ausgrenzung
Lk 22,21

Trinkt alle daraus.. Doch siehe, die Hand dessen, der mich ausliefert, mit der meinen auf demselben Tisch!

Es ist kaum zu begreifen, wie er den Judas am Tisch ertragen konnte. Er hat ihn also nicht (wie nach Joh 13,27 oft gepredigt wird) hinausgewiesen, bevor er mit dem Brotgestus seine ganze Selbsthingabe zeigte, auch nicht, bevor er mit dem Bechergestus den neuen Bund der Liebe darstellte. Warum hat er den Jüngern, die wahrscheinlich die Untreue des Judas ahnten, eine solche Belastung zugemutet? Weil echte Liebe, die der «mütterlichen Liebe des Vaters» entspricht, *Verlorene nicht ausgrenzen kann, sondern heimbringen muß.* – Nur die Verwirklichung ist schier menschenunmöglich. Von daher zurückschauend wird erst verständlich, warum Jesus darauf besteht, daß *«alle» aus einem einzigen Becher* trinken sollen. So als ob sie einander gutgesonnene Brüder einer Familie wären, als ob es keine Rivalität und kein Mißtrauen unter ihnen gäbe. Am Tisch Jesu mußte Petrus mit Judas aus einem Becher trinken. Es heißt: «Und alle tranken (wirklich) daraus.» – Daß Judas als Stachel in dieser Runde belassen wird, macht ihre Besonderheit deutlich. Jede andere religiöse oder weltliche Gruppe «muß» unpassende Glieder ausstoßen, um ihre Identität zu wahren. Die Identität der Tischrunde Jesu ist ihre prinzipielle Offenheit für Gute und Böse. Es gibt zwei Arten, eine Gruppe zusammenzuhalten: eine Mauer ringsum oder ein Magnet in der Mitte. *Jesus als «Magnet» fordert die redliche Bereitschaft, auch Judasse in seiner «Sammlung» zu dulden und heilen zu wollen.*

117. Zeichen des Neuen Bundes: Keine Hierarchie
Lk 22,24–30 (Mk 10,42 ff. / Mt 20,25 ff. / Joh 13)

Es wäre für uns entmutigend, wenn jene «elf Guten» im Abendmahlssaal nach Art unserer Maler als «Heilige» dargestellt würden. Aber dem ist nicht so:

Es entstand aber auch ein Eifersuchtsstreit unter ihnen, wer von ihnen als der Größte zu gelten habe. Er aber sagte ihnen: Die Könige der Völker herrschen (Mk: von oben herab) über sie, und dafür, daß sie ihnen Gewalt antun, lassen sie sich noch Wohltäter nennen. Ihr aber nicht so! Sondern der Größte unter euch soll werden wie der Jüngste, und wer euch anführt, wie einer, der euch dient. Denn wer ist größer, der zu Tisch liegt oder der Tischdiener? Natürlich der zu Tisch liegende Gast (meint ihr)? Ich aber, ich bin in eurer Mitte wie der Tischdiener. Ihr aber (bei eurem Verhalten!), habt ihr denn mit mir in meinen Zerreißproben durchgehalten? Vermache etwa ich (ego) euch eine Herrschaft, wie mein Vater mir eine Herrschaft vermachte, damit ihr (wie die «Herren der Völker») eßt und trinkt an meinem Tisch in meinem Herrschaftsbereich, und damit ihr euch auf Throne setzt, um die zwölf Stämme Israels zu richten?

Es war für Jesus zutiefst enttäuschend, wie wenig die Zwölf von ihm innerlich angenommen hatten, von seiner Selbsthingabe als «Brot» und vom Geist des «Neuen Bundes» als der aus einem Becher trinkenden Brüderrunde. Sie sind weit weg von seiner Grundintention, streiten um Macht und Größe, ganz wie die Kinder dieser Welt. Wieder belehrt er sie: *Dienen statt herrschen!* Wieder zeigt er es ihnen: *Wie ich euch diente!* (Die Provokation durch seinen Sklavendienst der Fußwaschung nach Joh ist durchaus glaubhaft.) Dann entlarvt er in scharfer Ironie den Widersinn ihres Gerangels um Ehrenplätze (gleich dem der «Schriftgelehrten in Talaren»): Habt ihr denn schon Treueprämien verdient? Die Zerreißproben kommen erst! Soll ich euch «eine Herrschaft» *(basileia)* vermachen? Wie ich eine bekam? Ich habe keine bekommen und kann keine vergeben (Zebedäussöhne!). Möchtet ihr wie Fürsten an meiner Tafel schmausen und die Stämme Israels regieren, statt ihnen die alleinige Herrschaft Gottes zu verkünden und durch euer Dienen vorzuzeigen, wozu ich euch sandte? Welch ein Nonsens in dieser Geburtsstunde des Neuen Bundes! Jahrzehntelang habe ich selbst diesen offenkundigen Nonsens für ein Jesuswort gehalten und «irgendwie» gedeutet, dann als unecht ganz ausgesondert, bis ich zuletzt die Sätze mal als *Fragen* las statt als Aussagen.

118. Zeichen des Neuen Bundes: Keine Waffen
Lk 22,38.35–37

Sie sagten: Herr, schau, hier zwei Dolche[56]! Aber er sagte ihnen: Genug! (Hört auf damit!) / Als ich euch ohne Geldbeutel, ohne Vorratssack und ohne Sandalen aussandte, habt ihr da etwas entbehrt? Sie sagten: Nichts. Da sagte er: Aber jetzt soll seinen Geldbeutel mitnehmen, wer einen hat, und ebenso seinen Vorratssack? Und wer keinen Dolch hat, soll lieber seinen Mantel verkaufen und sich einen Dolch kaufen? ... Und (er sagte): Denn meine Sache hat ein Ende (wenn ihr so handelt, daß ich als Verbrecher dastehe).

Für Jesus war die Liebe des Vaters, der sich um die Menschen noch mehr kümmert als um die Spatzen, der die Getöteten wieder aufweckt, die grundlegende Realität, die er verkünden und darstellen wollte. Darum hat er seine Boten ohne ängstliche Absicherungen losgeschickt. «Und das Experiment hat geklappt», damals in Galiläa. Aber jetzt in Jerusalem, wo es brenzlig wird, soll das nicht mehr gelten? Dann würde die Sache Jesu tatsächlich im Bankrott enden. Dann würde sich sein Vertrauen, daß Gott da ist und gut ist und Gottesherrschaft auf Erden realisierbar ist, doch als Seifenblase erweisen.

Man darf auch hier mit literarkritisch-sauberem Gewissen den griechischen Punkt (.) durch ein griechisches Fragezeichen (;) ersetzen wie in Mk 14,61; 15,2; Mt 8,7; 11,8; Lk 22,28–30. Denn als Aufforderung: «Jetzt aber versetzt eure Mäntel und kauft euch Schwerter!» kommt ein heilloser Unsinn heraus. Die diversen Versuche, diesen als Wort Jesu oder Wort des Lukas zurechtzubiegen, sind «interessant». – Daß es schon so früh zu solchem Mißverständnis Jesu in der Kirche kommen konnte, mit solch konkreten Auswirkungen (Zwei-Schwerter-Theorie und «heilige Kriege»), ist traurig und wirft die Frage auf, ob die «Sache Jesu» nicht doch schon mit seinem Weggang zu Ende war. – Antwort: Nein. *Es gab immer auch Franziskusnaturen.*

119. Der Felsenmann wird wanken
Lk 22,31–34 (Mk 14,29–31 / Mt 26,33–35)

Sobald Jesus, noch in Galiläa, beschloß, die Mitte Israels, den «Tempel», anzugreifen, mußte er nüchtern auch mit seiner Passion rechnen. Also mußte er dafür sorgen, daß wenigstens einer seiner Schüler die Fortsetzung seines Werkes sichert. Was liegt näher, als daß Jesus alles tat, damit dieser durch die jetzt drohende Dunkelheit hindurchkomme? Er redete ihm zu, aber gewiß nicht in der Öffentlichkeit, so wenig er den Judas öffentlich bloßstellte, sondern wahrscheinlich im persönlichen Gespräch auf dem Gang zum Ölberg. Daraus hier einige Elemente, die Petrus weitererzählen konnte, die aber später von den Redaktoren der Passionsgeschichte auf ihre Art verarbeitet wurden:

(Lk 22,31–32) Simon, Simon, siehe, der Satanas hat sich ausgebeten, euch zu schütteln, wie man Weizen siebt. Ich aber, ich habe Gott gebeten für dich, daß dein Gottvertrauen nicht ganz aufhöre. Und du, sobald du wieder umkehrst, stütze deine Brüder!

Es ist ein eindringliches Gespräch unter Freunden. «Simon, Simon!» Nicht der Felsenmann wird angesprochen, sondern der schwachgebliebene Mensch Simon. – Der Satanas (der Versucher-Engel aus der Ijobsgeschichte) hatte schon Jesus gleich nach seiner Gotteserfahrung geschüttelt, sein Gottvertrauen hart getestet (Wenn Gott dich liebt, kann er dich doch nicht verhungern lassen!). Er wird's mit euch genauso machen (Wenn Gott den Jesus liebt, kann er ihn doch nicht so umkommen lassen!). Aber ich habe gegen Satanas Gott gebeten, daß dein Gottvertrauen *(pistis)* nicht ganz zerbricht. Damit du, selber wiedererstarkt, auch die andern (es sind deine Brüder, nicht deine Untertanen!) stützen kannst! – Das Bitten Jesu wurde erhört: Petrus hat in der Karfreitagsprobe sein Gottvertrauen wenigstens nicht ganz verloren. Er ist nicht davongelaufen nach Galiläa, so daß die Ostererfahrung in Jerusalem ihn wieder aufrichten und er dann seine Brüder sammeln und stärken konnte. – Hier ist noch eines zu beachten: Jesus lehrte so *realistisch* beten (statt im Irrealis: mal sehn, ob vielleicht ein Wunder passiert!), wie er selbst gebetet hat. Ernsthaft Gott um eine bestimmte notwendige Hilfe bitten, das bewirkt zwar keinerlei Wunder. Alle Dinge gehen ihren natürlichen Gang weiter, wie in der Leidensgeschichte Jesu und der Mit-Leidensgeschichte des Petrus. Nur eines geschieht: *Kraftströme von Gott her werden wirksam*, um die natürlichen Ereignisse anders zu bewältigen und um unerwartet Neues zu tun.

(Lk 22,33-34) Aber er sagte zu Jesus: Herr, ich bin doch bereit, mit dir auch in den Kerker und in den Tod zu gehn! – Der aber sprach: Ich sage dir, du «Petrus», in dieser «Nacht» wirst du mich verleugnen, «dreimal», bevor der «Hahn» kräht.

Petrus meint immer noch: Die andern vielleicht, aber nicht ich! Deine Sorge um meine Treue ist unnötig. – Diese arglose, aber höchst gefährliche Selbstsicherheit (im Grunde Stolz) mußte Jesus aufbrechen, um überhaupt helfen zu können. Der Hammer dazu war: Ich sage dir, du wirst mich verleugnen. – Das weitere sind keine detaillierten Voraussagen, die eine Allwissenheit Jesu beweisen sollen. Es ist vielmehr in der Bildersprache Jesu zu verstehen und wurde sicherlich von Petrus auch so verstanden: «In dieser Nacht», in dieser Phase der Dunkelheit und Gefahr, in der man wachen sollte und doch mit Ermüdung zu kämpfen hat, wird es geschehen. Das ist die ganze Zeit der Passion. Nicht nur einmal aus Versehen wirst du stolpern, immer wieder wirst du fallen. Die symbolische Zahl «drei» bedeutet: öfter. Aber zum Glück geschieht das alles nur, «bevor der Hahn kräht», bevor diese Dunkelheit zu Ende geht und du von dem «Wecker» aufgeschreckt wirst aus deinem Schlaf. Der Hahn ist das Zeichen der (österlichen) Hoffnung: *Er verkündet das Ende der Nacht und weckt die Schläfer auf.*[57]

120. Jesu eigene Zerreißprobe
Lk 22,39/Mk 14,32-38.41-42 (Mt 26,36-46/Lk 22,40-46)

(Lk) Er ging hinaus und begab sich seiner Gewohnheit gemäß an den Ölberg. Seine Jünger folgten ihm. (Mk) Damals gingen sie zu einem Gehöft mit Namen Gethsemani. Er sagte seinen Jüngern: Setzt euch hier nieder und ruht, solange ich bete! Er nahm den Petrus, Johannes und Jakobus mit sich bei-

seite. Er fing an, sich zu entsetzen und seine Ruhe zu verlieren. Damals sagte er ihnen: **Bleibt bei mir und wacht mit mir!** Er ging ein wenig weiter, warf sich auf die Erde und betete so: Abba, wenn es möglich ist, soll doch dieser Leidensbecher an mir vorübergehn! Aber nicht wie ich will, sondern wie du willst. – Er kam zurück und fand sie schlafend. Er sagte zu Petrus: Simon, schläfst zu? Konntest du nicht eine Stunde mit mir wachen?... Der Geist ist zwar willig, aber das Fleisch ist schwach... So schlaft denn weiter und ruht euch aus! ...[58] Genug! (Vers 42:) Steht auf, gehn wir voran! Seht, mein Verräter naht. (Vers 41:) Die entscheidende Stunde ist gekommen. Seht nun (was ihr nicht glauben konntet), der einfache Mensch wird in die Hände von Übeltätern ausgeliefert.

Nicht die Qual am Kreuz, sondern die Angst am Ölberg war wohl der Tiefpunkt in der Passion Jesu. Denn was er auf sich zukommen sah, das hilflose Ausgeliefertsein an brutale Menschen, die mit ihm machen, was sie wollen, entsetzte ihn derart, daß er «die Ruhe verlor» *(ademnoneo)*. Das Schlimmste, was einem Vorkämpfer passieren kann! Wie stark er innerlich ins Wanken kam, der bisher so unerschütterlich im Gottvertrauen ruhte, wird (mehr als an dem bei Lk geschilderten blutigen Angstschweiß) an der Tatsache deutlich, daß er sich in seiner Not an diese drei weit schwächeren Freunde klammert: «Bleibt bei mir! Wacht mit mir!» Und kurz zuvor hatte er noch selber diesen Petrus zurechtgewiesen und zu stärken versucht. – Dem Zusammenbruch nahe fällt er zu Boden und fleht. Er bettelt bei seinem *Abba* (Nr. 56!) wie ein Kind um Hilfe. Aber er verlangt wie ein verständiger Sohn kein Wunder: «Wenn es möglich ist.» Und schon in solchem Beten gewinnt er wieder seine Klarheit und Entschlußkraft: «Aber nicht was ich will, sondern was du willst...» Hier ist zu ergänzen: werde ich tun, und nicht: soll geschehen. Denn was dem Menschen Böses widerfährt, das will Gott nie. Er will nur, daß der Mensch auch unter der Flut des Bösen ihm treu bleibt, seinem Gewissen und nicht seinen Wünschen folgt. Das war wohl die große Versuchung des «einfachen Menschen» Jesus: Er konnte sich mit guten Argumenten einreden, Gott wolle das, was er selbst sich wünscht, nämlich jetzt durch Flucht sein Leben retten, um später noch mehr für Gott leisten zu können, statt jetzt der Inquisition entgegenzutreten. Im Gebet, vertrauend und nüchtern zugleich, auch wenn ihm kein Engel erschien (Lk), gewann «der Mensch» wieder seine innere

Sicherheit und Kraft. *«Agomen»* bedeutet: «Gehn wir voran!», statt nach hinten zu fliehen oder wie gelähmt in Passivität zu erstarren. *Einem solchen Menschen können Menschen folgen.*

121. Die Gefangennahme
Mk 14,43.45–46.50–52 (Mt 26,47–56/Lk 22,47–53)

Das ist ein Wendepunkt in der Lebensgeschichte Jesu, weil er ab jetzt nicht mehr selbst über seine Schritte entscheidet, sondern wirklich «ausgeliefert» ist, dem Räderwerk der Macht und der Willkür teils unverständiger, teils böswilliger Menschen.

Und gleich, während er noch redete, kommt Judas heran, einer der Zwölf, und mit ihm von den Oberpriestern, Schriftgelehrten und Ältesten her eine Schar mit Dolchen und Knüppeln ... Und als er kam, ging er gleich auf ihn zu und sagt zu ihm: Rabbi! Und er küßte ihn heftig. (Mt: Aber Jesus sagte zu ihm: Freund, wozu du hier bist ...) Doch sie legten Hand an ihn und nahmen ihn fest. (Lk: Als aber seine Begleiter sahen, was bevorstand, sagten sie: Herr, sollen wir mit dem Dolch zuschlagen? Und einer von ihnen – Joh: Simon Petrus – schlug auf den Knecht des Hohenpriesters ein und hieb ihm das rechte Ohr ab. Da widersprach Jesus: Laßt das! Nicht weiter!) Dann verließen ihn alle Jünger und flohen.

Der rätselhafte Kuß: Judas, von dessen Weggang Mk/Mt/Lk nichts wissen (Joh 13,27–30 ist Theologie), ging wohl mit in jenes Gehöft, und sobald die Gruppe, die sich niederlegen durfte, einschlief, entfernte er sich, um das Verhaftungskommando zu holen. Seine angebliche Verabredung «Den ich küsse, der ist's» konnte nur nachträglich erschlossen werden, denn dafür gab es keine christlichen Zeugen. Wozu auch sollte Judas jetzt noch, wo alles entschieden war, eine solch peinliche, ihn seelisch belastende Szene ins Werk setzen? Er brauchte notfalls doch nur auf Jesus zu zeigen, um Verwechslungen zu vermeiden. Wenn der «heftige Kuß» *(kataphileo)* aber nicht verabredet war, kam er spontan. Sollte er besagen: Ich hab's (eigentlich, sozusagen, gewissermaßen, genaugenommen) nicht bös gemeint? Wollte er damit dem Meister (der sich von der Sünderin die Füße küssen ließ!) etwas vormachen? Oder auch sich selbst? Ja, nach dem griechischen Mk-

Text ist nicht einmal sicher, wer wen küßte. Nur eines ist sicher: es rumorte in Judas, den Jesus zum Nachdenken über sein Vorhaben bewegen wollte und als *hetairos* anredete; das kann Gefährte, Gesinnungsgenosse, Schüler, Freund und «Freundchen» bedeuten. Es kommt im NT nur bei Mt vor. Der königliche Gastgeber spricht den Protestierer ohne Festgewand so an (Mt 22,12) und der Weinbergsbesitzer den protestierenden Lohnempfänger (Mt 20,13). Wollte Jesus hier einen protestierenden Judas zurechtrücken?

Die andern Jünger taten zunächst, was sie konnten. Sie kämpften für Jesus. Mit ihren Waffen, nach ihrem Verständnis. Doch als Jesus das strikt verbot und ein solcher Kampf bei dieser Übermacht ohnehin sinnlos war, mußten sie Jesus loslassen, zurücklassen. – Aber «sie flohen», brachten sich selbst in Sicherheit. *Das war zwar klug, aber nicht notwendig.* Eine törichte Liebe zum Meister, wie sie z. B. jene Verschwenderin in Bethanien zeigte, hätte sie bewogen, ihm wenigstens so nah wie möglich zu bleiben und «mit ihm» zu leiden, wenn sie ihn schon nicht befreien konnten. – Aber da taucht ein Unbekannter auf, der sich für Jesus engagiert:

(Mk 14, 51–52) Und ein gewisser junger Mann ging mit ihm hinterher, der sich ein Leinentuch über den nackten Leib geworfen hatte. Den ergriffen sie. Aber er ließ das Leinentuch fahren und floh nackt davon.

Daß Mk solche theologisch völlig belanglosen Geschichtchen bringt, die Mt/Lk weglassen, zeigt, daß das älteste Evangelium noch echtes, unverarbeitetes Erinnerungsgut enthält. Die Situation ist leicht zu rekonstruieren: Der Hofbesitzer von Gethsemani war ein Freund Jesu, sonst hätte er nicht unangemeldet auf seinem Gelände kampiert. Der Lärm der Verhaftung schreckte ihn auf. Wo Jesus abgeführt wird, schickt er schnell seinen Jungen oder einen Diener nach, um zu erfahren, was mit Jesus geschieht. Der erhebt sich vom Lager, auf dem er nackt unter einem Leinentuch schlief, wirft sich das Tuch um und rennt ... – Wir sollten uns diese Geschichte merken, denn in der Mk-Ostergeschichte begegnet uns wieder ein abgesandter, namenloser «junger Mann» *(neaniskas)*.

122. Verurteilt von der Tempelmacht
Mk 14,53–61.63–65/48–49; Mt 26,63–64; Lk 22,59–62.67–68

Sie führten Jesus ab zum Hohenpriester (Mt: Kaiphas). Alle (Zuständigen) versammelten sich, die Oberpriester, die Ratsmitglieder und die Schriftgelehrten. Petrus war ihm von weitem gefolgt bis in den Hof des Hohenpriesters. Er saß mit den Dienern zum hellen Feuer hin und wärmte sich. (Lk:) Da behauptete einer: Ganz gewiß war der auch bei ihm. Er ist ja auch ein Galiläer. Aber Petrus sagte: Mensch, ich verstehe gar nicht, was du sagst... Da drehte sich der Herr um (der nahebei auf den Beginn der Verhandlung warten mußte) und schaute den Petrus an. Da ging er hinaus und weinte bitter.

Was darüber hinaus von Petri Verleugnung geschrieben wurde, dient wahrscheinlich der nachträglichen Verifizierung des massivwörtlich verstandenen Jesuswortes in Lk 22,34. Das zeigen auch einige Ungereimtheiten. Das Zusammenholen der 71 Ratsmitglieder, die Gerichtsverhandlung und die dreimalige Verleugnung müßte vor etwa 3 Uhr geschehen sein. Denn entsprechend der Nachteinteilung der Römer in viermal drei Stunden hat der Hahn um 3 Uhr zu krähen. Und in der dunklen Nacht seien jüdische Frauen auf dem Hof, unter Männern, nach Joh sogar eine Torwächterin! Es bedarf nicht dieser Ausschmückungen. Entscheidend ist die seelische Erschütterung des schwach und müde gewordenen Petrus. Nicht ein vorausgesagter und pünktlich eingetroffener Hahnenschrei, *sondern der mahnende Blick des Meisters schreckt ihn auf.*

(Mk 14,55–61) Die Oberpriester und das ganze Synhedrium suchten aber ein Zeugnis gegen Jesus, um ihn zu töten, fanden aber keines. Denn viele machten falsche Zeugenaussagen über ihn, aber sie stimmten nicht überein. Einige bezeugten gegen ihn: Wir hörten es, daß er sagte: Ich selbst werde diesen von Menschenhänden gemachten Tempel auflösen und in drei Tagen einen anderen, nicht von Menschenhänden gemachten, bauen. Aber auch so stimmte ihr Zeugnis nicht überein. Da stand der Hohepriester auf, trat in die Mitte und fragte Jesus: Antwortest du gar nichts auf das, was diese gegen dich bezeugen? Aber er schwieg und antwortete nichts (auf diese Anschuldigungen).

Die Anklage befaßt sich nicht mit den einzelnen Glaubensirrtümern und Gesetzwidrigkeiten, die ihm bisher vorgeworfen wurden, sondern konzentrierte sich auf den Schwerpunkt «Tempelzerstörung» (wie später im Prozeß gegen Stephanus). Und das zu Recht, denn alle «Schlechtigkeiten» Jesu zielten in der Tat darauf: Er will den alten «Tempel» (= religiöses System), weil er nur von Menschen gemacht sei, «auflösen» *(katalyo!)* und demnächst («in drei Tagen») einen anderen, gottgemäßen errichten. – Warum ergriff Jesus nicht die Gelegenheit, hier offen zu bekennen und deutlich zu erklären, was er vorhatte, um doch noch die für den «Tempel» Verantwortlichen zur Besinnung zu rufen? – Er nennt die Motive seines Schweigens:

(Mk 14,48–49) Wie gegen einen Terroristen seid ihr ausgezogen, um mich mit Dolchen und Knüppeln gefangenzunehmen. Täglich war ich bei euch im Tempel und lehrte, da habt ihr mich nicht überwältigt.[59]
(Lk 22,67–68) Wenn ich zu euch redete, glaubtet ihr nie. Wenn ich euch eine Frage vorlegte, gabt ihr nie eine Antwort.[60]

Das heißt: Ihr wollt mich ja gar nicht hören, weder meine Botschaft noch deren Begründung. Als ich im Tempelhof mit euch diskutierte, habt ihr mich nicht geistig überwältigt, fandet ihr nie eine Antwort. – Statt dessen behandelt ihr mich als Terroristen *(lestes)*. «Aber das ist nun eure Stunde und die Macht der Finsternis» (Lk 22,53). Die Ohren und Herzen sind verschlossen, ein helfendes Gespräch nicht mehr möglich.

(Mt 26,63–64) Der Hohepriester sagte zu ihm: Ich beschwöre dich bei Gott, dem Lebendigen, daß du uns (wenigstens) sagst, ob du der Messias, der Sohn des Hochgelobten, bist! Ihm antwortet Jesus: *Du* **hast das gesagt. Dagegen sage** *ich* **euch: Ab jetzt werdet ihr es sehen, daß dieser einfache Mensch da (Menschensohn) zur Rechten der Kraft sitzt.**[61]

Der Gerichtsvorsitzende, der endlich zu einer Verurteilung kommen muß, greift eine andere, nicht minder wichtige Anklage auf, den vermuteten Messiasanspruch Jesu; wobei der Messiastitel «Sohn des Hochgelobten» natürlich jüdisch zu verstehen ist, d. h. gemäß Psalm 2 vom Adoptionsrecht her und keineswegs trinitarisch. Der Hohepriester als Repräsentant Israels fragt Jesus in feierlich-amtlicher Form, ob er wirklich der Messias Israels sei, wie man höre. Wenn er es jetzt beweisen könnte, müßte der Hohepriester mit dem Hohen Rat ihm huldigen, denn der Messias steht über dem Priestertum. – Nun schweigt Jesus nicht mehr. Er gibt eine völlig unerwartete Antwort. «Du sagst das» bedeutet aber nicht: Du hast recht, sondern (wie vor Pilatus): Das ist deine Rede, denn gleich darauf folgt als Gegenrede *(plen)* das, was Jesus von sich behauptet: «Dagegen sage ich euch: Ab jetzt werdet ihr es sehen, daß dieser einfache Mensch da zur Rechten der KRAFT sitzt.» *Ich, der hilflos euch ausgelieferte, von euch verachtete, einfache Mensch, bin in der Hand Gottes, der als DIE KRAFT, DER STARKE (EL, ELOHIM) verehrt wird.* Er läßt mich wie einen Freund zu seiner Rechten sitzen und legt schützend seine starke Rechte um mich. (Das ist der Sinn dieses Bildwortes. Es ist kein Zitat aus Psalm 109, sondern nur eine Anspielung, von Jesus abgeändert durch die gezielte Wahl des Gottesnamens KRAFT.) – Sie wollten sichtbare Beweise. Ab jetzt werden sie *sehen,* daß er, der Ausgelieferte, mit einer Kraft, die aus Gott kommt, seinen Weg zu Ende gehen und nicht zusammenbrechen wird. *Der Gott Jesu wirkt keine Beweiswunder, er gibt nur wunderbare Kraft.* Achten wir darauf im folgenden, ungewöhnlichen Verhalten Jesu bis zu seiner Kreuzigung!

(Mk 14,63–65) Da zerriß der Hohepriester seine Kleider (rituelles Zeichen des Schmerzes über eine gehörte Gotteslästerung) und sprach: Was brauchen wir noch Zeugen? Ihr habt die Lästerung gehört. Was fällt ihr für ein Urteil? Sie aber sprachen ihn alle des Todes schuldig.[62] – Einige spien ihn an, verhüllten ihm das Gesicht, gaben ihm Ohrfeigen und sagten: Weissage doch, wer dich geschlagen hat! Und die Diener bearbeiteten ihn mit Schlägen.

Die todeswürdige Gotteslästerung bestand in der Behauptung, daß *der gerechte, heilige Gott einen solch erbärmlichen Menschen, zumal einen Zerstörer des Tempels, lieben und schützen soll.* Dieses Motiv wird bei den amtlichen Zeugen der Ketzerhinrichtung (Mk 15,29–32) wieder auftauchen. – An sich wäre jetzt die Steinigung fällig (wie bei Stephanus). Aber die römische Besatzungsmacht hat sich das Recht zu Hinrichtungen vorbehalten. So bleibt ihnen nur, vorläufig ihn zu quälen und zu verhöhnen, um ihn dann dem Römer auszuliefern, natürlich mit einer politischen Anklage. Denn um das Theologengezänk der Juden wird sich Pilatus nicht kümmern.

123. Verurteilt von der Staatsmacht
Mk 15,1–5.14–15 (Mt 27,1–26/Lk 23,1–25)

Und am Morgen faßten... sie gleich einen Gerichtsbeschluß, ließen Jesus fesseln und abführen und übergaben ihn dem Pilatus. Und Pilatus fragte ihn: Du bist der König (Messias) der Juden? Er antwortete ihm: Das sagst du. Und die Oberpriester verklagten ihn heftig. Pilatus aber fragte ihn noch einmal: Antwortest du nicht? Sieh, was sie alles gegen dich vorbringen! Jesus aber antwortete nichts mehr, so daß Pilatus sich verwunderte.

Die jüdische Glaubensbehörde konnte den Statthalter natürlich nur mit einer politischen Anklage zur Hinrichtung Jesu bewegen. Dazu diente der mehrdeutige Messiastitel mit seinem religiösen und politischen Aspekt. Er macht sich zum Messias, das heißt für den Römer: er beansprucht eine von Rom unabhängige Königsherrschaft über Israel. Wenn das zutrifft, muß er ihn als Staatsverbrecher hinrichten, ob die Angst, nicht mehr als «Freund des Kaisers» zu gelten (Joh 19,12), hinzukommt oder nicht. – Die Antwort Jesu auf die alles entscheidende Frage «Du bist der König der Juden?» lautete: «Das sagst du» und wurde von Pilatus keineswegs als «Ja!» verstanden, denn nach einem solchen Geständnis hätte er ihn sofort verurteilt. – Schon die Absicht, «den Tempel zu zerstören», hätte Pilatus genötigt, Jesus als politischen Unruhestifter hinzurichten, denn die Besatzungsmacht garantierte auch die Ordnung und Sicherheit im Tempelareal. Nur fehlten im jüdischen Gerichtsverfahren die übereinstimmenden Zeugenaussagen für eine derartige Anklage.

Mit seinen jüdischen Richtern konnte Jesus nicht mehr reden, weil ihre Herzen verschlossen waren. Aber warum schwieg er auch vor dem Heiden? Warum versuchte er nicht wenigstens, ihm seine religiöse Mission verständlich zu machen (wie das in Joh 18,33–38 gegen Mk 15,5 nachgetragen wurde) und so womöglich sein Leben zu retten? Wenn wir nach seinen Motiven suchen, müssen wir von zwei unbestreitbaren Fakten ausgehen: 1. Er wollte nicht leiden, denn sein Gott braucht kein stellvertretendes Opferlamm, um Sünden zu vergeben. 2. Aber er wollte auch nicht im geringsten vom anerkannten Willen Gottes abweichen, um sich selbst zu retten. Der Wille Gottes war für ihn, daß die Gottesherrschaft komme, zunächst über Israel; *nicht nur-geistig, nicht als unpolitische Idee, sondern konkret und ganzheitlich:* «auf Erden» sollen Hungernde satt und Geknechtete frei werden usw. Darum konnte Jesus dem Römer nicht den Gefallen tun, zu erklären: Meine Botschaft ist politisch ungefährlich, ich habe gegen die Kaiserherrschaft nichts einzuwenden. Er hätte lügen müssen, um sich zu retten. Denn als Bote der Gottesherrschaft hatte er nicht nur gegen die Tempelhierarchie, sondern auch gegen Rom einzuwenden, *daß sie den Menschen nicht «dienten», sondern sie unterdrückten.* Doch das einem Funktionär des römischen Machtsystems zu sagen, war zwecklos.

Freilich mußte Pilatus sich wundern über dieses noch nicht erlebte Schweigen eines wahrscheinlich zu Unrecht Angeklagten. Wer aber das Jesuswort vor dem Hohen Rat, er ruhe ab jetzt zur Rechten der KRAFT, ernst genommen hat, der konnte hier schon *sehen,* daß in dem ungewöhnlichen Entschluß zu schweigen, in dieser todbreiten Tapferkeit Jesu der Gott der KRAFT zur Wirkung kommt, ohne Wunder wunderbar.

Die Versuche des Pilatus, Jesus freizusprechen, sind historisch glaubhaft, weil dieser Gefangene, sein Antlitz und sein Verhalten, auch einen kalten römischen Politiker beeindrucken und beunruhigen mußten. Ebenso glaubhaft ist das Bemühen der Ankläger, dies mit allen Mitteln der List und Demagogie zu verhindern. – Nach Mk/Mt/Lk wollte Pilatus ihn durch einen am Paschafest üblichen Gnadenakt freigeben. Doch die verhetzte Menge, die Jesus kaum kannte, verlangte statt seiner die Freilassung eines Terroristen (Freiheitskämpfers, Nationalhelden!) namens Barrabas. Nach Lk 23,22 wollte er ihnen mit einem *halbierten Unrecht* entgegenkommen: ihnen zuliebe werde er einen Nichtverurteilten «nur» auspeitschen lassen, dann aber freigeben. Nach Joh 19,1–6 wollte er diese Fanatiker besänftigen, indem er ihnen den erbärmlich zerschlagenen Jesus vorstellte, von dem gewiß keine Gefahr ausgehen kann: Ecce homo! Da *seht* ihr's, er ist nur ein Mensch, kein übermenschliches Wesen, kein Dämon und kein Messias. Wie recht er hatte! *Jesus ist tatsächlich ein einfacher Mensch (Menschensohn), den man zerschlagen kann.* Nur wer ihm glaubt, kann «sehen», daß in ihm der Gott EL wirkt. Der gibt freilich nicht die Kraft zum Zurückschlagen, sondern *die Kraft zum Leiden.*

(Mk 15,14-15) Pilatus sagte zu ihnen: Was hat er denn Böses getan? Sie aber schrien noch lauter: Kreuzige ihn! – Pilatus aber wollte der Masse genugtun, ließ ihnen den Barrabas frei, und Jesus ließ er geißeln und übergab ihn zur Kreuzigung.

Entschuldigung durch Übergabe? Judas hat Jesus *nur* dem Ketzergericht übergeben, wie es nach einem Erlaß des Hohen Rates Bürgerpflicht war. / Kaiphas hat Jesus *nur* dem Pilatus übergeben, wie es die politische Notwendigkeit forderte. / Pilatus hat *nur* dem Begehren der Masse nachgegeben und deshalb Jesus einem Zenturio zur Exekution übergeben. / Der Hauptmann hat Jesus *nur* an vier Soldaten übergeben, nach Dienstvorschrift. / Erst diese haben ihn gekreuzigt. Aber *nur*, weil es ihre Soldatenpflicht war! – Wen trifft nun die Schuld? Keinen? Oder alle? Oder den Gott, der solche chaotischen Verstrickungen, solche in Entschuldigungen verpackte Missetaten zuläßt, ohne einzugreifen? Nein. Denn der Gott, den Jesus erlebt und verkündet hat, gab dem Menschen das kostbare *«Ich selbst»*, d. h. die Fähigkeit, *eigenverantwortlich das in sich Richtige zu suchen und zu tun*. Beginnen wir beim letzten in der Kette derer, die Jesus «nur übergaben». An sich konnte auch der heidnische Soldat, der Jesu Hand ans Holz nagelte, sich sagen: «Ich» tue das nicht, koste es mich, was es wolle, solange «ich» nicht weiß, daß dies richtig ist. *Und das gilt für alle, die einen Mitmenschen «nur übergeben».* Aber es ist, genau besehen, nur die halbe Wahrheit. Denn die ungeheure Kraft, um noch in der härtesten Zerreißprobe das Richtige zu sehen und zu tun, kommt nicht mehr aus dem Menschenherzen. Die gibt der Gott, den Jesus KRAFT *(dynamis)* nannte. Und er gibt sie dem «einfachen Menschen», der ihn bescheiden darum bittet.

124. Ungewohntes bei der Kreuzigung
Mk 15,17–20.22–23.29–32.34–37; Mt 27,42–43;
Lk 23,27–28.31.33–34

Die Soldaten... zogen ihm einen Purpurmantel an und setzten ihm einen Dornenkranz auf, den sie geflochten hatten, und huldigten ihm. Heil dir, König der Juden! Sie schlugen ihn mit einem Rohrstock aufs Haupt...

Ausschmückende Legende? – In Turin existiert ein 4,36 m langes Leinentuch *(sindon)*, zuletzt 1973 von Wissenschaftlern, darunter auch NASA-Mitarbeitern, mit den heute verfügbaren Mitteln untersucht. Herkunft: ca. 1. Jahrhundert; Raum Palästina (Blütenpollen). Was auch der Laie auf dem Photo-Negativ sehen kann: die wie auch immer, jedenfalls nicht künstlich entstandene Abbildung eines Gekreuzigten mit den typischen Fuß- und Handwurzelwunden und sehr vielen Spuren der gedoppelten römischen Geißel. Drei ungewöhnliche Momente: 1. Eine stark blutende Wunde auf der Brust. 2. Leicht blutende Stichwunden um den Kopf wie von einem *gewaltsam eingedrückten Dornengeflecht.* Wozu? 3. Das Antlitz paßt keineswegs zu einem, der die Kreuzigung verdiente. – *Wir brauchen und suchen keine Wunderbeweise.* Aber wir dürfen die Augen auch nicht vor *Fakten* verschließen, nur weil sie uns noch wunderlich erscheinen oder nicht zu unserer Theologie passen.

(Mk 15,20/Lk 23,27–28.31) Sie führten ihn ab, um ihn zu kreuzigen ... (Lk:) Es folgte ihm aber auch eine große Menge Volkes und Frauen, die über ihn klagten und weinten. Da wandte sich Jesus ihnen zu und sagte: Töchter Jerusalems, weint nicht über mich! Weint lieber über euch selbst und eure Kinder! ... Denn wenn sie mit dem grünen Holz solches tun, was wird dann mit dem dürren geschehn?[63]

Einen von der Besatzungsmacht zum Kreuz verurteilten Juden laut zu beklagen, war zugleich eine antirömische Demonstration. Jesus, als Staatsverbrecher verurteilt und zusammen mit zwei Widerstandskämpfern («Räubern») hingerichtet, will keineswegs als Zelot gelten. Bis zuletzt um sein Volk besorgt, dem er die Gottesherrschaft bringen will, warnt er vor einem *scheinbar gottwohlgefälligen, fanatischen Nationalismus:* Wenn sie, die Römer, das mit dem grünen Holz tun, mit einem Unschuldigen, was wird dann mit dem dürren, mit echten Zeloten geschehen! Er bleibt nüchtern.

(Mk 15,22–23) Sie brachten ihn zur Stätte Golgotha, das heißt Schädelort. Und sie gaben ihm Wein, der mit Myrrhe gemischt war. Er aber nahm ihn nicht.

Kaum aus Humanität, eher mit der Absicht, sich die Arbeit zu erleichtern, reichten die Henker dem Verurteilten einen Betäubungstrank, ehe sie ihn auf die Kreuzbalken festnagelten. – Warum lehnte Jesus die Betäubung ab? Gewiß nicht, um möglichst viel zu leiden. Er wollte hell-wach bleiben, weil sein Ketzerprozeß noch nicht zu Ende war. Da standen die Delegierten der Inquisition, um zu beobachten, wie es mit ihm ausgeht: Wirkt Gott in letzter Minute noch ein Wunder, dann ist er wirklich der Messias; wenn nicht, ist er ein Betrüger und das Urteil des Hohen Rats von Gott bestätigt. Widerruft und bereut er seine Irrlehre, dann wird wenigstens seine Seele gerettet; bleibt er hartnäckig und verflucht seine Richter, dann ist er endgültig verworfen. Erst in der Art seines Ausganges liegt das «Gottesurteil» darüber, auf wessen Seite Gott steht. Es wird von beiden Parteien, auch von Jesus, mit höchster Spannung erwartet. Darum darf er nicht in die Betäubung flüchten. *Aus Treue zu seinem Auftrag will er eigenverantwortlich und aktiv «ich selbst» bleiben bis zuletzt.*

(Lk 23,33–34) Sie kreuzigten ihn ... Jesus aber sprach: Vater, vergib ihnen!

Auch dieses Jesuswort überliefert nur Lk. Es ist glaubhaft, weil ganz jesuanisch. Was er immer über Gott lehrte und von seinen Jüngern forderte, das tut er bis zuletzt: vergeben statt vergelten. – So spricht er auch das Urteil Gottes in diesem Prozeß aus: seine Richter und Mörder sind schuldig, sie bedürfen der Vergebung. – Die Begründung «denn sie wissen nicht, was sie tun» ist wie viele Denn-Sätze in den Jesusworten wahrscheinlich nachgetragen. a) Der vom Dach fallende Ziegel «weiß nicht», was er tut. Wer einen Unschuldigen nur ausliefert oder nur auf Befehl kreuzigt, «bedenkt nicht», was er tut. Und das Nicht-genug-Bedenken ist Schuld. b) Gott vergibt auch die bewußte, echte Schuld. Aber das ist nur nach der Umkehr *(metanoia)* möglich. – Diese Vergebungsbereitschaft unter Todesqualen ist das eigentliche «Erlösungswerk» des Gekreuzigten. Nicht daß er als Sühnopferlamm die gerechte Strafe der andern erleidet, wie Paulus lehrt. Sondern Jesus *sprengt den Teufelskreis von Schuld und gerechter Vergeltung,* indem er als der unschuldig Leidende seinen Rechtsanspruch «Gott vergelte euch!» preisgibt. Damit werden die an ihm schuldig Gewordenen von der Rechtspflicht, ihre Schulden zu bezahlen, gelöst, sobald sie umkehren und ebenso einander vergeben. So beginnt die von Jesus eröffnete gegenseitige Erlösung: «Wie wir einander vergeben/erlösen.» *Das ist erst der Sieg der Liebe über die starre Gerechtigkeit, die keinen echten Frieden zu schaffen vermag.*

(Mk 15,29–32) Die Vorbeikommenden sagten: Du, der den Tempel auflöst und in drei Tagen erbaut, nun hilf dir selbst, indem du vom Kreuz herabsteigst! Auch die Oberpriester und Schriftgelehrten sagten: ... Er ist der Messias Gottes, der Auserwählte, der König Israels? Jetzt soll er vom Kreuz herabsteigen, dann wollen wir an ihn glauben!

Das alles ist von den Evangelisten nur noch als Verhöhnung des Gekreuzigten dargestellt. Aber wir sollten uns die Vertreter der jüdischen Glaubensbehörde nicht länger als reine Bösewichter vorstellen, sondern als für ihr Volk Verantwortung tragende, aber befangene Männer. Dann wird es wahrscheinlicher, daß ihre Äußerungen, mögen sie wie Spott klingen, aus der *bangen Erwartung eines Gottesurteils* kommen. Sollte noch ein Wunder passieren, dann müßten wir «an ihn glauben».

(Mt 27,42–43) Andere hat er (als Heiler) gerettet. Kann er sich selbst nicht retten? – «Er hat auf Gott vertraut, der soll ihn doch jetzt retten, wenn er ihn liebt!» (Ps 21,6), denn er sagte: Ich bin ein Sohn Gottes.

Diese Äußerungen, ohne eine spöttische Betonung gehört, passen besser in den Mund von Anhängern Jesu. Gegner würden ihm kaum bestätigen, daß er andere geheilt hat, oder wünschen, daß Gott ihn jetzt rettet. Es waren aber Anhänger Jesu auch anwesend, jedenfalls Jüngerinnen. Und die dachten ebenso jüdisch wie die Vertreter der Glaubensbehörde: *sie erwarteten ein Gottesurteil, jedoch ein positives.* Daß ihnen (wie dem Gekreuzigten) der Psalm 21 in den Sinn kam, lag nahe.

(Mk 15,34–35) Jesus rief in der neunten Stunde hinauf mit gewaltiger Stimme: ELI, ELI ... Doch einige der dort Stehenden, die es hörten, sagten: Den Elija ruft dieser.

Sehr ungewöhnlich, daß einer, der schon stundenlang mit nach hinten ausgespannten Armen am Kreuz hing und um Luft ringen mußte, *noch die Kraft aufbrachte,* sich aufzubäumen und «mit gewaltiger Stimme hinaufzurufen» zum Himmel. Der Verdacht liegt nahe, daß Mk/Mt übertreiben. Man bedenke aber, daß Jesus die Betäubung ablehnte, weil er wach und entscheidungsfrei bleiben wollte, und daß es nicht nur für seine Gegner und Freunde, sondern auch für ihn selbst jetzt ums Ganze ging: um die Bestätigung durch Gott: EL = Kraft. – Was er schrie, waren nur die Worte ELI, ELI, sonst nichts. Denn hätten die Umstehenden noch das gehört, was Mk/Mt hinzufügen: *lemà sabachtháni* (d. h.: Wozu hast du mich verlassen?), dann wäre keiner auf den Gedanken gekommen, er rufe den Elija. – ELI (bei Mk aramäisch: ELOI) heißt «mein Gott», genauer: «mein Starker», denn der alte Gottesname EL = KRAFT wird hier angerufen. Im apokryphen Petrusevangelium V,17 steht wörtlich: «meine Kraft, die Kraft...» *(dynamis).* Jesus hatte seinen Richtern versichert, *ab jetzt würden sie sehen, daß dieser einfache Mensch im Schutze der KRAFT ruht.*[64]

Der Aufschrei des Gekreuzigten war entweder nur eine Anrufung Gottes mit der Bitte um Kraft oder, wahrscheinlicher, zugleich der Beginn des 22. Psalmes: Mein starker Gott, mein starker Gott, wozu hast du mich verlassen? Dann aber hatte Jesus den ganzen Psalm vor Augen, so wie ein Christ, der sterbend nur «Vater unser» hervorbringt, natürlich das ganze Gebet meint. Der ganze Psalm, der hier mit dem Gekreuzigten fühlend still zu bedenken wäre,[65] ist keineswegs von Gottverlassenheit geprägt. Im Gegenteil, *er überwindet das Gefühl der Gottverlassenheit durch ein erneuertes Gottvertrauen.* Absurd sind darum die Theologoumena, der Gottmensch sei hier vorübergehend von Gott verlassen worden, Jesus habe stellvertretend die Qual der Verdammten erlitten, Gott habe innertrinitarisch Gott verlassen etc. – Aber hüten wir uns genauso, Jesus zu einem übermenschlichen Heroen zu glorifizieren. Er war und blieb, was er selbst von sich sagte: ein ausgelieferter und verletzbarer «Menschensohn», der jedoch von der KRAFT eines liebenden Gottes gehalten wird. *Weil er ihm vertraute.*

(Mk 15,36) Aber jemand (der ihn so schreien hörte) rannte sofort, griff einen Schwamm (etwas Saugfähiges), füllte ihn mit Essig (Sauerwein), steckte ihn um einen Rohrstab und tränkte ihn und sagte dabei: Laßt mich gewähren! Sehen wir doch, ob Elija kommt, ihn herabzuheben![66]

Wer war es, der ihn tränkte, ein Feind oder ein Freund, ein Mann oder eine Frau? Denn «jemand» *(tis)* kann beides bedeuten. – Wozu sollte ein Feind jetzt «rennen» und sich diese Mühe machen, ihn zu tränken? Da er es gegen den Widerstand der Feinde Jesu tut (Laßt mich gewähren!), ist er ein Freund. Aber nach Mk/Mt/Lk waren nur Jüngerinnen anwesend (Joh 19,25 ff. ist Theologie). Unter diesen wird immer die Magdalenerin als erste genannt. Einer Frau, die Jesus so liebte, daß sie (wie beim Gastmahl in Bethanien) bedenkenlos alles riskierte, darf man am ehesten dieses zumuten: Aufgeschreckt durch den ELI-Schrei und voller Hoffnung, daß nun doch das Rettungswunder durch Elija geschieht, will sie sofort ihm helfen, wie sie kann. Sie findet etwas zu trinken, den sauren Wein der Soldaten, den diese mit Myrrhe gemischt auch zur Betäubung verwenden. Wie den Krug hochheben? Sie findet etwas Saugfähiges und einen passenden Rohrstab... Sie rennt, ohne Scheu vor allen Kritikern. Ihr werdet schon sehen, daß Elija kommt! So tapfer und phantasievoll reagiert nur Liebe.

Es ist erlaubt, beim rationalen Suchen nach den Fakten auch menschlich zu fühlen: Hilflos den Peinigern preisgegeben hing Jesus am Kreuz. Seine Männer, die so laut mit ihrem Mut geprahlt hatten, wurden «vorsichtig»; verkrochen sich; allesamt (Mk 15,40f.). Er schrie zu EL um Kraft, und gleich wurde er getränkt. Mußte er es nicht als gute Antwort Gottes empfinden, daß wenigstens ein Mensch herkam, der «unvorsichtig liebt»? Gibt es erst einen (wenngleich «nur» eine Frau, wie im Gleichnis «nur» ein Samariter), so werden später andere folgen. Und dann wird das Ziel seines Lebenswerkes, die Erlösung durch gegenseitige Liebe, doch noch erreicht.

(Mk 15,37) Jesus aber, einen gewaltigen Schrei ausstoßend, hauchte aus.
(Mt:) ... entließ seinen Lebensatem.
(Lk:) ... Vater, in deine Hände übergebe ich meinen Lebensatem. Das sagend hauchte er aus.
(Joh:) Als er den Sauerwein genommen hatte, sagte Jesus: Es ist vollbracht

worden! (Schlußwort von Ps 22!) Und sein Haupt neigend übergab er (Gott) seinen Lebensatem.

Eigenartig diese Darstellung, die ab Mk bei Mt/Lk/Joh durchgehalten wird. *ek-pneo heißt aus-hauchen.* Es wird weder in der griechischen Übersetzung des Alten Testaments noch im übrigen Neuen Testament für «sterben» gebraucht oder gar für «getötet werden». Es drückt vielmehr eine letzte Tätigkeit aus: Der Mensch, dem Gott zu Beginn den Lebensatem einhauchte *(empneo),* haucht ihn wieder aus, übergibt ihn den Händen des Vaters, wie es bei Lk ganz jesusgemäß ausgesprochen ist. Das Erstaunliche ist aber: der Gekreuzigte tut das *bewußt und aktiv,* ja mit einer letztmöglichen Kraftanstrengung, nämlich *«einen gewaltigen Schrei ausstoßend».* Es ist aber (nach Joh) kein unartikulierter Schmerzensschrei, auch kein Hilfeschrei, sondern der Ausklang des mit ELI, ELI beginnenden Psalms 21: «ER hat es vollendet!» – Darum darf dieses Aushauchen nicht ungeprüft als *Sterben* interpretiert werden, wie das so «selbstverständlich» geschieht, bevor nicht nachgewiesen ist, daß jener ungewöhnliche Schrei nur eine Erfindung des Mk ist.

125. Das Beben «in» den Mitbeteiligten
Mk 15,39/33–34.37–38

Als aber der Zenturio, der ihm gegenüber dabeistand, sah, daß er derart schreiend aushauchte, sagte er: Wahrhaftig, dieser Mensch war ein Sohn eines Gottes.

Einem römischen Hauptmann imponiert nur die *Kraft* des Gegners. Als Anführer des Hinrichtungskommandos weiß er aus Erfahrung, daß Gekreuzigte, mögen sie zuerst noch so fluchen, am Ende doch elend zusammenbrechen. Aber dieser verhält sich ganz anders. «Derart schreiend haucht er aus» (so wörtlich nach vielen Mk-Handschriften). Das ist es, was diesen Soldaten erschüttert und zu der Überzeugung bringt: «Dieser Mensch (von dem man munkelt, er sei etwas Höheres) war doch ein Sohn eines Gottes», d. h. ein Halbgott wie Herkules u. a. Soweit reicht seine heidnische Theologie bzw. Mythologie. Er sagt nicht jüdisch oder christlich: «Sohn *des* Gottes.» – Alles, was Mk hier berichtet, erklärt sich am einfachsten als real so geschehen; aus der äußeren und der psychischen Situation heraus; *ohne Mirakel;* ohne christologische Tendenz; allein aus der ungewöhnlichen, aber nicht unmöglichen *Kraftanstrengung des Gekreuzigten.* Es sei denn, der laute Schrei wird hartnäckig geleugnet von Leuten, die es «wissen».

(Mk 15,33–34.37–38) Und um die sechste Stunde breitete sich Dunkel über die ganze Erde bis zur neunten Stunde. Und in der neunten Stunde... hauchte er aus. Da wurde der Vorhang des Tempels entzweigerissen, von oben bis nach unten.

Freilich sind das (im Gegensatz zum lauten Schrei des Gekreuzigten und zur Reaktion des Hauptmanns) keine Ereignisse mehr, die registriert werden konnten.[67] Aber vielleicht waren es seelische Vorgänge, real im Innern der stark Betroffenen. Jemand, der die Kreuzigung des Meisters «aus ganzem Herzen» miterlebte (wie z. B. die Magdalenerin) und dann den Jüngern berichtete, konnte mit vollem Recht hinzusagen: Da wurde (für mich) die ganze Erde dunkel, um die sechste Stunde, d. h. am hellen Mittag. Und so blieb es bis zur neunten Stunde, als er aushauchte. Da geschah (für mich) erst das Schlimmste: der Vorhang vor dem Allerheiligsten im Tempel wurde entzweigerissen, von oben, von Gott her bis ganz unten. Bevor Jesus endgültig aushauchte, konnte man *trotz allen Dunkels hoffen,* daß der hinter dem Vorhang Verborgene, «der Gott, der Wunder tut mit seinem starken Arm», doch noch eingreift, vielleicht den Nothelfer Elija schickt; *aber jetzt nicht mehr.*

Nach dem Aushauchen des Gekreuzigten sollten wir eine Zeitlang innehalten und versuchen nachzuempfinden, welchen Zusammenbruch die Jünger Jesu am Karfreitag erlebten. Als gläubige Juden «wußten sie genau», daß Jahwe jedes Wunder wirken kann; daß er seit der Befreiung seines Volkes aus der ägyptischen Knechtschaft immer wieder Rettungswunder wirkte; daß er deshalb unmöglich diesen Jesus am Kreuz hängen lassen kann, *wenn* er ihn liebt wie seinen Sohn. Und nun ließ er ihn doch hängen! – Da bleiben nur zwei Auswege, die man aber nicht zu Ende denken darf, weil sie beide zu grausig sind: Entweder war Jesus doch ein Falschprophet, wie das Hohe Gericht urteilte, und Jahwe distanzierte sich von ihm. Dann war all das Neue und Unjüdische, was er lehrte und tat, doch falsch. Man muß ihn vergessen und zu Mose zurückkehren. Oder: Wenn Jesus recht hat, ist der wirkliche Gott ganz anders, als unsere Väter jahrhundertelang bibeltreu glaubten. Er greift nie mit Wundern ein. Kann er nicht? Will er nicht? Aber was taugt schon ein wunderloser Gott, wo wir doch seine Wunder dringend brauchen? Er wäre enttäuschend wie das aufgerissene Allerheiligste im Tempel, das sich als leer erweist.

Religionsgeschichtlich gesehen ist der wunderlose Karfreitag in der Tat das Aufreißen des Tempelvorhangs; nicht nur des jüdischen; vielleicht einige Jahrtausende «zu früh» geschehen. *Die Tempelcella ist wirklich leer, kein Wundergott zu sehen.* Die Atheisten grinsen, und die Gläubigen erschaudern. – Der Gottsucher Jesus und wer ihm folgt hält diese letztmögliche Zerreißprobe des Menschen durch: Der wirkliche Gott ist nicht sichtbar, nicht beweisbar, *weil er nicht neben, sondern in seiner Schöpfung wirkt. Er überläßt die Menschen Menschenhänden, ohne einzugreifen. Daß er dennoch den Menschen liebt und umsorgt und ihn wieder aufwecken wird, kann nur erfahren, wer ihn mit ganzem Herzen sucht und ihm auch im Dunkel vertraut.*

Vierter Teil
Ostern – Was geschah wirklich?

126. Eine Lockerungsübung vor dem Weitersuchen
Apg 2,23–24.31

«Mit Jesus dem Schöpfer vertrauen», das ist Anfang und Ende der geistigen Lockerung, die wir besonders angesichts der Osterfrage benötigen. – Für unsere Gottsuche sind an sich nur drei historische Tatsachen entscheidend: daß Jesu Gotteserfahrung echt ist; daß seine Gottesbotschaft richtig ist; daß er vorlebte, was er sagte (womit erwiesen wäre, daß man ihm folgen kann). Demgegenüber ist doch alles weitere, z. B. was nach seiner Kreuzigung geschah, insofern «unwichtig», als es die Gültigkeit seiner Botschaft nicht mehr berührt. Es sei denn, er selbst habe erklärt, erst seine wunderhafte Auferstehung von den Toten am dritten Tage mache seine Botschaft gültig. *Und das trifft nicht zu!* Sofort sollten seine Hörer die kindhaft-einfache Tatsache ihm glauben, daß Gott alle wie ein Vater liebt, und dies nicht auf einen zukünftigen Wunderbeweis hin. – *Erst Paulus,* der Jesus und seine Botschaft weder kannte noch von den Aposteln kennenlernen wollte, sondern nur auf seine Erleuchtung baute, hat die Behauptung aufgestellt: Wenn Christus nicht von den Toten auferstanden ist, dann ist unser Glaube und unsere Erlösung nichtig. (1 Kor 15,12–19). Einen ähnlichen Wunderbeweis hat Matthäus später Jesus in den Mund gelegt: «Wie Jona drei Tage im Bauch des Fisches, so der Menschensohn...» (Mt 12,38–42). – Möchten doch Christen und Theologen ihre tiefsitzende Tabu-Angst vor der «Heiligen Schrift» im Vertrauen zu Gott, der uns den Verstand gab, durchbrechen und ruhig bedenken, was für ein Nonsens uns da im Namen Gottes als Argument vorgelegt wurde: Zum *Beweis,* daß ich recht habe, wirkte ich ein großes Wunder, das ihr *nicht seht!* So müßte Jesus vom Himmel her durch Paulus zur Christenheit gesprochen ha-

ben. Denn Jesu Auferstehung «von den Toten» hat niemand gesehen. Sie müßte blindlings dem Paulus geglaubt werden, weil er sie aus seiner Vision vor Damaskus folgerte. Aber blind Geglaubtes ist doch kein Beweis. – Ja, braucht Jesus, der erlebt und verkündet, daß Gott allen Menschen ganz gut ist, dafür überhaupt einen Wunderbeweis? Genügt es nicht, daß er es mit seinem Verhalten bezeugt, um ihm und seinem Gott vertrauen zu können? Auch wenn nach seiner Kreuzigung nichts Ungewöhnliches geschehen wäre. Selbst wenn sein Leichnam in einer Verbrechergrube verwest wäre, würde das die Wahrheit seiner Botschaft nicht mindern und könnte nicht verhindern, daß Gott ihn wie alle Toten schon bald wieder aufweckte, so daß er «ihm lebt» (Lk 20,38) und auch uns vom Jenseits her ganz nahe ist. – *Wir brauchen keinen Osterbeweis.*

Zur Frage, ob Gott Leichen wiederherstellen «kann»: darüber brauchen wir nicht zu philosophieren. Es genügt, von Jesus zu hören, daß es der Verhaltensweise des wirklichen Gottes widerspricht, mit Mirakeln in seine Schöpfungsordnung einzugreifen. Er kleidet das Gras fürstlich und läßt es doch verdorren, ohne Wunder. Er umsorgt den Menschen, ohne Wunder, und überläßt ihn doch Menschenhänden, schöpfungsgemäß, und weckt ihn wieder auf. Gott braucht keine Wunder, um sein Schöpfungswerk zu korrigieren, auch nicht, um sich dem Menschen zu beweisen, der ihm *nicht vertrauen will.* Bei Jesus war zu lernen, alles irdische Geschehen unter dem Aspekt der Fürsorge des Vaters zu betrachten, das Gewöhnliche wie Sonnenschein und Regen genauso wie das Ungewöhnliche, z. B. die Heilung eines Gelähmten aus der Kraft des Gottvertrauens. *Aber alles bleibt im Rahmen der Schöpfungsordnung.* Darum betete er am Ölberg vertrauend und doch bescheiden um Rettung: «Vater, *wenn* es möglich ist...» Gott wirkt nicht zusätzlich neben seinen Geschöpfen, sondern immer durch sie hindurch und *respektiert dabei ihre Eigenart und Entscheidungsfreiheit.* Er überläßt den Menschen Menschenhänden, die ihn töten können, die ihn aber auch heilen können.

Nun muß nach der Kreuzigung Jesu in Jerusalem *etwas sehr Ungewöhnliches* geschehen sein, wenn auch für die Historie das kleine Einmaleins der Logik gilt, daß jede Wirkung ihre hinreichende Ursache (causa sufficiens) braucht. Denn *einige Wochen danach* entstand *am selben Ort,* wo Jesus als Ketzer hingerichtet worden war, eine Gemeinde aus Juden, die ihn *trotzdem* als den Maßgebenden, den Messias, verehrten. Die historische causa sufficiens: Als Griechen hätte es ihnen genügt, die innere Wahrheit seiner Botschaft zu erkennen, so wie Plato die Autorität des Sokrates anerkannte, obwohl er vom Scherbengericht der Athener als Volksverderber verurteilt worden war. Aber *als gläubige Juden* brauchten sie gegen das Urteil des hochverehrten Synhedriums ein «*Gottesurteil*», das ihn dennoch als Messias bestätigte. Das erkannten sie daran, daß Gott den Gekreuzigten «wieder aufweckte», wie die Apostel es bezeugten. – Man beachte sehr wohl: daß ein Gekreuzigter nach der Kreuzabnahme wieder aufwacht, ist zwar nicht absolut unmöglich, aber äußerst unwahrscheinlich. Und so etwas behaupteten sie nicht «weit draußen», wo man unkontrollierbar fromme Märchen über Jesus erzählen kann, sondern in der Stadt, wo es kürzlich passierte, wo man den reichen Ratsherrn Joseph von Arimathäa kannte und notfalls sein Höhlengrab inspizieren konnte. Und sie predigten die Auferweckung Jesu nicht von einer hohen Kanzel auf eine andächtig *schweigende* Menge herab, weil es noch keine Kulträume gab. Sie mußten beim «Brotbrechen in den Häusern» über den Tisch hinweg erzählen, wo man sie jederzeit fragen konnte: *Hast du das gesehen oder geträumt?* – Wieder gebietet die historische Ursache-Wirkung-Logik, anzunehmen: 1. daß diese Männer, die sich während der Passion wenig heldenhaft zeigten, nicht aufgrund von Visionen, sondern nur aufgrund von handgreiflichen Erlebnissen ohne ihren Meister den lebensgefährlichen «Kampf um Jerusalem» wieder aufnahmen; 2. daß die Jerusalemer nicht aufgrund von erzählten Visionen einen wegen Irrlehre Gekreuzigten als ihren Messias akzeptierten und so die Verfolgung des Hohen Rats riskierten.

Fazit: Wer es vor Gott und seinem Wahrheitsgewissen nicht verantworten kann, blindlings für wahr zu halten, daß da eine Leiche schöpfungswidrig in ein Gespenst verwandelt wurde, das sich willkürlich sichtbar oder unsichtbar machen oder eine fremde Gestalt annehmen, bei Bedarf sich betasten lassen und Fisch essen und am Ende in die Wolken schweben kann (wie Mt/Lk/Joh das Ostergeschehen darstellen), dem bleiben nur zwei Möglichkeiten, *die Entstehung der Urgemeinde zu erklären:* a) Am Anfang standen nur innerpsychische Vorgänge; alles «Greifbare» vom leeren Grab bis zur Himmelfahrt wurde zu Predigtzwecken hinzugedichtet. So ähnlich Willi Marxsen und die meisten heutigen Exegeten, die durchwegs von Paulus ausgehen. Der mußte aber seine Damaskus-Erscheinung mit den Erlebnissen der Apostel gleichsetzen, um selbst als Apostel zu gelten. Die Erfindung von Engeln usw. heißt bei den Exegeten nicht «frommer Schwindel», wie Laien sagen würden, sondern «Stilelement apokalyptischer Offenbarungsberichte».[68] b) Die andere Alternative: Am Anfang stand das wunderlose, aber außergewöhnliche Ereignis, daß ein Gekreuzigter infolge glücklicher «Zufälle» nach der Grablegung wieder zu atmen begann. Dies wäre ganz im Sinne Jesu als eine *Fügung des himmlischen Vaters* zu verstehen, obgleich jüdisch Glaubende darin ein Beweis-«Wunder» sehen konnten. Später wurde die Fügung zu einem massiven, über-natürlichen Wunder verbessert, wie es der gesamten christologischen Überhöhungstendenz in der Überlieferungsgeschichte entspricht.

Keine der beiden Hypothesen, ob sie wahrscheinlich oder unwahrscheinlich klingt, ist aufgrund der Textbefunde absolut zu sichern oder absolut zu leugnen. Hier muß ich nochmal betonen: Es ist egal, was nach der Kreuzigung Jesu geschah, denn es berührt nicht seine «Gute Botschaft». Darum kann ich *unbeschwert* mit Willi Marxsen, dessen Osterdeutung ich nicht teile, in seiner *gläubigen Grundposition* übereinstimmen. Er hat sie am Ende seines Buches «Die Auferstehung Jesu von Nazareth» dargestellt mit den Worten des sterbenden Exegeten Heinrich Rendtorf an seine Frau: «Ich habe in diesen letzten Nächten alles geprüft und überdacht, was wir darüber wissen können und was uns davon gesagt ist, wie es sein wird, wenn es mit uns zu Ende geht. Eines weiß ich jetzt gewiß: Ich werde geborgen sein.» – In dieser Gelockertheit jesuanischen Vertrauens, ohne jede Angst, dies oder das dürfe bei der Durchforstung der Ostertexte nicht herauskommen, möchte ich nun mit Ihnen in den Texten, auch in den theologisch «verbesserten», nach wahrscheinlichen Fakten suchen; *immer «zu Fuß», tap-tap-tap am Erdboden entlang.* Weil Gott auf Erden irdisch wirkt. – Doch zuvor bedenken wir, wie Petrus nach Apg 2,22–36 «dem ganzen Haus Israel» die Auferweckung Jesu *realistisch und gläubig zugleich* erklärte:

Ihr habt ihn durch die Hand von Gesetzlosen angeheftet und hochgehievt (gekreuzigt). Aber Gott hat ihn wieder aufstehn lassen, indem er die Wehen des Todes löste... Er gab ihn nicht preis in den Hades hinein, und sein Fleisch schaute nicht die Verwesung.

Das ist m. E. eindeutig genug: es kam nicht zu der Tötung, die mit dem Annageln und Hochstemmen am Kreuz beabsichtigt war, weil Gott die «Geburtswehen» *(odinai)*, die normalerweise zum Tode führen, zuvor gelöst hat. Ebenso deutlich: Gott ließ ihn nicht in den Hades, ins Reich der Toten hineinfallen. Dasselbe: er erlitt nicht die Verwesung, nicht den endgültigen Tod. Ebenso intendiert der hier zitierte Psalm 16, das Gebet eines Todkranken, selbstverständlich die Rettung *vor dem Tode*. Nur von einem so wieder aufgestandenen Jesus konnte Petrus ohne fromme Lüge behaupten: *«Wir haben mit ihm gegessen und getrunken»* (Apg 10,41). Ob Petrus selbst oder der Redaktor Lukas das so formuliert hat, spielt keine Rolle. Jedenfalls ist es *kanonische* Verkündigung der frühen Kirche und *darf deswegen auch heute so innerhalb der Kirchen geglaubt und laut gesagt werden.*

127. Die Kette von «Zufällen»
Mk 15,42–47 (Mt 27,57–61/Lk 23,50–56/Joh 19,38–42)

Da es Rüsttag war, der Tag vor dem Sabbat, und es schon Abend wurde, ging Joseph von Arimathäa, ein vornehmer Ratsherr, der auch auf das Reich Gottes wartete, zu Pilatus und wagte es, um den Leichnam Jesu zu bitten. Pilatus war überrascht, als er hörte, daß Jesus schon tot sei. Er ließ den Hauptmann kommen und fragte ihn, ob Jesus bereits gestorben sei. Als der Hauptmann ihm das bestätigte, überließ er Joseph den Leichnam. Joseph kaufte ein Leinentuch, nahm Jesus vom Kreuz, wickelte ihn in das Tuch und legte ihn in ein Grab, das in einen Felsen gehauen war. Dann wälzte er einen Stein vor den Eingang des Grabes. Maria aus Magdala aber und Maria, die Mutter des Joses, beobachteten, wohin der Leichnam gelegt wurde.

Gewöhnlich quälten sich die Gekreuzigten tagelang, bis sie allmählich erstickten, nicht verbluteten. Das möglichst langsame Sterben der Staatsverbrecher, Terroristen und rebellischen Sklaven in der Öffentlichkeit war der Abschreckungszweck dieser barbarischen Hinrichtungsart. – *Gewöhnlich* wurden die Leichen dann in eine Grube geworfen. – *Gewöhnlich* wurden den Gehenkten die Unterschenkel zerschlagen, damit sie zusammensackten und erstickten, wenn man sie früher abnehmen wollte. – Gewöhnliche Juden bestatteten ihre Toten in der Erde. Nur besonders reiche leisteten sich ausgehauene Grabhöhlen nach Art der Ägypter. – *Gewöhnlich* wurde die Leiche in der Grabkammer gewaschen, gesalbt und bandagiert, dann die Höhle verschlossen und nicht mehr geöffnet bis zur Beerdigung des nächsten Familienangehörigen.

Aber nach dem «Aushauchen» Jesu ergaben sich Zufälle, von denen jeder einzelne ganz natürlich zu erklären ist, deren *Verkettung und Endergebnis aber so «ungewöhnlich»* ist, als ob sie von einem liebenden Gott gelenkt wären, der auch als Schöpfer seine Ziele schon ab Urknall durch *schöpfungsgemäße «Zufälle»* statt durch schöpfungswidrige Wundereingriffe erreicht. Hier einige der Zufälle, die ein Überleben des Gekreuzigten ermöglichten:

1. Weil Rüsttag war, sollten die Kreuze vor dem Sabbat und hohen Festtag abgeräumt werden.
2. Weil Jesus wie entseelt dahing, sparte der Landsknecht sich die Mühe, ihm die Beine zu zerschlagen, und stieß ihm zur Probe nur mit seiner Lanze in die Seite. Daß Blut herausfloß und kein Aufzucken erfolgte, genügte dem (medizinisch ungebildeten) Soldaten. (Joh 19,33f.) Er muß nicht das Herz getroffen haben.
3. Jesus hatte auch im Hohen Rat geheime Anhänger. Darunter Joseph aus Arimathäa, ein reicher Mann. Er war mit der Verurteilung Jesu nicht einverstanden, aber vermochte nicht, sie zu verhindern. Jedenfalls konnte er später von der Verhandlung erzählen. – Fragen wir kritisch bei jeder Einzelheit in den Osterberichten: Wer konnte das sehen oder hören und weitersagen?
4. Joseph erlebte wahrscheinlich als Abgesandter des Hohen Rats die Kreuzigung Jesu und wurde tief erschüttert. Das ergibt sich aus dem folgenden.
5. Der bisher Vorsichtige «faßte sich ein Herz», wenigstens jetzt dem Meister den letztmöglichen Dienst zu erweisen, ihn würdig zu bestatten.
6. Als Vornehmer und Reicher(!) konnte er es wagen, von Pilatus die Freigabe der Leiche zu erbitten.

7. Pilatus «wunderte sich», daß ein Gekreuzigter nach ca. 5–6 Stunden schon tot sein solle. Er durfte halbtote Staatsfeinde nicht freilassen. Darum vergewissert er sich bei dem zuständigen Zenturio. Nachdem dieser die vollzogene Tötung (nach Augenschein) bestätigt, erlaubt Pilatus die private Kreuzabnahme. Die Großmut des als brutal und judenfeindlich bekannten Statthalters ist ungewöhnlich. Ob ihn der Eindruck dieses merkwürdig schweigenden Gefangenen oder ein Traum seiner Gattin (Mt 27,19) oder nur ein Gegengeschenk des reichen Ratsherrn dazu bewog, ist unbekannt und unwichtig.

8. Zufällig war jetzt keine Zeit für eine ordnungsgemäße Bestattung. Von der neunten Stunde bis zum Sabbatbeginn (Sonnenuntergang) blieben ca. drei Stunden.

9. Zufällig war Joseph schon früher auf die nicht alltägliche Idee verfallen, sich in seinem Parkgelände eine (neumodische) Familiengrabkammer aushauen zu lassen.

10. Zufällig lag sie in der Nähe und war noch unbenutzt (denn neben einer verwesenden Leiche hätte der junge Mann von Mk 16,5f. nicht auf die Frauen gewartet).

11. Unter Zeitdruck besorgte er nur das Nötigste: ein «reines» (ungebrauchtes) Sindon, d. h. Leinentuch (sonst hätten wir kein Turiner Grablinnen) und eine Mischung von Myrrhe und Aloe, mit der er das Tuch tränkte (sonst wäre darauf kein Abbild durch Ausdünstung entstanden). Die Leiche in ein langes Tuch einzuschlagen war weder üblich noch zweckmäßig. Man bandagierte sie mumienartig. Das Sindon (Bezeichnung für feine indische Leinwand) war ein Notbehelf. «Gekauft habend» (aor. part.) kann heißen: er hat es in der kurzen Zeit schnell noch gekauft, oder: er hatte schon zuvor für seinen Haushalt einen Ballen Tuch gekauft und brauchte nur ein passendes Stück abzuschneiden. Letzteres ist wahrscheinlicher. Nach Joh brachte Nikodemus die Aloemischung (allerdings gleich «100 Pfund», das sind heutige 33 kg).

12. Joseph nahm den Körper Jesu vom Kreuz ab, schlug ihn in das Sindon ein und legte ihn so in das Grabmal. «Dann wälzte er einen Stein vor die Türe des Grabmals» und zwei Jüngerinnen schauten zu, darunter natürlich die engagierte Magdalenerin.

128. Die gute Nachricht des jungen Mannes
Mk 16,1–8 (Mt 28,1–8/Lk 24,1–7)

Als der Sabbat vorüber war (Samstagabend), kauften Maria, die Magdalenerin, Maria, die Mutter des Jakobus, und Salome Spezereien, um hinzugehen und ihn einzubalsamieren. Am Tag eins der Woche (Sonntag) kamen sie sehr früh zum Grab, als die Sonne aufging. Und sie sagten zueinander: Wer wird uns den Stein vom Eingang des Grabes wegwälzen? Und als sie hinaufschauten, sahen sie, daß er schon zurückgewälzt war. Er war nämlich sehr groß. Und sie gingen in das Grab hinein und sahen zur Rechten einen jungen Mann (auf der Leichenbank) sitzen, der ein weißes Gewand anhatte. Da erschraken sie.

Bei Mk ist alles *konkret* erzählt, wie von einer dieser Frauen, die das betont, was ihr wichtig war, z. B. daß der Stein für Frauen zu schwer war, daß sie «hinauf»-schauten, daß der junge Mann weiß gekleidet war (was bedeutet: gewöhnlich, denn gefärbtes oder gestreiftes Tuch war teurer). Es ist in jüdischem Idiom erzählt: Tag eins der Woche. Die Frauen waren bei der vorläufigen Bestattung und Grabverschließung zugegen. Sie konnten sich nicht ohne zeitliche Absprache mit Joseph von Arimathäa auf den Weg machen, weil sie jemanden brauchten, der ihnen den Stein wegwälzte. Darum fragten sie sich nicht, *ob* es jemand tun wird, sondern nur *wer*. Daß das Grab schon offen war, wunderte sie nicht. Erst als sie in der dunklen Grabkammer plötzlich einen jungen Mann still dasitzen sahen, erschraken sie. Wer würde da nicht erschrecken? Hier ist kein «heiliger Schauder» zur Erklärung nötig.

Es ist sehr wichtig für die kritische Sichtung der Ostererzählungen zu beobachten, *wie Mt/Lk schon diesen nüchternen Mk-Bericht verändern*. Mt: Die Frauen kommen nur, um das Grab zu sehen. Da entstand ein gewaltiges Erdbeben. Ein Engel kam vom Himmel her, wälzte den Stein weg (vor den Augen der Frauen!) und setzte sich darauf. Sein Aussehen war wie der Blitz. Aus dem «weiß» (weil ungefärbt) wurde ein «weiß wie Schnee». Die (legendären) Grabwächter erbebten und wurden wie tot. – Lk: Die Frauen finden den Leichnam nicht im Grab. Zwei Männer kommen von außen her. Mit blitzendem Gewand. Die Frauen fürchten sich vor ihnen und senken den Blick zu Boden. – Hätte die Frau, die als erste von diesem Erlebnis erzählte, zum Ausdruck bringen wollen, daß ihr die unerwartete Gestalt im Grab wie ein himmlisches Wesen vorkam, dann hätte sie «Engel» sagen *müssen* und nicht «junger Bursche». Denn das bedeutet *neaniskos* und *nur so* wird das Wort im ganzen Neuen Testament gebraucht (Mt 19,20.22/Mk 14,51; 16,5/Lk 7,14/Apg 2,17; 5,10, 23,18.22/ 1 Joh 2,13)! Also hat irgendein Prediger aus dem Menschen einen Engel gemacht. Damit gab er aber dem Ostergeschehen (und dem christlichen Glauben!) eine grundsätzlich andere Richtung: weg vom irdischen Geschehen, in dem ein vertrauenswürdiger Schöpfergott schöpfungsgemäß, d.h. wunderlos, sich auswirkt, hin zu einem mirakulösen, mysteriösen Einwirken Gottes, das nicht mehr konstatierbar, sondern nur noch blindlings für wahr zu halten ist, das letztlich *dem Prediger* zu glauben ist!

Aus welchen Motiven der Jungmann zum Himmelswesen gemacht wurde, das moralisch zu werten, ist nicht unsere Sache. Wichtig ist: *Hier stehen der Zauberer und der Schöpfer als Gottesbilder einander gegenüber, die nicht zu kombinieren sind, sondern eine klare Entscheidung von uns fordern.* Bei Jesus zu lernen, daß der *Abba* kein anderer ist als der Schöpfer, und daß der Schöpfer, wie jeder sieht, den Menschen Menschenhänden überläßt, bösen und guten, die ihn hinrichten oder aufrichten können. Ich entscheide mich *eindeutig* für den Gott Jesu. Darum suche ich in den Ostertexten nach den wahrscheinlichen Fakten und nicht mehr nach den christologischen Ideen, die dann zu passenden Legenden verdichtet wurden. Und das tue ich *keineswegs rationalistisch,* sondern so *realistisch und gläubig zugleich,* wie ich das Wachsen der Blumen vor meinem Fenster beobachte. – Was tat also der junge Mann?

(Mk 16,6) Der aber sagt zu ihnen: Erschreckt nicht! Jesus aus Nazaret, den gekreuzigten, sucht ihr? Egérthe. Er ist nicht hier. Seht da den Platz, wo sie ihn hingelegt haben!

Er vergewissert sich erst, daß es die richtigen Leute sind, nämlich Anhänger Jesu. Dann gibt er ihnen die Nachricht: *egérthe.* – Das heißt zunächst nichts anderes als *«er ist aufgewacht»* bzw. *«er wurde aufgeweckt».* Das ist der alltägliche, noch nicht theologisch überhöhte Sprachgebrauch. Darum mußten die Frauen es so verstehen. (Wie es später gedeutet wurde, ist eine andere Sache. *Erst bei Mt* sagt der blitzende Engel, er sei «von den Toten» auferstanden.)

(Mk 16,7) Aber geht schnell hin und sagt seinen Jüngern und (besonders) dem Petrus, daß er euch nach Galiläa führt (proago). Dort werdet ihr ihn sehen, wie er es euch gesagt hat.

Zu der wichtigen Nachricht, daß der Gekreuzigte lebt, kommt der wichtige Auftrag, den sie schnell den Jüngern und dem eigens genannten Petrus weitergeben sollen. *pro-ago* heißt in Verbindung mit einer Gruppe: vorangehend führen, so daß die Gruppe in Sichtweite folgen kann; aber nirgends heißt es: irgendwohin gehen und die Gruppe getrennt nachkommen oder gar vorauseilen lassen. Wenn nun die Jünger erst in Galiläa Jesus «sehen werden», kann es nicht Jesus, sondern *nur der hier angesprochene Petrus* sein, der sie hinführen soll. Der Auftrag kommt natürlich von dem wieder-aufgewachten Jesus, dem alles daran liegt, daß seine durch die Passion zerrütteten Jünger sich nicht verlaufen, weil sein Werk unbedingt weitergehen muß.

(Mk 16,8) Und sie gingen hinaus und rannten fluchtartig weg vom Grab, denn Zittern und Außer-sich-Sein hatte sie erfaßt, und sagten keinem etwas; sie befürchteten nämlich... (Ende des Evangeliums?)

«Fliehen» bedeutet hier: fluchtartig eilen, so wie in Mk 5,14, wo die Schweinehirten «flohen und meldeten». Denn vor dem jungen Mann im Grab, der sie zuerst beruhigt und dann vernünftig mit ihnen gesprochen hatte, brauchten sie doch nicht mehr zu flüchten! Eine solche Schreckreaktion war nur bei der Erstbegegnung in der dunklen Grabhöhle möglich. Der Grund, weshalb sie wie gejagt dahinrennen, was sich für jüdische Frauen gewiß nicht schickt, wird ja ausdrücklich genannt: Denn Zittern *(tromos)* und Außer-sich-Sein *(ek-stasis)* hat sie gepackt. Man versuche nachzufühlen, was in diesen Frauen vor sich ging! Nach der furchtbaren Karfreitagsenttäuschung wollen sie ihrem geliebten Meister wenigstens die letzte Ehre erweisen und erfahren plötzlich, daß er lebt. Natürlich «zittern» sie vor Aufregung und geraten «außer Rand und Band» vor Freude. Wer kann da noch gemessenen Schrittes, wie es sich für Frauen gehört, dahinwandeln?

«Sie sagten keinem irgend etwas.» Wenn diese Frauen treue Jüngerinnen Jesu waren, kann das nur heißen: Sie sagten es niemandem außer dem Petrus und den Jüngern, wie ihnen aufgetragen war. Ihr Schweigen allen andern gegenüber war tapfer und darum wert, erwähnt zu werden. Denn sie hätten viel lieber jedem in der Stadt, den Freunden Jesu und erst recht den Feinden, triumphierend zugerufen: Er lebt! Das taten sie nicht, «sie befürchteten nämlich»... Hier bricht der Satz ab. Doch man muß nur nüchtern statt theologisch-verkompliziert weiterdenken, um ihn zu vollenden. Sie befürchteten nämlich, wenn das bekannt wird, beginnt sofort die Jagd nach ihm. Er war ja als Staatsverbrecher verurteilt und *mußte* hingerichtet werden.

Heute liest man allenthalben als Schluß des Evangeliums (Mk 16,9–20 ist nur ein Nachtrag) folgendes: «Da verließen sie das Grab und flohen, denn Schrecken und Entsetzen hatte sie gepackt. Und sie sagten niemand etwas davon, denn sie fürchteten sich.» Legitim ist diese Übersetzung insofern, als *phobeomai* «sich fürchten» oder «befürchten, daß» bedeuten kann, wenn ein entsprechender Nachsatz folgt. Und der fehlt. Nunmehr erscheinen diese Frauen, die sich bisher viel mutiger erwiesen als die Jünger, plötzlich wie aufgescheuchte, dumme Hühner, die davonrennen und aus sinnloser Angst ihren Auftrag (der für den Christus-Glauben so entscheidend wäre!) überhaupt nicht ausführen. Man muß kein Detektiv sein, um sich an den Kopf zu greifen und zu fragen: *Woher* weiß denn der Evangelist von dieser Grabgeschichte, wenn die einzigen Augenzeugen «keinem irgend etwas sagten»? *Ein Widerspruch nach dem andern!* – Warum das älteste Evangelium mitten im Satz mit einem «nämlich» *(gar)* endet, darüber gibt es komplizierte theologische Hypothesen. (R. Pesch, Das Evangelium der Urgemeinde: Das Schweigen der Frauen im Widerspruch zum Auftrag des Engels sei von Mk so gewollt, weil der Rest der Ostergeschichte in die Erzählgemeinschaft der Urgemeinde gehöre.) Aber angesichts der christologischen Kämpfe in der frühen Kirche halte ich folgende Vermutung für realistischer: Was nach Vers 8 folgte, mußte weggebrochen werden, weil es nicht mehr zu der «Wunder»-*vollen* Osterpredigt paßte, die sich in der Kirche durchsetzte. Das geschah durch Theologen, die den wunderlosen jungen Mann bereits als Himmelswesen deuteten.

129. Wie Magdalena und Petrus reagieren
Joh 20,2–3.5–7.10–11.15–18 (Lk 24,13–35)

Es ist leider unmöglich, aus den noch verbleibenden Mt/Lk/Joh-Texten sicher zu rekonstruieren, was an jenem Ostersonntag weiter geschah. Die Texte sind vertheologisiert, aufgebauscht und verworren. Trotzdem enthalten sie noch Bruchstücke, die nicht erdacht scheinen. Die gilt es zu sammeln und zu prüfen, ob sie mit dem historisch-glaubwürdigen Mk-Bericht harmonieren. Gehen wir von diesem aus und verzichten auf Mirakel als Lückenbüßer, dann dürfen wir folgende Vorgeschichte des Ostermorgens annehmen: Joseph von Arimathäa geht mit Helfern vor Tagesanbruch zum Grab, um zunächst die Leiche zu waschen. Er merkt, daß Jesus lebt, und bringt ihn sofort in Sicherheit. Jesus ordnet als erstes an, daß die Jünger benachrichtigt werden und Petrus sie nach Galiläa zurückführt. Dort würde er sie schon treffen. Joseph schickt einen jungen Mann als Boten. Er muß sich still im Grab aufhalten, bis die Frauen verabredungsgemäß um Sonnenaufgang kommen.
– Auch was weiter zu erwarten ist, läßt sich aus Mk ablesen: Die Frauen werden ihre Botschaft ausrichten. Petrus wird sie nicht einfach hinnehmen, sondern sie prüfen wollen, wird das Grab untersuchen. Maria hatte nur erfahren, *daß* der Meister lebt, aber nicht, *wo* er jetzt ist. Das durfte der Bote nicht verraten, wie in allen Ostergeschichten die nötige Geheimhaltung spürbar ist. (Das Gegenteil wäre doch zu erwarten, wenn Jesus wirklich durch ein Wunder mit einer neuen Leiblichkeit lebte, die kein Verfolger mehr fesseln und kreuzigen kann!) Diese Frau, die alles für ihn wagte, wird nicht ruhen, bis sie ihn gefunden hat. Petrus wird seinen Auftrag erfüllen, die Gruppe sammeln und nach Galiläa führen. Jesus wird, sobald er körperlich wiederhergestellt ist, sich unerkannt nach Galiläa begeben. Dort wird er schon wissen, wo und wann er mit seinen Fischern heimlich Kontakt aufnehmen kann. Er wird darauf ausgehen, seine Jüngergruppe für ihre künftige Aufgabe zu rüsten. Er wird dafür sorgen, daß sie nicht in Galiläa bleiben, sondern wirklich nach Jerusalem gehen, um dort ihr gefährliches Werk zu beginnen. Und er wird ihnen Mut machen, bevor er sie endgültig verlassen muß, weil er selbst als verurteilter Staatsverbrecher im Machtbereich Roms nicht mehr öffentlich

wirken kann. – Das alles «ergibt sich als wahrscheinlich» aus der bei Mk glaubhaft bezeugten Geschichte, Gestalt und Intention des historischen Jesus. Darum möchte ich in dieser Richtung auf Spurensuche gehen.

(Joh 20,2) Maria, die Magdalenerin, läuft und kommt zu Petrus und dem andern Jünger... und sagt ihnen: Sie haben den Herrn aus dem Grab genommen und wir wissen nicht, wo sie ihn hingelegt haben.

Dieser *unbefangenen* Redeweise zufolge hat Maria die Nachricht *«egérthe»* durchaus nicht als Auferstehungswunder verstanden, sondern als Wiederaufwachen. Er wurde *«herausgenommen und irgendwo hingelegt»*. Nicht als Leiche, sondern als unser «Herr». – Oder Maria fungiert nur als das «Dummerchen» in den Ostererzählungen der Urgemeinde!

(Joh 20,3.5–7.10) Da gingen Petrus und der andere Jünger hinaus und kamen zum Grab... Simon Petrus ging in das Grab hinein. Und er sieht die Wickelbinden daliegen, und das Schweißtuch... nicht mit den Wickelbinden zusammen, sondern separat und zusammengefaltet an einen Platz gelegt. Dann kehrten die Jünger wieder nach Hause zurück.

Die *theologisch völlig belanglose Notiz* von den Wickelbinden und besonders dem zusammengefalteten Schweißtuch ist als Erinnerungsfragment des Petrus *«detektivisch» sehr ergiebig*. Hier wollte jemand eine Leiche nach ägyptischer Art bandagieren, aber kam nicht dazu, denn das Schweißtuch, das über den Kopf zu legen ist, liegt noch wie mitgebracht zusammengefaltet da. Dementsprechend waren auch die Binden noch zusammengewickelt. Also war jemand vor den Frauen im Grab und hat diese Tücher mitgebracht. Es war weder ein Engel noch ein Grabräuber, denn beide haben kein Interesse, das Schweißtuch säuberlich zu falten. Daß der Leichnam bereits bandagiert hereingebracht wurde (wie Joh 19,40 es darstellt), scheidet aus, weil die Frauen, die der Grablegung zuschauten, noch die Salbung nachholen wollten. Ergo: Der Ratsherr kam in der Nacht, merkte, daß Jesus lebte, brachte ihn weg und ließ die Binden unbenutzt liegen. – Die Jünger forschen nicht nach dem Verbleib Jesu. Anders Maria, die den Petrus zum Grab geführt hatte, weil er es nicht kannte.

(Joh 20,11.15–18) **Maria aber stand draußen, zum Grabmal hin, weinend. (Zwei Engel erscheinen ihr im Grab. Danach spricht ein Gärtner, der als Erscheinung Jesu vorgestellt wird, sie folgendermaßen an:) Frau, warum weinst du? Wen suchst du? ... Sie sagt zu ihm: Herr, wenn du ihn weggeschleppt hast, sage mir, wohin du ihn gelegt hast, und ich werde ihn aufnehmen. (Hier ist eine Lücke im Bericht, denn es folgt sofort die Begegnung mit dem inzwischen aufgefundenen Jesus.) Da sagt Jesus zu ihr: Mariam! Sie sagt, ihm zugewandt: Rabbuni! (Mein Meister!) Jesus sagt ihr: Halte mich nicht fest ... sondern geh zu meinen Brüdern und sage ihnen: ... (theologischer Einschub) Maria, die Magdalenerin, kommt und meldet den Jüngern: Ich habe den Herrn gesehen. Und dieses hat er *ihr* gesagt.** (Was er gesagt hat, fehlt.)

Der Text ist aus Überlieferungsbrocken und theologischen Einlagen zusammengestückelt. Der Vorgang ist etwa so zu rekonstruieren: Während die Jünger heimgingen, blieb Maria beim Grab, um von da aus Jesus zu suchen. Sie trifft den wirklichen Gärtner und vermutet, daß er mitgeholfen hat, Jesus wegzu-«schleppen» *(bastazo)*. Sie bewegt ihn, wohl auch mit ihren Tränen, ihr sein Versteck zu verraten. Sie findet Jesus in dem von Joseph bereiteten Versteck. Es kommt zu diesem ergreifenden Zwiegespräch ohne «Reden», das von Jesus ausgeht: Mariam! – Mein Meister! ... Es ist nicht vorstellbar, daß sie nicht seine Kreuzigungswunden sehen und liebkosen wollte, daß sie nicht bleiben wollte, um ihn gesundzupflegen. Aber *sie dient ihm, indem sie sich von ihm trennt,* um seinen Auftrag zu erfüllen. (Auch Mt 28,9f. überliefert noch eine Begegnung Jesu mit Maria.)
Nachdem Maria dem Petrus mitteilte, wo sich Jesus befindet, war zu erwarten, daß er noch am gleichen Tag ihn aufsuchte, möglichst unauffällig, ohne Begleitung. Dafür haben wir zwei Hinweise: 1. Paulus zitiert in 1 Kor 15,5 eine ihm überlieferte Liste der Auferstehungszeugen, aus der hervorgeht, daß Jesus zuerst von Petrus allein gesehen wurde, später von den Zwölfen. 2. Daß dies nicht erst in Galiläa, sondern schon am ersten Tag in Jerusalem geschah, wird am Schluß der Emmaus-Erzählung gesagt: «Der Herr ist tatsächlich aufgewacht und gewährte dem Simon, ihn zu sehen» (Lk 24,34. Hier bedeutet das *ophthe* mit Dativ *situationsgerecht reales Sehen* und nicht Vision).
Schwieriger ist es, aus der Emmausgeschichte noch Historisches herauszufiltern. Weil aber Namen genannt werden (Kleopas, Em-

maus), wage ich zwei Geschichten zu rekonstruieren, die Sie unbeschadet auch weglassen können. Erste Geschichte: Kleopas und sein Begleiter, Anhänger Jesu, verlassen nach den Feiertagen Jerusalem in Richtung Emmaus. Da gesellt sich jemand zu ihnen. Nach Lk ist es Jesus in fremder Gestalt (ähnlich dem Gärtner bei Joh). Wahrscheinlich ist es ein Bote, den Petrus losschickte, um die Jünger, die nach dem Fest enttäuscht nach Hause strebten, nun «einzusammeln». Dazu mußte er sich nur am Stadttor gen Emmaus aufhalten, die heimkehrenden Pilger genau beobachten und gegebenenfalls durch ein Gespräch testen. So geschieht es auch nach Lk 24,17–27 (ohne die schriftgelehrte Christologie). Fortsetzung in Vers 33: «Und sie kehrten nach Jerusalem zurück und fanden die Elf und die andern, die sich mit ihnen schon gesammelt hatten. Die sagten: Tatsächlich ist der Herr aufgewacht und wurde von Simon gesehen.» – Zweite Geschichte: Derselbe Kleopas reist später mit Jesus, der inzwischen wiederhergestellt ist, bis Emmaus. Das liegt etwa 30 km nordwestlich von Jerusalem auf dem «anderen» Weg nach Galiläa, der etwa 20 km weiter durch Lydda führt, wo ebenfalls Anhänger Jesu wohnten (Apg 9,32). So konnte Jesus leichter als auf der Pilgerstraße durch die Jordansenke unerkannt nach Galiläa gelangen. Als sie nach Emmaus kamen, wo Kleopas zuhause war, geschah, was in Lk 24,28–31 geschildert ist: Jesus möchte weiterziehen. Kleopas drängt ihn, bei ihm zu übernachten, weil es schon spät ist. Jesus tritt ein, aber nur zu einem Abschiedsessen, das er in der ihm eigenen Art mit ihnen feiert. Dann «entschwindet er», in die Nacht hinaus. Und Kleopas, später in der Gemeinde bekannt, konnte bewegt erzählen von dieser letzten Begegnung mit dem Meister: Bei der Art, wie er unterwegs mit ihnen redete, brannte das Herz in uns. Und bei der Art, wie er das Brot nahm, es segnete, es brach und uns hinreichte, gingen uns die Augen auf, *da haben wir ihn (und sein Anliegen) erst richtig erkannt.* – Beim Überlieferungsvorgang konnte es leicht geschehen, daß beide Erlebnisberichte vermengt und mit Theologie aufgefüllt wurden.

130. Der Neubeginn in Galiläa
Joh 21,1–12; 20,19–20 (Lk 24,36–43)

153 Fische! Die hat kein Prediger frei erfunden. Er hätte eine Menge oder 1000 oder 70 mal 7 oder sonst eine bedeutsame Zahl genannt. Wer zuerst «153» sagte, muß gezählt haben, weil er wissen wollte, wie viele «große» (in der Wertung eines Fischers: verkaufbare) im Netz sind, weil er für die gerechte Aufteilung des Ertrags verantwortlich war. Darum ist anzunehmen, daß dieser Nachtrag im Joh-Evangelium echtes Erinnerungsgut enthält:

Nach diesen Ereignissen (in Jerusalem) zeigte sich Jesus seinen Jüngern wieder am See Tiberias, und zwar so: Es waren beisammen Simon Petrus und Thomas, genannt Zwilling, und Nathanael aus Kana in Galiläa und die Zebedäussöhne und zwei andere von seinen Jüngern. Sagt ihnen Simon Petrus: Ich gehe fischen. Sie sagen ihm: Wir kommen auch mit. Sie gingen hinaus und stiegen ins Boot, aber in jener Nacht fingen sie nichts. Als schon die Morgendämmerung kam, stand Jesus da, gegen das Ufer hin. Freilich wußten die Jünger nicht, daß es Jesus ist. Er sagt zu ihnen: Kinder, habt ihr nichts zu essen? Sie antworteten ihm: Nein. (Vers 7b:) Als Simon Petrus (an der Stimme) hörte, daß es der Herr war, gürtete er sich das Obergewand um, weil er unbekleidet war, und warf sich in den See... Jesus aber sagte ihnen: Werft das Netz auf der rechten Seite des Bootes aus, und ihr werdet etwas fangen. Sie warfen das Netz aus und konnten es nicht wieder einholen, so voller Fische war es. ... Die Jünger kamen mit dem Boot und zogen das Netz mit den Fischen hinter sich her, denn sie waren nicht weit vom Ufer entfernt, nur etwa 200 Ellen. Als sie an Land gingen, sahen sie (erst), daß schon ein Häufchen glühender Kohlen dalag... Jesus sagte ihnen: Bringt von den Fischen, die ihr eben gefangen habt. Da ging Petrus und zog das Netz an Land, das mit 153 (genügend) großen Fischen gefüllt war... Jesus sagt zu ihnen: Kommt her und frühstückt!

Läßt man die erkennbaren johanneischen Zutaten beiseite (den Lieblingsjünger, das Nichterkennen, die Brot-Fisch-Eucharistie), dann wird dieser *gute und natürlich gebliebene Mensch* sichtbar: Jesus, von Jerusalem kommend, wußte schon, wo und wann er seine Leute am ehesten heimlich treffen könnte: im Morgengrauen an der Anliegestelle, wenn sie vom Fischfang zurückkommen. Vorsorglich hat er schon brennbares Zeug gesammelt, und da er sich als Handwerker auf das Feuerschlagen verstand, ein

Häufchen glühender Kohlen vorbereitet, das man aber nicht von weitem sehen konnte. Wo sie auftauchen, ruft er sie an. Die Jünger hören nach langer Zeit diese vertraute Stimme wieder. Und diesen herzlichen Ton: Kinder! Als ob sie ihm niemals untreu geworden wären. Kein Wunder, daß es sie packt, daß Petrus sich vor Ungeduld sofort ins Wasser wirft. (Man denke an die *ek-stasis* der Frauen am Grab und an den beglückenden Anruf «Mariam!») – Jesus kümmerte sich um das Essen, für sie und für sich. Der «reiche Fischfang» muß kein Mirakel sein. Menschen wie Jesus, die charismatisch heilen können, haben oft auch ein außergewöhnliches Fühlvermögen für Vorgänge in der Natur. – *Er hält keine Offenbarungsrede und keine Strafpredigt. Er sagt: Kommt zum Frühstück!* Und das klingt, wie wenn die Mutter ihre Kinder zum Frühstück ruft, damit ein neuer, guter «Sonntag» beginnen kann.

(Joh 20,19–20) An jenem Tag nach dem Sabbat, am Abend, als dort, wo die Jünger versammelt worden waren, die Türen (Hoftor und Haustür) aus Angst vor den Juden verriegelt waren, kam Jesus. Er trat in ihre Mitte und sagte: Frieden euch! Und als er das gesagt hatte, zeigte er ihnen auch seine Hände und seine Seite. Nun freuten sich die Jünger, als sie den Herrn sahen.

Nach der ersten Kontaktaufnahme mit Petrus im Morgengrauen am See war die nächste Möglichkeit, sich der ganzen Jüngergruppe zu zeigen, sie für den gleichen Abend in ein Haus (des Petrus?) zu versammeln. Natürlich bei verschlossenen Türen, damit kein Spitzel eindringt und kein Fremder hereinplatzt. Die Spekulationen über einen materiedurchdringenden Ätherleib des Auferstandenen erübrigen sich. Denn wo Türen verschlossen sind, klopft man und wartet, ob aufgetan wird. – Das erste Wort an die Versammelten war: Frieden «euch»! Das war mehr als die landesübliche Begrüßungsformel. Sonst hätte man es nicht überliefert und obendrein öfters wiederholt. Es besagt: Eure Schulden sind gelöscht. Verzagtheit, Zweifel, Untreue sind vergeben. *Wir können neu beginnen.* – Die Reaktion der Jünger, die ihren Meister endlich wiedersahen und sogar seine vernarbten Wunden betrachten durften, ist knapp geschildert: Sie freuten sich.
Eine andere Begegnung mit den Jüngern ist in *Lk 24,36–43* geschildert, freilich stark auf Apologetik hin aufgebauscht: Der Auf-

erstandene erscheint plötzlich aus dem Nichts und ist doch kein Geist, läßt sich betasten und ißt. Schon damals diese Mühsal der Prediger, ihre Theologie geradlinig denkenden Leuten genießbar machen zu müssen. – Aber der historisch verdächtige «harte Brokken» in diesem Text, vergleichbar dem gefalteten Schweißtuch oder den 153 Fischen, ist die «Honigwabe». Am Ende heißt es nämlich. «Er sagte ihnen: Habt ihr etwas Eßbares hier? Da gaben sie ihm ein Stück gerösteten Fisch und von einer Bienenhonigwabe. Und er nahm es und aß es vor ihren Augen und gab ihnen den Rest zurück.» Den Honig aus einer Wabe herauszusaugen, ist nicht die übliche Art, innerhalb eines Hauses ihn zu nehmen. Das ist ein Notbehelf, in öder Gegend, wo es wilde Bienen gibt, seinen Hunger zu stillen. Auch die Frage, ob sie irgend etwas Eßbares *(ti brosimon)* an diesem Ort haben, paßt nicht in ein Haus, wo man das voraussetzt, sondern in die Wildnis. Das bedeutet: Jesus hat sich außerhalb der Siedlungen aufgehalten und mit seinen Jüngern getroffen, *weil er sich vor Spitzeln verbergen mußte.*

131. Die neue Zurüstung der Boten
Lk 24,44–45; 10,18; Thom

Die Sammlung der Jünger in Galiläa konnte nach der Gesamtintention Jesu nur dem Zweck dienen, *sie für ihre kommende Aufgabe zu rüsten.* Sie sollten sein Werk bald eigenständig fortsetzen. – Ein zweites Moment kommt hinzu: Es ist anzunehmen, daß Jesus ähnlich wie andere Reanimierte *in der unmittelbaren Todesnähe eine neue bzw. ergänzende Gotteserfahrung machte.* – Folgende in den kanonischen und apokryphen Evangelien überlieferten Jesusworte entsprechen m. E. dieser nachösterlichen Situation:

Er sagte zu ihnen: Diese sind meine Worte, die ich zu euch gesprochen habe, als ich noch bei euch war.

Das deutet auf intensiven Wiederholungsunterricht. Gegen die Gefahr des Vergessens und Umbiegens half das in den Rabbinenschulen übliche Einprägen und Aufschreiben der Worte des Meisters. *Ohne solche Nachhilfe wäre nicht realistisch zu erklären,* daß noch so viele stilechte Jesusworte und Gleichnisse in die schriftliche Überlieferung eingehen konnten. Denn was erkennbar hinzugedichtet wurde, erweist sich oft auch als stilistisch stümperhaft, unlogisch und jesusfremd. So z. B. schon der oben ausgelassene Vers 44b, alles müsse in Erfüllung gehen, was im AT über Jesus geschrieben steht. Denn nüchtern gesehen ist nichts über «ihn» geschrieben, aber fast alles kann irgendwie auf einen Messias bezogen werden.

(Lk 24,45) Er öffnete ihr Denkvermögen, die Schriften zu verstehen.

Das Problem, das auf die jüdischen Apostel und ihre jüdischen Hörer zukommen wird, ist die Frage, ob «die Schrift» oder die neue Botschaft, *ob Mose oder Jesus recht hat.* Siehe die Konfrontation auf dem Tabor! (Nr. 35) Jesus hatte diesen schwelenden Streit stets dadurch entschieden, daß er auf die erkennbare Intention des Schöpfers, den «Willen Gottes», hinwies, der auch in den Schriften durchscheint, aber von den menschengemachten Überlieferungen oft wieder verdeckt wurde. – Wieder ist die Lk-Beifügung jesusfremd, daß das Leiden und die Auferstehung des Messias im Alten Testament geschrieben steht. Das stimmt nicht; es wurde nur hineingedeutet.

Selig der Mensch, der gelitten hat. Er hat das Leben gefunden (Thomasevangelium, koptische Übersetzung, Logion 58).
So kann nur sprechen, *wer es weiß,* wer wie Jesus bis an die Todesschwelle gelitten hat, wo das eigentliche Leben beginnt. Diese entscheidende Wahrheit, daß erst jenseits des Todesdurchgangs das wahre Leben ist, konnte Jesus nach seiner Gotteserfahrung am Jordan zwar schon ahnen und folgern, aber noch nicht *aus Erfahrung wissen.*
Seid Hinübergehende! (Thom 42).
Die Welt ist eine Brücke. Geht über sie hinüber, aber laßt euch nicht auf ihr nieder! (In der frühen mohammedanischen Literatur als Jesuswort bekannt; Inschrift am Südportal der Moschee von Fathpur-Sikri, Indien).
Daß die Welt eine (sehr wichtige!) Brückenfunktion hat, kann nur wissen, wer sie schon *bis zum anderen Ufer* durchschritten hat.

Andere Jesusworte scheinen dieser Andersartigkeit von Diesseits und Jenseits zu widersprechen, indem sie die Gleichheit betonen. Aber sie ergänzen nur, zeigen die *Ganzheit der Gottesherrschaft: Wenn eure Lehrer sagen: Siehe, das Reich ist im Himmel, so werden die Vögel euch voranfliegen in den Himmel* (Thom 3).
Der Humor verrät den Redestil Jesu. Was er sagen will: Nicht erst im Jenseits, sondern genauso hier auf Erden ist Gottes Reich, ist Gott wirksam gegenwärtig, soll Gottes Wille geschehen. – Dasselbe sagt er in folgenden Logien:
Die Jünger fragten ihn: Wann wird die Ruhe der Toten sein? Wann wird die neue Welt kommen? (Das möchten apokalyptisch Hoffende gern von einem aus dem Jenseits Zurückkehrenden hören.) *Er sprach zu ihnen: Diese, auf die ihr wartet, ist gekommen. Aber ihr erkennt sie nicht* (Thom 51).
Wann wird das Reich kommen? – Es wird nicht kommen im Ausschauen danach. Man wird nicht sagen: Siehe hier! oder: Siehe dort! Sondern das Reich des Vaters ist ausgebreitet über die Erde. Aber die Menschen sehen es nicht (Thom 113).
All das bedeutet: Das «Reich» oder die «neue Welt» oder was immer ihr abergläubisch erwartet, wird nicht mit Getöse kommen, es ist da. Denn «Gott ist da», als Schöpfer in seiner Schöpfung: im All, das du erkennen kannst; in den Lilien des Feldes «vor deinem Angesicht», die dir die verborgene Fürsorge des Vaters enthüllen können; besonders in dir selbst ist Gott gegenwärtig, du mußt ihn nur erkennen und akzeptieren als deinen Vater. – Das klingt nicht mehr alttestamentlich. Aber Jesus hatte längst zuvor jüdische Denkbarrieren aufgebrochen (Feindesliebe, Kultgesetze usw.). Der Tempel soll Haus des Bittens, Haus des Vaters *für alle Völker* sein. – Wenn aber die obigen Worte gnostisch klingen, dürfen wir nicht engstirnig folgern: also sind sie jesusfremd und falsch, sondern umgekehrt: also stimmt Gnosis wenigstens in diesen Punkten mit Jesus überein.

(Lk 10,18) Ich sah den Satanas wie einen Blitz aus dem Himmel stürzend.

Ein rätselhaftes Wort, im Lk-Sondergut leider verquickt mit der angeblich erfolgreichen Exorzismustätigkeit der Siebzig und ihrer Bevollmächtigung «auf Schlangen und Skorpione zu treten». Rätselhaft ist es zunächst deswegen, weil Jesus noch zu Beginn seiner Passion alttestamentlich (nach Ijob 1) glaubte, der Satanas gehöre zum himmlischen Hofstaat Gottes, er dürfe z. B. mit Gottes Einverständnis die Treue der Jünger prüfen, wie man Weizen siebt (Lk 22,31). Darum ist anzunehmen, daß es ein österliches Wort ist; daß Jesus nach seiner Leidenstaufe ähnlich wie nach seiner Jordantaufe (als er die Himmel aufgerissen «sah») charismatisch noch tiefer wahrgenommen hat, wie Gott sich verhält. Damals erlebte er Gott als den Liebenden (Du bist mein Sohn, Geliebter), aber es blieb der Schatten, die von Gott zugelassene oder verfügte Prüfung, Versuchung, Zerreißprobe. Und dieser Schatten Gottes verdichtete sich bis zur totalen Finsternis in der Sterbensqual am Kreuz. Aber weil Jesus in dieser letzten Zerreißprobe sein Vertrauen zum Vater nicht losgelassen hat, konnte er in der tiefsten Dunkelheit blitzartig das wahre Verhalten Gottes *ganz* schauen: in Gott selbst ist *keinerlei* Schatten, *von ihm selbst kommt keine Versuchung und kein Leiden*. Der Satanas, im AT als Prüfer in Gottes Auftrag gedacht, hat nichts mit Gott zu tun, gehört nicht als Gottesbote in den Himmel. Gott selbst ist reine Liebe ohne Wenn und Aber (wie die Sonne hinter dem Gewölk reines Licht ist und bleibt).

Bei dieser letztmöglichen Erhellung des Gottesbildes mitten im letzten Erdendunkel aus Bosheit und Leiden erheben sich natürlich Fragen für uns, die noch nicht «gelitten und das Leben gefunden haben» (Thom 58). 1. Woher dann das Übel und das Böse in der Welt? Mögliche Antwort: Der wirkliche Gott *respektiert konsequent* die Eigenart und die Entscheidungsfreiheit seiner Geschöpfe. 2. Was tut ein liebender Gott, wenn er nicht mit Wundern eingreift, Leiden zu verhindern? Mögliche Antwort: *Er leidet mit den Menschen.* (... das habt ihr «mir» getan!). Und *er kämpft mit den Menschen*, die seinen Geist annehmen und so seine Söhne werden, gegen die Übel in der Welt, gegen den Hunger, die Krankheiten und Vereinsamungen und gegen die Bosheiten, indem er ihnen seinen ATEM, seine KRAFT mitteilt, statt zu zaubern.

Ich habe etwas zu sagen und habe niemanden, dem ich es sagen kann (Kopt. Psalmbuch S. 187).

Das wurde als ein Wort des Auferweckten an Maria Magdalena überliefert. Es klingt in der Tat wie von einem gesprochen, der an der Todesschwelle Gott erlebt hat und nach seiner Rückkehr sich keinem mitteilen kann, der nicht ähnliches erlebte. – Nun, Jesus hat uns genug über Gott gesagt, daß wir uns orientieren können. Aber dieses Wort des «Zurückgekehrten» sollte uns sehr bescheiden machen bei unserem Theologisieren und *unentwegt lernbereit bis an unsere Todesschwelle*. Denn wir müssen damit rechnen, daß Gott zwar nicht «anders» ist, als Jesus lehrte, aber daß er viel größer ist als unser jetziges Fassungsvermögen. – Man beachte auch die heutige seriöse Nahtodforschung!

132. Die erweiterte Sendung
Mt 28,19; Lk 24,46–47; Apg 1,8; Mk 16,15.17–18

Zwei unterschiedliche Sendungen sind überliefert. 1. Die Zwölf sollen nur zu den verlorenen Schafen des Hauses Israel gehen. Der Weg zu den Heiden und den halbheidnischen Samaritern wird ihnen ausdrücklich verboten (Mt 10,5f.). Das entspricht dem ursprünglichen Sendungsbewußtsein und Verhalten des jüdischen Propheten Jesus (Mt 15,24). Beide Jesusworte konnten nicht von einem Evangelisten erdacht werden, als die Kirche längst schon Heidenmission praktizierte. 2. Von dem Auferweckten wird überliefert, er habe seine Boten ausdrücklich zu allen Völkern gesandt. Das widerspricht offensichtlich der ersten Sendung. Natürlich liegt der Verdacht nahe, daß Heidenmissionare nachträglich solche Worte dem Auferweckten in den Mund legten, um ihr eigenes Verhalten zu rechtfertigen. Doch dagegen erheben sich schwere Bedenken. a) Schon Petrus hat (vor Paulus!) die Heidenmission begonnen (Apg 10,1–11,20). b) In der Apg wird die Entscheidung des Petrus zwar auf einen charismatischen Anstoß (Traumgesicht) zurückgeführt, aber es bleibt äußerst unwahrscheinlich, daß die jüdisch denkenden und empfindenden Apostel gegen den ausdrücklichen Befehl des Meisters, nur aufgrund einer bezweifelbaren Vision den «Weg zu den Heiden» wagten. – Historisch wahrscheinlicher ist es m. E., daß Jesus nach seiner Passion selbst den Sendungsbefehl korrigierte. Er hat erkannt, daß Israel als Volk unter der Herrschaft dieses Synhedriums, das ihn verurteilte, nicht die Gottesherrschaft annehmen wird, wie er hoffte, daß seine «heutige Chance» (sein *kairos*) verspielt war. Vielleicht hat er auch die «totale Entgrenzung» der Liebe Gottes an der Todesschwelle charismatisch noch mächtiger erfahren. Ein Gott braucht sich nie zu korrigieren. Ein Gottsucher soll selbstverständlich weiterlernen und notfalls sich korrigieren. – Sammeln wir hier die «neuen» Sendungsworte:[69]

(Mt 28,19) Geht und und macht *alle Völker* zu Jüngern!

Aber dieses Wort ist verpackt in Christologie: Alle Gewalt im Himmel und auf Erden; mysteriöses Erscheinen Jesu; Anbetung und Zweifel der Jünger; trinitarischer Taufbefehl; auch keine Anweisung mehr, Kranke zu heilen und die Gottesherrschaft bzw. Gute Botschaft zu verkünden, sondern: Was «ich» euch zu halten befohlen habe.

(Lk 24,46–47) Er sprach zu ihnen: So steht geschrieben (obwohl es nirgendwo zu lesen ist) . . ., daß im Namen des Messias Umkehr und Vergebung der Sünden *allen Völkern* gepredigt werden muß, von Jerusalem angefangen.
(Apg 1,8) Ihr werdet meine Zeugen sein in Jerusalem und in ganz Judäa und Samaria und *bis an die Grenzen der Erde*.

Lk konzentriert das ganze Ostergeschehen bis zur Himmelfahrt auf einen Tag und auf Jerusalem. Die Anweisung, die Mission trotz der neuen Weltoffenheit in Jerusalem zu beginnen, kam wohl von Jesus selbst. Denn den Jüngern lag es es viel näher, in ihrer Heimat Galiläa zu beginnen, wo Jesus ohnehin bekannt und beliebt war, als in dem gefährlichen Jerusalem, wo er als Irrlehrer hingerichtet worden war, ohne daß Gott für die Öffentlichkeit erkennbar eingriff.
Der unechte Mk-Schluß 16,9–20 ist eine stark gekürzte Zusammenfassung der Lk-Ostergeschichten. Mitten drin findet sich jedoch ein stilistischer Irrläufer, nämlich eine ausführliche direkte Rede Jesu. Weil da Taufe und Verdammnis und allerlei wunderliche Zeichen erwähnt sind, werden diese vier Verse von den Exegeten sowenig ernst genommen wie der ganze Mk-Schluß. Aber vielleicht hat der Verfasser des Anhangs irgendwo dieses Jesuswort vorgefunden und es anstelle des Lk-Sendungswortes eingesetzt. Probieren wir einmal unbefangen, ob der Text nicht doch als

eine echte und *neue* Sendung des Auferweckten verstehbar ist, nämlich als *Sendung in den Kosmos:*

(Mk 16,15) In den *ganzen Kosmos* gehend verkündet die gute Botschaft der ganzen Schöpfung!

«Den Völkern!» Das ist vernünftig. Das war zu erwarten. Aber der ganzen Schöpfung? Das klingt fremd, unjüdisch, phantastisch, vielleicht sogar hinduistisch-buddhistisch. Das ist eine *neue Dimension des Denkens und Fühlens.* Denn das bedeutet: Nicht nur den Menschen, sondern allen Geschöpfen, die Güte wahrnehmen können, die Gute Botschaft Gottes verkünden, ihnen mit-teilen, daß ihr Schöpfer ihnen gut ist, z. B auch den Tieren. – Damit wäre die letzte Eingrenzung der Liebe Gottes auf eine privilegierte Gruppe (1. auf Israel; 2. auf die Menschheit) durchbrochen, *kosmisches Denken und Fühlen eröffnet,* ein «gutes Verhältnis» zu all unseren Mitgeschöpfen geboten, im Gegensatz zu dem angeblichen Gottesauftrag, «alles Getier zu beherrschen» (Gen 1,28).[70]

(Mk 16,17–18) Denen, die (Gott) vertrauen, werden diese Zeichen nebenbeifolgen: Sie werden in meinem Namen Dämonen austreiben. / Sie werden in neuen Sprachen reden. / Sie werden Schlangen mit den Händen aufheben. / Wenn sie etwas Todbringendes trinken, wird es sie nicht schädigen. / Geschwächten werden sie die Hände auflegen und sie werden sich wohlfühlen.

Vertrauen *(pisteuo)* wird so wie Liebe geschenkt und gewagt; ist also keine Rechtspflicht wie der Gehorsam. – Wer aber dem Gott, der nicht zu sehen ist und der so viel Böses zuläßt, ohne einzugreifen, dennoch auf Jesu Gute Botschaft hin *vertraut, daß er ganz gut ist,* der wird Wunderbares erleben, ohne daß er darauf ausgeht. Die «Beweise», daß Gott da ist und gut ist, werden ihm nachlaufen, ihm *«nebenbei-folgen» (par-akoloutheo).*
• Wer Gott vertraut, wird Dämonen rauswerfen aus dem Menschenbereich, wo sie nicht hingehören. Um dämonische Energien, wie auch immer sie geartet sind und sich auswirken, zu entmachten, genügt nicht die normal-menschliche Willensanstrengung. Dazu bedarf es der *übernormalen personalen Kraft des wiedererweckten Jesus,* die aber nicht automatisch wirkt, sondern persönlich und vertrauend anzurufen ist. Darum: «in meinem Namen».

- Wer Gott vertraut, wird in *neuen* Sprachen reden. – Hier ist nicht die Rede von unverständlichen, *«fremden»* Sprachen, von Glossolalie (nach 1 Kor 14 ein Charisma der paulinischen Gemeinde). Im Gegenteil, Sprache ist ihrem Wesen nach ein Verständigungsmittel. Wer Jesu neue Botschaft weitersagen soll, braucht eine «neue Sprache», an sich schon in seiner Heimat. Die Muttersprache genügt nicht. Wenn aber das Vertrauen zu Gott die neue Sprechweise ermöglicht, dann wird es *die Zeichensprache der Liebe* sein, die *überall auf Anhieb verstanden wird*. So ausgerüstet könnte ein Galiläer unbekümmert in China zu missionieren beginnen. Beherrscht er aber die «neue Sprache» nicht, so könnte er in den Herzen seiner Hörer nichts bewegen, auch wenn er perfekt Chinesisch spräche. Hinzu kommt: Mit der «neuen Sprache der Liebe» kann der Mensch mit *sämtlichen Lebewesen, die für Güte empfänglich sind,* wirksam in Verbindung treten: mit den Tieren und Pflanzen unten sowie mit den jenseitigen Seelen und Geistern oben, zuerst und zuletzt mit Gott selbst!
- Wer Gott vertraut, wird Schlangen aufheben, nicht ängstlich mit einem Stock, sondern *mit den Händen* (nach den Mk-Handschriften C, *lambda* u. a.). – Das ist radikal neu. Den Alten ist nämlich gesagt worden: Wer Gott vertraut, wird Schlangen niedertreten (Ps 91)! Ehe wir dieses Jesuswort «geistig deuten» und somit entschärfen, sollten wir es konkret nehmen. Die Schlange ist gar nicht der geborene Feind des Menschen (wie sie in religiösen Mythen dargestellt wird). Ihr Beutetier ist die Maus, nicht der Mensch. Den beißt sie nur, wenn sie bewußt oder unbedacht getreten wird. – Wer wirklich dem Schöpfer vertraut, der ist wieder eingefügt in das Ganze der Schöpfung. Er wird natürlich mit der Grundintention des Schöpfers auch seinen Mitgeschöpfen begegnen, wird sie nicht beherrschen und niedertreten, sondern schützen wollen. Und wenn er einer wirklichen Schlange begegnet, die seine Begleiter aus Angst gleich erschlagen möchten, wird er sie wirklich aufheben, nicht um seine Macht zu zeigen, sondern um sie zu schützen. – Wer bis dahin gereift ist, den muß man nicht zusätzlich ermahnen, daß er sich «unheimlichen» Menschen gegenüber genauso *ohne Angst gütig* verhält. – Wer «Schlangen aufhebt», wird nicht nur ökonomisch berechnend, sondern *ökologisch empfindend* auch die Umwelt schonen.

- Wer Gott vertraut, dem schadet es keineswegs, wenn er etwas Todbringendes trinkt. – Lösen wir uns von der kindischen Vorstellung, die bei oberflächlichem Lesen auftaucht, die Jünger sollten Gift trinken (oder Schlangen aufheben), um ein Beweiswunder zu demonstrieren. Alle fünf «Zeichen» stehen unter diesem Hauptsatz: sie ergeben sich nebenher aus dem Gottvertrauen, sind also nicht auf einen Demonstrationszweck hin machbar. – Immer wieder nehmen wir Krankheitskeime zu uns, die den Tod bringen können. Ob es aber dazu kommt, liegt daran, welche Kräfte sich im Organismus durchsetzen, die zerstörenden des Giftes oder die natürlichen Abwehrkräfte. Und diese sind in hohem Maße psychisch bedingt. Die Erfahrung zeigt, daß dieselbe Krankheit, die einen verängstigten oder lebensmüden Menschen umbringt, von seinem optimistischen, lebensmutigen Nachbarn überwunden wird. Jesus, der als erfolgreicher Heiler die Kranken fragte, ob sie gesund werden «wollen», und sie ermunterte, Gott zu «vertrauen», sagt hier, wie gar nicht anders zu erwarten: Das Gottvertrauen fördert «nebenbei» auch die *natürliche Selbstheilung*. Daraus folgt nicht: Trinkt ruhig Gift! sondern: Habt keine Angst, «wenn» ihr ungewollt Giftiges genommen habt!
- Wer Gott vertraut, wird Geschwächten *(árrostos)* die Hände auflegen, und sie werden sich wohlfühlen *(kalôs echo)*. – Hätte ein Prediger, der Jesus überhöhen möchte, diese Rede nachträglich erfunden, dann hätte er den End- und Höhepunkt, das Thema Krankenheilung, gewiß nicht so bescheiden formuliert. Er hätte zumindest von Heilung, wenn nicht von Totenerweckung gesprochen. Was hier jedoch gesagt wird, klingt zunächst wie eine Selbstverständlichkeit. *Das Besondere liegt nur im Realismus Jesu.* Wer wirklich Gott vertraut, wird ohne Angst und Scheu *wirklich tun*, was jede Mutter spontan tut: sie legt ihrem weinenden Kind die Hand auf die schmerzende Stelle. Und weiter sagt er: Das Vertrauen zu Gott wirkt wirklich. Das ist nichts Über-Natürliches. Die vom Schöpfer ausgehende und den «ganzen Kosmos» durchströmende Lebensenergie, die im Menschen durch ängstliches Mißtrauen blockiert werden kann, wird durch Vertrauen wieder freigesetzt, damit sie ihr Werk tut. Keine Spur von Mirakel! Diese «neue» Sendung ist genuin jesuanisch, aus einem Guß und universal: Verkündet der Schöpfung, daß der Schöpfer ihr gut ist! Wer

ihm traut, wird es von selber auch vorzeigen, wird DIE KRAFT (EL) in seiner Schöpfung ent-binden.
Auch im Thomasevangelium finden sich, oft gnostisch verarbeitet, Logien, die so klingen, als gebe der auferweckte Jesus Weisungen für gottsuchende Heiden. Denn Juden *suchen nicht Gott, sie haben Gott in ihren «Schriften».* Hier nur zwei Beispiele:
Wer (Gott) sucht, soll nicht aufhören zu suchen, bis er findet. Wenn er findet, wird er verwirrt sein (weil sein altes Gott-Welt-Bild einstürzt?). Wenn er verwirrt ist, wird er sich wundern... (Thom 2).
Der Greis soll nicht zögern, in seinen (alten) Tagen ein Kleinkind von sieben Tagen nach dem Ort des Lebens (das ist «die Mutter») zu fragen, und er wird leben (Thom 4).

133. Die letzte Bestärkung der Jünger
Apg 13,30–31; Mk 13,3–4.9.11.28–29.30–31; Lk 24,48–49

In dem feindlichen Jerusalem sollten sie ohne ihn, auf sich gestellt, das Werk der «Welt-Mission» beginnen. Man versetze sich in die Lage dieser zwar gutwilligen, aber schwachen und ungebildeten «kleinen Leute»! Mußte Jesus sie nicht wieder (wie vor seiner Passion) von Galiläa an die Stadt heranführen und sie dabei bestärken für «ihren» bevorstehenden Kampf um Jerusalem? Einige Textsplitter in den Evangelien lassen vermuten, daß er es tat.
«Er führte sie hinaus, Bethanien zu...» (Lk 24,50). Wo Orts- und Personennamen auftauchen, darf man historische Erinnerungen annehmen. Aber Lk will sagen, daß er sie von der Stadt her gegen Bethanien führt, denn er beschränkt die ganze Ostergeschichte irrtümlich auf Jerusalem. Wenn aber der Auferweckte sie wirklich «hinausführte, Bethanien zu», dann von Galiläa und vom Jordan her. Dem fügt sich Apg 1,2 an, daß sie «vom Ölberg her nach Jerusalem zurückkehrten» (das sie faktisch nach der Passion verlassen hatten). Am deutlichsten markiert Apg 13,30f. den *Weg des österlichen Jesus mit den Aposteln von Galiläa zurück nach Jerusalem:*

(Apg 13,30–31) Dieser, den Gott auferweckte, zeigte sich (ophthe) viele Tage hindurch den mit ihm von Galiläa nach Jerusalem hinabgehenden, die allesamt (hoitines) jetzt seine Zeugen vor dem Volk sind.

Die vor Ostern mit ihm gingen, sind aber nicht «allesamt» seine Auferweckungszeugen. Also ging er auch nach Ostern mit einer Jüngergruppe nach Jerusalem.

Die sogenannte Mk-Apokalypse, die meines Erachtens auch echte Erinnerungen enthält, wurde dem Evangelium nachträglich eingefügt. Dort heißt es in 13,3: «Als er sich auf dem Ölberg niedergesetzt hatte, dem Tempel gegenüber, fragten ihn Petrus und Jakobus und Johannes und Andreas für sich allein.» Das «allein» ergibt im jetzigen Mk-Kontext keinen Sinn, weil die apokalyptische Rede als Antwort alle Jünger gleichermaßen angeht. Es wird auch nicht das bevorzugte Jüngertrio genannt, sondern die zwei Brüderpaare. All das erweist sich als situationsgerecht, wenn es auf den letzten Gang des auferweckten Jesus von Galiläa bis vor Jerusalem bezogen wird. Denn da konnte Jesus, der sich nirgendwo offen zeigen durfte, nicht mit elf oder mehr Männern wandern, sondern nur mit einem kleinen Vortrupp, abseits der Straßen oder bei Nacht. Auf dem Ölberg, sicher im Schutz der Dunkelheit, vor sich die Umrisse des mächtigen, jetzt noch bedrohlicher wirkenden Tempels, mußte er Halt machen. Das war die Stunde für ein *letztes, bestärkendes Gespräch:*

(Mk 13,3-4.9.11) Sie fragten ihn: Sag uns doch, wann dieses (Auflösen des alten Tempels) sein wird und was Kennzeichen dafür ist, daß all das (was du verkündest, die Gottesherrschaft) im Begriff steht, Wirklichkeit zu werden? – Aber Jesus sagte ihnen: ... Auf euch selbst sollt ihr achten! Sie werden euch an Synhedrien ausliefern und in Synagogen hineinprügeln und ihr werdet meinetwegen (in der Heidenwelt) Statthaltern und Königen gegenübergestellt werden; Gelegenheit, vor ihnen Zeugnis abzulegen... Und wenn sie euch ausliefern, macht euch nicht im voraus Sorgen, was ihr reden werdet, sondern redet das, was euch in jener Stunde gegeben wird! Denn nicht ihr seid (bei anderem Akzent: sollt sein) die Redenden, sondern der heilige Geist (Mt: der Geist eures Vaters).

Statt wie die Apokalyptiker auf Anzeichen zu achten, sollten die Jünger *nur auf sich selbst achten,* daß sie ihre Aufgabe bei der Verwirklichung der Gottesherrschaft richtig erfüllen. Und die besteht darin, daß sie «einfach» Zeugnis ablegen, statt sich Sorgen zu machen, wie sie sich klug verteidigen sollen. Denn als Laien und ohne ihren Meister fühlten sie sich minderwertig gegenüber den Schriftgelehrten und waren versucht, auch gelehrt zu erscheinen und dabei durch kluge «Menschengedanken» die Botschaft Gottes zu verdrehen. Sie sollen statt dessen selbstlos und furchtlos *nur heraussagen, was Gottes ATEM ihnen eingibt.* (Das Beispiel Jesu: Weil Gott die Menschen liebt, darf man auch am Sabbat heilen, egal, was geschrieben steht![71])

(Mk 13,28–29) Vom Feigenbaum lernt dieses Gleichnis: Wenn sein Geäst weich wird und Blätter treibt, erkennt ihr, daß der Sommer nahe ist. So ist es auch *bei euch*: Wenn ihr seht, daß dieses (das frühlingsmäßige Weichwerden) geschieht, dann erkennt, daß ER nahe ist, auf der Türschwelle.

Jetzt erst antwortet Jesus auf die apokalyptische Frage nach dem Termin. Und mit dem Bild von den reifenden Feigen, das er in abgewandelter Form schon zu Beginn der Passionswoche gebrauchte, zeigt er ihnen zugleich, wie unpassend ihre Fragestellung ist. Bereits in den Gleichnissen vom Samen und Sauerteig hatte er verdeutlicht, daß das Heil nicht «mechanisch» machbar ist oder eines Tages mit Getöse fertig vom Himmel herabkommt, sondern nur in den Herzen der Menschen gewissermaßen «biologisch» heranwächst. Ihr fragt: Wann kommt die Gottesherrschaft? Ich frage euch: Wann kommt der Sommer, die Zeit der Reife? Das seht ihr doch selbst am Feigenbaum: Wenn seine Zweige weich werden und Blätter treiben, ist Frühling und geht es auf die Reifezeit zu (nach der fruchtlosen Winterperiode). Genauso ist es «bei euch». (Er redet nicht von den «andern».) *Je mehr eure Herzen aus ihrer Winterstarre herauskommen und lebendig werden, desto näher ist für euch die Gottesherrschaft.* – Am Ende gebraucht Jesus ein neues Bild mit einer neuen Aussage: «auf der Schwelle». Nicht eine Sache, sondern nur eine Person kann auf der Schwelle stehn. Es ist ein Gast, der schon angekommen ist und nur darauf wartet, daß man ihm die Tür aufschließt, damit er eintreten kann. *So ist Gott selbst «schon da».*

(Mk 13,30–31) Amen, ich sage euch: ... Der Himmel und die Erde mögen vergehen, aber meine Worte werden nicht vergehen.

Dieses letzte Amen-Wort ist, genau besehen, so gewaltig, daß man sich fragt, ob ein bescheidener Gottsucher so etwas sagen kann. Denn «stabiler als Himmel und Erde» bedeutet: Meine Botschaft über Gott ist nicht nur höchstwahrscheinlich oder nach meiner klaren Überzeugung richtig, sondern: sie ist objektiv und absolut sicher (wie einer, der ins Licht schaut, sagen kann: Aus dem Licht kommt keine Finsternis). Darf denn ein Sterblicher, der noch nicht an der Jenseitsschwelle die Wirklichkeit wahrgenommen hat, derart absolut *die End-Gültigkeit seiner Gotteserkenntnis* behaupten? Wurde dieses schaudererregende Wort von einem Christologen dem Menschen Jesus in den Mund gelegt? Oder hat Jesus selbst, von der Jenseitsschwelle zurückgekehrt, so gesprochen?

Die Jünger haben dieses *«Wort der Sicherheit»* vertrauend von ihrem Meister angenommen und haben aus dieser Sicherheit heraus als Laien gegen Hohepriester und Schriftgelehrte, gegen Statthalter und Könige für die Sache Jesu und Gottes zugleich gekämpft wie der Hirtenjunge David gegen den gepanzerten Riesen Goliath. *Wer die Sicherheit Jesu vertrauend vom Meister annimmt (statt sie sich einzureden), wird leicht-sinnig wie David gegen Gepanzerte antreten.*

Der letzte «Schubs» zum Start in Jerusalem klingt geradezu paradox. Zu erwarten ist: Nun geht und fangt an! Aber Jesus sagt: Setzt euch hin und wartet, bis ihr eure Rüstung bekommt! Denn die bei Lk überlieferte Endanweisung lautet wörtlich:

(Lk 24,48–49) Ihr (werdet sein) Zeugen von diesem: Siehe, ich selbst sende heraus (aus mir?) die Verheißung meines Vaters auf euch. Ihr aber setzt euch nieder in der Stadt, bis ihr angezogen/ausgerüstet seid aus der Höhe mit KRAFT!

Kraft, die nicht aus dem Menschen, sondern aus der Höhe kommt, das ist DER ATEM, der nach der Taufe Jesu aus dem geöffneten Himmel herabkam in ihn hinein und ihn wie neu belebte und künftig immerfort bewegte. Es ist die Lebenskraft und Liebesgesinnung Gotes, des Vaters, die zwar in der ganzen Schöpfung gegenwärtig und wirksam ist, aber *gottoffene Herzen charismatisch-verstärkt erfassen kann*. Jesus selbst *(ego)* wird diese Verheißung des Vaters herausschicken *(exapostello)*. Daß er aus sich heraus den in ihm wesenden ATEM Gottes mitteilt, stellt Joh so dar: «Wie

mich der Vater gesandt hat (nämlich durch die Gabe seines ATEMS), so sende ich euch. Er hauchte sie an und sprach: Empfanget den heiligen ATEM!» (Joh 20,21 f.).
Das war Jesu letzte Sorge: Wartet, bis! *«Macht» keine Religion mit eurer Kraft und eurer Klugheit, sonst wird es euer Menschenwerk!* Laßt Gott durch euch hindurch wirken! Öffnet nur vertrauend eure Herzen für seinen ATEM, seine KRAFT *(pneuma, dynamis)!*

134. Er entfernt sich und bleibt nahe
Lk 24,50–52; Mt 28,20

Und seine Hände erhebend segnete er sie. Da geschah es: indem er sie segnete, entfernte er sich von ihnen. Und sie kehrten nach Jerusalem zurück mit großer Freude.

So der erste, noch wunderlose Bericht vom Abschied Jesu. Aber schon derselbe Autor korrigiert ihn christologisch durch seine zweite Darstellung in Apg 1,9–11: Demnach wurde er «während sie hinschauten, emporgehoben, und eine Wolke nahm ihn weg vor ihren Augen». Zwei Männer in weißen Gewändern stehen plötzlich da und erklären, er werde auf dieselbe Weise wieder vom Himmel herunterkommen. Es ist nun mal unredlich, beide Texte *harmonisieren zu wollen,* und ist menschenunwürdig, sie als Theologe *harmonisieren zu müssen.* Denn *di-istamai* heißt «sich entfernen» (Lk 22,59; Apg 27,28) und bedeutet bei Fußgängern «weggehen» und nicht «hinaufschweben»; so wie *neaniskos* Jungmann heißt und nicht Engel!
Doch während Jesus am Ölberg (Apg 1,22) sich leiblich von seinen Jüngern entfernte, blieb er geistig, dynamisch bei ihnen. Er erhob seine Hände über sie und segnete sie. Das ist der Gestus intensiver Kraftmitteilung unter Fürbitte. – Und er hörte beim Weggehn nicht auf, sie zu segnen. Denn es heißt: Während er weiterhin sie segnete, für sie betete, entfernte er sich.
Die Frage, wohin er ging, ist für uns unwichtig und vielleicht unlösbar. Sicher ist nur, daß er als verurteilter und durch Kreuzigungsnarben gekennzeichneter Staatsverbrecher im Geltungsbereich der römischen Justiz nicht mehr öffentlich wirken konnte.

Daß er irgendwo «für sich blieb», statt sich ein weiteres Missionsfeld zu suchen, ist sehr unwahrscheinlich, nachdem er selbst seinen Boten die globale, ja kosmische Dimension der Guten Botschaft erschloß.

Wohin er sich räumlich entfernte, brauchen wir nicht zu wissen, nachdem wir ohnehin zwei Jahrtausende zeitlich von ihm getrennt sind. *Ob und wie er geistig, mit seiner Kraft bei den Jüngern blieb, das ist entscheidend.* Die erste Auswirkung seines Bleibens ist bei Lk überliefert. Es war zu erwarten, daß sie, nunmehr ohne ihren Meister, traurig und verzagt vom Ölberg hinabstiegen in diese bedrohliche Stadt. Aber sie kehrten zurück «mit großer Freude». Nicht schon der Missionsauftrag, sondern erst diese große Freude aus der charismatischen Gewißheit, nicht allein zu sein und daß «der Herr mitwirkt», ermöglichte das psychologische «Wunder», daß diese kleinen Leute, von Jerusalem angefangen, überall die Botschaft Jesu verkündeten (Mk 16,20). – Dieses geschichtliche Faktum ergänzt und besiegelt die Gute Botschaft. Auch der Botschafter selbst, *Jesus, bleibt eine gegenwärtige Realität.* Weggehend und weggegangen segnet er seine Jünger, vermittelt ihnen seine Kraft und somit die Freude, wann immer sie vertrauend ihn darum bitten; *natürlich auch heute.* Aber er versprach kein apokalpytisches Herunterkommen und mirakulöses Eingreifen in unsere Geschichte, sondern behauptete:

(Mt 28,20) Seht es: Ich bin bei euch alle Tage bis zur Vollendung des (irdischen) Äons.

Um dieses tägliche stille «Bei-uns-sein» zu *«sehen»*, wie er verspricht, um es zu erfahren, muß man ihm wie einem, der auf der Schwelle steht, *einfach die Tür des Herzens öffnen.* – Man kann doch auch heute so einfach-herzlich mit Jesus reden wie mit jedem vor Jahren hinübergegangenen Freund und Lehrer: Lieber Franz, lieber Meister, ich weiß nicht, wo und wie du lebst. Ich weiß nur, daß du lebst und daß du mir gut bist. Bitte, hilf mir in dieser schwierigen Lage! Ich erbitte ja kein «Tischrücken» etc., sondern nur, was schöpfungsgemäß ist. Hilf mir so, wie *du* es für gut hältst!

135. Exkurs: Zur heutigen Exegese der Ostertexte

Die biblizistisch verhärteten Meinungen unserer Vorväter, *alles sei wörtlich zu nehmen und irgendwie zu harmonisieren,* mußten unbedingt aufgebrochen werden. Dafür haben Autoren, deren Meinungen hier zu berücksichtigen sind, sich verdient gemacht.
H. E. G. Paulus (1761–1851) hat als erster ein wunderloses Wiederaufwachen des Gekreuzigten erwogen. Seine Anregung wurde mit dem Etikett «Rationalismus» versehen und «fand als völlig abwegig allgemeine Ablehnung» (Sacramentum mundi, «Auferstehung»).
Heutige Theologie urteilt (nach «Religion in Geschichte und Gegenwart», 3. Aufl.): «Dieses Ereignis steht jenseits der immanenten menschlichen Erkenntnismöglichkeit» (W. Künneth). – Entsprechend dieser allgemein akzeptierten, aber unbewiesenen «Voraussetzung» suchen die Exegeten nicht mehr «Osterfakten», sondern nur noch die Genesis des «Osterglaubens». (Von diesen kann ich freilich nur mitleidiges Schweigen erwarten, aber keine fachliche Hilfe.) – Beispiele moderner Theologen:
R. Bultmann (Kerygma und Mythologie I., Hamburg 1967[5]; Auferstehung, S. 44–48): Daß eine Leiche wieder lebendig wird, sei unmöglich, darum unglaubhaft. / Antwort: Etwas genauer, bitte! Da wir Gott nicht kennen, dürfen wir nie urteilen: «unmöglich». Aber wer die neue, das AT sprengende Gottesbotschaft Jesu glaubt, darf guten Gewissens auch glauben: Gott greift nicht durch Rettungswunder in seine Schöpfungsordnung ein. Leichen wieder aufzurichten wäre darum *gottwidrig*. Aber zugleich ist bei Jesus zu lernen: Kranke und Gemarterte wieder aufzurichten *(egeiro)* durch die enorme Kraft des Gottvertrauens, das ist *gottgemäß*.
Die geglaubte Auferstehung Jesu sei die Besieglung des Kreuzes als geglaubtes Heilsereignis. Dieser Glaube stütze sich auf kein historisches Faktum, sondern allein auf das Wort Gottes. / Antwort: Vorsicht! Woher kommt dieses Wort «Gottes»? Jesus lehrt eindeutig genug, daß nur die konsequente Umkehr zu Gott als dem guten Vater *heilsentscheidend* ist, und daß er Schuld *umsonst* vergibt dem, der ebenso seinen Schuldnern vergibt. Demnach widerspricht die alte Sühnopferpraxis und die spätere Theorie einer Rechtfertigung aufgrund des Kreuzesopfers Christi dem Gott, den *Jesus* verkündet. *Erst Paulus lehrte,* daß Jesu Sühnetod unsere Rechtfertigung vor dem Richtergott und seine Auferweckung unsere Mitauferweckung bewirke. Also steht dieser Glaube nicht auf dem Wort Gottes, sondern *auf dem Wort des Paulus,* dem faktisch (so hart das klingen mag) mehr Glaube geschenkt wird als dem maßgebenden Gottesboten Jesus.
W. Marxsen (Die Bedeutung der Auferstehungsbotschaft für den Glauben an Jesus Christus, Gütersloh 1966, 9–39): Historisches Ereignis kann nur genannt werden, was mit historischen Mitteln feststellbar ist. Das NT weiß für die Auferweckung Jesu keine Augenzeugen, also gibt es keine, also ist sie

nicht historisch verifizierbar. / Antwort: Daß keine Augenzeugen genannt werden, beweist nur, daß niemand ein wunderhaftes Ereignis sah. Denn wer solches wahrnahm, brauchte, ja durfte es nicht verschweigen. Wenn aber jemand den wiedererwachten Jesus aus dem Grab «schleppte» (Joh 20,2.13.15), war es *notwendig,* seinen Namen und sein Tun im Machtbereich der römischen Justiz zu *verschweigen,* weil er als Staatsfeind zum Tod verurteilt war.
Historisch feststellbar ist nur ein «Sehen» der Jünger. Daraus folgerten sie und die Urkirche eine Auferstehung Jesu. Sie ist also kein Ereignis, sondern nur ein «Interpretament» jenes «Sehens», und zwar ein in die Vergangenheit blickendes. Das andere, wichtigere Interpretament blickt in die Zukunft: Sendung, Auftrag. Im Wort der Verkündigung lebt Jesus weiter. Die Auferstehung Jesu als Interpretament, dem veralteten Weltbild entsprechend und damals ein nützlicher Impuls, wird heute zum Hindernis des Glaubens, wenn sie zur Mitte der Verkündigung gemacht wird. / Antwort: Es ist richtig, daß alles, was nach der Kreuzigung Jesu geschah, die Gültigkeit seiner Botschaft nicht berührt, daß jedoch das «Sehen» der Jünger die missionarische Verbreitung der Botschaft inaugurierte. Es ist aber nicht richtig, *ungeprüft vorauszusetzen,* daß dieses Sehen (wie die Vision des Paulus) kein normales, gegenständliches sein *konnte.*
Ph. Seidensticker (Die Auferstehung Jesu ..., Stuttg. Bibelstudien 26, 1967) nimmt nur eine einzige Ostererscheinung an, die vor den «über 500 Brüdern» (1 Kor 15,6). Alle weiteren Erscheinungsberichte bei Paulus und in den Evangelien seien nur «ekklesiale Aussonderungen» aus diesem einmaligen Urerlebnis. / Antwort: Das Problem würde nur verschoben. Einer mußte die 500 als «Brüder» gesammelt haben (Petrus). Und dieser eine brauchte nach der Karfreitagskatastrophe dafür einen hinreichenden Impuls, *eine österliche Überzeugung. Woher nahm er diese?*
E. Ruckstuhl (Die Auferstehung Jesu, Luzern 1968) setzt sich mit Bultmann und Marxsen auseinander, hält aber wie die evangelischen Theologen an der Gültigkeit des NT als Wort Gottes selbstverständlich fest. Wie diese möchte er den heutigen Zweiflern entgegenkommen, indem er viel Wunderliches in den Osterberichten als bloßes «Stilelement» erklärt und rechtfertigt, aber auf der *Wunderwirklichkeit* der leibhaften Auferweckung und *leibhaften* Himmelfahrt Jesu beharrt.
A. Vögtle/R. Pesch (Wie kam es zum Osterglauben?, Düsseldorf 1975): Die ursprünglichen Osterzeugnisse sind höchstwahrscheinlich außerhalb der evangelischen Ostererzählungen zu finden, faktisch bei Paulus. Leeres Grab weder wahrscheinlich noch nötig. Ergebnis: «Wir sind weit davon entfernt, auf die Frage nach der Entstehung des Osterglaubens über hypothetische Möglichkeit hinaus eine *einigermaßen konkrete* und sichere Antwort geben zu können.» Als Schlußwort wird R. Schnackenburg zitiert: *«Die Angelegenheit kommt vom Verstand wieder zurück zum Glauben.»* / Rückfrage an die Seelsorger Vögtle, Pesch, Schnackenburg u. a.: Wenn schon der Osterglaube (ge-

mäß Eurem Erstzeugen Paulus) für uns heilsentscheidend sein soll, dann sagt uns wenigstens, wem wir glauben sollen! Der Kirche? Aber wem glaubt die Kirche?
P. Lapide (Auferstehung. Ein jüdisches Glaubenserlebnis, Stuttgart 1977): «Nicht an das leere Grab kann ich glauben noch an die weißgekleideten Engel oder die Himmelsöffnung... All das gehört zum frommen Betrug späterer Generationen... Wenn man all diese literarischen Zutaten behutsam entfernt, bleibt uns ein etwas übrig, das in der schlichten Ausdrucksweise der Apostel als Auferstehung versprachlicht worden ist.» Er zitiert dann «seltsame Umschreibungen» der Auferstehung durch moderne Theologen: «Jesus ist in das Kerygma hinein auferstanden» (Bultmann). «Ostern bedeutet: Die Sache Jesu geht weiter» (Marxsen). «Er ist auferstanden, weil er die innerste Mitte alles irdischen Seins im Tode für ewig erobert hat» (Rahner) u. a. Lapide: «Mich dünken die meisten dieser und ähnlicher Vorstellungen allzu abstrakt und gelehrt, um aus handfesten Hinterwäldlern aus Galiläa, die aus dem sehr realen Grund der Kreuzigung ihres Meisters zu Tode betrübt waren, binnen kurzer Zeit eine himmelhochjauchzende Heilsgemeinde zu machen. Dazu bedurfte es wohl eines konkreten Grundes, der die Möglichkeit einer leiblichen Auferstehung keineswegs ausschließen kann. Eines dürfen wir mit Sicherheit annehmen: An ausgeklügelte Theologenweisheit haben weder der Zwölferkreis noch die Urgemeinde geglaubt. – Wenn Gottes Macht, die in Elischa wirkte, groß genug war, um sogar einen Toten, den man in das Grab des Propheten geworfen hatte, wiederzubeleben (2 Kön 13,20ff.), so wäre auch die Auferstehung eines gekreuzigten Juden nicht unvorstellbar. ‹Oder ist bei mir keine Kraft mehr, zu erretten?› (Jes 50,2), fragt der Herr allen Lebens die Schwergläubigen.» / Antwort: Herzerfrischend ist diese *Konkretheit genuin-jüdischen Gottvertrauens.* Daß Gottes «Kraft zum Retten» sich konkret auswirkte an Jesus, der ihn während seiner Passion zweimal als den EL (= Kraft) anrief, davon bin ich überzeugt. Aber *wir sollten es ihm überlassen,* ob er durch *schöpfungswidrige Mirakel* Tote zurückholt oder durch *fürsorgliche Fügungen innerhalb der Schöpfungsordnung* Todgeweihte wieder aufrichtet; was den einen als Zufall, den andern als Beweiswunder erscheinen mag.

Paulus als Weichensteller

«Die Gelehrten sagen», 1 Kor 15 enthalte das älteste und darum maßgebende Osterzeugnis. Die zugehörige Fachliteratur ist immens (J. Kremer, das älteste Zeugnis von der Auferstehung Christi. Stuttgart 1966, nennt 37 Autoren). / «Naiver Einwand»: Daß 1 Kor 15 um 54 und Mk 16 später geschrieben wurde, besagt doch nicht, daß Mk nicht die *ältere Überlieferung* enthalten kann.

«Die Gelehrten sagen», Paulus habe sein Zeugnis als bereits verfestigte Bekenntnisformel übernommen, spätestens vor Beginn seiner Missionstätigkeit. J. Pfammater (im Sammelband Ruckstuhl/ Pfammater, S. 17) nimmt an, im Zusammenhang mit seiner Bekehrung, also im ersten Jahrfünft nach der Kreuzigung, habe er es empfangen, selbstverständlich von der Gemeinde. / «Naiver Einwand»: Paulus sagt in 1 Kor 15 nicht, *von wem* und *wie* er sein «rettendes Evangelium» *empfangen* hat. Also darf man nichts als gegeben voraussetzen, sondern muß in seinen sieben authentischen Briefen erst mal nachlesen, was er selbst unter «Evangelium» und «empfangen» *(para-lambano)* versteht. – 1. «Evangelium» ist für Paulus «mein Evangelium»: über Jesus Christus; von der Gerechtigkeit Gottes aus Glauben zum Glauben; das jeden rettet, der es annimmt; mir persönlich geoffenbart und zur Verkündigung aufgetragen (vgl. Anfang und Ende des Röm, Gal und 1 Kor 15) – 2. Dieses Evangelium «empfangen» heißt für Paulus: «Das Evangelium, das ich verkündigt habe, stammt nicht von Menschen. Ich habe es ja nicht von irgendeinem Menschen übernommen oder gelernt, sondern durch die Offenbarung Jesu Christi empfangen» (Gal 1,11 f.). Er «zog keinen Menschen zu Rate», er ging nach seiner Erleuchtung vor Damaskus «nicht zu denen, die vor ihm Apostel waren». Das beschwört er, als ob es für ihn, den schon im Mutterleib Auserwählten und vom himmlischen Christus selbst Belehrten, eine große Sünde gewesen wäre, sich noch von Menschen belehren zu lassen (Gal 1,15–23). Schon daraus folgt, daß Paulus die «Hauptpunkte» *(en protois)* seines Evangeliums, an die er in 1 Kor 15,3 ff. erinnert, eben nicht von Menschen, *nicht durch Gemeindeüberlieferung empfing, sondern durch Offenbarung*. Das klingt zunächst absurd, daß er solch einfache (?) Daten charismatisch empfangen haben soll. Also lesen wir, was er sonst noch «empfangen» hat! – 1 Kor 11,11 ff.: Herrenmahl. Hier sagt er's deutlich: «Ich habe *vom Herrn empfangen,* was ich euch auch überliefert habe», nämlich die Einsetzungsworte. Aber die hat er doch gewiß von einer schon vor ihm Eucharistie feiernden Gemeinde empfangen. Meinen «wir»! Es ist auch nicht erlaubt, Paulus so zu interpretieren: Er hat es durch die Vermittlung der Gemeinde vom Herrn empfangen. Das widerspräche seinem in Gal 1 geschworenen Grundprinzip: Nicht von menschlichen Mittlern, sondern allein vom himmlischen Christus direkt empfing er alles, was er verkündet. So bleibt nur diese Erklärung: Was er ringsum an Jesusüberlieferungen hörte, wird für Paulus erst dann gültig, wenn der himmlische Christus es ihm charismatisch bestätigt und richtig deutet. Beispiel: Die paulinisch-richtige Deutung des überkommenen Becherwortes liegt in dem (auch grammatikalisch erkennbaren) Zusatz: «in meinem Blute», womit die paulinische Sühnopfertheorie eingebracht ist. – 1 Kor 9,14: «Die das Evangelium verkünden, sollen auch vom Evangelium leben.» Paulus meint, das habe «der Herr» geboten. Von Jüngern Jesu kann er solches nicht gehört haben, denn Jesus hat das Gegenteil geboten. (Mt 10,8f. parr) – 1 Kor 14,33–38: Frauen sollen in der Versammlung schweigen. Das sei ein «Gebot des Herrn», behauptet Paulus. Hier wird auch deutlich, woher und wie er dieses offenkundig jesusfremde Gebot «empfing»: vom himmlischen Christus durch prophetische Erleuchtung. Denn «wenn einer meint, Prophet oder geisterfüllt zu sein, soll er in dem, was ich schreibe, ein Gebot des Herrn erkennen. Wer das nicht anerkennt, wird nicht (als Charismatiker) anerkannt». – 1 Thess 4,15–17: Parusie mit Entrückung von «uns noch Lebenden» usw. «Dies sage ich euch nach einem Wort des Herrn.» Auch dieses Wort kann Paulus wie andere Apokalyptiker *nur vom Himmel her* gehört haben.

Nachdem klargestellt ist, was «Evangelium» bzw. «Wort des Herrn» und «empfangen» *für Paulus* bedeutet, dürfen wir sein Auferstehungszeugnis in 1 Kor 15 *nicht länger als Credo der Urgemeinde* werten, sondern müssen es relativieren. Das heißt: es in Relation bringen zu den subjektiven Überzeugungen und Absichten dieses ungewöhnlichen Charismatikers. Dann werden die zweierlei Inhalte seines rettenden Evangeliums erkennbar: 1. Fakten, die er von Menschen hörte: Der Gekreuzigte wurde begraben (wichtig!); er ist am dritten Tage wieder aufgewacht oder wurde aufgeweckt *(egeiromai);* er wurde von Petrus gesehen und dann von den Zwölfen (ungenau, weil elf). 2. Theologische Deutung des Paulus (vergleichbar dem Zusatz «in meinem Blute»), die erst die Fakten zum «rettenden» Evangelium macht: «für unsere Sünden starb er, gemäß den Schriften», und «gemäß den Schriften» wurde er wieder erweckt. – Dieser Kurzform seines

Evangeliums fügt er noch weitere Erscheinungen hinzu, von denen er wohl nur *gerüchtweise hörte.* Wäre eine derart auffällige Massenerscheinung vor 500 und eine für die apostolische Autorität des Jakobus hochwichtige Erscheinung wirklich geschehen, dann hätte Lukas bei seiner Materialsammlung beide vorgefunden und in seiner Apg berichtet. Daß Paulus hier das charismatische Pfingstereignis als «Sehen» des Auferweckten deutet und die Jakobuslegende anfügt, dient seinem offenkundigen Zweck: Nicht nur Petrus und der Herrenbruder, der diesen in der Leitung der Urgemeinde ablöste, sondern *auch ich* habe (vor Damaskus) den Herrn *«gesehen».* Darum bin auch ich Apostel, scheinbar der letzte, unwürdigste, in Wirklichkeit durch die Gnade Gottes der erste, tüchtigste (1 Kor 15,8–11). – Das Fazit: 1 Kor 15,3–5 ist *nicht das Glaubensbekenntnis der Urgemeinde,* sondern nur *das «Evangelium» des Paulus.* Was es an Osterfakten enthält, ist wenig, aber als Bestätigung der Evangelienberichte bedeutsam: begraben, statt in eine Grube geworfen; am dritten Tag aufgeweckt; zuerst von Petrus gesehen, dann von den andern. – Als irrige Weichenstellung wirkte der Text auf die modernen Exegeten, die von ihm als dem Erstzeugnis der Urgemeinde ausgehen, um das Ostergeschehen zu erforschen und zu deuten. Ihr Ergebnis: Die Urgemeinde wußte nur von einem *charismatischen «gesehen werden» (ophthe)* des Auferweckten durch die Apostel, das der Lichtvision des Paulus vor Damaskus gleichartig und gleichwertig ist. Alles weitere, angefangen mit dem leeren Grab, sei Legende, Apologetik, fortschreitende Materialisierung eines innerpsychischen Vorgangs. / Darauf zwei Antworten im Blick auf *Paulus* und die *Evangelisten*:

1. Die Tendenzen des Paulus sind von Jesus her zu bewerten
a) Für Paulus, der Jesus weder kannte noch kennen «lernen» wollte, war *nur* der himmlische Christus maßgebend für die Berufung zum Apostelamt. Denn er meint, «*erst seit der Auferstehung* von den Toten sei er dem Geist der Heiligkeit nach in Macht als Sohn Gottes eingesetzt» (Röm 1,4). / Jesus selbst: Er wußte sich schon seit seinem Tauferlebnis als der geliebte Sohn Gottes, als vom Geist (ATEM) Gottes belebt und darum als der maßgebende Verkünder des Gotteswillens.

b) Für Paulus war eine echte Totenerweckung Jesu *unverzichtbar,* weil er meinte, *nur unsere mystische Einung* mit dem als Sühnopfer getöteten und

wieder aufgeweckten Christus ermögliche unsere Auferweckung und Vollerlösung. / Jesus selbst: Er lehrt, 1. daß Gott den umkehrwilligen Sündern so vergibt, wie sie einander vergeben, und 2. daß «alle Toten ihm leben».
c) Für Paulus persönlich war es entscheidend, trotz seines neuen Evangeliums *als Apostel Christi anerkannt zu werden.* Man beachte: «Ich schäme mich des Evangeliums nicht», das «die Gerechtigkeit Gottes offenbart aus Glauben zum Glauben» (Röm 1,16f.). Als ob ein Missionar gegenüber den «berufenen Heiligen in Rom» sich seines Evangeliums schämen müßte, wenn es noch das ihnen bekannte, alte ist! Seit Gal 1,1 nennt er sich «Apostel, nicht von Menschen (Plural: nicht von den Altaposteln) und nicht von einem Menschen (Singular: nicht von dem irdischen Jesus) berufen, sondern durch den von den Toten auferweckten Christus». Den Korinthern erklärt er: «Bin ich nicht Apostel? Habe ich nicht Jesus, unseren Herrn *gesehen?* . . . Wenn ich für andere kein Apostel bin, so bin ich es doch für euch!» (1 Kor 9,1f.) Das ist seine ständige Not: Als Apostel zu gelten, um gehört zu werden! Darum muß er sein charismatisches Sehen des Auferweckten zusammen mit dem Sehen der 500 Brüder, das ebenfalls ein charismatisches Geschehen war, und dem legendären Sehen des Jakobus und aller Apostel dem entscheidenden Sehen des Petrus und der Zwölf *angleichen,* das aber nach den Osterberichten ein ganz anderes, nämlich ein normales Sehen war. – *Ophthe* mit Dativ heißt wörtlich: Er ließ sich dem x sehen. Das ist in der Tat eine Formel, die im griechischen AT, besonders in Gen und Ex, häufig für «Erscheinungen» gebraucht wird. So konnte Paulus mit Recht von seinen eigenen Visionen reden. Aber er war nicht berechtigt, die Erlebnisse des Petrus und der Elf «auf diese höhere Stufe zu heben». Er tat es, um in den Augen der Korinther zunächst genauso wie Petrus als Apostel zu gelten. Denn dieser war in Korinth bekannt (1 Kor 1,12; 3,22). Die Aussage *«Er erschien mir so, wie er dem Petrus erschien»* ist auch deshalb unrichtig, weil Paulus den irdischen Jesus nicht kannte und deshalb ihn nicht mit seinen Visionen identifizieren konnte, weder seine äußere Gestalt noch sein Verhalten noch seine Botschaft. Paulus mußte seine apostolische Sendung und Autorität allein auf seine persönlichen charismatischen Erfahrungen gründen. / Jesus selbst: Er wählte, die er wollte, – daß sie *«mit ihm seien»* – und er sie sende, die Gottesherrschaft zu verkünden – und Kranke zu heilen.
Darum konnte das Apostelamt des Judas nur erhalten, «wer die ganze Zeit mit *uns zusammen war, als der Herr bei uns ein und aus ging*» (Apg 1,21f.). Darum wird Paulus weder in der Apg noch in 2 Petr Apostel genannt, obwohl er selbst 13mal mit Nachdruck sich Apostel nennt. Um mit oder ohne Titel als Botschafter Jesu wirken zu können, hätte er wenigstens die Botschaft Jesu von den Aposteln «lernen» müssen, und das wollte er nicht. Darum ist es ein *theologiegeschichtliches Kuriosum,* daß heute gerade die kritischen Theologen bei ihrer Deutung von Jesu Kreuz und Auferweckung sich an Paulus als den Erstmaßgeblichen gebunden «fühlen».

2. Legendenmacher verfahren nicht derart zweckwidrig

Historischer und psychologischer Realismus tut not. Wer irgendwann anfing, einen reinen Osterglauben, von dem heutige Theologen ausgehen, durch massive Ostergeschichten zu verdeutlichen, auch wer überlieferte Ostergeschichten beim Weitererzählen abänderte, war kein Es («die» Gemeinde, «der» Glaube o. ä.), sondern ein *verantwortlicher Prediger*. Als solcher wollte er entsprechend seiner fortgeschrittenen Christologie Ostern großartiger und zugleich glaubwürdiger darstellen. Was diesem «Werbezweck» offensichtlich widerspricht, *konnte er nicht erfinden*. Also:

a) Wozu Frauen erfinden, die als erste die Botschaft hören und den Auferweckten sehen? Frauen galten als zeugnisunfähig. Dazu die berüchtigte Magdalenerin! So etwas zu erfinden, wäre eine heimtückische Beleidigung der Apostel, zumal des Petrus. (Man beachte, daß Mk die zweite Maria in 15,40 «Mutter des Jakobus, des jüngeren, und des Joses», in 15,47 «die des Joses», in 16,1 «die des Jakobus» nennt. Daraus folgt: Er hat drei ihm vorliegende Überlieferungen nur getreulich aneinander gereiht, ohne glättend in den Text einzugreifen. Und daraus folgt: Der älteste Evangelist hat die Frauen nicht erfunden, sondern als Überlieferungsgut übernommen!

b) Wozu ein Grab erfinden, und zwar eines, das man leicht öffnen und kontrollieren kann? Wozu noch den Namen eines angesehenen Ratsherrn als Eigentümer nennen und somit das Höhlengrab identifizieren? Das macht doch heillose Schwierigkeiten, wenn Zweifler nachforschen sollten! Viel klüger wäre es gewesen, zu erzählen: Der Messias wurde so tief erniedrigt, daß sie seinen Leichnam in die Mördergrube warfen. Aber nach drei Tagen schwebte er heraus und nahm noch den rechten Schächer mit. Wer's nicht glaubt, der grabe in der Grube nach!

c) Wozu das «Geschlepptwerden» erfinden statt des siegreichen Schreitens oder Fliegens?

d) Wozu einen Jungmann als Boten erfinden statt einen Engel?

e) Wozu das gefaltete und gesondert abgelegte Schweißtuch? Es besagt theologisch doch gar nichts.

f) Wozu den Auferweckten essen und trinken lassen, als ob er noch hungrig wäre und Irdisches verdauen müßte? Das macht bei Zweiflern doch nur Schwierigkeiten. Wozu den Herrn gar an einer Honigwabe lutschen lassen?

g) Warum haben sie keine Wunder des Auferstandenen erfunden?

h) Warum nur 153 erbeutete Fische statt wenigstens 1000?

i) Wozu noch Angst vor den Juden und verschlossene Türen erfinden, wenn der Herr «glorreich» auferstanden ist?

Als Legendenbildung verdienen die evangelischen Ostergeschichten die Note: überaus dumm. Als Berichte können die Mt- und Lk-Texte (im Gegensatz zu Mk!) auch nicht gelten. Es sind Predigten. Als Seelsorger waren aber die Autoren (an sich schon immer!) in diese Zange genommen: Einerseits waren sie an das mündlich oder schriftlich überlieferte Gut gebunden und durften nichts aus dem Nichts erfinden; andererseits meinten sie, das Überlieferte ihrer eigenen fortgeschrittenen Theologie und dem Denken ihrer Gemeinde anpassen zu müssen. Ergebnis: Sie «verbesserten» das Überlieferte, deuteten z. B. die Taufe Jesu als stellvertretende Erfüllung der Gerechtigkeit oder den Jungmann im Grab als Engel, fügten vielleicht-wahre, aber jedenfalls zweckdienliche Geschichtchen, wie die Grabwächter, ein und bewiesen ihre Theologie mit alttestamentlichen Zitaten, die sie Jesus in den Mund legten. Wäre es da nicht Aufgabe kritischer Exegeten, das Erstüberlieferte möglichst von den Zutaten (die Brocken von der Brühe) zu scheiden, um den Fakten, dem *«Jesus selbst»*, näher zu kommen statt nur den diversen frühchristlichen *«Ideen über Jesus»*?

Schräge Gottesbilder hemmen das Fragen nach den Osterfakten

Gott muß sich durch Wunder beweisen, also mußte er die Leiche lebendig machen, meinen die «rechten» Theologen. Das klingt wie Aberglaube und kommt doch aus dem Willen, bedingungslos zu glauben. / *Gott kann nicht* mit Wundern in die Schöpfung eingreifen, also ist an der Leiche nichts geschehen, nur in den Köpfen der Jünger, meinen die «linken» Theologen. Das klingt wie Atheismus und kommt doch ebenso aus dem Willen, bedingungslos zu glauben.

Jesus sagt, nicht vom alten Gottesbild, sondern von seiner *eigenen Gotteserfahrung* her: *Gott greift nicht ein, er ist schon drin, ganz natürlich.* Es ist kein Märchen, sondern Wirklichkeit, daß er «sich kümmert» um alles. Um jeden einzelnen Spatzen, erst recht um jeden einzelnen Menschen. Als Vater. – Und es ist wahr, daß er seine Geschöpfe respektiert, die Gehfähigen laufen läßt, wohin sie wollen, statt sie zu gängeln, die Bösen auch Böses tun läßt, sogar einen schuldlosen Menschensohn kreuzigen läßt. – Und es ist wahr, daß er allen, im Maße sie ihm vertrauen, seinen ATEM, seine KRAFT mitteilt, außergewöhnliche (aber nicht mirakulöse!) Kraft, um Kranke zu heilen oder um die Zerreißprobe einer Kreuzigung ohne Zusammenbruch zu bestehen. – Und es ist wahr, daß er trotz seiner diskreten, wunderlosen Zurückhaltung, die oft als Schwäche oder als Ungerechtigkeit oder gar als Abwesenheit erscheint, *alles fürsorglich in seinen guten Händen hält.*

Einen solchen Gott können «rechte» und «linke» Theologen gemeinsam mit redlichen Naturforschern und Geschichtsforschern im 20. Jahrhundert «annehmen». Einem solchen Gott kann man *beides* zutrauen: daß er auch in der Religionsgeschichte jeden menschenmöglichen Unsinn geschehen läßt, und daß er den gekreuzigten Jesus durch eine Kette von «Zufalls»-Fügungen «nicht in den Hades fallen ließ» (so Petrus), damit seine befreiende Gottesbotschaft nicht (historisch-bedingt) ganz verloren geht. Einem solchen Gott kann man wieder «natürlich vertrauen» wie ein Kind seiner Mutter; ohne Schizophrenie; *ohne aus Frömmigkeit den Verstand einschläfern oder ausschalten zu müssen.*

Fünfter Teil
Rückblick und Ausblick

136. Meinungen über Jesus von Paulus bis Chalcedon

Schon die Zeitgenossen Jesu bildeten sich absonderliche, widersprüchliche, teils richtige, teils falsche Meinungen über ihn. Das Volk: Er redet aus Vollmacht. / Die Gegner: Er paktiert mit dem Teufel. / Seine Familie: Nein, er ist nur geisteskrank. / Heilungsuchende. Er «kann» etwas, er kann zaubern. / Herodes: Das Gespenst des geköpften Johannes geht um. / Viele Anhänger: Er ist der Davidsohn-Messias. / Seine Schüler sagten: Meister!, und gingen hinter ihm her, fasziniert und erschrocken zugleich. Die Soldaten, die ihn verhöhnten und quälten: fanden überhaupt nichts Ungewöhnliches an ihm. / Pilatus: wunderte sich über sein Schweigen. / Der heidnische Zenturio am Ende: Er ist doch so etwas wie ein Halbgott. / Maria von Magdala sagt: Rabbuni, mein lieber Meister!, und tut alles für ihn.

Eines ist sicher: Jesus fiel auf. Aber wodurch? Gehen wir realistisch davon aus, daß alle Menschen in ihrem Verhalten «ein wenig» verbogen sind. In einer solchen Sammlung fallen zwei Typen auf: wer besonders bizarr verkrümmt ist; wer überhaupt nicht verbogen ist. – Vielleicht ist Jesus *nur der «ganz gerade» und somit «ganz einfache» Mensch,* weil er Gott, und zwar den aus sich nur-guten, ohne kluges Wenn und Aber als erste Wirklichkeit nimmt; so wie «einmal eins *immer* eins ist» und kein bißchen weniger. Für diese hier vorangestellte «Meinung über Jesus» sprechen zwei Fakten:

1. Er sagt, seine Botschaft sei *für Unmündige,* d. h. für Menschen, die noch gar nicht imstande sind, ihr Denken und Fühlen zu verbergen oder zu verbiegen. 2. Gegen die fantastischen Meinungen, die über seine Person auftauchten, nennt er sich bewußt *Menschensohn,* d. h. einfacher Mensch. – Aber man kann es den Predi-

gern der zweiten und dritten Generation, die ihn nicht mehr gesehen, nicht mit ihm gegessen und getrunken, gelacht und gebangt haben, kaum verargen, daß sie das Besondere bzw. Göttliche an ihm in Richtung Wunder suchten. *Denn für den antiken Menschen war Gottheit und Wundermacht identisch.* Für damalige Juden wie Heiden war ein «Gott ohne Wunder», den Jesus erlebt und ausgehalten hat, noch nicht annehmbar; jedenfalls nicht ohne *ganzheitliche Umorientierung* ihrer traditionellen Religiosität nach Jesus.

1. Was Paulus meinte

Daß er Jesus und seine Botschaft nicht kannte, ist ihm nicht vorzuwerfen. Aber er hat es nach seinem Damaskuserlebnis bewußt abgelehnt, ihn durch «Menschen», d. h. durch die Altapostel, kennenzulernen (Gal 1). Statt dessen stützte er sich allein auf seine private Offenbarung, die er als Schriftgelehrter jüdisch verarbeitete. Dieses Verhalten war, freundlich gesagt, Mangel an Bescheidenheit. Es hatte außerordentliche Folgen, weil seine «Meinung über Jesus» faktisch zum Maßstab für die ganze Christenheit wurde:

Jesus, den Saulus zuvor als den Verderber Israels in Stephanus bekämpft hatte, ist nun der wahre Messias und der Kyrios («Herr» schlichthin). Verflucht sei, wer ihn nicht liebt!/Jesus hat schon vor seiner Geburt im Himmel existiert als Sohn Gottes. / Er wurde aus dem Himmel folgendermaßen in die Welt gesandt: Bei der Geburt aus einer Frau streifte der himmlische Christus seine wahre göttliche Gestalt ab und legte eine menschliche Gestalt *(morphe)* an. «Er wurde *im Äußeren* erfunden *wie* ein Mensch.» / Der einzige Zweck dieses Gestaltwandels war sein Sterben und wunderhaftes Auferstehen. Am Kreuz brachte er durch sein Menschenfleisch dem gerechten Gott das Sühnopfer für unsere Sünden dar; seine Auferstehung ermöglicht die Mit-Auferstehung der Auserwählten am Jüngsten Tag. Daß Jesus eine Botschaft von Gott verkündete und die Gottesherrschaft verwirklichen wollte, bleibt unerwähnt. / Gott hat Jesus durch die Auferweckung «mit Macht als Sohn Gottes eingesetzt», ihn vor aller Welt als Messias-Christus und Kyrios inthronisiert. Als solcher wird er an einem festgelegten Tag (den Paulus noch zu erleben hoffte) wiederkommen, die noch Lebenden und die aus den Gräbern geholten Verstorbenen zu richten. Er wird so lange herrschen, bis er alle seine Feinde vernichtet hat. Er wird am Ende alles ihm Unterworfene und sich selbst Gott unterwerfen, «damit Gott alles in allem sei». / Für Paulus ist Jesus ein gottähnlicher Kyrios, aber noch nicht Gott selbst: «Für uns existiert *nur ein Gott,* der Vater, *aus* dem alles geworden ist, und wir sind auf ihn hin...» (1 Kor 8,6).

2. Was die Redaktoren von Mk/Mt/Lk meinten
Das ist aus ihrer Verarbeitung des Überlieferungsstoffes zu ersehen: Jesus wurde ohne menschlichen Vater vom Hl. Geist gezeugt (Mt/Lk) und heißt deswegen «Sohn Gottes» (Lk) oder «Gott-mit-uns» (Mt). / Er ist durch leibliche Abstammung ein Sohn Davids (Stammbäume). / Er bestätigt, daß er der Davidssohn-Messias ist. / Er nennt sich «Menschensohn» im Sinne der Apokalyptik, der vom Himmel kam und am Ende als Richter wiederkommt. / Er heilte nicht nur Kranke, sondern hatte unbeschränkte Wundermacht, konnte Tote erwecken und Bäume verzaubern. / Der Auferweckte konnte wie ein Geist aus dem Nichts erscheinen und doch gebratenen Fisch essen und sich betasten lassen. / Er ist sichtbar in die Wolken aufgefahren, von wo er wieder kommt, die Welt zu richten und seine Feinde zu vernichten. / Gleichwohl ist er noch nicht Gott selbst, sondern bleibt Gott untergeordnet. Das wird besonders deutlich im Mt-Schluß: «Alle Gewalt im Himmel und auf Erden *wurde mir gegeben*» statt: «habe ich».

3. Was der Autor des Hebräerbriefes meinte
Seine Meinung stimmte mit Paulus überein. Seine besondere Akzentuierung: Jesus ist «unser Hoher Priester». Als solcher ist er dem Gott untergeordnet, dem er sein Blut als Sühnopfer darbringt. «Ohne daß Blut vergossen wird, gibt es keine Vergebung» (9,23).

4. Was der Evangelist Johannes meinte
Einerseits ist Jesus Gott untergeordnet. Er bittet den Vater, dieser erhört ihn, beauftragt ihn und übergibt ihm die zu erlösende Menschheit. / Andererseits ist er Gott selbst. Er ist der Logos, d. h. der aus dem Innersten herausgesprochene Gedanke, das «Wort» Gottes. Von diesem heißt es klar: «Der Logos war Gott.»

Demgemäß sagt Jesus: «Ich und der Vater sind eins», und bekennt Thomas: «Mein Herr und mein Gott.»/Was gilt nun: gott-ähnlich oder gott-gleich? Mit dieser Alternative ist der Mystiker Johannes nicht zu packen. Er glaubt wie Paulus an das Innesein und Einssein von Personen: «Wer mein Fleisch ißt... ich bleibe in ihm... er wird durch mich leben» (6,54–57). Aber so nicht nur zwischen Jesus und seinen Jüngern, sondern auch zwischen Gott und Jesus: «Wie du, Vater, in mir bist und ich in dir, so sollen auch sie in uns eins sein... ich in ihnen und du in mir» (17,21 ff.). Die Konsequenz ist nicht nur eine Drei-Einigkeit, sondern eine All-Einigkeit, eine fortschreitende mystische Vergottung, jedoch nicht der Welt, sondern nur der Auserwählten. – Die Unterschiede zu Jesus: a) Zwar vom ATEM Gottes belebt (wie nach dem AT übrigens alle Geschöpfe, die Tiere und die Sterne), wußte sich Jesus doch immer Gott als dem alleinigen «Herrn» gegenüber und untergeordnet. Ebenso blieb er seinen Jüngern bei aller Zuwendung stets gegenüber. Sie sollen lernen, sich ethisch wie Gott zu verhalten, aber niemals Gott werden. b) Der johanneische Jesus redet besonders viel von Liebe. Sieht man aber genau hin, so zeigt sich, daß er immer nur die Gruppe der Auserwählten meint, nie die «böse» Welt. «Nicht für die Welt bitte ich, sondern...» (17,9).

5. Was der Autor der Johannesapokalypse meinte
Hier wird das schon von Paulus eingeführte und von Mk/Mt/Lk übernommene Bild des sich rächenden Christus blutrünstig ausgemalt. «Mit blutgetränktem Gewand... tritt er die Weinkelter des rächenden Zornes Gottes» (19,13–15) usw. Und wer das nicht alles für wahr hält, dem wird Gott die in diesem Buch beschriebenen Plagen zufügen (22,18).

6. Was die Apologeten im 2. Jahrhundert meinten
Sie versuchten u. a., das Verhältnis zwischen Gott und Jesus spekulativ zu durchdenken. Der johanneische Logos ist das im Kosmos waltende Prinzip der göttlichen Vernunft. Er war schon in den alten Philosophen keimhaft da, wurde aber erst in Jesus voll wirksam. – Jesu Botschaft für Unmündige wird durch «Weisheit» aufgebessert!

7. Was die christlichen Gnostiker im 2. Jahrhundert meinten

Der nach Aristoteles unwandelbare Gott ist absolut jenseitig, hat mit der Welt nichts zu tun. Erlösung ist die Befreiung des in sich guten «Geistes» aus der in sich bösen «Materie» durch Askese und geheimnisvolle, automatisch wirkende Weihen (Sakramente). Erlöser ist das Doppelwesen Jesus+Christus: Jesus ist die menschliche Erscheinung, auf der das himmlische Wesen Christus aufruht. – Mysterienreligion!

8. Was Irenäus im 2. Jahrhundert meinte

«Gott wurde (in Jesus) Mensch, damit wir göttlich werden.» – Kombination paulinischer und johanneischer Christologie mit der antiken Mysterienidee; nicht zu verwechseln mit der Forderung Jesu, wir sollten «Söhne Gottes werden», indem wir das Verhalten des Vaters, besonders seine Feindesliebe, nachahmen.

9. Der notwendige Dammbau im 2./3. Jahrhundert

Die Gnostizismusflut brachte die Gefahr einer völligen Auflösung des Evangeliums in Mystik und Philosophie. Dagegen mußten die Verantwortlichen einen Damm errichten: a) Durch Festlegung der normgebenden Glaubenshüter. Das monarchische Bischofsamt, dem auch das Lehramt zukommt, wurde ausgebildet. Als Kriterium genügte die «apostolische Sukzession», d. h. Handauflegung durch einen nachweisbaren Apostelnachfolger. b) Durch Festlegung der normativen Glaubensquellen. Die alt- und neutestamentlichen Schriften wurden aussortiert, kanonisiert. Als Echtheitskriterium genügte die (angenommene) Abfassung durch einen Apostel oder Apostelschüler. c) Durch Festlegung der normativen Glaubensinhalte. Kurzfassungen des Glaubens wurden formuliert und galten als «apostolische» Glaubensbekenntnisse. Als Taufbekenntnisse wurden sie zur Vorbedingung der Kirchengliedschaft und des Heils und wurden somit jeder Diskussion entzogen.

Der Damm war nötig, aber zu niedrig angelegt. *Statt des Jesuanischen wurde das Apostolische als Höhenmaß angenommen, und dies in starr-legalistischem Verständnis.* Das geschah gewiß nicht aus mangelndem Respekt vor dem himmlischen Christus, sondern weil man einerseits meinte, die neutestamentlichen Autoren seien wirklich Apostel oder Apostelschüler gewesen, und andererseits voraussetzte, daß sie unter dem Beistand des Hl. Geistes die Lehre Christi unverfälscht weitergeben «mußten».

10. Was Origenes im 3. Jahrhundert meinte
Der Logos, von Ewigkeit aus Gott geboren, ist zwar dem Vater wesensgleich, aber dennoch ihm untergeordnet. In Jesus vereint er sich mit einer reinen Menschenseele, nimmt einen Menschenleib an und wird ein Gott-Mensch (Joh-Evangelium). Der Gott-Mensch besiegt die Dämonen und bezahlt mit seinem Kreuzestod dem Teufel das ihm zustehende Lösegeld für den Freikauf der Gefangenen (Paulus), damit sie aus der Bindung an die gottwidrige Materie gelöst wieder zu Gott aufsteigen können (Neuplatonismus).

11. Was die Monarchianer (Gottes Einzigkeit betonend) im 3. Jahrhundert meinten
a) Die Adoptianer: Nur der Vater ist Gott. Jesus, nur ein Mensch, wurde von Gott als Sohn adoptiert und mit göttlicher Kraft erfüllt. Mit dem göttlichen Logos ist er nicht naturhaft, sondern nur ethisch geeint, indem er Gotts Willen erfüllt.
b) Die Patripassianer dagegen: Nur Jesus ist Gott. Begründung: Gott spielt drei verschiedene Rollen: 1. Als Schöpfer und Vater; 2. als menschgewordener und gekreuzigter Sohn und Erlöser; 3. als Heiliger Geist. – Dogmengeschichtlich interessant: Auch der als heilig verehrte Papst Zephyrinus (199–217) erklärte: «Ich weiß nur einen einzigen Gott *(hena theon)*: Jesus Christus, der geboren wurde und gelitten hat, und außer ihm keinen andern.»

12. Wie die römischen Kaiser den Meinungsstreit entschieden
312: Konstantin besiegt mit dem Kreuz- oder Christuszeichen auf den Schildern seiner Soldaten den Rivalen Maxentius und erringt so die Alleinherrschaft über den Westen des Römischen Reiches.
313 gewährt er volle Religionsfreiheit.
325: Um im ganzen Reich, das er seit 324 politisch einte, auch die Glaubenseinheit herzustellen, beruft er das (dogmengeschichtlich wichtigste!) Konzil nach Nikaia (Nizäa) und leitet es, jedoch ohne direkten Zwang auszuüben.
341: Sein Sohn Konstantius bedroht die «Heiden» (pagani =

Nicht-Städter) mit dem Tod. Das Christentum wird Staatsreligion; die Kirche wird zur Verfolgerin.
380: Die Kaiser Gratian im Westen und Theodosius im Osten fordern im *Edikt von Thessaloniki* von allen römischen Untertanen die Annahme der «vom Apostel Petrus den Römern überlieferten und von Papst Damasus vertretenen Religion». Demzufolge ist «der Glaube an die eine Gottheit des Vaters und des Sohnes und des Heiligen Geistes» ab sofort im gesamten Römischen Reich alleinberechtigt. Davon abzuweichen oder die Taufe zu verweigern, wird als Staatsverbrechen geahndet!

13. Was die Konzilsväter in Nizäa (325) meinten
Vor dem Konzil: Die Origenesanhänger, im Orient die Mehrzahl der Bischöfe, behaupten, Jesus sei zwar der Logos, aber Gott untergeordnet. / Die Mehrheit der abendländischen Bischöfe behauptet, Jesus sei Gott. Wenn die kirchlichen Sakramente die Menschen vergöttlichen sollen, muß der Stifter der Kirche und ihrer Sakramente substanzgleich mit Gott sein. / Arius behauptet, Jesus sei zwar der Logos, aber nicht Gott selbst, sondern ein Geschöpf Gottes. Er sei echt leidensfähig und durch seine freie Entscheidung ethisch gut. Arius wird 318 auf einer ägyptischen Synode exkommuniziert.
Auf dem Konzil: Der noch ungetaufte Kaiser Konstantin präsidiert, drängt die Bischöfe intensiv zur Einigkeit und schlägt die Einigungsformel «homo-ousios» (wesensgleich) vor. Sie wird angenommen und seither lautet das Taufbekenntnis aller Christen: *«Jesus Christus ist wahrer Gott aus dem wahren Gott, eines Wesens mit dem Vater»*. – Man beachte bei dieser bis heute wirksamen Weichenstellung auch einmal die jesuswidrige Mentalität der Verantwortlichen: Arius und seine Anhänger werden verbannt. / «Wer eine Schrift des Arius verbirgt und nicht freiwillig ins Feuer wirft, werde mit dem Tode bestraft», so ein Konzilsbeschluß. / Der Kaiser, der den Ostertermin einheitlich festlegen will, beschimpft die Juden maßlos als «verhaßten Haufen». / Der heilige Athanasius, schärfster Theologe der «Rechtgläubigen», verunglimpft später noch den toten Arius, indem er ihn auf dem Abort sterben läßt.
– Während Jesus der jüdischen Inquisition zum Opfer fiel, kommt jetzt die christliche Inquisition herauf zur Verherrlichung Jesu!

Nach dem Konzil: Weil die Orientalen sich unterdrückt fühlen, geht der Kampf erbittert weiter. Bald kommt der Zank um die Vereinigung der göttlichen und menschlichen Natur in Jesus hinzu. Innerhalb 40 Jahren 13 Streitsynoden! Die Parteien verhärten sich und exkommunizieren einander. Man prügelt sich gegenseitig aus der alleinseligmachenden Kirche heraus mittels der je eigenen alleinrichtigen Meinung. Ringsum herrscht der christliche, jesuswidrige Fundamentalismus.

14. Was die Konzilsväter in Konstantinopel (381) meinten
Das Dogma von Nizäa wird nur bestätigt. Man beachte jedoch den historischen Zusammenhang: Ein Jahr zuvor hatten die beiden Kaiser im Edikt von Thessaloniki den nizänischen Glauben als alleinberechtigt und die Abweichung davon als Staatsverbrechen erklärt!

15. Was die Konzilsväter in Ephesus (431) meinten
Auch die Mutter Jesu wird in die christologische Spekulation einbezogen. Das Kind Mariens war von Anfang an Gott selbst; also ist sie die «Mutter von Gott»; somit gebührt ihr als Gottesgebärerin (theo-tokos) die höchste Verehrung.

16. Was die Konzilsväter in Chalcedon (451) meinten
Bezüglich der Gottheit Jesu wird «endgültig» für alle Zeiten festgelegt: In Jesus ist nur eine Person, nämlich die göttliche, jedoch zwei Naturen, nämlich die göttliche und die menschliche. Diese beiden Naturen sind nicht voneinander getrennt, aber auch nicht miteinander vermischt. Genügend Stoff für weiteren Streit. – Aber die Väter nannten auch die innere Begründung ihres Dogmas: Es ist zu glauben, **so wie Jesus Christus selbst uns belehrte** *(kathaper autos... exepaideusen).*
Daraus folgt mit unausweichlicher Logik: 1. Das Dogma von Chalcedon ist zu glauben, «wenn» *Jesus Christus selbst* derartiges gelehrt hat. Und 2. Das Dogma von Chalcedon muß nicht länger geglaubt werden, «wenn» sich herausstellt, daß *nicht Jesus Christus selbst* solches lehrte. – *Hier ist der kirchlich-legale Weg aus dem Dogmenzwang.*

137. Jesus selbst – heute

Die Lage im «christlichen Abendland»: Auch religiöse Menschen treten aus der Kirche aus oder fühlen sich «draußen». Sie wollen ihren Widerspruch zur amtlichen Lehre und deren praktische Konsequenzen nicht länger verheimlichen. Manche werfen dabei die Bibel über Bord, andere sagen: Jesus ja, Kirche nein. Nachdenkliche Geistliche beider Konfessionen leiden unter dem Zwiespalt zwischen dem, was sie erkennen, und dem, was sie predigen dürfen. Das weiß ich aus vielen Gesprächen und Briefen und weiß es von einem vertrauenswürdigen Psychotherapeuten, der erstaunlich viele Geistliche betreut, obwohl er selbst keiner Kirche mehr angehört. – Zur Vermeidung von Mißverständnissen muß ich hier einfügen: Ich werbe mit diesem Buch für keine bestimmte Kirche. *Ich werbe nur für den von Jesus verkündeten Gott.* Aber ich werbe nicht im gestaltlosen «Überall», sondern *zuerst und soweit möglich* in den konkreten Kirchen, weil in ihnen nicht nur die *verfassungsmäßige Pflicht,* sondern auch der *gute Wille* herrscht, sich an Jesus zu orientieren.

Es gab zu Zeiten der entscheidenden Konzilien und der Reformation große Theologen, deren Schriften bitter nach Gehässigkeit schmecken. Sie verhöhnten so den Christus, den sie begeistert predigten. Auch heute spüre ich in theologischen Veröffentlichungen, die sich sehr progressiv geben, obwohl sie nur an der Oberfläche kratzen, ähnliches: Kritik«sucht» gegenüber allen Konservativen, die sich nicht beeilen, die Mode von morgen rechtzeitig zu erreichen; lieblose Häme gegenüber dem Papst, den Bischöfen und kirchlichen Theologen. Damit habe ich nichts zu schaffen und möchte nicht, daß jemand aus diesem Buch Steine liest, um Andersdenkende zu steinigen. Bei aller fundamentalen Kritik (sogar an «heiligen» Schriften), die mir von Jesus her geboten erscheint, sehe ich doch nüchtern genug, a) daß seine Gottesbotschaft wohl noch von keiner Gruppe und in keiner Epoche ungebrochen realisiert wurde; b) daß das «reine Evangelium» wahrscheinlich eine immer anzustrebende Utopie bleibt; c) daß heute in den vielgeschmähten Großkirchen trotz allem mehr jesusgemäß getan wird als bei ihren lieblosen Kritikern.

Gibt es einen verantwortbaren Weg zum Frieden zwischen dem kirchlichen Lehramt oben, den kritischen Laien unten und den vermittelnden Predigern dazwischen? Nicht verantwortbar ist der Weg der heimlichen Lüge, sie mag noch so «gut gemeint» sein; weil wir allesamt auf jenes Tor zugehen, hinter dem jeder als einzelner sich verantworten muß vor dem Gott, der die Wahrheit ist. Dann ist keine noch so heilige Tradition und keine Glaubenskommission mehr maßgebend für unser Heil, sondern allein der wirkliche Gott, den wir zwar noch nicht kennen, aber zumindest *redlich* suchen müssen. Nicht verantwortbar ist der Weg der Gehässigkeit, der kleinen und großen Glaubenskriege. Weil wir uns am Ende verantworten müssen vor dem Gott, der die Liebe ist. Nicht verantwortbar ist der Weg der Resignation gegenüber der Wahrheitsfrage, das Weiterwurscheln, da doch alles vergeblich sei. Denn der Schöpfer hat uns einen Verstand, ein Wahrheitsgewissen und einen geistigen Reifedrang gegeben, damit wir uns der Wahrheit *unentwegt* so nähern, wie wir jeweils können.

Auf den verantwortbaren Weg aus den dogmatischen Zwängen haben die Konzilsväter von Chalcedon bewußt oder unbewußt hingewiesen. Sie erklärten, ihre damalige Aussage (Jesus ist Gott) sei als Dogma so hinzunehmen, «wie Jesus Christus *selbst* uns belehrte». Das sollten wir *geschichtlich ernst nehmen*. Jene Theologen des 5. Jahrhunderts wollten uns Menschen des 20. Jahrhunderts gewiß keine Irrlehre auferlegen. Sie glaubten wirklich, Jesus selbst habe solches gelehrt, weil sie bei ihrer zu respektierenden Frömmigkeitshaltung «heilige» Texte nicht nüchtern untersuchen konnten und darum johanneische Theologie für Jesu eigene Worte hielten. Das ist ihnen nicht zu verargen. *Aber wir Heutigen machen uns schuldig, wenn wir nicht unbefangen forschen,* ob der historische Jesus (nicht ein geglaubter Christus!) sich wirklich mit Gott identifizierte, oder ob er, «nur» ein bescheidener Gottsucher, Gott neu erfahren hat und seine Mitmenschen zu Gott führen wollte. Um diese Grundfrage zu klären, reicht das historische Material zweifellos, auch wenn wir mit superkritischen Exegeten weniger als die Hälfte der bei Mk/Mt/Lk überlieferten Jesusworte und Jesusgeschichten gelten ließen. – Erst möglichst unbefangen und möglichst gemeinsam ausgraben, wer Jesus wirklich war und was er wirklich wollte, um auf ein solides, gemeinsames Fundament zu kommen, *das ist doch heute möglich!* Und das ist der verantwortbare Weg zum Frieden innerhalb der Kirchen zwischen den Oberen und Unteren, den Rechten und Linken, und zugleich zur Communio zwischen den Kirchen, die sich an Jesus orientieren *wollen.*

Aber wenn es auch gelänge, den Jahrhunderte alten Schutt irriger «Meinungen über Jesus» wegzuräumen, hätten wir als Schüler dieses Meisters noch die eigentliche Arbeit vor uns. Wer das, was Jesus vor 2000 Jahren zu Israel sagte, heute nur wörtlich wiederholt, ohne es «heutig» zu machen (wie «Papst Johannes der Gute» mit seinem Programmwort aggiornamento es ausdrückte), der würde es versteinern und somit von neuem verfälschen. *Wir müssen seine Botschaft von dem mütterlichen Vater aller Menschen anwenden auf eine machbare Politik.* Und wir müssen seine Botschaft von dem wunderlosen Gott-Welt-Zusammenhang anwenden auf *unser Verhältnis zur Schöpfung,* der wir uns wieder einfügen sollen, statt sie zu beherrschen. – Mir scheint, *der Realismus Jesu paßt besser ins zwanzigste Jahrhundert als ins erste.*

138. Der wirkliche Gott

Ab Seite 1 wollten wir Gott suchen, den wir nicht kennen. Aber bei dem Realisten Jesus lernt man *nicht, Gott perfekt zu erkennen, sondern ihm ganz zu vertrauen.* Dazu brauchen wir hier «unten» noch keine volle Gotteserkenntnis. Sie würde wohl unsere Köpfchen zerreißen wie der Starkstrom ein Taschenlampenglühbirnchen. – Beispiele für die Grenzen unserer Gottesvorstellung: Der Schöpfer ist zumindest nicht weniger als «Person». Aber was Personalität vermag, wissen wir nur aus unserer Ich- und Umwelterfahrung. Von daher die Fragen: Wie kann Gott als Person seinen personalen Geschöpfen gegenüber-sein und zugleich inne-sein? Wie kann Gott als Person viele, ja sogar alle zugleich wirklich individuell «lieben»? Wie kann er als mitfühlende Person in seiner Schöpfung Leiden bis zur Verzweiflung und Haß bis zur Selbstzerstörung zulassen? Und so weiter lauten unsere noch nicht lösbaren Fragen. – Dennoch, *für unsere Grundorientierung genügt jene «schwache Gottesahnung»,* die in jedem Neugeborenen angelegt ist wie im Tier seine lebensnotwendigen Instinkte. Und wer meint, er sei Atheist oder habe «keine Ahnung von Gott», der mache den *Wurmtest!* Suche einen Regenwurm und betrachte ihn 3 Minuten lang einfühlsam! Dann konzentriere dich ganz ruhig darauf, ihn mit Nadelstichen zu Tode zu quälen; aber langsam und ohne innere Erregung! Das könntest du nicht? Du würdest Ekel empfinden statt Freude? Warum eigentlich? Jede Schmerzwindung des Wurmes könnte dich doch beglücken, weil du Macht ausübst über ein Lebewesen. Warum bist du gehemmt? Weil du ein *normaler* Mensch bist! Weil eine Stimme dir wortlos sagt: Hab Erbarmen! Diese Stimme kommt weder aus deinem Lebenswillen noch aus deiner Vernunft, denn mit beidem hat Erbarmen nichts zu tun. Diese Stimme spricht nicht so zur Katze, denn die spielt erbarmungslos mit der Maus. Diese Stimme ist sehr leise, nicht in Erregung und Geschäftigkeit, nur in innerer Ruhe und Wachheit vernimmt man sie deutlicher. – Woher die Stimme «Hab Erbarmen!» im Menschen? Woher die Stimme «Jetzt auf diesem Weg nach Afrika!» in den Störchen? Sie kommt wohl aus der *einen Erstursache aller Lebewesen, die man kurz Gott nennt.* Du meintest, er sei weit oben und du hättest «keine Ahnung von Gott», weil du den Unsichtbaren, dessen Werke ringsum sichtbar sind, und dessen drängende Stimme ständig hörbar ist, für ein Wunderwesen hieltest, das nur wunderliche Einzelgänger wahrnehmen. Dabei spricht der wirkliche Gott persönlich zu jedem Menschen, *sobald dieser schweigt und hinhört.* Und Gott sagt ihm durch die Stimme des Herzens genug, so daß er seinen Weg zum Heil finden *kann,* während die Störche ihren Weg nach Afrika finden *müssen.*

Dogmatiker mögen spotten oder fürchten, hier werde eine primitive, konturlose Allerweltsreligion propagiert, die nichts zu tun hat mit dem Gott, der sich in Christus offenbarte. Sie seien daran erinnert, daß Jesus selbst genau diese *«primitive» Religion* propagierte, und zwar *mit eindeutigen Konturen.* Einem Schriftgelehrten zeigte er den Weg zum Leben so: Ein Mensch, irgendeiner, nicht mal ein Jude, begegnet einem jämmerlich zerschlagenen Mitmenschen. Er hört die Stimme Gottes, die ihm befiehlt «Hab Erbarmen mit diesem unter die Räuber gefallenen Mitmenschen (diesem Wurm)!» Und er gehorcht der Stimme aus dem Himmel in seinem Herzen, er hilft dem Armen, und zwar mit ganzem Einsatz. So könnte ein Theologe es darstellen, aber Jesus sagt es weltlich, ohne Gott zu nennen: «Von Mitleid bewegt» geht er auf ihn zu usw. Mitleid ist ein normalmenschliches Empfinden und hat mit Rechtgläubigkeit nichts zu tun. Jeder kann sich davon bewegen lassen, ob er Jahwe oder Jupiter anruft. Also eine Allerweltsreligion! – Aber keineswegs ohne klare Konturen. Nicht: Jeder nach seiner Façon! Nicht: Handle jeder nach seinem subjektiven Gewissen! Sondern: *Nur die primäre Regung des Herzens, d. h. die natürlichste, erste, vor allen rationalen und religiös fixierten Bedenken auftauchende, sagt dem Menschen instinktiv-richtig, was Gott von ihm will.* Das verdeutlicht Jesus an zwei negativen Beispielen: Der Priester folgt einer sekundären Gewissensstimme, nämlich dem ihm auferlegten kultischen Reinheitsgebot, und deswegen geht er um den Halbtoten herum. Auch der Wirt gehorcht nur einer sekundären Stimme, die ihn lehrt, Gott begnüge sich mit Gerechtigkeit, und deswegen tut er «nichts umsonst» an dem Schwerverwundeten. Jesus sagt klipp und klar: *Allein* der Samariter hat instinktiv-richtig gespürt und getan, *was der wirkliche Gott von jedem Menschen will.*

Weil Gott selbst *der mütterliche Vater* ist, aus unverdorbenem Herzen heraus unbedenklich ganz lieben, das ist die von Jesus wiederentdeckte, *«primitive» Menschheitsreligion*. Ob der Schöpfer den Zugvögeln richtige Instinkte gab, sieht man daran, ob sie in Afrika ankommen und *leben können*. Ob er den Menschensöhnen mit dem Drang, zu lieben, den richtigen ATEM einhauchte, sieht man daran, ob dieser innerste, niemals ganz verstummende Drang sie *zum Leben* führt, und das heißt: *zur echten Freude.*

Jesus sagt dem gutwilligen, aber noch seiner Theologie verhafteten Schriftgelehrten: «Tu dies (was «ein Mensch» seinem Herzen folgend tut), so wirst du *leben!*» – Es gibt keinen besseren Schlußpunkt für unsere Gottsuche und Sinnsuche als diese herzliche Einladung an alle: Traue dich, *ganz* zu lieben, dann wirst du richtig leben!

Anmerkungen

[1] Mt korrigierte den Mk-Text so: «Jesus... kam zu Johannes, um sich von ihm taufen zu lassen. Aber der hinderte ihn und sagte: Ich habe nötig, von dir getauft zu werden, und du kommst zu mir? Doch Jesus antwortete ihm: Laß es jetzt zu, denn so gehört es sich für uns, die ganze Gerechtigkeit zu erfüllen.» Das ist unhistorisch, denn: 1. Johannes hat auch später Jesus nicht als den Größeren anerkannt (Mt 11,2f.6; 9,14). 2. Wenn Jesus redlich war, wie er es von allen verlangt (Mt 5,37), konnte er nicht «so tun, als ob» er die Taufe benötigt, obwohl er wußte, daß er sie nicht benötigte. (Wenn er unredlich sein Werk begann, taugte er nicht als Bote Gottes, und wir sollten ihn vergessen!) 3. Die Idee einer stellvertretenden Taufe, um für andere die ganze Rechtsforderung Gottes zu erfüllen, paßt nicht zu Johannes, weil seine Täuflinge ihre eigenen Sünden bekennen mußten, um deren Vergebung zu erlangen. 4. Sie paßt erst recht nicht zu dem von Jesus verkündeten Gott, der allen umsonst vergibt, die ebenso einander vergeben. (Sie paßt nur zur Lehre des Paulus von der Rechtfertigung durch den stellvertretenden Sühnetod Christi.) – Joh strich die Taufe Jesu ganz, obwohl er seine Begegnung mit dem Täufer berichtet. Denn Jesus ist für ihn Gott selbst: «Das Wort war Gott.»

[2] Deutungen der Taufe Jesu in der gegenwärtigen Exegese: E. Lohmeyer, Das Evangelium des Markus, Göttingen 1967, und R. Pesch, Das Markusevangelium, Freiburg 1976, sowie J. Gnilka, Evang.-kath. Kommentar zum NT, 1978, umgehen die Frage nach dem Taufmotiv. – J. Schmid, Das Evangelium nach Markus, Berlin 1959: Jesus wollte den Willen Gottes erfüllen. – W. Grundmann, Das Evangelium nach Markus, Berlin 1959: Es war aber keine Taufe der Umkehr. – P. C. Böttger, Der König der Juden (Mk-Kommentar), 1981: Jesus geht für sein Volk durch das Gericht der Erneuerung. – F. Rienecker, Das Markusevangelium, 1977 (pietistisch orientiert und Paulus folgend): Der Sohn wurde vom Vater «zur Sünde gemacht». – E. Drewermann, Das Markusevangelium, Olten 1987 (tiefenpsychologische Deutung): Alle andern kamen aus Angst vor dem Gericht Gottes. Dagegen ließ sich Jesus taufen, «um zu beweisen, daß zur Angst vor Gott keine Berechtigung besteht». Also kannte er Gott bereits! – E. Haenchen, Der Weg Jesu (Mk-Evangelium und kanonische Parallelen), Berlin 1968: Bezweifelt die Geschichtlichkeit der Taufe Jesu. Wenn er sich taufen ließ, war es ein «Umbruch». Ein solcher ist nicht möglich, weil er sich nie als «verlorenen Sohn» bekannte. Also

ließ er sich nie taufen. Der Mk-Text sei wohl eine «Rückspiegelung der christlichen Taufpraxis».

[3] J. Schmid: Läßt noch die Faktenfrage offen. – W. Grundmann: Nur ein Glaubenszeugnis. – E. Lohmeyer: Eine Gemeindebildung. – R. Pesch: Ein Dokument der frühen palästinischen Christologie. – J. Gnilka: «Geschichtliche Erinnerung, die auf Jesus selbst zurückgeht, ist auszuschließen wegen der theologischen Gestaltung, die vollständig mit überkommenen (alttestamentlichen) Motiven arbeitet.» Also eine weisheitlich-apokalyptische Berufungsgeschichte. – A. Vögtle: Als apokalyptische Szene geschaffen, um Jesus als den Höheren darzustellen. – E. Haenchen: Keine Mitteilung einer inneren Erfahrung Jesu. «Nicht alte historische Tradition, sondern Rückspiegelung der urchristlichen Erfahrung ins Leben Jesu.»

[4] Erst Lk ersetzt das Wort aus den Himmeln durch ein Zitat, um Jesus als den Messiaskönig darzustellen. «Mein Sohn / bist du / ich selbst / habe heute / dich gezeugt» ist bis in die Wortstellung hinein genau Ps 2,7. Der Ausdruck «heute gezeugt», von Juden richtig verstanden als Adoption des Königs durch Jahwe am Tag seiner Thronbesteigung, wurde leicht von Heidenchristen mißdeutet: Ein Gott zeugt wie in den alten Mythen mit einer Jungfrau den Gottmenschen oder Heroen – Mt verändert «Du bist...» in «Dieser ist...» Demnach hätte Gott den Umstehenden geoffenbart, wer Jesus ist. Das trifft nicht zu. Sonst hätte Johannes nicht später fragen lassen, ob er «der Kommende» sei.

[5] Erst Mt/Lk fügen ein gewolltes Fasten Jesu ein, das zum Anlaß seiner Versuchung wird. «Als er 40 Tage und 40 Nächte gefastet hatte (Lk: Er aß gar nichts), hungerte ihn zuletzt. Da trat der Versucher heran...». – Mt/Lk ändern «Satanas» in «Diabolos», die nur-negative Gestalt des «Teufels». – Mt streicht das Sein mit den Tieren. «Dann verließ ihn der Teufel, und, siehe, Engel kamen heran und bedienten ihn.» So macht er aus der Szene doch noch ein Mirakel. Lk streicht Tiere und Engel.

[6] Zur wörtlichen Übersetzung aus dem Griechischen: *«Kairos»* heißt die richtige, passende Zeit; hier die Zeit angespannten Wartens auf die Gottesherrschaft. / «ist erfüllt worden» meint hier wahrscheinlich: durch Gott. Jesus benutzte wie fromme Juden oft die grammatikalische Leideform, um die Nennung des heiligen Namens zu vermeiden: *«Passivum divinum».* Diese «Zeit der Chance» kam nicht automatisch, wie der Tagesanbruch von selber kommt, sondern Gott hat sie herbeigeführt. / «ist herangekommen» heißt klipp und klar: ist da, ist greifbar, wenn ihr nur zugreift, wie Jesus öfters erklärt. Die Übersetzung «ist nahe» oder «nahegekommen» läßt noch das vage und darum immer-richtige «sie wird mal kommen» der Apokalyptiker zu. Dagegen Jesus: Nein, die Zeit ist erfüllt! / *«metanoeite»* heißt wörtlich «denkt um» und meint eine innere und ganzheitliche Umorientierung. Die Übersetzung «Tut Buße!» ist zu einseitig, denn Verängstigte sind aufgefordert: Kehrt um zum Vertrauen! / Das Wort *«eu-angelion»* (gute Botschaft) hat seine Geschichte: Zuerst hat Jesus aus den Himmeln die beglückendste Botschaft gehört: Ich liebe dich. Dann hat er sie umgesetzt und weitergesagt: Gott liebt

alle Menschen ohne Vorbedingung. Das ist im Kern die «Gute Botschaft Gottes», weil sie von Gott ausgeht. Jesus nennt seine Predigt «Evangelium» und seine Tätigkeit «evangelisieren», konkreter in seiner Antwort an Johannes, der Angst vor Gott verbreitete: «den Armen Gutes melden» (Lk 7,22). Die Apostel wurden zum «Evangelisieren» gesandt und nannten ihren Dienst auch so. Dann kam Paulus, der Jesu Botschaft nicht von den Aposteln «lernen» wollte (Gal 1), und nannte seine Rechtfertigungslehre «mein Evangelium», das «mir geoffenbarte»; besonders in seinem Brief an die Gemeinde zu Rom. In Rom (vermutlich daraufhin) hat Markus als erster die Jesusüberlieferungen in ein Buch gesammelt und es «Evangelium Jesu Christi» betitelt. Später entstanden noch ca. 50 weitere «Evangelien», von denen drei als kirchlich-gültig anerkannt wurden.

[7] Jesus sagte nicht «Ich vergebe deine Sünden», sondern «Sie werden vergeben», natürlich von Gott. Passivum divinum (siehe Anm. 6)! Diese Aussage über Gott wurde von den Theologen als Lästerung empfunden. Es ging zunächst darum, diese Tätigkeiten Gottes «ER vergibt Sünden. ER heilt Kranke» zu «sagen», was an sich beides gleich wenig Mühe macht; dann aber um die Frage, ob ein Mensch die Vollmacht haben kann, diese Wahrheiten als jetzt-wirkende Wirklichkeiten auszusprechen. Und das ist es auch, was am Ende die Augenzeugen erkennen: Gott «gibt den Menschen solche Vollmacht». – In diesem Fall bringen Mk/Lk einen verarbeiteten Text. Harmlos ist zwar die Ausschmückung durch das kuriose Dach-Abdecken. Die christologische Überhöhung aber liegt in dem eingefügten Protest der Gegner: «Wer kann Sünden vergeben außer Gott allein?» Denn Jesus behauptete nicht, er selbst könne Sünden vergeben.

[8] Jesus schaute wohl «hinauf», weil der Mann auf dem Söller seines Hauses stand, und das wurde novellistisch ausgesponnen, er sei, weil von kleiner Gestalt, auf einen Maulbeerfeigenbaum geklettert.

[9] «Hochzeitsgäste» ist umschrieben mit «Söhne des Hochzeitssaales». Das anschließende «in welchem» *(en ho)* bezieht sich auf den Raum, auf das «drinnen sein» in der Gottesherrschaft im Sinne Jesu. Der Mk-Redaktor bezieht es auf die Zeit der Gegenwart des Bräutigams *(en ho – hoson chronen –* solange), um anfügen zu können: «Es werden aber Tage kommen, da der Bräutigam ihnen entrissen sein wird. Dann werden sie fasten, an jenem Tage.» Das Bild vom Raub des Bräutigams ist irreal, ebenso die Sachaussage, aus folgenden Gründen: 1. Während Jesus von Gott als dem Bräutigam seines Volkes sprach, was jeder Jude sofort verstehen konnte, hätte er im Nachsatz sich selbst den Bräutigam seiner Jünger genannt. Eine durch kein Jesuswort belegte Idee! 2. Er hätte seinen gewaltsamen Tod schon zu Beginn als sicher vorausgesagt, während er in Wirklichkeit bis in die Ölbergstunde auf Rettung hoffte. 3. Er hätte die für seine Jünger geltende Anweisung, später zu fasten, Fremden mitgeteilt. 4. Als er spürte, daß er den Seinen bald entrissen werde, verordnete er ihnen keineswegs ein Fasten zu seinem Gedächtnis, sondern, im Gegenteil: Sie sollen miteinander Wein trinken aus einem Becher zur Erinne-

rung an ihn. – Diese Verbesserung = Verwässerung eines entscheidenden Jesuswortes kam aus guter, pastoraler Absicht. Die judenchristlichen Gemeinden haben sich der Fastenpraxis ihrer jüdischen Umgebung angepaßt, wohl um nicht als unfromm zu gelten. Nur fasteten sie, statt montags und donnerstags, «an jenem Tage», nämlich am Freitag. Gemeinden mit solcher Fastenpraxis werden doch verwirrt, wenn man ihnen das blanke Jesuswort vom «Nicht-fasten-Können» vorliest! Also, dachte sich wohl ein kluger Prediger, muß Jesus das so und so gemeint haben. Er schreibt seinen Kommentar hinzu, und andere schreiben ihn als Jesuswort ab. Am Ende ist der in Jesus geschehene Ausbruch der Gottesfreude wieder fürsorglich zugedeckt.

[10] Unwahrscheinlich, daß der Festordner nicht merkte, was die Tischdiener taten und woher der Wein kam. Aber erst dieses in Vers 9b eingefügte Nichtwissen macht sein Scherzwort zu einer Sachaussage und den ganzen Vorgang zu einem Mirakel. Auch die Übersetzung von *phoneo* mit «er ließ den Bräutigam rufen», als ob dieser zufällig aus dem Haus gewesen wäre, statt korrekterweise mit «er rief ihm zu», mit seinem Namen, etwa «he, Franz!», verstärkt den Eindruck, daß es sich um eine sehr ernste Angelegenheit handelte. Komischerweise hätten aber nur die Diener, nicht einmal die Jünger, etwas von diesem «ersten Wunderbeweis» erfahren. Es sei denn, Jesus habe dann öffentlich erklärt: Ich habe Wein aus Wasser gemacht, denn ich bin der Messias.

[11] Schon bei Mk/Mt/Lk wurde Jesus zusätzlich eine schriftgelehrte Entschuldigung in den Mund gelegt: Auch David habe in einem Notfall von den dem Priester vorbehaltenen Schaubroten gegessen. (So möge man auch den sehr hungrigen Jüngern nachsehen, daß sie etwas Ungesetzliches taten.) Mt fügt hinzu: Im Gesetz sei nachzulesen, daß auch die Priester schuldlos blieben, wenn sie durch ihren Tempeldienst den Sabbat entweihten. Aber eine solche Aussage ist im ganzen AT nicht geschrieben. Überdies trifft keine der beiden Entschuldigungen die Situation der Ähren raufenden Jünger. Sie wurden von judenchristlichen Theologen herbeigeholt, um Jesus als «im Grunde gesetzestreu» erscheinen zu lassen.

[12] Wenn die Anweisung, Tote aufzuwecken, nicht hinzugefügt ist, sondern von Jesus stammt, kann sie nur bedeuten: Todkranke, Todgeweihte ebenso heilen. Begründung: Krankheit, Aussatz und Besessenheit sind als nicht von Gott gewollte Plagen mit der Kraft Gottes möglichst zu beseitigen. Dagegen möglichst viele Tote aufzuwecken, daß sie später nochmal sterben, wäre gegen die gottgewollte Schöpfungsordnung. Es ist nicht anzunehmen, daß Jesus illusionistisch die Naturnotwendigkeit des Todes übersah.

[13] Schon bei Mk/Lk ist dem Staub-Abschütteln hinzugefügt: «zum Zeugnis gegen sie». Lk hat dies in seiner 2. Sendungsrede an die 72 Jünger noch verschärft: «Geht hinaus auf ihre Straßen und sprecht: Selbst den Staub, der von eurer Stadt an unseren Füßen haftet, wischen wir auf euch ab. Aber das sollt ihr wissen: Die Gottesherrschaft ist herangekommen. Ich sage euch (so auch bei Mt): Sodoma wird es an jenem Tage erträglicher ergehen als jener Stadt.» – Das ist offenkundig nicht mehr die Stimme Jesu, der unentwegt auf die Ret-

tung aller ausgeht. Hier spricht bereits die christliche Apokalyptik, deren Christus sich zornig rächt, weil Menschen sein Angebot nicht schon beim ersten Mal erkannt und angenommen haben.

[14] Zur Übersetzung «im Innern von Wölfen»: Wenn das Ziel des Sendens *(apostello)* angegeben wird, steht *immer* «zu» *(pros)* oder «hinein» *(eis)* mit Akkusativ; so 42mal im NT. Eine Sendung «in der Mitte von Wölfen» würde besagen, daß die Boten beim Hingehen von Wölfen umzingelt sind, was keinen Sinn ergibt. – Zur Übersetzung: «indem ihr einfach werdet»: Im ntl. Griechisch kann das «und» auch Sätze oder Begriffe verbinden, die logisch voneinander abhängen. (G. Steyer, Satzlehre des ntl. Griechisch, Gütersloh 1979, S. 110) Nur die Übersetzung mit «indem» ist hier sinnvoll. Eine Anweisung, sich mal so und mal anders zu verhalten, wäre allzu banal. Ein Rat, sich nur im Notfall schlangen-klug zu verhalten, ist von Jesus nicht zu erwarten, weil die Schlange im AT das Symbol für List und Lüge ist.

[15] Mk berichtet auch, Jesus habe sie vor dem «Sauerteig» der Pharisäer und des Herodes gewarnt. Dieses Stichwort konnte sie an ihr Brot erinnern. – Aber Mt verändert die Situation völlig: Sie haben gar kein Brot dabei. Und Null ist nicht teilbar! Also wollte Jesus nach Mt durch die Erinnerung an das zweimalige «Brotwunder» nicht wieder zum Brechen des einen Brotes ermuntern, sondern die «Kleingläubigen» nur zum Glauben an seine Wundermacht auffordern.

[16] Im krassen Gegensatz zu Mk behauptet Mt, Jesus habe dem Petrus bestätigt, daß er der Messias ist. Mt/Lk ändern seinen strikten Befehl, «zu keinem Menschen über ihn zu reden» dahingehend: daß er der Messias ist, dürften sie keinem sagen. Auch diese Korrektur ist sinnwidrig. Denn wenn er der Messias ist, wie Mt/Lk meinen, muß das Volk es erfahren. Wozu dann diese merkwürdige «Geheimhaltung»?

[17] F. Hahn, Christologische Hoheitstitel, Göttingen 1974 (S. 23.32), erklärt die Entstehung der Menschensohnworte genau umgekehrt. Zuerst habe Jesus, apokalyptisch eingestellt, von einem nach ihm kommenden Menschensohn-Richter gesprochen; dann diesen zu seinem Funktionär erklärt (wie auch A. Vögtle behauptet); dann sich irgendwie mit ihm identifiziert. Nach Ostern habe die Gemeinde Jesusworte vom leidenden und auferstandenen Menschensohn gebildet und schließlich vom irdischen (Menschensohn = Normalmensch). – Dazu einige Rückfragen: 1. Wie nüchtern-denkend und somit vertrauenswürdig ist jemand einzuschätzen, der erst einen mysteriösen, vom Himmel herabkommenden Übermenschen erwartet und dann sich selbst mit ihm identifiziert? 2. Gilt es nicht mehr als historisches Faktum, daß die theologische Verarbeitung der Jesusüberlieferungen von Mk zu Mt/Lk zu Joh (ganz abgesehen von Paulus) von der Tendenz geleitet ist, den irdischen Jesus zu vergrößern? 3. Mit welcher Absicht sollte eine gläubige Gemeinde ihren Stifter, der sich selbst als Übermenschen fühlte und bezeichnete, zu einem Normalmenschen verkleinern?

[18] «Drei Tage» bedeutet «kurze Zeit». So in Mk 14,58; Mt 15,32; 26,61; 27,40;

Joh 2,19f.; Apg 9,9; 10,30; 25,1; 28,12.17. – Das nur im ältesten Evangelium (Mk 8,31; 9,31; 10,34) überlieferte Jesuswort «nach drei Tagen...» besagt, daß der Menschensohn (d. h. der Mensch) binnen kurzem von Gott wieder aufgeweckt wird. Das ist schon deshalb keine Terminangabe für ein Auferstehungswunder, das nur ihn betrifft, weil das leere Grab, ab Ende der Kreuzigung gerechnet, «nach ein-einhalb Tagen» entdeckt wurde. Nun war einerseits das Jesuswort «nach drei Tagen...» in der Überlieferung schon verankert, andererseits erschien es brauchbar als präzise Voraussage des Osterwunders. Also wurde es wohl ein wenig abgeändert in «am dritten Tage» (zuerst bei Paulus in 1 Kor 15,4; danach bei Mt/Lk durchgehend). Jetzt «geht die Rechnung auf», wenn man die drei Karfreitagsstunden bis zum Sabbatbeginn als ersten und die Stunden vom Samstagabend bis Sonntagmorgen als dritten Tag rechnet.

[19] Hier bedeutet das Futur eine sichere Aussage. Denn einen Wunsch, Gott möge ihm gnädig sein und ihm nichts zustoßen lassen, kann Jesus nicht als satanische Versuchung zurückweisen, wenn er selber betet, Gott möge den Leidenskelch an ihm vorübergehn lassen.

[20] «Gewänder, wie kein Walker auf Erden sie weißen kann», so handwerklich-konkret formuliert kein Theologe, nur ein mit Händen Werkender, wie z. B. der Fischer Petrus.

[21] Mk fügte ein: «denn niemand, der in meinem Namen eine Wundertat vollbringt, wird so bald von mir Übles reden können». Demnach wäre Jesus vor allem um seine Ehre besorgt, so wie die späteren Christologen!

[22] Nach der Mt-Version hätte Jesus doch, so wie die Apokalyptiker, als sicher vorhergesagt, daß die Masse verloren ist und nur wenige gerettet werden: «Weit ist das Tor und breit der Weg, der ins Verderben führt, und viele sind es, die auf ihm hineinkommen. Denn eng ist die Pforte und schmal der Weg, der ins Leben führt, und wenige sind es, die ihn finden» (Mt 7,13f.).

[23] Die Szene ist wohl historisch, weil das Buch-Zurollen normalerweise nicht erwähnt wird. Aber sie konnte sich in jeder Synagoge ereignen. Lk hat sie nach Nazaret verlegt und weiter ausgeschmückt: «Sie führten ihn an den Rand des Berges, auf dem ihre Stadt erbaut war (den es aber nicht gibt!), um ihn hinabzustürzen. Doch er schritt mitten durch sie hindurch...»

[24] Mt/Lk fügen ein: «Ja, ich sage euch: Noch mehr als ein Prophet ist er. Dieser ist es, von dem geschrieben steht: Siehe, ich sende meinen Boten vor dir her, der deinen Weg vor dir her bereiten wird.» Und Mt fügt am Ende hinzu: «Und wenn ihr es annehmen wollt: er ist Elija, der kommen soll.» Diese Worte entsprechen der Tendenz der Evangelisten, Johannes mit Jesus bzw. die Johannesjünger mit den Christen zu harmonisieren, aber sie stammen nicht von Jesus, der sich eindeutig von Johannes distanziert. Er erwartet keinen Elija, denn die Gottesherrschaft «ist gekommen». Und was soll das bedeuten: «mehr als ein Prophet», also zumindest ein echter, von Gott selbst erleuchteter Prophet und dennoch außerhalb der Gottesherrschaft? Johannes hat in Wirklichkeit Jesus nicht «den Weg bereitet» zum Volk, wie es in Joh

1,26–34; 3,26–36 dargestellt wird. Seine nicht erfundene kritische Anfrage läßt eher das Gegenteil vermuten. Wenn Jesus überhaupt nach Art der Schriftgelehrten mit Bibelzitaten argumentierte (was nicht anzunehmen ist), dann tat er es zumindest gewissenhafter, als es hier und schon bei der Redaktion des Mk (1,2) geschah. Denn bei Mal 3,1 heißt es: «Ich (Jahwe) sende meinen Boten, daß er *mir* den Weg bereite» (zu einem durch ihn geläuterten Volk Israel).

[25] In ähnlicher Weise entstand ein absolut unsinniges, angebliches Jesuswort bei Lk 22,36: Die Jünger, die er früher ohne Vorrat losschickte, sollten jetzt ihre Mäntel verkaufen, um sich Schwerter zu besorgen. Auch hier konnte Jesus nur (in Frageform) die törichte Meinung der ängstlichen Jünger zitieren.

[26] Das kuriose Mirakel (Petrus solle dem ersten Fisch, den er angelt, die passende Münze aus dem Maul nehmen und damit für beide die Tempelsteuer zahlen) wurde offensichtlich von Mt hinzugefügt. Es hebt die grundsätzliche Entscheidung Jesu praktisch wieder auf. Aus pastoraler Taktik im jüdischen Umfeld bei Mt, wie das Nicht-fasten-Können in Mk 2,20 wieder zurückgenommen wurde: Wir Christen sind dennoch gute Juden!

[27] Der anschließende Hinweis auf die 18 Männer, die beim Einsturz des Turmes von Siloah umkamen, kann von Jesus stammen als weiteres Beispiel dafür, daß Unglück nicht Sündenstrafe sein muß. Aber die redaktionelle Verbindung mit dem Drohwort «Wenn ihr nicht umkehrt, werdet ihr alle ebenso umkommen» besagt hier das Gegenteil. Und das ist wohl von Lk intendiert im Blick auf die Zerstörung Jerusalems.

[28] Das Satzende «... und wem der Sohn es enthüllen will» kann in dieser Sinnrichtung bzw. Übersetzung nicht von Jesus stammen. Denn er wollte zweifellos seine Gottesbotschaft allen Menschen mitteilen. Aber Gelehrte kann er nur dann belehren, wenn sie dazu bereit sind, wenn *sie* es wollen. Darum ist die Schlußformulierung im Sinne Jesu so zu übersetzen: «Den Vater kennt niemand, nur der Sohn und derjenige, der gegebenenfalls *(ean)* will, daß der Sohn es ihm enthülle.» Solche «relativische Attraktion» ist im neutestamentlichen Griechisch möglich. «Ein demonstratives ‹derjenige› vor Relativsätzen bleibt im Griechischen oft unausgesprochen, beeinflußt aber doch den Kasus des Relativpronomens im Sinne der Attraktion» (Gottfried Steyer, Satzlehre des neutestamentlichen Griechisch, EVA S. 48). – So übersetzt, tritt der jesuanische Sinn des Wortes klar zutage: Nur *wenn* einer vom Sohn lernen *will*, erkennt er Gott als den Vater.

[29] In diesem Zusammenhang (Mk 4,10–25/Mt 13,10–15/Lk 8,9–18) ist schon bei Mk zu lesen, Jesus rede bewußt in Gleichnissen, die «jene draußen» nicht verstehen können und die er nur dem engen Jüngerkreis aufschließt. Schon das ist offensichtlich falsch, denn das Gleichnis vom Samen auf unterschiedlichem Boden, worauf sich die Aussage unmittelbar bezieht, ist wahrhaftig kein unlösbares Rätsel. (Es wurde erst durch die redaktionelle Ausschmückung und Ausdeutung mystifiziert.) Dann nennt Mk den grausigen Zweck dieser Verschlüsselung, indem er Jes 6,9f. zitiert: «Damit sie... nicht verste-

hen, damit sie sich nicht bekehren und ihnen vergeben werde.» – Nun bemühen sich die Exegeten, dieser furchtbaren Entstellung der Gottesbotschaft Jesu zu begegnen, indem sie «*hina*» (= damit) entweder konsekutiv (so kommt es, daß) oder kausativ (weil) deuten. Das ist grammatikalisch noch möglich. Aber dieser löblichen Entschärfungsabsicht widerstehen zwei Fakten: 1. Der Jesajakontext 6,9–13 spricht eindeutig von der Absicht Jahwes, «das Herz dieses Volkes zu verstocken», damit es sich nicht bekehre und Heilung finde. Allerdings (das ist die Heilsbotschaft) nicht für immer, sondern nur, «bis die Städte zerstört sind» und am Ende ein Wurzelstumpf als heiliger Same bleibt. Doch von solcher Hoffnung für «jene draußen» ist bei Mk nichts mehr zu spüren! 2. Der Mk-Kontext 4,1–25 stellt Jesus so dar, als habe auch er jene, die nicht «mit den Zwölf um ihn herum waren», vom Heil ausgeschlossen. Denn wenn «die große Masse» *(ochlos pleistos)* wirklich so wenig wie die «Zwölf» das Samengleichnis verstehen konnten, aber gerettet werden sollten, dann mußte er doch der Masse genauso wie den Zwölf sein Gleichnis enträtseln. Und das wollte er nicht. Da bleibt nur ein Motiv: Damit sie nicht verstehen und umkehren! Aber wozu predigt er dann von Dorf zu Dorf? Wozu wollte er dann ganz Israel, besonders die Verlorenen, sammeln? Der noch nicht vertheologisierte und mystifizierte Normalmensch greift sich an den Kopf... – Es ist erschütternd: Auch der Mk-Endredaktor, der uns die kostbarsten Jesuserinnerungen ungeschminkt überlieferte, hat gelegentlich (z. B. hier und bei der «Verfluchung» des Feigenbaums) durch seine eigenen Beiträge die gute Botschaft Jesu in ihr Gegenteil «korrigiert».

[30] Der Wert von Talent und Denar (= Drachme) ist schwerlich in DM anzugeben. Anhaltspunkt ist der Denar als Tageslohn. Ein Talent ist 6000 Denare. Die im Gleichnis genannten Schuldsummen 10 000 Talente und 100 Denare verhalten sich demnach wie 600 000 zu 1.

[31] Im Mk-Test kann sich das «ihm» auf den Verführer und auf den Verführten beziehen. Vom Stichwort *skandalon* (Ärgernis, Verführung) geleitet, deutet Lk das Mühlsteinumhängen als Bestrafung des Verführers: «Es ist unmöglich, daß nicht Ärgernisse kommen. Aber wehe dem, durch den sie kommen! (So auch Mt) Besser wäre es für ihn, wenn ihm ein Mühlstein um den Hals gehängt und er ins Meer geworden würde, als daß er einen von diesen Kleinen verführt» (Lk 17,1f.). Die nüchterne Feststellung, daß jeder Mensch mit dem Skandalon rechnen muß, ist jesusgemäß. Ebenso die ernste Warnung an die Verführer. Aber die Vorstellung, daß der Gott, der unentwegt alle Sünder retten und zur Umkehr bewegen will, alle Verführer (und wer wird nie zum Verführer, wenn Jesus schon den Petrus «mein Skandalon» nennt?) «ins Meer versenken wird», ist jesuswidrig; erst recht die unausgesprochene Aufforderung, die Verführer zu vernichten.

[32] In der Bildhälfte des Gleichnisses ist logischerweise die «Grube» zu erwarten, in die der Mensch mit beiden Füßen geworfen wird, wenn er den einen festgeklemmten Fuß nicht abhauen will. Statt dessen heißt es schon bei Mk «in die Gehenna». Das ist zwar ursprünglich auch eine Art Grube, nämlich ein

Wadi im Süden Jerusalems. Aber mit dem Namen dieses verrufenen Tales wurde durchwegs die Hölle der Verdammten bezeichnet. Somit ist die Bildaussage «Fuß abhauen» mit einer Sachaussage «in die Hölle kommen» stilwidrig vermischt. Das entspricht nicht der klaren Denk- und Redeweise des Gleichnisdichters Jesus. – Überdies haben die Evangelisten die Bildhälfte ausgewalzt: Wenn dich deine Hand oder dein Auge (Mt: durch begehrliches Anschauen einer Frau) in der Falle festhält...; und sie haben die Hölle kräftig ausgemalt: Da ist ewiges Feuer, da stirbt der Wurm nie.

[33] Mit Humor redet Jesus nicht nur über die Torheiten seiner Mitmenschen, sondern auch über Gott. Der freut sich z. B. wie eine arme Frau, die ihren Groschen wiederfand, über die Umkehr eines verlorenen Menschen so sehr, daß er es gleich allen Engeln erzählen muß: Unser Franz ist wieder da! Oder: Die Feldblumen kleidet er nicht notdürftig wie gewöhnliche Leute, sondern überschüssig, im Barockstil, prächtiger als der König Salomon sich kleidete. – Mehr darüber bei Louis Kretz: «Witz, Humor und Ironie bei Jesus», Walter-Verlag.

[34] Daß «sie» aufnehmen, könnte u. U. eine Umschreibung für das Handeln Gottes sein. Aber in diesem Kontext sind es offenkundig die Menschen. Denn in der humorvollen Bildgeschichte geht es doch gerade darum, daß dieser Gauner vor seinem Chef Angst hat und deswegen bei den armen Leuten sich einen Unterschlupf ergaunert.

[35] Folgende Momente in der Bildhälfte des Gleichnisses sind jesusfremd. Der (apokalyptische!) Menschensohn kommt in seiner Herrlichkeit mit allen Engeln, setzt sich auf den Thron seiner Herrlichkeit und versammelt alle Völker, um sie zu richten. Für Jesus ist Gott allein der Herr der Gottesherrschaft und der Richter der Menschen. / Die «Gesegneten meines Vaters» erben das Reich, das seit Weltbeginn für sie bereitet, d. h. vorherbestimmt ist. Der Gott Jesu will alle retten und kennt keine zum Heil Vorherbestimmten; ebenso keine von ihm Verfluchten und kein ewiges Feuer, das er für diese und den Teufel bereitet hat. / Die guten Werke an Nackten, Kranken und Gefangenen sind eine überflüssige Erweiterung. Außerdem wäre es jesusgemäßer, Kranke zu heilen und Gefangene zu befreien, statt beide nur zu «besuchen». / Auch die Begriffe «ewige Strafe» und «die Gerechten» passen nicht zur Bildgeschichte, weil es gar nicht um Gerechtigkeit geht, sondern um nicht geschuldete Liebe!

[36] Wie die Samengleichnisse weitergepredigt wurden. 1. Die Art des ungeeigneten Bodens, z. B. hartgetretener Weg, brauchte nur genannt zu werden, und die bäuerlichen Hörer Jesu wußten gleich, daß da kein Samen aufgeht. Aber ein späterer Prediger wollte den knappen Text schön ausmalen und klug auslegen (Mk 4,13–20). Also malt er die an sich überflüssigen Vögel dazu, weil er schon seine Auslegung, die er Jesus in den Mund legen wird, im Kopf hat, daß nämlich der Satan das in den Menschen gesäte Wort wegnimmt. So wird das einfache Bild verkompliziert. Denn wie nimmt der Satan das Wort weg? Ähnlich sind die andern Beispiele schlechten Bodens (Steine; Dornen)

breitgewalzt, zuerst im Gleichnis, dann in der angefügten Gleichnisdeutung. 2. Das Wachstum des Senfkorns (Mk 4,30–32) wurde unrealistisch übertrieben: Es treibt große Zweige, wird nach Mt/Lk sogar zu einem Baum, so daß entsprechend alttestamentlicher Prophetien «die Vögel des Himmels in seinen Zweigen nisten». Also Völkermission! Aber solche Senfstauden gibt es nicht. Für die Aussageabsicht Jesu genügte der Hinweis, daß dieses kleinste Körnchen am Ende «größer als alle Kräuter» wird. 3. Das Gleichnis vom Unkraut unter dem Weizen samt seiner Wort-für-Wort-Auslegung in Mt 13,24–30.36–43 ist höchstwahrscheinlich von einem Prediger nachgestaltet. Während Bauern wissen, daß Unkrautsamen in jedem Acker steckt oder vom Wind hergeweht wird, muß es hier von einem Feind, d. h. vom Teufel gesät sein. Und das weiß der Hausherr, obwohl er in jener Nacht schlief! Das Unkraut herauszulesen ist bei der Weizenernte genauso unrealistisch wie zuvor. Aber dem Prediger geht es nur um seine apokalyptische Deutung: «Die Ernte ist das Ende der Welt» (schon bei Mk 4,29 hinzugefügt). Darin sind folgende Elemente jesusfremd: Die vorherbestimmten «Söhne des Reiches» und «Söhne des Bösen»; der Menschensohn als rächender Richter; das Reich des Menschensohnes; die Verbrennung (statt Läuterung) der Übeltäter. – Die Gleichnisse Jesu waren im Kontext seiner Predigten leicht verständlich. Nur im Überlieferungsvorgang herausgebrochen und zum Teil verstümmelt erscheinen manche rätselhaft. Aber mit seiner treffsicheren Bildersprache wollte Jesus gerade dem einfachen Volk das Verhalten Gottes demonstrieren.

[37] Zwar heißt *sapros* wörtlich faulig. Dies trifft aber nicht die Situation des Fischens. Im Netz sind keine fauligen Fische. Die schwimmen auf der Oberfläche. Nach dem Theol. Wörterb. z. N. T. «ist der übertragene Gebrauch jedoch häufiger und mannigfacher». Insofern ist das allgemeine «unbrauchbar» gerechtfertigt. Die apokalyptische Deutung des Gleichnisses in V 49f., wonach die Engel am Weltenende die Bösen von den Gerechten scheiden und in den Feuerofen werfen, ist jesusfremd. Denn der Vater wird seine bösen, d. h. unreifen, Kinder nie wegwerfen zum Verbrennen, sondern nur hinausweisen zum Weiterreifen, bis sie umkehren.

[38] Die vermutlichen Ausschmückungen und Wiederholungen sind weggelassen. Jesu eigene Gleichnisse waren wohlüberlegt, knapp und klar, die Spitze hervorhebend durch Paradox oder Groteske, oft mit Humor gewürzt, aber ohne «allerlei-auch-noch». Der Meister einfachen Denkens und Redens gebrauchte kein Wort zuviel.

[39] Mt 22,6f.: «Die übrigen (Eingeladenen) aber ergriffen seine Knechte, mißhandelten und töteten sie (warum eigentlich?). Da wurde der König zornig, schickte (zwischen Einladung und Hochzeitsfeier!) sein Heer aus, ließ jene Mörder umbringen und ihre Stadt in Brand stecken (obwohl ihre Einwohner unschuldig sind!).» Das ist offensichtlich eine nach Stil und Intention jesusfremde Einfügung, erdacht von einem christlichen Apokalyptiker, der auf die Zerstörung Jerusalems zurückblickt. – Die Lk-Parallele schmückt aus und verwischt dabei durch echte und freundlich vorgetragene Entschuldigungs-

gründe das eigentliche Motiv der brüsken Ablehnung, nämlich die ernsthafte Arbeit. Jesusfremd ist auch der Schlußsatz (Lk 14,24), wonach keiner der Geladenen jemals von dem Gastmahl kosten soll. Denn der Vater weist nie umkehrwillige Söhne ab.

[40] «Bindet ihn an Händen und Füßen!" Das wäre praktisch unsinnig, da der als Freund Angesprochene nur verstummt und sich nicht wehrt. Überdies müßte man ihn nur schleppen. – Diesem Zusatz entspricht die apokalyptische Gleichsetzung von «Heulen und Zähneknirschen» mit einer ewigen Hölle, worin der Sünder «gebunden» bleibt, d. h. umkehrunfähig ist. Aber wer draußen enttäuscht und zornig heult, kann doch wieder zur Besinnung kommen.

[41] Ein Beispiel dafür, bis zu welchem Grad Evangelisten die Botschaft Jesu verdrehen konnten: Lk möchte die irrige Naherwartung seiner Zeit korrigieren, daß «das Reich Gottes bald erscheine» (19,11). Zu diesem Zweck nimmt er die Randnotiz, daß da «ein Mann auf Reisen ging», und bläht sie auf zu folgender Christus-Allegorie: Ein Adliger (Christus) reist in ein fernes Land (Himmel), um sich die Königswürde zu holen und (am jüngsten Tag zur Abrechnung) zurückzukehren. Inzwischen intrigieren seine Feinde gegen ihn. Nach seiner Rückkehr befiehlt er: «Doch jene meine Feinde, die nicht wollten, daß ich König über sie werde, bringt hierher und haut sie vor meinen Augen nieder!» – Womit die Gestalt und die Botschaft Jesu um ca. 180 Grad verdreht ist!

[42] Diese Einzelnotiz wurde vom Redaktor der Mk-Passion m. E. irrtümlich zwischen Abendmahl und Gang zum Gethsemani-Grundstück eingefügt. Anlaß war die Erwähnung des Ölbergs und des Einspruchs von Petrus. Es ist aber unmöglich, daß sie in jener Nacht des Verrats laut singend durch die Straßen in ihr Versteck zogen. Und eben das würde *«hymnesantes exelthon»* bedeuten, was später als (völlig unnötige) Zeitangabe übersetzt werden mußte: «Nachdem sie gesungen hatten...»

[43] Rudolf Pesch, Das Evangelium der Urgemeinde, Freiburg 1984, 131.

[44] Die Abänderungen bei Mt: Jesus nahm schon beim Einzug in Jerusalem die Tempelreinigung vor, heilte dort anschließend Blinde und Lahme. Kinder riefen ihm zu: Hosanna dem Sohne Davids. – Bei Lk: Er trieb nur die Verkäufer hinaus. – Bei Joh: Tempelreinigung schon zu Beginn der öffentlichen Tätigkeit Jesu. Er machte aus Stricken eine Geißel und trieb nur alle Viehhändler samt dem Vieh hinaus. – Bei Mt/Lk/Joh ist das Verbot, ein «Gerät» zu tragen, weggelassen; es wurde wohl nicht mehr verstanden.

[45] Mt fügt nahtlos das Gleichnis von den beiden Söhnen an, deren einer zum Vater ja sagt, aber nichts tut, während der andere nein sagt, aber es dann doch tut. Anlaß waren wohl die zuvor schon eingefügten «Gedanken» der Prüfer: Wenn wir sagen, Johannes war ein Prophet, wird er fragen: Warum habt ihr ihm nicht geglaubt? Dem entspricht die angebliche Rede Jesu, die Zöllner und Huren seien dem Johannes auf dem Weg der Gerechtigkeit gefolgt und kämen darum früher in die Gottesherrschaft. Abgesehen davon, daß solche Bekehrungserfolge nirgends erwähnt sind, widerspricht eine derart bedin-

gungslose Bestätigung der Täufertätigkeit der kritischen Haltung Jesu gegenüber Johannes.

[46] Während Jesus mit dem Schlußsatz «Meinen Sohn werden sie doch respektieren!» die Prüfer noch zum Nachdenken und Umdenken bewegen wollte, wurde schon bei Mk folgende Geschichte angehängt: «Jene Pächter aber sagten sich: Das ist der Erbe, kommt, wir wollen ihn töten, dann wird das Erbe uns gehören.» Die Gegner Jesu hätten ihn also doch als den Sohn erkannt! Obendrein hätten sie gemeint, wenn sie den Sohn Gottes töten, würden sie das Erbe Gottes, den Weinberg Israel, gewinnen! Wer als erster solchen Unsinn erdachte, mußte unbeschwert von Wirklichkeitssinn in seinen christlichen Wunschvorstellungen schweben. Auf den Karfreitag zurückblickend sagt er: «Sie ergriffen ihn, schlugen ihn tot und warfen ihn zum Weinberg hinaus.» Das legt er Jesus in den Mund. Aber dieser hätte somit seinen Gegnern sicher vorausgesagt, daß sie ihn töten werden, statt sie zur Umkehr zu bewegen. Natürlich folgt zum Schluß der christliche Rachewunsch, dargestellt als apokalyptischer Akt Gottes. «Er wird kommen und die Pächter töten und den Weinberg an andere (an uns Christen) vergeben.»

[47] Um Jesus noch listiger als die hinterlistig gedachten Juden darzustellen, hat jemand schon bei Mk diese Erweiterung des Dialogs eingefügt: «Er merkte ihre Heuchelei und sagte: Was versucht ihr mich? Bringt mir einen Denar! ... Wessen ist dieses Bild und die Aufschrift? Sie antworteten: Des Kaisers.» Erst daraufhin habe Jesus entschieden: «Gebt dem Kaiser, was dem Kaiser gehört...». – Was ist damit gewonnen? 1. Jesus will den Fragestellern nicht helfen, sondern sie zuerst mal blamieren. Denn der fromme Jude dürfte keine Münze mit dem Kaiserbild bei sich haben. 2. Jesus bedient sich eines schlauen Tricks. Wenn des Kaisers Bild und Name auf der Münze ist, gehört sie dem Kaiser. Also gebt ihm sein Eigentum zurück! 3. Der Trick Jesu ist in Wirklichkeit dumm, eine von jedem Bauern durchschaubare Bauernfängerei. Die Prägung einer Münze besagt doch nicht, daß sie dem jeweiligen Kaiser gehört. Dann müßten Münzen mit dem Bild und Namen eines verstorbenen Herrschers diesem Toten gehören. – Leider wurden gerade durch diese «Schlauheit» sowohl der Ernst der Frage (Ist der Staat der Konkurrent Gottes?) als auch die Klarheit der Weisung Jesu wieder verdeckt.

[48] Dem wichtigen Dialog über die Auferweckung der Toten wurde schon bei Mk dieser Schnörkel eingefügt: Die Sadduzäer hätten ihm die Geschichte von den sieben Brüdern, die der einen Frau aufgetischt und am Ende gefragt, wem sie nach der Auferstehung gehört. Jesus sei auf diesen Witz ernsthaft eingegangen und habe sie aufgeklärt, daß die Auferweckten wie Engel seien und überhaupt nicht heiraten. (Woher «weiß» das ein Diesseitiger?) Daß es sich um einen Einschub handelt, ist aus dem logischen Schnitzer in Vers 24 ersichtlich. Aus der Frage der Sadduzäer folgt nicht ihre Unkenntnis der Schrift, denn die Bibel sagt nirgendwo, daß die Jenseitigen wie Engel seien.

[49] Nach Mt ist es ein Pharisäer, der gegen Jesus, nachdem er die Sadduzäer abgewehrt hat, einen Angriff startet. Er fragt nur, «um ihn zu versuchen».

Denn Pharisäer und Gesetzeslehrer müssen bösartig sein. – Bezeichnend, daß bei Mt/Lk das positive Ergebnis des Dialogs, die von Jesus bestätigte Nähe dieses Schriftgelehrten zur Gottesherrschaft, weggelassen wurde.

[50] Jesu Warnung vor einer bestimmten Art von Schriftgelehrten ist bei Mt erweitert zu einer teilweise maßlosen Schimpfkanonade mit dem Refrain: «Wehe euch, Schriftgelehrte und Pharisäer, ihr Heuchler!» Beispiele: «Alles, was sie euch sagen (die auf dem Lehrstuhl des Mose sitzen), tut und befolgt! Nach ihren Werken aber richtet euch nicht, denn sie sagen nur, tun aber nicht!» Zwei grobe Irrtümer: 1. Jesus wollte eben nicht, daß seine Anhänger alles tun, was die Gesetzeslehrer vorschreiben. 2. Jesus bestätigte ihnen, daß sie vieles «tun», z. B. zweimal wöchentlich fasten, den Zehnten von allem geben, sogar von Minze, Dill und Kümmel. – «Alle ihre Werke tun sie nur, um sich den Menschen zur Schau zu stellen.» Diese Verallgemeinerung ist eine Beleidigung eines ganzen Standes, ist blinde Polemik. Gleichwohl sind auch einige Passagen, vor allem aus der Mt und Lk gemeinsamen Q-Tradition stammende, jesuanisch.

[51] Die Aussage über die Verzehrer der Witwenhäuser in Vers 40 ist grammatikalisch nicht mit der Warnung vor Schriftgelehrten in Vers 38f. verbunden. Das ergäbe auch inhaltlich keinen Sinn, denn nicht für die Gelehrten war es charakteristisch, vom Eigentum der Armen zu leben, sondern für die Tempelpriester, wie es Jesus vor der Schatzkammer erlebte. Der innere Zusammenhang und das Stichwort «Witwe» machen es höchstwahrscheinlich, daß Vers 40 ursprünglich eine Schlußfolgerung aus Vers 41–43 war und erst nachträglich der Mahnrede gegen die Schriftgelehrten zugeordnet wurde.

[52] Die Jüngerfrage, «wann dies geschieht» und die lange Antwortrede Jesu (Mk 13,3–37) wurde dem fertigen Mk-Evangelium nachträglich eingefügt. Das hat Rudolf Pesch in seiner Untersuchung «Naherwartungen. Tradition und Redaktion in Mk 13», Patmos 1968, nachgewiesen. Gleichwohl enthält sie jesuanische Elemente, wie sich m. E. in Nr. 132 zeigen wird. Diese sog. Markus-Apokalypse wurde dann bei Mt/Lk stark erweitert im Rückblick auf die Zerstörung Jerusalems Anno 70. Die hier gesammelten apokalyptischen Wunschvorstellungen der frühen Christenheit entfernten sich sehr weit von der Grundintention des historischen Jesus, der zweifellos im Gegensatz zu seinem religiösen Umfeld darauf ausging, alle Verlorenen zu retten und einzusammeln. Dieser Jesus soll z. B. angekündigt haben: «Alle Völker der Erde werden wehklagen (statt zu jubeln!), wenn sie den Menschensohn auf den Wolken des Himmels kommen sehen» (Mt 24,30).

[53] Eine mögliche Kombination von Mk und Lk: Kurz vor seiner Passion wird Jesus in Bethanien mit den Zwölf zu einem Festmahl (Abschiedsmahl?) eingeladen; von einem Sympathisanten pharisäischer Herkunft namens Simon (der früher aussätzig war?). Frauen hatten beim jüdischen Gastmahl keinen Zutritt. Es wäre unmöglich gewesen, daß ein nicht mit Jesus eng befreundeter Pharisäer eine Frau überhaupt hereinkommen ließ. Maria die Magdalenerin fühlte sich dazu gedrängt, vielleicht aus einer Abschiedsahnung. Simon dul-

dete um Jesu willen ihr Eindringen und ihr Verhalten. Er ärgerte sich, äußerte seinen Zweifel an Jesus aber nicht. Dieser erteilte ihm eine Lehre mit der Geschichte von den zwei Schuldnern. Auch die Jünger ärgern sich, aber nicht mehr über die Sündigkeit Mariens, sondern über ihre unverantwortliche Verschwendung. Auch ihnen erteilt Jesus eine Lehre. – Mk-Evangelium: In den Passionsberichten, die im Gottesdienst der Urgemeinde vorgetragen wurden, wollte man verständlicherweise die bekannte Jüngerin Maria nicht als die Sünderin darstellen und verschwieg auch ihren Namen. Aber man ehrte ihr Gedächtnis bewußt, sogar durch ein erdachtes Wort Jesu, als jene, die «im voraus seinen Leib zum Begräbnis salbte» (14,9). Und das verweist eindeutig auf die Magdalenerin, die erste und engagierteste unter den drei Frauen am Grab. – Lk-Evangelium: Keine Orts- und Zeitangabe, insofern auch kein Widerspruch zu Mk. Die Jünger Jesu zu schonen, liegt in der Tendenz des Lk, ebenso wie die Sünderliebe Jesu zu betonen. Von daher ist seine Auswahl verständlich. Auf den Mk-Bericht verweist der Name Simon und Jesu freundschaftliche Anrede (Simon, ich habe dir etwas zu sagen) sowie der identische Ausdruck «Alabastergefäß mit Salböl». Übrigens nennt Lk zwei Verse nach dieser Erzählung die Magdalenerin als jene, aus der sieben Dämonen ausgefahren sind. – Joh-Evangelium: Ein Festmahl in Bethanien zu Beginn der Passionswoche, jedoch als Ausklang der großartigen Lazaruserweckung. Nur hier ist es eine «Maria», die Jesus mit kostbarem Nardenöl salbt. Aber sie erscheint als Schwester der Marta und des Lazarus. Die Magdalenerin taucht im Joh-Evangelium erst bei der Kreuzigung auf.

[54] Die Vorstellung, da werde Brot in den Leib Jesu «verwandelt», hat Paulus in 1 Kor 11,29f. eingebracht. Sie beruht auf einem Mißverständnis der Bildersprache Jesu. Als er sagte: Ihr «seid» das Salz der Erde, kam niemand auf die Idee: Jetzt wurden wir (1.) in Salz verwandelt, jedoch (2.) so, daß man's nicht sieht. Also zwei Wunder! Was sollten auch solche Wunder auf die Gottesherrschaft hin bewirken? Menschen können nicht durch einen mysteriösen Mechanismus auf Gott hin gewandelt werden, sondern nur durch die Eigenbewegung des Herzens. Das brotähnliche «totale Dasein für andere», das Jesus vorgelebt hat, an seinem Tisch zu erleben, um es innerlich anzunehmen, das ist der Sinn seiner zeichenhaften Brotgabe: Brot bin ich für euch. Seid Brot füreinander!

[55] Die früheste Niederschrift des Becherwortes findet sich in 1 Kor 11,25, Lk stimmt mit ihm überein. Aber schon Paulus fügt hinzu: «in meinem Blute», womit er sagen will, der Neue Bund komme durch das Opferblut Jesu zustande. Dem widerspricht (1.) Jeremia. Nach Jer 31,31 ff. ist der Neue Bund im Ansatz «nicht wie» der frühere auf gegenseitiger Gerechtigkeit beruhende und darum durch Sühneblut besiegelte. Dem widerspricht (2.) Jesus: Der Vater vergibt umsonst, ohne Sühneforderung, wenn wir ebenso vergeben. – Mk/Mt gehen noch weiter und formulieren, der Becher enthalte das Blut Jesu, und dieses sei «Blut des Bundes», denn es werde «zur Vergebung der Sünden vergossen». Hier ist vom «Neuen» Bund keine Rede mehr. Der Alte wird nur

überhöht: Statt der Opfertiere wird Jesus geschlachtet, um mit seinem Blut Gott zu versöhnen. – Aber schon die grammatikalischen und logischen Unebenheiten der Formulierung zeigen, daß es kein Jesuswort ist, sondern nachträglich zusammengestückelt wurde: «Denn dieses (was ihr trinkt) ist das Blut von mir, des Bundes, das für viele (bereits!) vergossene zum Nachlaß der Sünden» (Mt). – Die vier Abendmahlstexte (Pl/Lk + Mk/Mt) sind natürlich durch Liturgien geprägt. Aber ihre jesuanischen Inhalte sind m. E. noch erkennbar.

[56] *Machaira* bedeutet im Griechischen zunächst (Küchen-)Messer, dann Dolch und Schwert. Weil die Juden unter der römischen Besatzungsmacht keine Schwerter tragen durften, ist durchwegs mit «Dolch» zu übersetzen.

[57] Weil das Jesuswort von Hahnenschrei massiv-wörtlich verstanden wurde, mußte es auch so «erfüllt» werden. Also muß Petrus dreimal hintereinander, sich steigernd, sogar vor einer Frau, Jesus verleugnen, und anschließend muß der Hahn krähen.

[58] Jesus hat Verständnis für ihre Übermüdung. Sie kommt ja nicht aus der Unwilligkeit des Geistes, aus der Untreue, sondern aus der Schwachheit des Fleisches. Darum läßt er jetzt auch die drei schlafen wie die andern und bleibt allein wach. – Judas, dessen Weggang beim Abendmahl nur Joh theologisch motiviert berichtet, ging wohl mit in das Landgut und schlich sich davon, als alle schliefen. – Das dreimalige Einschlafen der Jünger und Zurückkommen Jesu entspricht wahrscheinlich mehr der heiligen Dreizahl als der Realität. – Die Mahnung «Wachet und betet, damit ihr nicht in Versuchung geratet!» hat Jesus wohl bei anderer Gelegenheit ausgesprochen. Um die Zerreißprobe der Passion zu bestehen, ist einerseits bescheidenes und vertrauendes Gott-Bitten und andererseits geistige Wachheit und Nüchternheit nötig, das Gegenteil von träumerischer Selbstüberschätzung. – Sobald Jesus merkt, daß Judas kommt, weckt er alle mit dem Ruf «Genug!». – Er will sie auch geistig wachrütteln, denn jetzt geschieht das Furchtbare, das sie sich nicht vorstellen konnten: Jetzt wird er Menschen ausgeliefert, ohne daß Gott eingreift.

[59] Dieses Wort ist zwar der Ölbergszene eingefügt. Aber Jesus dürfte kaum den Knechten im Handgemenge vorgehalten haben, daß sie seine Verkündigung im Tempel nicht widerlegen konnten. Und Oberpriester und Senatoren (so Lk) werden nicht zum Ölberg gezogen sein. – Das Wort paßt jedoch genau an den Anfang der Gerichtsverhandlung und bedeutet: Disqualifikation der Richter.

[60] Gezielte Fragen zu stellen, um den Gesprächspartner zum eigenen Nachdenken zu bewegen, war eine geläufige Diskussionsmethode. Jesus hat also nicht nur aus prophetischer Vollmacht verkündet (Ich sage euch), sondern auch mitmenschlich diskutiert (Ich frage euch).

[61] «... und mit (Mt: auf) den Wolken des Himmels kommt» fehlt bei Lk. Es ist ein Zitat aus Dan 7,13, dessen «Richtung» jedoch umgewendet wurde. Daniel schaute: «Da kam auf den Wolken des Himmels eine Gestalt wie ein Menschensohn; er gelangte bis zu (Gott) dem Hochbetagten und wurde vor diesen hingeführt. Ihm wurde nun die Königsherrschaft gegeben... Dann (nach der

Niederwerfung der 4 Tiere und 10 Hörner, der feindlichen Könige) wird das Königtum dem Volk der Heiligen verliehen.» Der Menschensohn ist hier offenkundig das bedrängte, aber getreue Volk Israel. Das wird nach aller Drangsal zu Gott *emporgebracht* und erhält von ihm die Königsherrschaft über alle Völker für alle Zeit. – Die christlichen Apokalyptiker vermischten diesen hinaufkommenden Menschensohn mit dem herabkommenden in der Henochliteratur, der seit alters im Himmel aufbewahrt wurde und am Ende als Richter kommt. Beide Gestalten bezogen sie auf Jesus, weil er sich als Menschensohn bezeichnete, was jedoch in seinem Munde wie in der aramäischen Umgangssprache etwas völlig anderes bedeutet. – Dieser apokalyptische Zusatz ist jesuswidrig, weil er sich weder als künftiger König noch als künftiger Richter verstand, weil für ihn «Gott allein der Herr ist». – Außerdem macht diese Verknüpfung auch das echte Jesuswort, «ab jetzt» würden sie «sehen», daß er von der KRAFT beschützt wird, ebenso unlogisch wie irreal. Denn Kajaphas konnte nicht sehen, daß Jesus auf den Wolken kommt.

[62] Nach Lk 23,51 war Joseph (von Arimathäa), ein Mitglied des Hohen Rates, mit ihrem Beschluß und ihrer Tat nicht einverstanden. Das ist nach seinem Verhalten durchaus glaubwürdig.

[63] Wieder ist Apokalyptik eingefügt: «Denn siehe, es kommen Tage, wo man sagen wird: Selig die Unfruchtbaren...! Dann wird man anfangen, zu den Bergen zu sagen: Fallt über uns!...» Die fremde Tonart ist leicht zu erkennen: Jesus warnt und mahnt zur Umkehr (weil er Umkehr wünscht). Die Apokalyptiker sagen unabwendbares Unheil voraus (weil sie Vergeltung wünschen).

[64] Der Begriff *dynamis* (in den Jesusworten und Jesusgeschichten 28mal, ohne die Parallelen, verwendet) besagt die Kraft Gottes selbst oder deren Auswirkungen in den Krafttaten (charismatischen Heilungen) Jesu bzw. seiner Jünger. Diese *dynamis* überragt die still und stetig in der Natur wirkende Schöpferkraft (die Jesus durchaus beachtet!) in zweierlei Hinsicht: 1. Sie wird erst durch das ungebrochene Vertrauen des bittenden Menschen entbunden und durch Mißtrauen in ihrer Wirkung gehemmt. 2. Ihre Wirkungen sind zwar schöpfungsgemäß (also keine naturwidrigen Mirakel), aber para-normal in dem Sinne, daß sie das Normalmaß des Gewohnten überschreiten, wie z. B. eine ungewöhnlich schnelle und erfolgreiche Heilung oder die ungewöhnliche psychische und physische Stärkung des Gekreuzigten. Insofern sind sie mit den Augen sehbar, sind sichtbare «Zeichen» *(semeia)* der Kraft Gottes. Aber sie sind keine zwingenden Beweise für den, der sie anders (aus Zufall, Betrug oder Dämonie) deuten will. «Aber selig die Augen, die (unbefangen) sehen, was ihr seht!» (Mt 13,13–16) Jesus hat nicht nur seinen Richtern gesagt, sie würden ab jetzt «sehen», daß er zur Rechten der *dynamis* sitzt, sondern vor dem Taborgeschehen auch seinen Jüngern, einige von ihnen würden «sehen», daß die Gottesherrschaft in *dynamis* schon gekommen ist.

[65] Der Kern dieses Gebetes aus tiefster Not ist der Hilfeschrei: «Jahwe, du meine Hilfe, eile herbei, mich zu retten!» (V 20), und sein Endpunkt die in-

nere Gewißheit: «Er hat den Armen gehört» (V 25) und schließlich: «Er hat (die Rettung) vollbracht» (V 32). Darum impliziert auch der Eingangsvers keineswegs die Feststellung: Du hast mich verlassen (wie Theologen immer wieder erklären). Er besagt vielmehr: Wozu tust du so, als hättest du mich verlassen! Denn im Fortgang klammert sich der Beter an die Tatsache, daß Gott ihn gar nicht verlassen kann: «Ich bin doch dein Eigentum von Anbeginn, vom Schoß meiner Mutter an (schon vor meiner Geburt, bevor ich es «verdienen» konnte!) bist du mein Gott» (V 11). – Der ELI-ELI-Psalm, sieht man ihn nur genauer an, erweist sich keineswegs als Verzweiflungsschrei eines Gottverlassenen, sondern ganz im Gegenteil als Gebet eines unbedingt Gott vertrauenden Menschen.

[66] Die antijüdische, in der Passionsgeschichte verdichtete Polemik brachte es mit sich, daß alle ohne Namensangabe überlieferten Reden und Geschehnisse später «selbstverständlich» als gehässiger Hohn der Gegner Jesu gedeutet wurden. Nach Mt hätten sie die Labung Jesu abgewehrt, weil sie sehen wollten, ob Elija kommt, ihm zu helfen. Nach Lk verspotteten ihn die Soldaten, indem sie ihm Essig reichten. Nach Joh sagte Jesus «Mich dürstet», und sie gaben ihm Essig, «damit die Schrift erfüllt würde». In Ps 68,21 f. heißt es nämlich: «Ich harrte, ob einer Mitleid habe, doch es war keiner. Sie gaben mir Galle unter die Speise, in meinem Durste Essig zum Trank.»

[67] Was bei Mk noch durchaus als Bild eines inneren Vorganges zu verstehen ist, wurde bei Mt/Lk zu sichtbaren Spektakeln (christologischen Beweiswundern) aufgebauscht, deren Ergebnis die Bekehrung des Hauptmann und der Volksmassen war: Es wurde dunkel, «weil die Sonne nachließ» (Lk); Felsen barsten, Gräber öffneten sich, Leichen kamen heraus, gingen nach Jerusalem u. erschienen vielen, aber erst nach der Auferstehung Jesu (Mt).

[68] E. Ruckstuhl/J. Pfammatter, Die Auferstehung Jesu Christi. Heilsgeschichtliche Tatsache und Brennpunkt des Glaubens, Luzern 1968, S. 44.

[69] Merkwürdig, daß Lk zwei Sendungen dem vorösterlichen Jesus in den Mund legt. Zuerst 12 Apostel für die 12 Stämme Israels; dann (Lk 10,1–20) «70 andere» im Zusammenhang mit der «zu großen Ernte» und mit dem «Satanssturz»! 70 (72) ist nach Gen 10 und Henoch 89,59ff. die Anzahl der Völker.

[70] Vers 16 ist so, wie er als «Taufbefehl» dasteht, nicht als Anweisung Jesu verstehbar, weil dieser die kultische Reinigung vor Gott ablehnte und auf der Herzensumkehr als alleiniger Heilsbedingung bestand: Mk 7,14–23.

[71] Ein Schulbeispiel dafür, wie schon der Redaktor des Mt-Evangeliums «sich Sorgen machte, was zu reden sei», um Jesu einfache Lösung des Sabbatproblems gelehrt zu verteidigen, ist Mt 12,3–6. Er fand zwei legitime «Entschuldigungen»: 1. Auch David aß gegen das Gesetz von den Schaubroten. 2. Auch die Priester arbeiten am Sabbat, indem sie ihren Tempeldienst verrichten. Doch genau besehen sind beide «Beweise» nicht schlüssig; beide erfordern zusätzliche Argumentationen; beide bestätigen sogar das Sabbatgesetz als solches, indem sie nach erlaubten Ausnahmen suchen. – Also im Endeffekt keine

Verteidigung der einfach-klaren Position Jesu, sondern ihre Zerstörung. «Wenn sie geschwiegen hätten», die klugen Verbesserer der Botschaft Jesu, wenn die christlichen Theologen sich an die Weisung Jesu gehalten hätten, nur den »ATEM des Vaters» reden zu lassen, den jedes «Kind» versteht!, dann brauchten wir uns heute nicht mit einem Knäuel selbstgemachter theologischer Probleme zu plagen, und die *dynamis* (das Dynamit) der Guten Botschaft käme ungehemmter zur Wirkung.

Übersicht zu Themen und Schriftstellen

Themen	Markus	Matthäus	Lukas
1. Wer war Jesus?	1,4.9		
2. *Sein Gotteserlebnis*	1,10–13		
3. Vom Gotteserlebnis zur Gottesbotschaft	1,15		
4. Er packt Menschen, ihm zu folgen	1,16–20 2,14		
5. Er lehrt aus innerer Vollmacht	1,21–22.27		
6. Er wirft ungereinigte Geister hinaus	1,23–26		
7. Die erste, einfache Krankenheilung	1,29–31		
8. Das «warme Nest» als Versuchung	1,35–39		
9. Riskante Heilung eines Aussätzigen	1,40–45		
10. Sünder heilen sei Gotteslästerung		9,2–8	
11. Er ißt mit Sündern	2,15–17		19,2–10
12. Kennzeichen der Gottesnähe: Freude	2,18–19	11,16–19	
13. Wie Gottesfreude Wasser zu Wein macht			(Joh 2,1–10)
14. Kombiniert nicht Alt und Neu!	2,21–22		
15. Der Sabbat für den Menschen	2,23–28 3,1–6		
16. Auswahl und Sendung der Boten	3,13–15	8,11 9,36–38 10,5–6	
17. Die Gottesherrschaft gottgemäß verkünden	6,8–13	10,7–14	10,7–9
18. Er wird verteufelt	3,22.28–29		
19. Er trennt sich von der Mutter	3,21.31–35		
20. Seine Ruhe in der Gefahr	4,36–40		
21. Er will keine Wunderpropaganda	5,18–20		
22. Er erbarmt sich der Abergläubischen		9,20–22	
23. Krankenheilung oder Totenerweckung?	5,22–24. 35–43		
24. Ablehnung im Heimatdorf	6,1–6		
25. Ruht ein wenig aus!	6,31–32		
26. Gebt ihr ihnen zu essen!	6,34–44 8,1–10 8,14–21		

Themen	Markus	Matthäus	Lukas
27. Ging er übers Wasser?		14,26–31	
28. Was wirklich unrein macht	7,1–20	15,12–14	
29. Das Herz besiegt den Plan	7,24–29		
	10,46–52		
30. Heilt er nur charismatisch?	7,32–34		
	8,22–25		
31. Er verweigert Wunderbeweise	8,11–13		11,29–32
32. Was ich bin? – Ein Mensch!	8,27–31		
33. Als Mensch Menschen ausgeliefert	8,32–33		9,43–45
	9,31–32		
	10,32–33		
34. Das Risiko, ihm zu folgen	8,34	10,38	
35. Klärung und Stärkung auf dem Tabor	9,1–8		
36. Fels für die künftige Sammelstätte		16,16–18	
37. Heile, wenn du das «kannst»!	9,17–24	17,19–20	
38. Dem Herrgott etwas Gutes tun	9,36–37		
39. Wer heilt, ist für uns	9,38–40		
40. Die gottgewollte Sexualität		19,3–9	
41. Der rätselhafte Eunuche		19,12	
42. Gottesherrschaft ist nur etwas für Kinder	10,13–16		
43. Keine Kniebeuge vor Jesus!	10,17–19		11,27–28
44. Einlaß nur ohne «Gepäck»	10,23–27		13,23–24
45. Was kriegen wir dafür?	10,28–30		
46. Keine Christusherrschaft!	10,35–40		
47. Er korrigiert Jesaja			4,16–22
48. Das Vertrauen eines Heiden	8,5–13		
49. Trennung statt Friede		8,19–20	9,59–62
		10,34–36	
50. Er klärt seine Trennung von Johannes		11,2–11	16,16–17
51. Frauen in seinem Gefolge	15,40–41		8,1–3
	16,1		10,38–42
52. Er zahlt keine Tempelsteuer		17,24–26	
53. Kein «heiliger Krieg»!			13,1–4
54. Gottesherrschaft ist für Armselige da			6,20–21
55. Siegen werden die Sanften		5,5–9	
		5,38–41	
56. Liebt so wie Gott: auch Feinde!		5,43–45	6,35–36
57. Liebt so wie Gott: umsonst!			6,33–38
			14,12–14
58. Wie kann der Mensch Gott erkennen?		5,8	13,12
		11,25–27	
		13,12	

Themen	Markus	Matthäus	Lukas
59. Habt keine Angst vor Menschen!	3,27	10,28	6,22–23
60. Das alte und das neue Salz	9,49–50	15,13	
61. Versteckt euch nicht!		5,14–16	
62. Vom Gesetz zur Intention Gottes		5,17–48	
63. Erst Versöhnung mit dem Bruder!	11,25–26	5,23–26	
		6,12	
		18,23–35	
64. Keine Verführung zum Mißtrauen!	9,42		
65. Wähle das «kleinere Übel»!	9,45		
66. Nur Schauspieler brauchen Applaus		6,1–18	
67. Wie Kinder mit ihrem Vater reden		6,7–8	11,1–4
68. Wo dein Schatz, da ist dein Herz		6,19–21	16,1–9
		25,34–45	
69. Das ungetrübe Wahrnehmungorgan		7,4–5	11,34–36
		13,12–15	
		15,12–14	
		23,23–26	
70. Urteilt selbst!			12,54–58
71. Lösung vom Besitz ist unerläßlich		6,24–33	
72. Ein Vater gibt nur Gutes		7,7–11	
73. Entlarvt falsche Propheten!		7,15–16	
74. Der Anspruch des Propheten Jesus		7,21–29	
75. Alles wird offen zwischen Gott und Mensch	4,22	10,27	12,3
76. Alles wird bereinigt: so oder so		5,25–26	
		12,36	
77. Die Samenkraft der Gottesherrschaft	4,3–9		
	4,26–28		
78. Die Gottesherrschaft wirkt still	4,31–32		13,20–21
			17,20–21
79. Was die Gottesherrschaft wert ist		13,44–46	
80. Die Gottesherrschaft ist für alle da		12,30	
		13,47–48	
81. Gottwidrige Frömmigkeit: Korban	7,9–13		
82. Sein «Ich» erzeugen			17,32–33
83. Große dienen den Kleinen		18,10	
84. *Der Vater ist mütterlich*			15,11–32
85. Mütterlichkeit: Freude am Retten		18,12–14	15,8–10
86. Mütterlichkeit: Spontanes Erbarmen			10,29–37
87. Vergebung ohne Grenzen			17,3–4
88. Wie selbstlose Einung wirkt		18,19	
89. Die künftige Gegenwart des Meisters		18,20	
90. Kein Grund zur Menschenfurcht			12,4–7

Themen	Markus	Matthäus	Lukas
91. Jesus über seine Belastungen	9,19		12,49–50
92. Leichter Sinn statt «Fleiß»		22,2–10	
93. Leichter Sinn statt «Ernst»		22,2.11–13	
94. Leichter Sinn statt «Vorsicht»		25,14–29	17,7–10
95. Leichter Sinn statt «scharfer Blick»		20,1–17	
96. Leichter Sinn statt «exakte Rechnung»			18,9–14
97. Leichter Sinn «und» hoher Einsatz		7,21–27	6,46
		11,28–30	14,33
		25,1–4	
98. Wozu nach Jerusalem? Warum jetzt?		6,9–10	
99. Angstmacher und Ängstliche	3,6		13,31–33
	8,15		
	10,32		
100. Ernüchterung im voreiligen Jubel	14,26–29		
101. Wie er selbst sich darstellt	11,1–11		
102. Er bangt um den Feigenbaum Israel	11,11–14		19,41–42
103. Der Tempel werde Haus des Vaters!	11,15–18		
104. Wer gab dir diese Vollmacht?	11,27–33		
105. Der Sohn ist maßgebender Bote	12,1–6		10,23–24
	12,10–11		
	12,34.37		
106. Testfrage: Kaisersteuer?	12,14.17		
107. Testfrage: Auferweckung?	12,18.26 f.		
108. Testfrage: Die Besonderheit?	12,28–34		
109. Er warnt vor Theologenherrschaft	12,37–39	23,8–9	
110. Er warnt vor Priesterherrschaft	12,40–43		
	13,1–2		
111. Er ist vorweg-verurteilt	14,1–2	21,17	21,37
		26,3–4	22,39
			(Joh 11,
			48–57)
112. Echte Liebe kalkuliert nicht	14,3–8		7,36–50
113. Der rätselhafte Verräter	14,10–11	27,3	
114. Das neue Pascha	14,12–22		22,15–22
115. Der Neue Bund	14,23–24	26,27–28	22,18.20
	(1 Kor		
	11,25)		
116. Zeichen des Neuen Bundes: Keine Ausgrenzung			22,21
117. Zeichen des Neuen Bundes: Keine Hierarchie			22,24–30
118. Zeichen des Neuen Bundes: Keine Waffen			22,35–38
119. Der Felsenmann wird wanken			22,31–34
120. Jesu eigene Zerreißprobe	14,32–42		22,39

Themen	Markus	Matthäus	Lukas
121. Die Gefangennahme	14,43–52		
122. Verurteilt von der Tempelmacht	14,48–49	26,63–64	22,59–62
	14,53–65		22,67–68
123. Verurteilt von der Staatsmacht	15,1–5		
	15,14–15		
124. Ungewohntes bei der Kreuzigung	15,17–37	27,42–43	23,27–34
125. Das Beben «in» den Mitbeteiligten	15,33–39		
126. Eine Lockerungsübung vor dem Weitersuchen			Apg 2,23 f.31
127. Die Kette von «Zufällen»	15,42–47		
128. Die gute Nachricht des jungen Mannes	16,1–8		
129. Wie Magdalena und Petrus reagieren			(Joh 20,2–18)
130. Der Neubeginn in Galiläa			(Joh 20,19–20; 21,1–12)
131. Die neue Zurüstung der Boten			10,18 24,44–45
132. Die erweiterte Sendung	16,15–18	28,19	24,46–47 Apg 1,8
133. Die letzte Bestärkung der Jünger	13,3–11		24,48–49
	13,28–31		Apg 13,30–31
134. Er entfernt sich und bleibt nahe		28,20	24,50–52
135. Exkurs: Zur heutigen Exegese der Ostertexte			
136. Meinungen über Jesus von Paulus bis Chalcedon			
137. Jesus selbst – heute			
138. Der wirkliche Gott			

C. G. Jung
Einsichten und Weisheiten

Ausgewählt von Franz Alt

„Aus den Gesammelten Werken und dem Grundwerk,
den Briefen und den Erinnerungen C. G. Jungs
hat Franz Alt kostbare Gedanken herausgehoben,
die hier wie in einem Schatzkästlein
zusammengefaßt sind."
Schleswig-Holsteinisches Ärzteblatt

Von Sinn und Wahnsinn
72 Seiten, Leinen, 1986

Von Traum und Selbsterkenntnis
104 Seiten, Leinen, 1986

Von Religion und Christentum
106 Seiten, Leinen, 1987

Von Sexualität und Liebe
146 Seiten, Leinen, 1988

Die Reihe wird fortgesetzt

Franz Alt im Vorwort des ersten Bandes:
„C. G. Jung, der große Schweizer,
wird der Psychologe des 21. Jahrhunderts werden
und die gesamte Wissenschaft durchdringen –
falls wir überleben."

Walter-Verlag

Herbert Haag · Katharina Elliger

«Stört nicht die Liebe»

**Diskriminierung der Sexualität
ein Verrat an der Bibel**

Kart. 270 S., 2. Auflage 1986

«Sexualität erweist sich als für den biblischen Menschen selbstverständlich, sie ist in der Schöpfung von Gott angelegt und gilt im AT als Ausdruck warmer menschlicher Beziehungen... Auffallend ist allerdings, so das Urteil von Haag/Elliger, daß es dem Christentum nie gelungen ist, ein unbefangenes Verhältnis zur Sexualität zu gewinnen. Entsprechen Jesu Äußerungen zur Ehe und sein Verhalten gegenüber den Frauen der menschenfreundlichen Sexualethik des AT, so ist diese neue Sicht der Frau schon bei Paulus verändert und ebenfalls bei ihm die negative Bewertung der Sexualität im Christentum grundgelegt... H. Haag und K. Elliger versuchen zu verdeutlichen, daß Moraltheologie und kirchliches Lehramt außerstande sind, die traditionelle Sexuallehre aus kulturell begrenzten Bibeltexten und einem auch immer kulturell geprägten Verständnis von Sexualität zu begründen...
Erfreulich, daß der schwierige Versuch einer umfassenden Darstellung der humanwissenschaftlichen Ergebnisse und der biblischen Aussagen zum Thema «Sexualität» allgemeinverständlich geblieben ist. Darüber hinaus liefert das Buch von H. Haag und K. Elliger am Beispiel der Sexualethik einen wichtigen Beitrag zur Frage nach der biblischen Begründbarkeit ethischer Normen und einer sachgerechten Auslegung biblischer Texte.»

Katechetische Blätter 7/1987, Michael Helsper

Walter-Verlag